온 국민을 위한

# 대한민국 역사교과서

②

**일러두기**

■ 자기주도형 학습을 이끌기 위해서 당시의 문헌사료를 제시하고 여러 의문점을 제시한다.

■ 최소한의 한자를 사용한다.

■ 한자 표기는 우리 선조들이 수천년 동안 사용하던 한자 표기를 그대로 사용한다.

■ 세세한 사항의 나열보다는 전체적인 맥락과 흐름을 중시한다.

■ 한자는 우리 발음을 적고 필요할 경우 현지 발음을 적고 ( ) 안에 우리 발음을 적는다.

온 국민을 위한

# 대한민국 역사교과서

② 

대한민국 역사교과서 편찬위원회

# 자유발행제 역사교과서를 간행하면서

## 1

　현재 대한민국에서 사용하는 역사교과서는 검정교과서 체제이다. 대학의 역사학과 교수들과 교사들이 특정 출판사와 손잡고 편찬한 교과서를 정부에서 합격·불합격 여부를 심사해서 합격한 교과서 중에서 한 종을 선택해서 교재로 사용한다.

　전 세계 여러 국가들의 역사교과서 편찬 체제는 크게 셋으로 나눌 수 있다. 첫째는 국정교과서로서 국가에서 한 종의 역사교과서를 만들어 사용하는 체제이다. 일부 사회주의 국가들이 채택하고 있다.

　둘째는 검인정교과서로서 국가에서 합격시킨 몇 종의 역사교과서 중 한 종을 선택해 사용하는 체제이다. 한국과 일본 등이 채택하고 있다. 국정은 물론 검인정도 모두 국가에서 제시한 집필기준에 따르지 않으면 탈락하기 때문에 그 틀에서 벗어날 수가 없다. 지지난 정권 때 국정교과서 파동을 겪고 난 후 지난 정권 때 검정교과서 체제로 바뀌었지만 그 내용은 전혀 달라지지 않은 것이 이를 말해준다.

　셋째는 자유발행제 교과서로서 국가의 검열 과정이 없이 학자들과 교사들이 자유롭게 편찬한 역사교과서 중에서 각 급 학교에서 자유롭게 선택해서 사용하는 체제이다. 대부분의 경제협력개발기구 OECD 국가에서 채택하고 있다. 이는 학문의 다양성에 바탕을 두고 다양한 사고방식을 기른다는 점에서 바람직한 체제이다. 국정, 검인정, 자유발행제 중에서 자유발행제가 가장 바람직한 체제인 것은 두말할 필요도 없다. 그러나 체제보다 더 중요한 것이 그 내용이다.

　역사서는 모두 역사관을 바탕으로 서술되고 있는데 이는 역사교과서도 마찬가지다. 그러나 현재 대한민국에서 사용하는 모든 역사교과서는 관점이 혼재되어 있다. 기본적인 두 관점은 조선 후기 노론으로 대표되는 중화 사대주의 사관과 대일항전기에 조선총독부가 퍼뜨린 황국사관이다. 이 두 사관이 현재의 대한민국에 맞지 않는 것은 설명할 필요도 없다. 그러나 모든 역사교과서는 이 두 사관을 중심으로 삼아 다른 내용들을 부분적으로 끼워 넣고 있다. 그 결과 각 시대, 각 부분이 서로 유기적으로 연결되지 못하고 따로 겉돌고 있다. 현재 사용하는 역사교과서를 가지고 자신과 우리 사회의 정체성과 나아갈 바를 알게 되었다고 여기는 학생도 없고, 교사도 없고, 학부모도 없을 것이다. 미래를 개척해야 할 21세기의 대한민국 학생들이 17세기 노론, 19세기~20세기의 조선총독부의 관점으로 서술된 역사교과서의 내용을 배워야 한다는 것은 비극이다.

2
—

현재 우리가 사용하는 역사교과서는 1895년 조선 왕조 학부 편집국에서 만든 최초의 소학교용 국사교과서인 《조선역사》보다도 퇴행했다. 이 《조선역사》도 그 체제나 내용에서 여러 문제점을 갖고 있었지만 적어도 그 시작만큼은 민족의 시조인 단군檀君부터 서술해 계통을 명확히 했다. 같은 해 학부 편집국에서 편찬한 《조선역대사략》도 단군부터 시작하는데 두 책 모두 '대조선 개국 기원전 3734년'이라고 표기해서 단군 건국을 우리 역사의 시작으로 삼았다.

1908년 독립운동가 정인호(1869~1945)는 《초등대한역사》를 편찬했는데, 단군이 융희 원년(1907)으로부터 4240년(서기전 2333) 전에 조선을 건국했다면서 조선은 "가장 먼저 아침 해를 받아 빛난다."는 뜻이라고 설명하고 있다. 이 무렵 일제는 통감통치로 이미 대한제국을 사실상 점령하고 있었는데, 정인호의 《초등대한역사》를 검정 불허가 교과서로 낙인찍어 탈락시켰다. 역사학자 황의돈(1890~1964)은 1909년 《중등교과 대동청사大東靑史》를 저술했다. 이 책은 인쇄본이 아니라 필사본만 전하는 것으로 봐서 통감부가 지배하는 학부에 검정신청을 하지 않고 사용한 것으로 보인다. 이 두 종의 교과서 역시 단군 건국부터 우리 역사를 서술했다. 정인호나 황의돈이 저술한 역사교과서는 학부의 검정여부를 떠나서 많은 서당에서 교재로 사용했는데 이는 일제가 대한제국을 완전히 점령한 1910년 이후 수많은 서당을 강제 폐쇄한 주요 요인 중 하나였다.

일제는 대한제국을 점령한 직후 조선총독부 산하 중추원에 '조선반도사편찬위원회'를 만들어서 한국사의 무대를 '반도'로 축소시킨 《조선반도사》를 편찬했다. 그러나 1919년 전 민중이 들고 일어나는 3·1혁명이 일어나자 1920년에 '임시교과서 조사위원회'를 설치해서 조선사 교재 편찬에 나섰다. 조선총독부는 이 땅에서도 일본 역사가 '국사'라면서 《심상소학 국사》를 교재로 가르쳤는데, 심상尋常이란 일본의 옛 초등학교를 뜻한다. 조선총독부는 《조선총독부 편찬 심상소학 국사 보충교재》를 편찬해 한국사를 일본사의 한 부분으로 삼아 서술했다. 이 책의 가장 첫머리가 〈1. 상고시대의 조선반도〉인데, 한국사를 반도사로 가둔 다음 그 반도를 '북부조선'과 '남부조선'으로 나누었다. '북부조선'에는 '기자조선·위만조선·한사군'이 있었다고 주장하면서 단군조선은 완전히 삭제했다. '남부조선'에는 '삼한(마한·진한·변한)'을 서술했다. 한국사에서 대륙과 해양을 잘라내어 반도의 북쪽에는 '기자조선·위만조선·한사군'이 있었고, 남부에는 삼한이 있었다는 것이다.

《조선총독부 편찬 심상소학 국사 보충교재》가 제시한 이 구도는 해방 후에도 조선총독부 직속의 조선사편수회 출신들이 한국 역사학계를 거의 완벽하게 장악하면서 국정과 검인정을 막론하고 한국사의 기본 틀로 지금까지 우리 학생들과 역사교사들의 뇌리를 지배하고 있다. 《조선총독부 편찬 심상소학 국사 보충교재》에서 가장 신경 쓴 부분은 '임나'와 '임나일본부'다. 〈2. 삼한〉 조에서는 '일본과 임나 제국의 관계'라는 항목을 만들어서 "(신공)황후는 규슈를 평정하시고, 곧 바다를 건너가 신라를 토벌하고, 임나제국을 보호하셨다."라고 하면서 야마토왜가 가야를 점령하고 임나일본부를 설치했다고 왜곡하였다. 또한 〈3. 문학·불교·공예〉 조에서는 "백제는 왕인이라는 학자를 일본에 보내왔다···왕인의 조상은 중국인으로, 조부 때부터 백제에 거주하였다."고 왜곡하고, '백제 성왕이 흠명欽明 천황에게 불상을 바쳤다.'고 왜곡했다. 이 책은 〈(임나)일본부日本府〉에 대해서 두 단락을 설정해 서술하고 있다. 《4. 일본부 1》에서는 '일본과 삼국의 관계'라는 항목에서 "신공神功 황후는 신라를 정복하신 다음, 일본부를 임나에 설치하고, 삼한의 영토를 다스리셨다."면서 신공왕후가 임나일본부를 설치했다고 거듭 왜곡하고 있다. 또한 "이 때문에 신라, 고구려, 백제는 모두 일본에 조공을 바쳤으며, 또한 신라와 백제 두 나라는 일본에 볼모를 두어 그 진심을 나타냈다."라면서 '신라·고구려·백제'를 모두 야마토왜의 속국으로 왜곡하고 있다. 뿐만 아니라 백제와 신라가 "고구려에 멸망되는 것을 면할 수 있었던 것은, 전적으로 일본의 힘 때문이었다."라고도 왜곡했다. 《5. 일본부 2》에서는 "신라는 일본에 복속된 뒤에도 항상 임나제국을 정복하려고 했으며, 또한 일본에 대한 조공을 게을리 하자, 일본은 여러 차례 이를 정벌했다."라고 왜곡하고 있다.

해방 후 역사교과서 집필권을 독점한 한국 역사학계는 서론에서는 식민사학을 비판하는 글을 쓰고 본론과 결론에서는 식민사학을 답습하는 '분절적 서술' 방식으로 현재까지 조선총독부 황국사관을 하나뿐인 정설로 유지하고 있다. 국정이든 검인정이든 현재까지 사용된 모든 역사교과서는 황국사관의 서자庶子일뿐이다.

최근 우리나라에서 가야사를 임나일본부사로 조작해 유네스코에 세계문화유산으로 등재하려 시도하고, 《전라도천년사》에서 전라도 지역을 고대부터 야마토왜의 식민지로 조작해 출판, 배포하려 한 것은 《조선총독부 편찬 심상소학 국사 보충교재》의 기본 관점을 그대로 추종하고 있음을 보여주는 좋은 예이다.

## 3

한 나라를 독립국가라고 할 수 있으려면 국토와 국민뿐만 아니라 독자적 사관을 담은 국사가 있어야 한다. 대한민국은 해방 후 짧은 시간 안에 경제적 근대화와 정치적 민주화를 달성한 전 세계의 모범국가라고 불러도 손색이 없다. 다만 아직도 역사는 조선총독부 황국사관의 그늘에서 벗어나지 못하고 있다.

대일항전기는 일제에 빼앗긴 강토를 되찾기 위해서 싸웠던 영토전쟁의 시기이고, 또 다른 한편으로는 역사 사실과 그 해석을 두고 다퉜던 역사전쟁의 시기이다. 단재 신채호 선생은 말할 것도 없고 대한민국 임시정부 제2대 대통령 박은식 선생, 임정 국무령 이상룡 선생 등이 독립운동가이자 역사학자였다. 이 순국선열들에게 영토전쟁과 역사전쟁은 둘이 아니라 하나였음을 말해준다.

1945년 8월 15일 일제의 항복으로 영토전쟁에서는 부분적으로 승리했지만 역사전쟁은 아직도 시작단계이다. 몸은 대한민국 사람이되 정신은 여전히 총독부가 지배하는 기형적인 모습이 우리 사회의 현상이다. 이런 상태가 계속된다면 우리나라와 우리민족의 미래 지속성도 보장하기 힘들 것이라는 절박감이 이 역사교과서를 세상에 내놓는 배경이다.

사실 이 역사교과서는 한 손에는 총을 들고 영토전쟁을 치르고, 한 손에는 붓을 들고 역사전쟁을 치렀던 순국선열들과 애국지사들이 서술한 것이나 진배없다. 이미 그 분들이 수립해 놓은 역사관의 틀에 그 후의 연구 결과를 보강해서 내용을 채워 넣은 것 뿐이다.

1948년 공포한 대한민국 헌법 전문은 "유구한 역사와 전통에 빛나는 우리들 대한국민은 기미 삼일운동으로 대한민국을 건립하여 세계에 선포한 위대한 독립정신을 계승하여 이제 민주독립국가를 재건"한다고 선포하고 있고, 현행 헌법도 "유구한 역사와 전통에 빛나는 우리 대한국민은 3·1운동으로 건립된 대한민국 임시정부의 법통"을 계승했다고 선포하고 있다. 그러나 현재 교육현장에서 사용하는 역사교과서는 이런 헌법 정신을 부정하고 여전히 조선총독부의 황국사관의 관점에서 서술되어 있다. 순국선열들과 애국지사들의 희생으로 되찾은 이 나라의 헌법 전문과 학교 현장에서 사용하는 역사교과서 사이의 모순과 불일치는 사실상 1945년에 끝났어야 하는 문제다.

이제 이 역사교과서를 세상에 내놓지만 그 여정이 험난할 것을 우리는 잘 알고 있다. 우리는 이 역사교과서와 현재 사용하는 역사교과서를 두고 활발한 토론과 논쟁이 벌어지기를 바란다. 그래서 어느 교과서가 진실에 바탕을 두고 이 나라와 이 민족의 정체성과 미래지향성을 고민하고 있는지 판단하기를 바란다. 이 교과서는 그 시대에 서술된 1차 사료를 기준으로 그 시대를 서술한다는 것을 집필원칙으로 삼았다. 1차 사료를 기준으로 과거사를 서술하는 것이 역사서술의 기본이고 진실과 사실이 해석에 앞서는 것이 역사학의 기본이기 때문이다.

2024년 4월 집필진 일동

## 구성과 체제

이 교과서는 대내적으로 민족 자주사관, 대외적으로 평화·공존 사관의 관점으로 서술한 대한민국 역사교과서이다. 서술체계는 구석기부터 현대에 이르기까지 민족사의 발전 과정을 고르게 서술하였고, 서술 분량은 구석기부터 현대까지 각 단원을 고르게 서술하여 일관된 관점을 가지도록 하였다. 서술 특징으로는 각 시기가 모두 우리와 밀접한 관련이 있는 것으로 서술하였다.

### 대단원 도입

① 대단원명 대단원 명을 제시

② 단원명 단원 명을 제시

③ 단원 관련 사진 단원의 주요한 사진

### 대단원 주제 파악

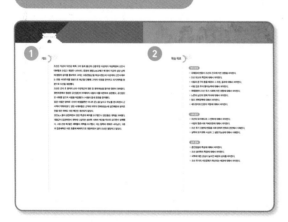

① 개요 단원의 전체 내용 알기

② 학습 목표 단원의 내용 이해하기

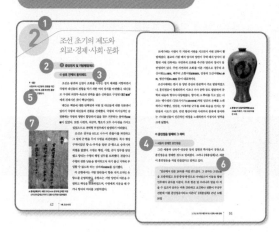

① 단원 확인하기

② 장 확인하기

③ 절 확인하기

④ 소제목 확인하기

⑤ 용어해설  본문을 이해하기 위한 용어 설명

⑥ 1차 인용 사료  역사적 사건과 관련된 사료

⑦ 시각 자료  사진, 지도, 표를 통해 학습 내용
이해하기

단원 코너

① 1차 사료로 그 시대 보기
당시 역사적 사건 기록을 알아보기

② 알고 싶어요
심화 학습

③ 더 깊게 생각하고 토론해봅시다
다른 관점으로 생각해보기

단원 특집 · 대단원 마무리

① 읽기 자료  본문과 관련된 자료 읽기

② 점검  대단원의 내용을 이해했는지 확인해보기

# 차례

# IX  국제질서의 변동과 근대국가 수립운동

# X 일제의 한국 점령과 대일승전

# XI 광복과 분단, 통일을 향하여

# VIII

조선시대

## 개요

조선은 지금의 두만강 북쪽 고려 동계 출신의 신흥무장 이성계가 역성혁명파 신진사대부들과 손잡고 개창한 나라이다. 중원의 원명元明교체기 때 명이 지금의 심양 남쪽에 철령위 설치를 통보하자 고려는 요동정벌군을 북상시켰는데 이성계와 신진사대부는 친명 사대주의를 명분으로 회군을 단행해 고려의 국정을 장악하고 토지개혁을 명분으로 조선을 개창했다.

조선은 건국 초 왕자의 난과 수양대군의 정변 등 왕위계승을 둘러싼 정변이 잇따랐다. 정변과정에서 형성된 공신집단이 부패하자 사림이 이를 비판하며 성장했고, 공신집단은 사화를 일으켜 사림을 억압했으나 사림이 끝내 정권을 장악했다.

집권 사림은 당파로 나뉘어 싸웠을뿐만 아니라 문文을 높이고 무武를 천시하면서 군사력이 약화되었다. 양반 사대부들은 군역의 의무가 면제되었는데 임진왜란과 병자호란을 겪은 뒤에도 이런 폐단은 개선되지 않았다.

양인良人들이 성장하면서 양반 특권의 폐지를 요구했으나 양반들은 개혁을 거부했다. 대원군이 집권하면서 개혁에 나섰지만 성리학 사회의 재건을 목표로 삼으면서 실패했다. 고종 친정 때 많은 세력들이 개혁을 요구했고, 이는 동학과 개화로 나타났다. 고종과 집권세력은 이런 흐름에 폐쇄적으로 대응하면서 결국 조선은 멸망하고 말았다.

## 학습 목표

# 1

## 조선 건국과 통치 체제의 정비

### ① 조선 건국과 왕위계승 분쟁

#### 새로운 동아시아 질서의 개막

아시아와 유럽에 걸친 대제국을 건설했던 원元은 1세기 가량 집권한 후 14세기 후반 들어 쇠락하기 시작했다. 소수 몽골족으로 다수의 한족漢族을 비롯한 수많은 민족을 지배하고 아우르는 탈민족적 통치 이념을 제시하지 못한 데다 내부의 잇단 왕위 계승 투쟁과 지나친 불교 숭상 등이 겹쳐 지배력이 약화되었다. 원이 쇠락해가자 한족 출신의 농민봉기군인 홍건적이 각지에서 일어났다. 그중 한 세력인 주원장朱元璋이 홍건적을 결집하여 1368년 남경을 수도로 삼아 명明을 세웠다. 명은 원을 북쪽 초원으로 몰아내는 한편 고려 강역인 압록강 북쪽 지금의 심양瀋陽 남쪽 철령鐵嶺에 철령위를 세우려 했다. 고려에서는 요동정벌군을 북상시키는 한편 박의중을 사신으로 보내 철령이 원래 고려 강역임을 설명하자

▲ **압록강 위화도.** 위화도가 압록강 북쪽에 있었다는 주장도 있다. 권태균 사진.

명은 한발 물러났다. 조선 건국 직후 명은 심양 남쪽의 철령위를 심양 북쪽 지금의 철령시 은주구로 이전해 조선과 군사분쟁을 피했다.

일본에서는 14세기 들어 가마쿠라 막부鎌倉幕府(겸창막부)가 약화되면서 두 일왕이 남조와 북조로 나뉘어 다투던 남북조 시대(1336~1392)가 약 60여 년 동안 계속되었다. 이때 막부의 지방 통제력이 약해지자 왜구가 고려와 중국의 해안 일대에 출몰하여 인명과 재산을 약탈하다가 명의 해금海禁정책과 조선의 대마도 정벌에 의해 약화되었다. 명 태조 주원장은 1371년 왜구에 대한 방어책으로 조선을 제외한 외국과의 교역 및 해외 도항을 금지하는 해금정책海禁政策을 실시했다. 해금정책은 1567년 경에 완화되는데 그 사이 명은 일본과 교역을 금지시켰으므로 일본은 조선의 역관들에게 은을 제공하고 명의 물품을 구매하는 삼각무역이 행해졌다.

## ◀️ 조선 건국 과정

### = 새 왕조 개창과 국호 제정

1392년 7월 16일 고려의 문하좌시중 배극렴을 필두로 조준·정도전·김사형 등 50여 명의 대소신료들을 중심으로 고려의 기로耆老·한량閑良 등이 이성계를 왕으로 추대했고, 다음 날 이성계는 개경 수창궁壽昌宮에서 즉위했다. 이성계는 7월 28일 교서를 반포해서 "국호는 그대로 고려라 하고 의장儀章(각종 의식)과 법제는 고

▲ **경기전.** 태조 어진을 모신 전주의 사당.

▲ 이성계 어진

려의 것을 모두 그대로 따른다."고 선언했지만 이는 새 왕조의 개창이었고 고려는 475년 만에 멸망했다. 새 왕조는 조반趙胖과 조림趙琳을 잇따라 명에 보내 이성계의 즉위사실을 알리고 인정해 줄 것을 요청했고, 도평의사사는 명나라와 협의를 거쳐 태조 2년(1393) 2월 15일 국호를 '조선'으로 정했다.

조선은 친명 사대주의자들이 세웠지만 독립 자주국이었다. 왕위 계승은 전적으로 조선 왕실에서 독자적으로 결정했고 외교권, 군사권, 인사권도 모두 조선 국왕이 갖고 있었기 때문이다.

= 개국 공신 탄생

태조 이성계는 새 왕조 개창 다음 달 그를 추대한 44명의 공신들을 3등급으로 나누어 도평의사사에 내렸다. 문하좌시중 배극렴·문하우시중 조준·문하시랑찬성사 김사형·정도전 등 16명이 1등공신, 판삼사사 윤호 등 11명이 2등공신, 도승지 안경공 등 16명이 3등 공신이었다. 그 후 상장군 조연, 한상경 등 8명이 더 추가되어 모두 52명의 개국공신이 책봉되었다. 태조 원년 9월 개국공신들은 한자리에서 회맹會盟해 임금에게 충성하고 공신 간의 화합과 단결을 맹세했다. 태조는 이들에게 최고 220결結에서 최하 150결에 이르는 공

### 국호 조선

이성계 즉위 초 명에 사신으로 갔던 조림趙琳이 가져온 명의 자문에 새 왕조의 국호를 묻는 내용이 있었다. 백관들은 도당都堂에 모여 '조선朝鮮'과 '화령和寧' 두 개의 국호로 압축했다. 조선은 단군·기자조선에서 취한 것이고, 화령은 이성계의 고향 영흥의 옛 이름이었다. 명 태조 주원장은 예문관 학사 한상질韓尙質에게 "동이東夷의 국호는 오직 조선이 아름답고 유래가 오래되었으니 그 이름을 따르는 것이 좋겠다."고 권유했고 조선은 그대로 따라 국호로 삼았다.

신전功臣田과 최고 30명에서 최하 15명에 이르는 노비를 지급했다. 개국공신 아래의 원종공신原從功臣은 1,400명이나 되었다. 이들이 새 왕조를 지키는 핵심세력들이었다.

## = 고려 왕족들 제거

태조 3년(1394) 정월 동래현령 김가행과 박중질 등이 밀양의 맹인 예언가 이흥무에게 새 왕조의 안위와 고려 왕족들의 운명을 물은 사건이 드러났다. 여기에 창왕을 폐하고 공양왕을 추대했던 참찬문하부사 박위朴葳가 연루된 사실도 드러났다. 대간臺諫에서는 이들은 물론 왕씨들 제거를 요청했다. 결국 공양왕과 그의 세 아들은 물론 왕화王和·왕거王琚 등 왕족들이 죽임을 당했다.

## ● 왕자의 난과 태종의 집권

### = 제1·2차 왕자의 난과 태조의 퇴위

태조 이성계는 즉위 다음 달 왕비 강씨 소생의 막내 이방석李芳碩(1382~1398)을 세자로 책봉했다. 왕위계승 분쟁을 사전에 차단하려 한 것이었지만 개국에 공이 있는 스물다섯 살의 5남 이방원李芳遠(1367~1422)을 배제하고 열 살의 어린 방석을 세자로 책봉한 것은 분란의 소지가 있었다.

명나라는 정도전이 요동정벌을 기도하는 것으로 의심해서 압송을 요구했는데 이성계와 정도전은 요동정벌로 대응하려 했다. 태조 7년(1398) 8월 태조가 병에 걸려 눕자 방원과 부인 민씨 일가는 '제1차 왕자의 난'을 일으켜 세자 방석은 물론 정도전·남은·심효생 등의 개국공신들을 제거했다. 태조 이성계는 차남 방과를 세자로 삼았다가 9월 왕위를 물려주고 상왕으로 물러났는데 사실상 쫓겨난 것이었다. 그해 12월 방원은 방의·방간 두 형과 함께 개국 1등공신에 추록追錄되었다.

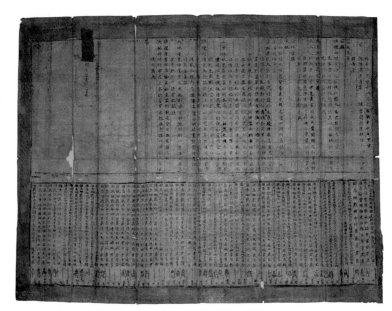

▲ 공신회맹문. 국립중앙박물관.

제1차 왕자의 난 때 방원 측에 선 29명이 정사공신定社功臣으로 책봉되었다. 정종 2년(1400) 정월 방원과 태조의 4남 방간 사이에 '제2차 왕자의 난'이 일어났다. 승리한 방원은 세제世弟가 되었고 군국중사軍國重事를 맡아 정권을 장악했다. 정종은 방원 측에 선 47명을 좌명공신佐命功臣으로 책봉했다. 개국 8년 만에 개국·정사·좌명의 세 공신들이 무더기로 책봉된 것이다.

= 사병혁파와 태종의 즉위

세자 방원은 종친과 공신들이 갖고 있던 사병을 혁파하고 도평의 사사를 개혁해 의정부를 설치했다. 또한 삼군부三軍府를 만들어 행정부서인 정부政府와 군부軍府를 분리시켰다. 정종이 재위 2년(1400) 11월 방원에게 양위하면서 방원이 즉위했으니 그가 태종이다.

새로 즉위한 태종 앞에는 많은 난제가 놓여 있었다. 태조 이성계를 쫓아낸데 대한 반감이 팽배했다. 태종은 재위 원년(1401) 정종의 양위를 반대하던 대신들 26명을 외방에 안치했는데 이는 태조 지지세력에 대한 처벌이었다. 태종 2년(1402) 신덕왕후 강씨의

친척인 안변부사 조사의趙思義가 태종 타도를 외치며 군사를 일
으켰는데 이성계는 조사의를 지지했다. 조사의의 난은 진압되었
지만 태조는 태종을 후계자로 여기지 않는다는 사실을 내외에 보
여주었다.

## 공신과 외척세력 숙청

태종은 왕권 위협세력을 모두 제거해서 왕조의 기틀을 잡으려
했다. 그 주요대상은 공신과 외척세력들이었다. 태종은 재위 4년
(1404) 이거이李居易와 그 아들 이저李佇를 정종 복위를 꾀한 혐의
로 유배 보내고 서인으로 강등시켰다. 이거이와 이저는 정사·좌
명 1등공신일뿐만 아니라 이저는 태조의 맏사위이고 이거이의 둘
째 아들 이백강은 태종의 맏사위였다.

태종은 재위 6년(1406)과 9년(1409) 세자에게 선위하겠다고 선언
해 큰 파란을 일으켰다. 이때 원경왕후 민씨의 동생들이자 정사 2
등, 좌명 1등 공신이었던 민무구·민무질이 태종의 선위를 내심 바
랐다는 혐의를 받았다. 두 형제는 태종 10년(1410) 사사賜死(사약을
마시고 죽음)당했고 그 외에도 여러 인물들이 이 사건과 관련해 목
숨을 잃었다.

태종 15년(1415)에는 그 동생들인 민무휼·민무회가 세자 양녕에게
"형들이 억울하게 죽었다."고 말했다는 이유로 이듬해 정월 사형
당했다. 이 사건을 통해 태종의 외척세력은 확실하게 제거되었다.

**1차 사료로** 그 시대 보기

### 영의정 이화 등의 민무구·무질 탄핵상소

"지난해 전하께서 내선內禪(아들에게 왕위를 넘겨줌)하고자 하실 때 온 나라 신민이 마음 아파하지 않은 자 없었으
나 민무구 등은 스스로 다행으로 여겨 기뻐하는 안색을 보였고, 전하께서 여망을 좇아 복위한 후에 온 나라 신민
이 기쁘게 여기지 않은 이가 없었으나 무구 등은 도리어 슬퍼했습니다. 대개 어린 세자를 끼고 위복威福을 부리
고자 한 것이니 불충한 자취가 분명히 나타나고 있습니다."《태종실록》 7년 7월 10일

태종의 측근이자 정사 2등, 좌명 1등 공신 이숙번李叔蕃도 태종 16년(1416) 가뭄으로 국가가 어려울 때 정승으로 승진하지 못한 것에 불만을 품고 출근하지 않았다는 이유로 지방으로 쫓아내고 공신록권과 직첩까지 박탈했다. 태종은 공신과 외척들의 숙청을 통해 왕권을 반석 위에 올려놓았다.

## ② 태종이 세운 왕조의 기틀

### 🔵 명과 국경을 획정하다

▲ 이지란 초상. 경기도 박물관.

조선 건국 초 명과 국경을 획정짓는 문제는 중요했다. 고려를 계승한 조선은 고려의 국경선이었던 압록강 북쪽의 철령과 두만강 북쪽의 공험진이 명과 국경선이라고 판단했다. 태종은 재위 4년(1404) 5월 예문관 제학提學 김첨金瞻을 명 수도 남경南京에 보내 국경협정을 체결하게 했다. 김첨은 국서와 지형도본地形圖本을 갖고 가서 국경협정에 임했다. 철령~공험진을 조선강역으로 계속 유지하기 위해서는 이 지역에 사는 여진족(만주족)들의 귀속성이 중요했다.

이 지역에는 여진족이 처處 단위로 살고 있었는데, 모두 10처處였다. 그 한 우두머리인 이역리불화李亦里不花는 조선 개국 1등공신 이지란李之蘭의 아들로서 조선 이름이 이화영李和英인데, 조선에서 삼산천호參散千戶 벼슬을 받은 신하였다.

태종은 여진족들이 조선의 신하이자 부역을 바치는 백성임을

알고 싶어요

**이역리불화**

태종은 이역리불화 등 만주 여진족 10개 처의 우두머리에게 조선의 천호 벼슬을 주고 신하로 관리했다. 명은 이를 인정한다는 논리로 철령~공험진까지를 조선의 강역으로 인정했다.

설명했다. 태종 4년(1404) 10월 김첨은 "삼산천호 이역리불화 등 10처 인원을 살펴보고 청하는 것을 윤허한다."라는 명 성조成祖 영락제의 국서를 받아왔다. 지금의 요녕성 심양 남쪽 철령부터 흑룡강성 영안 부근의 공험진까지가 조선강역이라는 국서였다. 태종은 김첨에게 전지 15결을 하사해 나라 강역을 지킨 것을 포상했다.

## 종모법을 종부법으로 바꾸다

조선은 토지문제를 과전법으로 상당 부분 해결했지만 신분제 문제를 해결하지 못했다. 신분제의 가장 큰 문제는 부모의 신분이 다를 경우 자식들에게 모친의 신분을 따르게 하는 종모법從母法이었다. 1처1첩이 합법이었던 조선에서 부모의 신분이 다를 경우 대부분 모친의 신분이 낮았으므로 자식들은 모두 천인賤人이 되었다. 국가에 역役을 바치지 않는 천인층의 확산은 국가재정에 큰 장애요소였지만 양반 사대부들에게는 이익이었다. 태종이 종모법을 종부법으로 바꾸려 하자 이숙번 등이 극력 반대했지만 재위 14년(1414) 6월 종모법을 부친의 신분을 따르게 하는 종부법從父法으로 개정했다.

종부법 개정 이후 천인의 숫자는 크게 줄고 국가에 역을 바치는 양인의 숫자는 크게 늘었다. 토지개혁인 과전법과 신분제개혁인 종부법으로 조선 개창의 대의大義는 완성되었다고 할 수 있다.

**1차 사료로** 그 시대 보기

### 종부법을 개정하는 태종의 교지

"하늘이 백성을 낼 때에는 본래 천구賤口(천인)가 없었다. 전조前朝(고려)의 노비 법은 양인과 천인이 서로 혼인하면 천한 것을 앞세워 천한 자의 어미를 따르게 해서 천구賤口는 날로 증가하고 양민良民은 날로 줄어들었다. 내일 이후 공사 천인이 양부良夫에게 시집가서 낳은 자식들은 모두 종부법從父法에 따라 양인良人을 만들라." 《태종실록》 14년 6월 27일

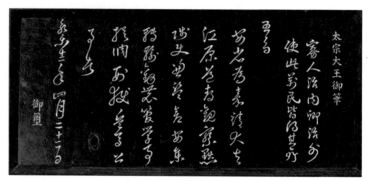
▲ 태종 어필 현판

### 의정부서사제를 육조직계제로 바꾸다

새 왕조의 설계사 정도전이 짠 조선의 권력구조는 의정부서사제議政府署事制였다. 집행기관인 이조·호조·예조·병조·형조·공조의 6조의 정책을 의정부에 먼저 보고 해서 심의를 한 후 의정부에서 국왕에게 품의하는 제도로서 좌·우의정이 세 기관씩 관장했다. 육조직계제六曹直啓制는 육조가 의정부를 제치고 국왕에게 직접 보고하는 체제였다. 의정부서사제 때는 의정부의 권한이 왕권에 버금가지만 육조직계제 때는 정승들이 지위만 높을 뿐 할 일은 없는 명목상의 지위에 불과하게 된다. 태종은 의정부서사제가 왕권을 제약한다고 판단하고 재위 14년(1414) 4월 의정부서사제를 육조직계제로 개편했다.

의정부서사제와 육조직계제는 각각 장단점이 있었다. 국왕이 어질고 능력이 있으면 육조직계제가 유리하지만 국왕이 포악하거나 무능하면 의정부서사제가 유리했다. 태종은 개국 초 강력한

**1차 사료로** 그 시대 보기

#### 정도전의 재상 중심의 국가운영론

"다스리는 것은 총재家宰(육경의 우두머리)가 관장하는 것이다.…그러므로 '임금의 직책은 한 사람의 재상을 헤아려 임명하는데 있다.'고 했으니 바로 총재를 두고 한 말이다. 총재는 위로 군부를 받들고 아래로는 백관을 통솔하고 만민을 다스리는 것이니 그 직책이 매우 큰 것이다." 정도전,《조선경국전》

…→ 임금의 역할은 한 사람의 재상을 임명하는 것이고 그 재상이 나라를 다스린다는 재상중심론이다.

왕권이 필요하다고 생각해서 육조직계제를 실시했다.

## 세자를 교체하고 왕위를 물려주다

태종은 재위 4년(1404) 장남 이제李禔(양녕대군)를 세자로 책봉했다. 양녕은 세자 교육을 담당하는 세자시강원에서 체계적으로 교육받은 첫 세자였다. 그러나 양녕은 제도에 얽매이기를 싫어해 여러 물의를 일으켰다. 태종 17년(1417)에는 전 중추中樞 곽선郭璇의 첩 어리於里를 빼앗아 세자궁에 들이고, 이를 합리화하는 사건까지 일으켰다. 태종은 재위 18년(1418) 6월 세자를 폐출시키고 3남 충녕으로 교체했다. 두 달 후에는 군국軍國(군사에 관한 일)에 관한 일만 자신이 관장하고 왕위까지 넘겨주었는데 그가 세종이었다. 신하들이 양위 선언을 거둘 것을 요청하자 "18년 동안 호랑이를 탔으니 또한 이미 족하다."면서 거절했다. 세종의 즉위로써 파란의 연속이었던 무武의 시대가 끝나고 문文의 시대가 열린 것이었다.

## ③ 세종이 꽃피운 역동적인 나라의 모습

## 집현전에서 유신을 양성하다

상왕 태종이 여전히 군사권을 갖고 있었으므로 세종은 문치文治에 치중했다. 젊은 유신儒臣(유학에 밝은 신하)들을 길러 미래의 주역으로 삼으려 했다. 그래서 고려 때부터 있었으나 유명무실했던 집현전集賢殿을 주목했다. 세종은 재위 2년(1420) 직접 집현전의 재탄생을 주도해 전담 관리를 두게 했다. 정1품 영전사領殿事부터 정9품 정자正字까지 두었는데 종2품 제학提學까지는 대신들을 겸임시키고 정3품 부제학副提學 이하는 전담 관리를 두어 집현전 일만 보게 했다. 전담 관리들은 경연관經筵官을 겸임하게 하는 특

▲ 〈**경직도**耕織圖〉. 농사 짓고 비단 짜는 일을 그린 그림이다.

전을 주어 유학 경전과 역사서를 강론하게 했다.

재위 6년(1424)에는 젊은 유신들이 학문에만 전념할 수 있도록 사가독서賜暇讀書 제도를 실시했다. 조선의 많은 인재가 집현전과 사가독서를 통해서 배출되었는데 수양대군의 왕위찬탈에 대한 저항도 집현전 학사 출신들이 주도했다.

### 🔵 공법 개정

조선의 세법은 크게 토지세, 부역, 공납이었다. 토지세는 수확량의 1/10 정도를 받는 것인데 이 세액은 고정된 것이 아니라 추수기에 수령이 현장에 나가서 농사의 작황에 따라서 세액을 결정하는 답험손실법踏驗損失法이었다. 취지는 좋지만 부정이 개재될 요소가 많았다. 그래서 농지 1결당 매년 20두斗를 정액으로 받는 공법貢法이 대안으로 등장했다. 이는 농민들의 이해와 직결된 문제이므로 세종은 재위 12년(1430) 전·현직 벼슬아치들과 전체 농민들의 의견을 묻는 여론조사를 실시했다. 그 결과 전직 관리들은 현직 관리들에 비해 네 배 정도 공법 찬성의견이 높았다. 농토가 많은 경기·전라·경상도는

알고 싶어요

### 경연經筵

임금과 신하가 경전과 역사서를 강론하고 시국 현안을 논하던 자리이다. 고려 중기 예종 때 도입했으나 무신정권 때 폐지되었고 원 간섭기에는 서연書筵(세자를 위한 교육)으로 격하되었다가 조선 초에 다시 부활했다. 아침에 하는 조강朝講, 점심의 주강晝講, 저녁의 석강夕講, 밤중의 야강夜講이 있었다. 임금도 끊임없이 공부해야 한다는 개국 정신의 반영이었다.

공법 찬성 의견이 압도적으로 높았지만 충청도는 농토 많은 다른 지역에 비해 두 배 정도 공법 반대 의견이 높았다. 산지가 많은 평안·함경·강원도 등은 반대 의견이 많았다. 전체적으로 공법貢法 시행 찬성은 9만 8,657명이고 반대는 7만 4,149명으로 찬성 비율이 조금 더 높았다.

세종은 논의를 계속해서 재위 26년(1444) 11월 전제상정소田制詳定所에서 공법의 구체적 내용을 보고받았다. 과거 세 등급이던 토지 비옥도를 여섯 등급으로 나누는 전분육등법田分六等法을 세분하고 한 해의 풍흉을 아홉 등급으로 나누는 연분구등법年分九等法을 실시하자는 것이었다. 그리고 매년 한 결당 최고 20두, 최하 4두를 받자는 것이었다. 세종은 이를 곧바로 전국에 실시하지 않고 전라도에 시범 실시했다가 점차 확대시켰다. 공법은 세조 7년(1461) 경기도, 세조 8년(1462) 충청도, 세조 9년(1463) 경상도에 확대 실시되어 전국적인 세법으로 정착되어 갔다.

### ◀ 천인들도 고위직에 오르다

▲ **경복궁 경회루**. 세종 때 공조판서에 오른 천인 출신 박자청의 작품이다.

태종·세종 때는 천인들도 능력이 있으면 고위 벼슬아치가 될 수 있었다. 천인이었던 박자청朴子靑은 무인의 기질과 각종 공사에 탁월한 재능을 보여 정2품 공조판서까지 올랐다. 현재의 경복궁 경회루 등이 그가 건축한 것이다. 동래의 관노 출신 장영실蔣英實은 각종 천문관측 기기와 자동물시계인 자격루 등을 만들어 종3품까지 승진했다. 천인이었던 윤득홍尹得洪은 뛰어난 군사적 능력으로 정2품 중추원사中樞院使까지 올랐고, 송희미宋希美도 군사적 능력으로 2품 동지총제同知摠制까지 올랐다.

### 대마도를 정벌하다

▲ 대마도의 가네다성金田城. 백제인들이 쌓은 조선식산성이다.

왜구들이 연안을 침범하자 상왕 태종은 세종 1년(1419) 6월 이종무에게 대마도를 정벌하게 했다. 나라의 강역과 백성들을 보호하는 시범을 보여주기 위한 것이었다.

태종이 교지에서 "대마도는 본래 우리나라 땅"이라고 한 것처럼 대마도에는 지금도 시라기야마新羅山, 고마야마高麗山이란 지명이 남아 있는데서 우리 선조들이 건너가 개척한 땅임을 알 수 있다.

**더 깊게** 생각하고 토론해 봅시다

### 국경에 대한 세종의 《책문》

"(조선이 지켜야 할 국경에 대해) '❶(경원군) 공험진 이남은 나라의 강역이니 군민을 두어서 지켜야 한다. ❷경원군은 삼면에서 공격을 당하기 쉬우니 경성鏡城으로 옮겨야 한다. ❸경원에 군사를 둔 것은 태종의 성헌成憲(법)이니 고칠 수 없다.'는 세 가지 의견이 있는데 어느 것이 이익이고 손해인지 답하라." 《세종실록》 8년 4월 11일

⋯ 조선이 지켜야 할 국경이 두만강 북쪽 700리의 공험진인지 그 아래인지를 묻는 질문이다.

### ◀ 북방 강역을 정비하다

세종 때 이미 일부 유학자들은 압록강~두만강 이북 강역을 오랑캐의 땅으로 치부했다. 세종은 이런 현상에 큰 우려를 표했다. 그래서 재위 8년(1426) 4월 근정전에 직접 나가 회시會試에 합격한 유생들이 치르는 논술 고시인 책문策問에 국경문제를 내었다.

세종은 재위 14년(1432) 12월 좌대언左代言(좌승지) 김종서를 함길도 감사로 삼아 두만강 북쪽 지역을 다스리게 하고 재위 15년(1433) 3월에는 최윤덕을 평안도 도체찰사로 삼아 압록강 북쪽 지역을 다스리게 했다.

세종은 재위 21년(1439) 3월 공조 참판 최치운崔致雲을 명나라에 보내 '철령부터 공험진까지는 조선 경계'라고 다시 통보하게 했다. 세종의 이런 국경에 대한 인식은 《세종실록 지리지》에 "(경원도호부의 사방경계는) 북쪽으로 공험진에 이르기 7백 리, 동북쪽으로 선춘현先春峴에 이르기 7백여 리"라고 기록되었다. 세조 때 정척·양성지 등이 작성한 《동국지도東國地圖》도 두만강 북쪽 공험

**알고 싶어요**

## 윤관의 비를 찾으라는 세종의 명령

세종은 재위 21년(1439) 8월 김종서에게 전지를 내려 명령하기를 "동북 강역은 공험진이 경계라는 말이 전해진 지 오래다. 그러나 정확하게 어느 곳인지는 알지 못한다. 공험진이 장백산長白山(백두산) 북쪽 산기슭에 있다 하나 역시 그 허실虛實을 알지 못한다…《고려사》에는 '윤관이 공험진에 비碑를 세워 경계를 삼았다.'고 하는데, 지금 들으니 선춘점先春岾에 윤관이 세운 비가 있다 한다. 본진本鎭(공험진)이 선춘점의 어느 쪽에 있는가. 그 비문을 사람을 시켜 찾아볼 수 있겠는가?…만일 비문이 있다면 또한 사람을 시켜 베껴 쓸 수 있는지 없는지 아울러 아뢰라."고 하였다.

⋯ 세종은 두만강 북쪽 700리 공험진까지 조선 강역임을 분명하게 알고 있었다.

▲ 세종대왕

▲ **고려와 조선의 국경선 지도.** 남한의 역사학계는 세종이 4군6진을 개척하면서 조선의 강역이 압록강~두만강까지 확장한 것으로 말하지만 고려와 조선의 지식인들은 심양 이남~공험진까지를 고려 또는 조선의 국경으로 인식하였다.

진과 선춘령을 조선 강역으로 표기하고 있다. 세종의 4군6진 개척으로 조선 국경이 압록강~두만강으로 확대된 것처럼 인식하고 있는 것은 일본인 식민사학자들이 '반도사관'으로 조작한 내용을 추종한 결과이다.

### ◀ 종모법 환원의 실책

세종 4년(1422) 5월 상왕 태종이 세상을 떠나자 사대부들은 종부법을 종모법으로 환원할 때가 되었다고 판단했다. 이조판서 허조許稠는 세종 6년(1424) 8월 "공사公私 여종이 양인 남편에게 시집가서 낳은 자식은 아비를 따라 양인이 되지 못하게 하소서."라고 주청했다. 어머니의 신분을 따라 종으로 삼아야 한다는 것이었다. 세종은 양반 사대부들이 끈질긴 요구에 굴복해 재위 14년(1432) 3월 종부법 개정 논의를 허용했다. 종부법 개정 당시 대언代言(승지)으로 이 문제를 관장했던 전 판서 조말생趙末生이 "이숙

번이 옳지 않다고 극력 개진했지만 태종께서는 듣지 않으시고 친히 하교하여 법을 세우셨습니다.''라고 보고했다. 종부법이 태종의 강력한 의지였음이 드러났음에도 세종은 재위 14년(1432) 3월 종부법을 종모법으로 환원시켰다. 태종 14년부터 세종 14년까지 18년 동안만 노비 해방기간이었다.

종모법 환원은 큰 사회문제를 낳았다. 군역과 세금을 부담하는 양인의 숫자가 대폭 감소하면서 국가는 가난해졌고, 노비를 소유한 양반 사대부들은 부유하게 되었다. 군역 자원이 점차 부족해지면서 조선의 국방은 크게 약화되었고 급기야 임진왜란 때 노비들이 일본군에 대거 가담하는 체제 이반현상이 일어났다. 종모법 환원은 세종이 양반 사대부들의 눈으로 조선을 바라본 결과였다.

## ❹ 세조의 집권과 왕조의 혼란

### ◀ 어린 군주와 장성한 숙부들

= 문종의 죽음과 어린 단종의 즉위

세종은 재위 18년(1436) 건강이 악화되자 육조직계제를 다시 의정부서사제로 환원했다. 의정부서사제는 좌·우의정의 일이 많고 영의정은 맡은 일이 없었지만 세종은 영의정 황희를 중심으로 의정부서사제를 운영하게 했다. 재위 24년(1442)에는 세자의 관아인 첨사원詹事院을 설치하고, 재위 27년(1445)에는 세자에게 서무를 재결하게 하였다. 세종은 재위 32년(1450) 2월 세상을 떠나고 36세의 문종이 즉위했다. 문종은 군주의 자질은 뛰어났지만 병약했기 때문에 재위 2년(1452) 5월 세상을 떠나고 11살의 어린 단종이 즉위했다. 문종은 세상을 떠나기 전 황보인·김종서 등 대신들에게 어린 군주의 보필을 고명했다.

▲ 황희 초상

= 계유정변을 일으키다

숙부 수양대군이 단종의 왕위를 노리면서 정국이 불안해졌다. 의정부 대신들이 이를 막기 위해 **분경**奔競*을 금지시키자 수양이 이를 강력하게 비판해서 철회시켰다.

● **분경**
인사권이 있는 대신이나 왕족에게 인사청탁하는 것

수양대군은 교리校理 권람權擥의 천거를 받아 한명회韓明澮 등을 모사로 쓰면서 양정楊汀·유수柳洙·홍순손洪順孫 같은 무사들을 끌어모았다. 단종 원년(1453) 10월 수양대군은 정변을 일으켜 김종서·황보인 등 문종의 고명에 따라 단종을 보필하던 정승들과 여러 대신들을 살해하고 정권을 장악했는데, 이것이 계유정변이다.

## ● 왕위 찬탈과 그에 대한 반발

### = 상왕복위기도사건

정변 후 수양대군은 의정부와 이조·병조를 독차지했다. 수양이 정변을 반대하는 것으로 여긴 함길도 병마도절제사 이징옥李澄玉을 해임하자 이징옥이 군사를 일으켜 반발했다. 수양은 이를 진압한 후 내외병마도총사內外兵馬都統使가 되어 군사권까지 차지했다. 단종은 명목상의 임금으로 전락했으나 수양은 이에 만족하지 않고 단종 3년(1455) 윤6월 왕위까지 빼앗고 즉위했는데 그가 세조(재위 1455~1468)이다.

이때는 개국 초의 혼란기가 아니라 세종·문종 치세 35년을 거치면서 유학정치가 궤도에 오른 뒤였다. 숙부 수양의 즉위에 집현전 출신 유신儒臣들이 크게 반발했다.

성삼문·박팽년·하위지·이개·유성원 등의 집현전 출신 학사들은 성승·유응부·김문기 등의 무신들과 세조 제거를 모의하고 단종의 외숙 권자신을 통해 단

▲ 단종 어진. 영월군청.

종의 내락을 받았다. 세조 2년(1456) 6월 창덕궁에서 명 사신 윤봉 尹鳳 등을 만나는 자리에서 세조와 세자를 죽이고 단종을 복위시 키기로 결정했다. 그런데 거사 당일 성승·유응부 등이 맡기로 했 던 별운검別雲劍(2품 이상의 무신이 임금을 호위하는 것)이 폐지되고 세자 가 불참하자 훗날을 기약했다. 그러자 같이 공모했던 김질이 장인 정창손에게 모의사실을 실토하면서 사건관련자들과 그 가족들이 대거 죽임을 당했다. 이것이 '상왕복위기도사건'인데 세칭 '사육신 死六臣사건'이라고 부른다. 세조는 상왕 단종을 노산군魯山君으로 낮췄다가 다시 서인庶人으로 강등시켜 영월에 유배 보냈다.

세조에 대한 반발은 계속되었다. 세조 3년(1457) 세종의 여섯 째 아들인 금성대군이 유배지에서 순흥부사 이보흠, 품관 안순손과 영남유생들과 함께 단종 복위를 꾀하다가 관노가 고발하면서 미 수에 그쳤다. 금성대군은 사사당하고 관련자들이 대거 죽임을 당 했다. 세조는 단종의 장인 송현수도 죽이고 단종도 영월에서 살 해했다.

## = 거대공신집단의 탄생

세조의 집권과정에서 공신집단들이 다시 생겨났다. 단 종 원년(1453)의 계유정변 직후 수양대군과 한명회·권람·정 인지 등 43명을 정난공신靖難功臣으로 책봉했다.

2년 후인 세조 원년(1455) 9월에는 한명회·권람·신숙주·정 인지 등 46명을 다시 좌익공신으로 책봉하였다. 2천여 명 에 달하는 원종공신까지 책봉해 다시 공신들의 나라가 되 었다. 공신들은 막대한 토지와 노비들을 부상으로 받고 계유정변 때의 피해자들과 상왕복위기도사건 피해자들 의 토지와 그 부녀자들까지 나누어 가졌다.

세조는 '공신은 사형죄를 범해도 마땅히 용서해야 한 다.'면서 본인과 그 자손들까지도 형벌에서 면제되는 특

▲ 신숙주 초상

권을 주었다. 태종이 피의 숙청을 통해 제거했던 공신들이 특권
층으로 다시 부활했는데 이는 법치의 붕괴를 뜻했다.

## = 세조 왕권강화의 모순

세조는 황보인·김종서 등이 왕권을 제약한다는 명분으로 정변
을 일으켰으므로 왕권강화를 추진했다. 즉위 원년 의정부서사제
를 폐지하고 육조직계제로 환원했다. 그러나 세조의 왕권강화책
은 구조적으로 불가능했다. 왕권강화는 특권층의 제거를 의미했
는데, 세조는 막대한 공신들을 탄생시키고 그들에게 막대한 특혜
를 부여했기 때문이다. 공신들에게 막대한 경제적 이득을 보장하
기 위해 대납권代納權까지 주었다. 대납이란 백성들의 세금을 대
신 납부하고 수수료를 더해 징수하는 것인데 원래 세금의 2배에
서 서너 배를 더 거두었다. 《세조실록》에는 대납의 고통에 대한
호소가 끊이지 않고 있지만 세조는 모른 체했다.

세조는 재위 13년(1467) 원상제院相制를 설치해 공신들의 권력을
더욱 강화시켰다. 명나라 사신 백옹白顒·황철黃哲이 오자 신숙주·
한명회·구치관 등의 대신들에게 승정원에 나가 집무하게 한 것이
원상제의 시초인데 사신이 돌아간 후에도 계속 유지되었다. 의정
부·육조를 장악한 공신들이 승정원까지 장악했으니 왕권이 제약
될 수밖에 없었다. 세조는 재위 14년(1468) 9월 세상을 떠났지만 그
가 남긴 부채는 조선이 정상적인 사회로 나아가는데 큰 장애요소
가 되었다. 남효온·김시습 등은 세조의 왕위 찬탈을 비판하면서 벼

### 《단종실록》과 《노산군일기》

《단종실록》의 원 이름은 《노산군일기》다. 세조는 단종을 노산군으로 격하시키고 실록 대신 《노산군일기》를
편찬했다. 《노산군일기》는 수양을 '세조'라는 묘호로 쓰고 있으므로 세조 사후에 편찬한 것으로 추측되는데
편찬자의 이름도 쓰지 못했고 편찬과정도 베일에 싸여 있다. 단종 사후 250여 년 후인 숙종 24년(1698) 노산군
을 단종으로 높이고 《노산군일기》도 《단종실록》이라고 높였지만 내용은 그대로여서 왜곡이 심하다.

슬길에 나가지 않고 평생 재야에 살았는데 이들을 생육신이라고 높였다.

## ● 예종의 개혁과 급서

### = 분경과 대납 금지

열여덟 살에 즉위한 제8대 예종(재위 1468~1469)은 세조의 둘째 아들이었다. 예종은 세자시절부터 공신들의 전횡에 부정적인 인식을 갖고 있었다. 세조가 병에 걸리자 공신들에게 계유정변과 상왕복위기도 사건으로 처형된 신하들의 가족 방면 문제를 제기해 충격을 주었다. 공신들의 반대로 무산되었지만 세자의 정견이 드러난 사례였다.

예종은 즉위 직후 공신집단에 칼을 대었다. 먼저 분경을 금지시켰다. 예종이 "이조·병조에 드나드는 자는 지위고하를 막론하고 목에 칼을 씌워 구속하고 나중에 보고하라."고 명령하자 공신들은 큰 충격을 받았다. 예종은 또 "대납은 백성들에게 심하게 해로우니 이제부터 대납하는 자는 공신·종친·재추를 물론하고 곧 극형極刑에 처하고, 가산은 관에 몰수한다. 공사公私 모두 대납을 금한다."라고 명령했다. 분경과 대납을 금지시켜 공신들의 사익 취득을 막으려 했다.

### = 남이 사건

공신집단의 권력이 왕권보다 강했기에 그 해체는 쉽지 않은 과제였다. 세조 말년 공신집단은 구공신과 신공신으로 나뉘어 있었다. 구공신은 세조 즉위과정에서 발생한 공신들이었고 신공신은 세조 즉위 이후 발생한 사건 처리 와중에서 발생한 공신들이었다. 구공신의 대표는 한명회·정인지·신숙주 등이었고, 신공신의 대표는 세종의 넷째 임영대군의 아들 귀성군 이준과 남이 등이었

▲ **남이장군 무신도**巫神圖. 서울 용문동 남이장군 사당.

다. 세조는 죽기 직전 스물여덟 살의 이준을 영의정, 남이를 병조판서로 임명했다. 세조는 구공신을 견제하기 위해서 신공신을 육성한 것이다.

예종이 공신집단을 해체시키려면 구공신보다 열세였던 신공신을 육성해야 했는데 거꾸로 즉위 당일 병조판서 남이를 종2품 겸사복장兼司僕將으로 좌천시켰다. 예종의 속내를 읽은 병조참지 유자광이 남이를 역모로 고변했다. 아무런 물증이 없었으나 예종은 사실로 인정해 남이를 제거했다. 남이의 옥사를 끝내고 37명의 익대공신을 책봉했는데, 다섯 명의 1등공신 중에 고변자인 유자광과 한명회·신숙주 등의 구공신이 포함되었다. 남이의 옥사는 세조 말년에 성장한 신공신에 대한 구공신의 역습이었는데 예종은 이런 역학구도를 이해하지 못하고 신공신을 제거했다.

## = 예종의 급서와 성종의 즉위

신공신을 몰락시킨 후에도 예종은 공신세력 약화작업을 계속하다가 갑자기 급서했다. 《예종실록》은 재위 1년(1469) 11월 28일 "임금의 병이 위급하므로 좌부승지 한계순과 우부승지 정효상을 내불당內佛堂에 보내어서 기도하게 하였다."라고 전하는데, 바로 그날 진시辰時(오전 7시~9시)에 자미당에서 세상을 떠난 것이다. 그런데 예종이 세상을 떠나기 직전 신숙주·한명회·구치관 등 원상院相들이 이미 승정원에 모여서 대비 정희왕후와 차기 국왕에 대한 의견을 조율했다. 예종의 장자 제안대군이 세 살로 어렸으므로 이미 세상을 떠난 의경세자의 장남 월산대군이 보위를 이어야 했다. 그러나 정희왕후는 월산대군의 동생 자을산군을 지명했고 원상들은 이구동성으로 "진실로 마땅합니다."라고 찬동했다. 국왕이 사망하면 며칠 후에 즉위하는 관계를 깨고 당일로 즉위식까지 거행했으니 그가 제9대 성종(재위 1457~1494)이었다.

▲ **좌리공신 교서.** 4등공신 김길통의 공신교서이다.

## 좌리공신 책봉과 구공신 득세

### = 좌리공신 책봉과 반발

성종은 재위 2년(1471) 3월 75명의 좌리佐理공신을 책봉했다. 사헌부에서 "금번의 좌리공신은 무슨 공이 있습니까?"라고 반대했지만 성종은 책봉을 강행했다. 좌리 1등공신 9명은 예종 사망 당일 승정원에 모였던 원상들에 정인지의 아들 정현조 등이 추가된 것이었다. 좌리공신은 성종을 즉위시킨 것에 대한 보답이었다.

### = 귀성군 제거되다

성종 즉위 직후 구공신은 남은 신공신 제거에 나섰다. 성종 1년(1470) 1월 생원 김윤생 등이 귀성군의 친족인 전 직장直長 최세호를 역모로 고변했다. 구공신들은 귀성군이 왕위를 노렸다고 공격했고 귀성군은 서인으로 강등되어 경상도 영해로 유배 갔다. 성종 10년(1479) 1월 귀성군은 유배지에서 죽었다. 신공신세력이 모두 거세되면서 다시 구공신 세상이 되었다.

알고 싶어요

#### 예종 독살설

예종 사후 이틀 후인 12월 1일 신숙주·한명회·홍윤성 등의 원상院相들과 승지 등이 '염습할 때 보니 예종의 옥체가 변색되었다.'는 사실을 대왕대비에게 보고했다. 시신 변색은 약물 중독사 때 생기는 전형적 증상이었다. 예종은 족질足疾(발병)이었으므로 약물에 중독될 병이 아니었다. 어의 권찬權攅을 국문해야 한다는 주청이 잇따랐으나 정희왕후 윤씨는 거부했다. 뿐만 아니라 권찬은 성종 1년 종2품 가선대부 현복군玄福君으로 승진했다.

# 조선 초기의 제도와 외교·경제·사회·문화

## ① 중앙정치 및 지방행정제도

### ▧ 상호 견제의 통치체제

● 대간
사헌부와 사간원의 관원을 대간
이라고 하는데, 성종 때 만든 홍문
관 관원도 포함된다.

조선은 왕권과 신권이 조화를 이루는 정치 체제를 지향하면서 국왕과 대신들의 전횡을 막기 위한 여러 장치를 마련했다. 대신들로 구성된 의정부·육조의 권력을 젊은 신하들로 구성된 **대간**臺諫●에게 견제시킨 것이 핵심이었다.

대간은 백관에 대한 탄핵권과 국왕 및 대신들에 대한 언론권이 있어서 국왕과 대신들의 전횡을 견제했다. 국왕의 비서실격인 승정원에는 국왕의 명령이 합당하지 않을 경우 거부하는 봉박권封駁權이 있었다. 또한 사헌부, 의금부, 형조가 모두 수사권을 가지고 있었으므로 권력형 부정부패가 발생하기 어려웠다.

조선은 전국을 8도로 나누어 관찰사를 파견하고 그 밑에 군·현을 두어 수령을 파견하였다. 특수 행정 구역이었던 향·소·부곡을 일반 군·현으로 승격시켜 차별을 없앴다. 수령은 행정, 사법, 군사 업무를 담당했고 향리는 수령의 행정 실무를 보좌했다. 관찰사나 수령의 권한 남용을 방지하고자 자기 출신 지역에 부임할 수 없도록 하는 상피제相避制를 실시했다.

각 군현에서는 지방 양반들이 향촌 자치 조직인 유향소를 운영하였다. 유향소는 지방 양반의 여론을 수렴하고 백성을 교화하였으며, 수령에게 자문을 해 주거나 향리의 비리를 고발하였다.

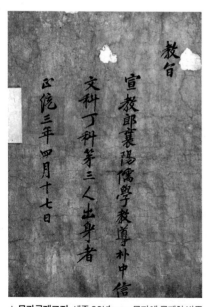

▲ **문과급제교지.** 세종 20년(1438) 문과에 급제한 박중신의 문과급제교지이다. 강릉시오죽헌시립박물관.

## 과거를 통한 인재등용

　관리는 과거, 음서, 천거 등으로 선발하였다. 과거는 문관을 뽑는 문과와 무관을 뽑는 무과, 기술관을 선발하는 잡과가 있었다. 고려는 5품 이상 자제가 음서 대상이었으나 조선은 2품 이상 자제로 축소했다. 과거는 3년마다 실시되는 정기 시험인 식년시와 나라에 경사 등이 있을 때 실시하는 부정기 시험이 있었다. 문과와 무과는 초시, 복시, 전시를 거쳐서 선발되었고, 잡과는 해당 관청에서 별도로 실시하였다. 양인良人의 문·무과 응시를 제한하는 법령은 없었지만 실제로는 양반 사대부가 아니면 응시가 거의 불가능했다.

　조선은 관리 양성과 유학진흥을 위해 여러 교육제도를 마련하였다. 문관 양성에 필요한 유학 교육을 위하여 중앙에 성균관과 4부 학당을 설치하였고, 각 지방 군현에는 향교를 두었다. 기술 교육은 해당 관청에서 담당하였다.

### 조선의 지방 관리

| | |
|---|---|
| 관찰사 | 도의 행정 총괄, 수령 감독 |
| 향리 | 수령 보좌, 지방의 행정 실무 담당 |
| 수령 | 도 아래의 모든 군현에 파견되어 행정, 사법, 군사권 행사 |
| 유향소(향청) | 지방 사족이 조직한 향촌 자치 기구, 수령 보좌, 향리의 비리 감시 |

### 상피제

상피相避는 친인척끼리 같은 관청이나 고향에 근무하지 못하게 하는 제도였다. 친인척이나 지역인사들 간의 담합을 막아 부정부패를 방지하기 위한 것이었다. 상부와 하부 부서 간에도 적용되었다. 형이 관찰사라면 동생은 그 산하 고을의 지방관이 될 수 없었다. 지방관이 가족, 친척들과 함께 부임하는 것은 허용했지만 부패를 막기 위해 가족들의 규모를 제한했는데 이를 어길 경우 남솔濫率(넘치게 거느림)이라 하여서 탄핵 사유가 되었다.

### 조선의 관리 등용 제도

| 과거 | 문과, 무과, 잡과(해당 관청에서 실시) |
| --- | --- |
| 천거 | 고위 관리 등의 추천으로 관직에 등용하는 제도 |
| 음서 | 고려시대에 비해 대상 축소, 음서 출신은 고위 관리로 승진하기 어려움 |

## ◀ 군역제도와 교통, 통신 체제

조선은 16세에서 60세까지의 모든 양인 남자가 군역을 수행하는 양인개병良人皆兵과 병농일치兵農一致를 원칙으로 삼았다. 모든 양인은 현역 군인인 정군과 정군의 비용을 부담하는 보인保人(봉족)으로 편성 되었다. 현직 관리와 성균관·4부학당·향교 등에

▲ 조선초기에 지어진 경남 고성 곤상 봉수대.

### 알고 싶어요

#### 진관체제

해안과 내륙을 방비하기 위해서 전국을 여러 개의 진관鎭管으로 편성한 체제이다. 중요한 지역을 거진巨鎭으로 삼고 주위의 여러 진을 거진에 소속시켜 전투에 임하게 했다. 진관체제는 작은 규모의 전투에는 유리하지만 큰 규모의 전쟁에는 적합하지 않다는 문제점이 드러났다. 16세기 이후 각 지역의 군사를 한 곳에 집결시켜 중앙에서 파견한 지휘관이 지휘하는 제승방략制勝方略 체제로 바꾸었다.

다니는 학생과 향리 등은 군역을 면제 받았다.

군사 조직은 중앙군과 지방군으로 편성되었다. 궁궐과 수도를 방어하는 중앙군은 5위로 구성되었다. 지방 각 도에는 병영과 수영을 두고 각각 병마절도사와 수군절도사를 파견하여 통솔하였다. 군사적으로 중요한 읍에는 읍성을 쌓아 방어에 힘썼다. 세조 이후에는 진관체제鎭管體制를 실시했는데 이는 외적의 침입에 대비한 지역 단위의 방위 체제였다.

군사 조직과 함께 교통·통신 체제도 정비되었다. 정치·군사적 위급 상황을 신속히 알리기 위한 봉수제를 운영하고 물자 수송과 통신을 위해 역참을 설치했다.

## 과학기술 발달

조선은 과학 기술 발달에도 큰 관심을 보였다. 국가에서 적극적으로 과학 기술을 지원했고, 중국과 아라비아의 과학 기술을 폭넓게 수용하여 우리 실정에 맞게 적용했다. 태조 때는 천문도인 〈천상열차분야지도〉를 돌에 새겨 조선 개창이 천명의 결과임을 과시했다.

세종 때에는 천체 운행을 측정하는 혼천의를 제작하여 하늘을 관찰하였고, 한양을 기준으로 천체 운동을 계산한 역법서 《칠정산七政算》을 만들었다. 천문학과 역법은 농업 발달에 많은 도움을 주었다.

세종 때 중국의 농업 기술을 우리 풍토에 맞게 적용한 《농사직설農事直說》을 편찬해 배포했다. 강우량을 측정하는 측우기, 해시계인 앙부일구와 물시계인 자격루, 토지를 측량하는 **인지의**印地儀● 등을 만들어 농사에 활용하였다.

우리 풍토에 맞는 약재와 치료법을 개발하여 정리

● **인지의**
세조가 재위 12년(1466) 직접 만들었다는 토지측량 기구인데, 현재 전해지지 않아 자세한 것은 알 수 없다.

▶ **자격루.** 물시계이다.

한《향약집성방鄕藥集成方》과 의학 백과사전《의방류치醫方類聚》를 편찬하였다.

각종 서적을 편찬하는데 필요한 활자 인쇄술도 발달하여 계미자, 갑인자와 같은 금속 활자가 주조되었다. 국방에 대한 관심도 높아져 많은 병서가 편찬되고 무기 제조 기술도 발달하였다.

## ② 조선 초기의 대외관계

### 사대교린의 외교정책

= 명과는 사대외교

건국 초 외교정책의 최대현안은 명明과의 관계설정이었다. 국호 '조선'을 명과 상의해서 정할 정도로 명을 중시했지만 정작 명 태조 주원장은 조선이 여진족과 연결해 명을 공격할지도 모른다고 의심해 정도전의 압송을 요구했을 정도로 조선을 경계했다. 제1차 왕자의 난으로 이성계가 축출되고 정도전이 살해되면서 대명 對明 강경론은 수그러들었다. 이후 명에는 사대하고, 일본 등 이웃국가들과는 사이좋게 지낸다는 사대교린事大交隣이 조선 외교정책의 기초로서《경국대전》에 명문화시켰다.

알고 싶어요

### 〈천상열차분야지도〉

조선 건국 직후 한 노인이 고구려 천문도의 탁본을 바쳤다. 원래 평양에 있었으나 전란 중에 강에 빠져 잃어버렸던 비석의 탁본이었다. 이성계는 천문도를 얻은 것을 건국의 천명을 받은 것으로 인식하고 서운관에 보내 돌에 새기도록 했다. 고구려 천문도 제작 이후 오랜 세월이 흘렀으므로 일부를 고쳐서 〈천상열차분야지도〉를 새롭게 작성했다.

▶ 〈천상열차분야지도〉 각석. 국립고궁박물관.

사대외교는 명을 동아시아 질서의 중심으로 인정하는 형식적인 것이어서 내정이나 외교에 대한 간섭은 받지 않았다. 조선과 명이 매년 여러 차례 보낸 사행使行에는 국제무역의 성격도 있었다.

## 이웃국가들과 교린관계

### = 여진족

여진족은 국가를 이루지 못하고 있었다. 조선은 압록강~두만강 북쪽의 여진족을 조선의 백성으로 관리했다. 이곳에는 10개 처의 여진족 부락이 있었는데 그 우두머리에게 조선의 천호 벼슬을 주어 관리했다. 여진족들이 때때로 조선의 통제에서 벗어나기도 하고 조선 변방을 공격하기도 했으므로 조선은 강온 양면책을 써서 관리했다. 조선의 회유책은 벼슬을 주는 것과 경성과 경원에 개시開市를 열어 여진족의 가죽이나 말 같은 특산물과 조선의 식량과 농 기구, 의류 등을 무역하게 한 것이었다. 회유책이 통하지 않아 여진족들이 국경 마을을 약탈하면 강경책으로 때로는 군사력을 동원하여 근거지를 토벌하는 것이었다.

### = 일본과 대마도

조선은 일본에도 강경책과 온건책을 병행하였다. 세종 1년(1419)

알고 싶어요

### 조공과 회사

명 중심의 동아시아 국제질서는 제후국이 조공朝貢하면 명은 회사回賜로 답례품을 주는 상호관계였다. 명 태조는 공민왕 22년(1373) 고려에 3년에 한 번 사신을 보내라는 3년 1공貢을 요구했다. 고려는 1년 3공을 제안했는데 이는 조공무역이 고려에게 이익이기 때문이었다. 조선도 마찬가지로 명에서 조선의 말을 요구해서 제공할 경우 모두 대가를 받았다. 형식은 조공과 회사였지만 내용은 국가간의 공무역이었다. 조공무역의 이익이 크기에 조선도 1년 3공을 요구해 관철시켰다. 형식으로는 명을 높이는 조공체제였지만 내용으로는 국제무역의 이익을 차지했던 실리 외교였다.

▲ 일본 《조선국신사회권朝鮮國信使絵巻》에 조선통신사.

상왕 태종이 이종무李從茂에게 왜구의 본거지인 대마도를 정벌하게 한 것이 강격책이었고, 세종 때 부산포(동래), 제포(창원), 염포(울산)의 3포를 열어 교역을 허가한 것이 온건책이었다. 조선은 일본에 식량과 의복, 면포, 서적 등을 수출하고 은과 구리, 유황, 물감, 향료, 약재 등을 수입하였다. 이때 조선에서 《팔만대장경》 인쇄본이 전해져 일본의 불교 발전에 크게 기여하였다. 3포에 거주하는 일본인들이 늘어나면서 일본의 교역 확대 요구도 높아졌다. 조선이 교역확대를 거부하고 통제하자 중종 5년(1510)의 3포왜란, 명종 10년(1555) 을묘왜변 등이 일어났다. 조선은 일본의 막부와 대마도를 따로 관리했다. 사실상 일왕이었던 막부幕府의 장군에게는 국왕이 통신사通信使를 보냈으나 대마도주는 주로 예조참의가 관리하게 했다.

**알고 싶어요**

### 사역원司譯院

고려에 이어 조선은 외국어 통역과 번역을 맡는 사역원을 설치했다. 태조 2년(1393) 설치한 사역원에서는 한어漢語, 여진어, 몽골어, 왜어倭語, 유구어, 위구르어 등을 가르쳤는데 이들 나라나 민족들은 모두 조선과 밀접한 관련이 있었기 때문이다.

= 유구 및 동남아시아 여러 나라와 교류

조선은 유구, 시암(타이), 자와(인도네시아) 등과도 교류하여 각종 토산품을 받아들이고, 의복이나 면포류, 문방구 등을 주었다. 특히 유구와 활발히 교역했는데 유교 경전과 불경, 범종, 불상 등을 보내 유구의 불교 발전에 기여하였다. 16세기 이후 일본의 방해로 조선과 유구의 직접 교역은 감소하였다. 그러나 양국 사신이 명의 연경에서 만나 표류민 송환을 협의하는 등 지속인 관계는 계속 유지하였다.

## ③ 조선 초기의 경제와 사회제도

### ◀ 경제제도

= 과전법 체제

조선은 과전법을 기반으로 건국한 나라였다. 공양왕 3년(1391) 제정한 과전법은 토지에 대한 세금을 거둘 권리인 수조권收租權을 관료에게 준 제도였다. 수조권이 국가에게 있으면 공전公田, 개인에게 있으면 사전私田이었다. 수조율은 고려 말기에는 수확량의 1/2이었는데 과전법에서는 1/10로 대폭 낮췄으므로 새 왕소 개창에 대한 농민들의 지지를 획득할 수 있었다. 사전이라고 해서 토지에 대한 소유권을 갖는 것이 아니라 그 토지에 대한 세금을 거둘 권리를 갖고 있는 것이다. 농민들이 가진 경작권耕作權이 실질적인 소유권이었다. 세금을 거둔 벼슬아치는 그 중 약 1/10 정도를 국가에 전세田稅로 냈다.

= 직전법과 병작반수의 확대

세조 12년(1466) 직전법職田法을 시행했다. 과전법은 현직 관료는 물론 특정한 직임이 없는 산직散職 관료에게도 토지를 지급했지만 직전법은 현직 관료에게만 토지를 지급하면서 그 액수도 축소했다. 직전법 실시 이후 퇴직 후에는 토지를 돌려주어야 했으므로 현직에 있을 때 규정 이상의 조세를 걷는 경우가 늘었고, 조선 중기에 접어들면 다시 토지에 대한 수탈이 심화되어 수확량의 절반을 걷는 병작반수竝作半收가 관행처럼 보편화되어 갔다.

## 신분제도

### 양천제와 4신분제

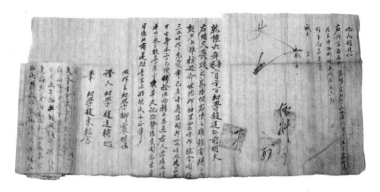

▲ 노비매매문서. 국립민속박물관.

조선 초기 법제적으로는 양인良人과 천인賤人을 구분하는 양천제良賤制였다. 자유민인 양인은 국가에 대해 조세, 공납, 부역의 의무를 졌다. 노비가 대부분인 천인은 재산으로 취급되었으며 주인에게 봉사할 의무가 있었다. 법제적으로는 양인과 천인만 구분했지만 과거에 응시할 경우 **사조단자**四祖單子●를 제출해야 했는데, 이를 통해 양반이 아닌 양인의 과거급제를 막았으므로 양인들은 사실상 과거응시 자격이 없는 셈이었다. 태종은 종모법을 종부법으로 바꾸어 양인 인구를 크게 확대시켰다. 그러나 세종이 다시 종모법으로 환원하면서 천인 인구가 대폭 늘어났다. 이후 양인은 점차 양반, 중인, 상민으로 분화하면서 천인과 더불어 네 신분으로 세분화되었다.

## = 양반은 면제된 군포

양반 신분이 중요해진 것은 군역軍役 의무 때문이었다. 개국 초에는 모든 백성들에게 군역의 의무가 있었다. 관료들이 관직에 종사하면 군역을 대신하는 것으로 여겨 면제해 주었다. 그러다가 점차 양반 사대부 전체로 면제 범위가 확산되었다.

양인들은 직접 군역에 종사하는 대신 화폐의 역할을 하던 면포綿布(무명)를 주고 대신 군역을 수행하게 하는 대립代立이 늘어났다. 이때 실제 군역을 수행하는 사람에게 주는 군포를 대립가代立價라고 했는데 관청에서는 이를 막기는 커녕 오히려 종용했다. 그 일부는 관청의 비용으로 쓸 수 있기 때문이었다. 중종 36년(1541) 군적수포제軍籍收布制를 실시하면서 실제 군역에 종사하는 대신 1년에 2필의 군포軍布를 내는 것으로 법제화되었다. 이때 양반들은 군포 납부 대상에서 면제되었다. 지배층인 양반들이 특권만 있고 의무가 없는 가치관의 전도 현상이 발생했다. 이후 군역은 상민들만 부담하는 천역賤役이 되었고 이는 조선의 국방력을 결정적으로 약화시켰다.

## = 중인

지배계급과 피지배계급 사이의 중간 계급이 중인中人이었다. 중인은 역관譯官(통역관), 의관醫官(의사), 율관律官(판사) 등 기술직에 종사하던 사람들과 각 관청의 하급 관리인 서리와 지방 수령의 행정 실무를 돕는 향리 등이 중인이었다. 이들은 각 관청에서 뽑는 잡과에 응시해 합격한 사람들이었다. 중인은 처음에는 큰 차별을 받지 않았으나 양반 중심 사회가 정착되면서 중앙의 고위직에 오를 수 없게 되었다. 특히 향리는 고려에서 중앙관직에도 진출할 수 있던 계층이었으나 조선에서는 지방 수령을 보좌하는 지위에 머물렀다.

양반의 첩 소생인 서얼庶孽도 중인으로 취급되었다. 이들은 법

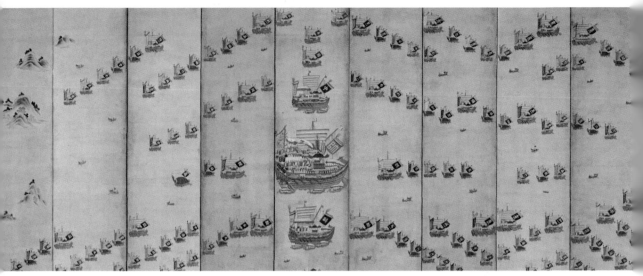

▲ 〈**수군조련도**水軍操鍊圖〉. 조선 수군 일부는 신량역천 중의 하나였다. 국립고궁박물관 소장.

적으로 문과에 응시할 수 없었고 간혹 무반직에 등용되었다. 양반들은 기득권을 지키기 위하여 지배층이 늘어나는 것을 막았다. 그래서 고려와 달리 중인에 대한 신분적 제약이 강해졌다. 양반의 첩에게서 태어나 차별받는 서얼도 고려에는 없던 개념이었다.

= 상민

상민常民은 농민, 수공업자, 상인 등을 말하는데 일반 백성이라는 뜻의 서민, 평민 등으로도 불렸다. 그 대부분인 농민은 대개 1~2결 정도의 땅을 소유한 자영농이거나 타인의 땅을 빌려 농사 짓는 소작인으로서 전세·공납·부역의 의무를 지고 있었다. 조선 초기에는 세력가들의 토지 겸병을 엄격히 금지하고 농업을 권장했으므로 농민의 생활은 고려 말보다 나았다.

공장工匠으로 불리던 수공업자와 시전 상인·행상 등의 상인은 농민보다 아래 신분이었다. 한편 신분은 양인이지만 천역에 종사하던 사람들이 있었는데 '신분은 양인이지만 천인의 일을 한다'는 뜻에서 신량역천身良役賤이라 불렸다.

= 노비

천민의 대다수였던 노비는 국가 기관에 소속된 공노비와 개인에 소속된 사노비로 나뉘는데 사노비가 훨씬 많았다. 노비는 재산처럼 매매·상속되는 비자유민이었지만 자기 재산을 소유하고 가족과 함께 사는 노비도 있었다.

관청에 소속된 공노비는 독립된 가옥에 살면서 일정 기간 국가에 노동력을 제공하거나 **신공**身貢●을 바쳤다.

사노비는 주인과 같은 집에서 사는 솔거노비와 따로 나와서 사는 외거노비가 있었다. 외거노비는 주인의 땅을 경작하거나 일정한 수확물을 주인에게 신공으로 바치는 것으로 의무를 다하는 경우도 있었다. 노비는 재산으로 취급되었으나 주인이 노비에게 함부로 형벌을 내리거나 죽이는 것은 법으로 금지되어 있었다.

● 신공
공사노비가 소속 관서나 주인에게 몸으로 부림을 받지 않는 대신 바치는 대가

## ❹ 조선 전기의 문화

### 조선 전기의 양반문화

조선의 지배문화는 양반문화였다. 양반들은 자신들의 마음과 학문 세계를 표현한 산수화나 사군자 등을 그렸다. 세종 때 안견安堅의 〈몽유도원도夢遊桃源圖〉나 문신 출신의 화가였던 강희안姜希顔의 〈고사관수도高士觀水圖〉는 성리학 외에 노장사상이 담긴 산수나 인물을 표현하고 있다. 화원 출신 안견의 〈몽유도원도〉는 대각선 구도를 활용하여 자연스러운 현실 세계와 환상적인 이상 세계를 나타낸 걸작이다. 문신 관료였던 강희안의 〈고사관수도〉는 간결하고 과감한 필치로 인물의 내면세계를 묘사하였다.

16세기에는 성리학을 중시하는 사림의 선비 정신 세계를 표현한 사군자四君子(매화·난초·국화·대나무)가 유행하였다. 세종의 현손이었던 석양정石陽正 이정李霆의 대나무 그림이나 문신 화가였던 어

▲ 안견의 〈몽유도원도〉. 일본 천리대학교天理大學校 소장

몽룡魚夢龍의 매화 그림이 대표적인 작품이다.

조선에서는 실생활과 관련된 공예가 발달하였다. 고려 말에 등장한 분청사기는 15세기에 관 주도로 제작되어 궁중이나 관청에서 널리 사용되었다. 16세기에는 선비의 취향을 반영한 순백자가 양반 사대부의 사랑을 받으면서 생산되는 대신 분청사기의 생산이 줄어들었다.

15세기에는 도읍 한양을 중심으로 궁궐, 관아, 성곽, 학교 등을 중심으로 건축이 발달하였다.

**알고 싶어요**

### 도읍 한양

이성계는 개경을 기반으로 가진 고려의 지배세력을 약화시키기 위해 1394년 한양으로 천도했다. 이성계는 왕자의 난을 겪은 후 개경으로 돌아갔고 2대 정종이 1399년 다시 개경으로 천도했다. 태종이 1405년 한양으로 다시 천도해 지금까지 수도로 기능하고 있다.

▶ 〈수선전도首善全圖〉. 1840년 경 그린 서울지도이다.

16세기에는 사림이 각 지방에 서원을 지으면서 서원 건축이 활발해졌다. 불교의 가람 배치 양식과 양반가 주택 배치 양식이 결합된 서원 건축에는 자연과의 조화를 추구한 양반의 정서가 잘 반영되어 있다. 주변 자연과의 조화를 이룬 서원으로 경주의 옥산서원玉山書院, 해주의 소현서원紹賢書院, 안동의 도산서원陶山書院, 병산서원屛山書院 등이 대표적이다.

조선시대에는 한시 등 양반 중심의 한문학이 주로 발달하였으나, 훈민정음이 창제되면서 시조나 가사 문학 등도 발달하여 문학의 내용과 형식이 다양해졌다. 향가에 그 뿌리를 두고 있는 시조는 맹사성의 〈강호사시가江湖四時歌〉처럼 임금의 은혜를 노래하거나 박팽년, 성삼문, 이개처럼 군주를 위해 목숨을 던지는 양반들의 시조가 있다. 반면 황진이처럼 사대부의 풍류에 참여하는 기녀출신들이 인간적인 애정을 노래하면서 서정시의 영역을 크게 넓혔다.

▲ **분청사기 상감어문매병**象嵌魚
文梅瓶. 15세기, 국립 중앙박물
관 소장.

### ◀ 훈민정음 창제와 그 의미

#### = 세종이 창제한 훈민정음

그간 세종과 신숙주·성삼문 등의 집현전 학사들이 공동으로 훈민정음을 창제한 것으로 알려졌다. 그러나 《세종실록》은 세종이 훈민정음을 직접 만들었다고 말하고 있다.

"임금께서 언문 28자를 직접 만드셨다. 그 글자는 고전古篆을 모방하였고 초성·중성·종성으로 나뉘었으며 이들을 합한 연후에야 글자를 이룬다. 무릇 한문 및 우리나라 말을 다 적을 수 있으며 글자는 비록 간단하고 요긴하나 전환이 무궁무진한데 이를 훈민정음이라고 이른다." 《세종실록》 25년 12월 30일

《훈민정음 해례본》의 정인지 서문에도 "계해년(1443) 겨울에 우리 전하께서 훈민정음을 직접 창제하셨다."라고 말하고 있다. 훈민정음 창제를 도운 인물로는 아들 문종을 들 수 있다. 신숙주는 《홍무정운역훈洪武正韻譯訓》의 서문에서 "문종께서 동궁에 계실 때부터 성인聖人(세종)을 보필하여 성운聲韻(음과 운)을 참가해서 정하셨고"라고 말했다. 또한 최만리의 훈민정음 반대상소에도 동궁(문종)이 언문 창제를 돕고 있음을 반대하는 내용이 있다.

## = 집현전 학사들은 운서 편찬

집현전 학사들이 훈민정음 창제를 도운 것처럼 인식된 것은 세종 27년(1445)을 전후해서 성삼문과 신숙주가 요동遼東에 유배 온 명나라 학자 황찬黃燦을 만난 것이 와전된 것이다. 성삼문·신숙주 등이 황찬을 만난 이유는 훈민정음으로 중국의 한자음을 표기하는 **운서**韻書●를 만들기 위한 것이었다.

이에 따라 세종 30년(1448) 신숙주·최항·박팽년 등이 세종의 명으로 《동국정운東國正韻》을 간행했다. 황찬은 음운학자도 아니었기 때문에 운서 편찬에도 큰 도움이 되지 못했다. 세종은 명 태조 때 편찬된 《홍무정운洪武正韻》을 훈민정음으로 표기하려 했는데, 단종 3년(1455)에 완성된 《홍무정운역훈洪武正韻譯訓》으로 결실을 맺었다. 그 서문을 신숙주가 썼다.

## = 훈민정음 창제시기와 이유

세종은 재위 25년(1443) 12월 훈민정음을 완성했다. 이듬해 2월 최만리를 비롯한 7명의 학사가 반대 상소를 올린 것은 이 무렵에야 훈민정음 창제 사실이 알려졌기 때문이었다. 최만리 등은 중화 사대주의 사상에서 훈민정음 창제를 반대했는데 그 외에 기존의 **이두**吏讀●로도 발음을 적을 수 있으니 새 언어를 만들 필요 없다는 논리도 있었다.

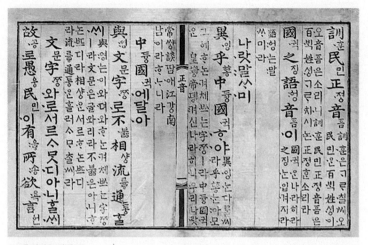

▲《훈민정음 언해본》

이두는 우리말의 많은 부분을 적을 수 있지만 우리말의 특징인 형용사 등은 적을 수 없는 단점이 있다. 세종이 직접 지은 〈어제문御製文〉에 잘 나타나 있다.

"우리나라 말소리가 중국과 달라서 한자漢字와 서로 통하지 않으므로 어리석은 백성이 말하고자 하는 바가 있어도 마침내 제 뜻을 펴지 못하는 사람이 많다. 내가 이를 불쌍히 여겨 새로 스물여덟 글자를 만드니 사람마다 쉽게 익혀 날로 쓰기 편하게 하고자 할 따름이니라."

한자는 뜻을 나타내는 표의문자表意文字이므로 소리를 적는 표음문자表音文字인 훈민정음을 만들었다는 것이다. 훈민정음 창제에는 백성들의 교화를 위한 것과 새 왕조 개창의 정당성을 알리기 위한 것도 있었다. 세종은 재위 16년(1434) 충신·효자·열녀들에 대해 그림으로 그린 《삼강행실도三綱行實圖》를 간행했지만 그림만으로는 백성을 교화하는데 한계가 있었다. 재위 27년(1445) 훈민정음으로 《용비어천가龍飛御天歌》를 편찬해서 조선 개창의 정당성을 설파했다.

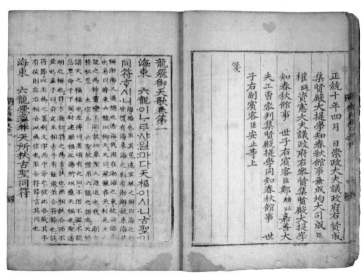

▲《**용비어천가**》. 국립한글박물관 소장.

## = 가장 뛰어난 소리글

　《훈민정음 해례본》의 **제자해**制字解●는 정음 28자(초성 17자, 중성 11자)를 만드는 방법에 대해서 설명하고 있다.

　초성 17자의 아음牙音 ㄱ은 혀뿌리가 목구멍을 닫은 모양을 본뜬 것이고, 설음舌音 ㄴ은 혀가 윗잇몸에 붙은 모양을 본뜬 것이고, 순음脣音 ㅁ은 입 모양을 본뜬 것이고, 치음齒音 ㅅ은 이의 모양을 본뜬 것이고, 후음喉音 ㅇ은 목구멍의 모양을 본뜬 것이라는 것이다. 세종은 인간의 목구멍과 입을 통해서 나오는 모든 소리를 적을 수 있는 완벽한 표음문자를 만들려고 했다. 성삼문이 《직해동자습直解童子習》의 주석에서 "우리 세종과 문종께서 이것을 딱하게 여기시어 이미 훈민정음을 만드시니 천하의 모든 소리

### 《훈민정음 해례본》

일제의 국어말살 책동이 진행되던 1940년 경북 안동에서 발견되었다. 이 책은 ❶어제문과 본문, ❷혜례부분[제자해制字解, 초성해初聲解, 중성해中聲解, 종성해終聲解, 합자해合字解, 용자례用字例], ❸정인지 서문으로 구성되어 있다. 이 해례본의 ❶과 ❸의 내용은 전에도 알려져 있었지만 ❷는 처음 발견된 것이다. ❷는 훈민정음 창제 원칙과 그 활용방법에 대해서 쓴 것으로 이를 활용하면 모든 발음을 적을 수 있다. 세종이 직접 쓴 것으로 여겨진다.

가 비로소 다 기록하지 못할 것이 없게 되었다."라고 쓴 것이 이를 말해준다.

정인지는 그 서문에서 "지혜로운 사람은 아침나절이 되기 전에 이해할 수 있고, 어리석은 사람도 열흘이면 배울 수 있다."라면서 "비록 바람소리, 학 울음, 닭 울음소리, 개 짖는 소리까지 모두 얻어 쓸 수 있다."라고 말하고 있다. 지상에서 발생하는 모든 소리를 적을 수 있는 완벽한 표음문자가 훈민정음이다.

## = 훈민정음 창제 때 참고한 글자들

훈민정음은 고전古篆 등 그 이전의 여러 표음문자를 참고해 만들었다. 성종 때 성현은《용재총화慵齋叢話》에서 "그 자체는 범자梵字(산스크리트어)에 의하여 만들었다."고 말했고, 이수광도《지봉유설芝峯類說》에서 "우리나라 언서諺書는 전적으로 범자를 모방했다."고 말했다. 또한 이익은《성호사설星湖僿說》에서 몽골자에서 훈민정음이 기원했다고 말했는데 몽골자는 원元의 승려 파스파가 만든 파스파八思巴문자를 뜻한다.

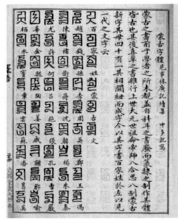

▲ 파스파문자

**더 깊게** 생각하고 토론해 봅시다

### 훈민정음 창제 이전 우리 민족의 고유 문자

국어학자 김윤경은 1931년《동광》에 〈정음 이전의 조선 글〉을 게재했다. 단군 때 신지神誌가 만든 〈신지비사神誌祕詞〉부터 부여 사람 왕문문王文文이 만든 부여 문자, 신라 문자, 고구려 문자, 백제 문자, 발해 문자 등 훈민정음 이전에 우리 민족이 만들어 사용하던 수많은 문자가 있었다고 설명하고 있다.

조선총독부는 1912년 4월 '언문諺文철자표기법'을 제정해서 훈민정음의 표기법을 크게 제한했는데 그 중요 목적은 훈민정음을 일본어의 50음도와 비슷하게 제한하려는 것이었다. 현재의 한글 맞춤법통일안은 '아래 ·'가 사라졌고, 'R과 L, I와 Y, B와 V, P와 F' 등의 발음도 구분하지 못하고 있는데 이는 세종의 훈민정음 창제원칙과 크게 어긋난다.

## 역사서 편찬

### = 단군을 민족의 시조로

태조 즉위 다음 달 조정은 단군을 동방에서 최초로 천명을 받은 임금, 기자를 처음으로 교화를 일으킨 임금으로 높여 평양부에서 시제를 지내게 했다. 태종 12년(1412)에는 단군을 기자묘에 합사하도록 했다. 세종 7년(1425) 정척鄭陟은 기자는 임금의 자리에서 남면南面하고 단군은 동쪽에 있는 것이 불합리하다면서 단군 사당을 따로 지어야 한다고 주장했는데 세종 11년(1429) 단군 사당을 따로 지어서 신위神位를 '조선 단군'으로 써서 민족의 개국시조임을 명확히 했다. 또한 고구려 시조 동명왕을 단군과 합사해서 제사지냄으로써 고구려가 단군조선의 정통성을 계승했음을 명시했다.

조선 초기에 편찬한《동국사략東國史略》·《동국세년가東國世年歌》·《응제시주應製詩註》·《삼국사절요三國史節要》·《동국통감東國通鑑》 등은 모두 단군을 민족의 시조로 서술하고 그 다음에 기자가 온

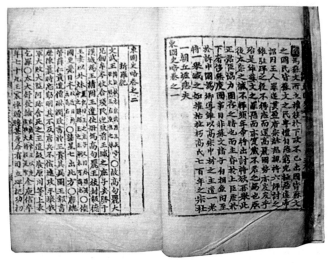

▲《동국사략》. 대전시립박물관 소장.

것으로 서술되었는데, 이는 국가에서 편찬한 《세종실록 지리지》
와 《동국여지승람》도 마찬가지였다.

## = 세조와 예종의 서적수압령

세조는 재위 3년(1457) 5월 8도관찰사에게 고조선 관련 서적들
을 관청에 바치라고 명령했다. 《고조선비사古朝鮮秘詞》·《주남일사
기周南逸士記》·《대변설大辯說》·《조대기朝代記》·《표훈·삼성밀기表訓
三聖密記》·《안함로 원동중 삼성기安含老元董仲三聖記》 등 1백여 권
과 《동천록動天錄》·《도선 한도참기道詵漢都讖記》 등의 서적은 민
간에서 간직해서는 안 된다면서 관청에 진상하라고 명령했다.

예종은 재위 1년(1469) 9월 《주남일사기周南逸士記》·《지공기志公
記》·《표훈·천사表訓天詞》·《삼성밀기三聖密記》를 비롯해서 천문·지
리·음양에 대한 서적을 가진 백성은 서울은 승정원, 지방은 도에
바치라고 명령했다. 바친 자는 2품계를 높여주고 숨긴 자는 참형
에 처한다고 명시했다. 세조는 중국의 비위를 거스를 수 있는 단
군 조선 관련 서적 위주로 수압령을 내렸고 예종은 단군조선 관
련 서적과 천문·지리·음양에 관한 서적 위주로 수압령을 내렸다.

이때 관청에 바쳐진 단군조선 서적들의 행방에 대해서는 알 수
없다. 이때 바치지 않은 일부 서적이 민간 사이에 몰래 전수되다
가 구한말 나라가 망할 무렵 다시 모습을 드러냈다고 추측하기도
한다.

## = 《고려사》

동양 유학사회는 뒤의 왕조가 앞 왕조의 역사서를 편찬하는 전
통이 있었다. 조선 건국 직후인 태조 원년(1392) 10월 조준·정도
전·정총·박의중 등이 고려시대사 편찬을 시작해서 태조 4년(1395)
37권의 《고려국사》가 편찬되었다. 그러나 태종 14년(1414) 《고려
국사》 중에서 태조 이성계에 대한 내용이 충실하지 못하다는 이

▲《고려사》. 국립중앙박물관.

유로《고려사》를 개찬했다. 세종은 즉위년(1418) 12월《고려국사》의 내용에 불만을 갖고 이듬해 9월 유관과 변계량에게《고려사》를 개수하게 해서 세종 3년 개수된《수교고려사》를 바쳤는데 이 역시 반포되지 못했다. 이후《수교고려사》를 다시 고친《고려사전문高麗史全文》을 편찬했는데 이는 모두 전하지 않는다.

세종은 재위 28년(1446) 10월《고려사전문》에 이성계의 선대와 이성계에 대해 빠진 내용이 많다는 이유로《고려사》를 다시 편찬하게 했다. 그래서 김종서 등이 문종 원년(1451) 8월 세가 46권, 지 39권, 연표 2권, 열전 50권 등 총 139권의 기전체의《고려사》를 편찬했다. 이를 편년체로 바꾼《고려사절요》도 편찬했다.《고려사》와《고려사절요》는 친명사대를 명분으로 고려를 무너뜨린 쪽

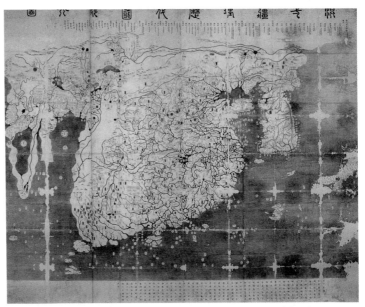

▲〈혼일강리역대국도지도〉. 일본 경도京都에 있는 류코쿠대학龍谷大學 도서관 소장.

에서 편찬했으므로 황제의 사적인 〈본기〉 대신 제후들의 사적인 〈세가〉를 설정하는 등 여러 문제점을 안고 있으나 그나마 고려 시대에 대해서 체계적으로 알 수 있는 역사서라고 할 수 있다.

또한 조선은 지방 통치에 필요한 자료를 확보하고 국방을 강화하기 위하여 지리서와 지도를 편찬하였다. 태종 때에는 동양에서 가장 오래된 세계 지도인 〈혼일강리역대국도지도〉를 제작했으며 《팔도지리지》와 《동국여지승람》도 편찬해서 국토에 대한 인문 지리 수준을 높였다. 세조 9년(1463) 때 정척·양성지가 제작한 〈동국지도〉에는 독도가 표기되어 있다.

▲ 강화도 마니산 참성단. 하늘의 단군에게 제사를 지내는 장소이다. 전국체전의 성화 채화지이기도 하다.

# 3 사화와 성리학 사회의 고착화

## ❶ 사림의 진출과 훈구와 충돌

### ◀ 성종의 친정과 원상제 폐지

= 대비 비판 익명서

● **익명서**
글쓴이의 성명을 밝히지 않는
문서

　성종 즉위 초 대왕대비 윤씨가 수렴청정했지만 실제 국정은 한 명회·신숙주 등의 원상들이 운영했다. 대왕대비 윤씨와 원상들의 합의로 왕위에 오른 성종의 공간은 없다시피 했다. 예종의 의문사로 다시 분경과 대납을 할 수 있게 된 원상들은 권력과 부를 독점했다. 이런 비정상적 정국에 불만을 가진 인물들이 적지 않았다. 급기야 성종 6년(1475) 11월 승정원에 대비 윤씨와 대비의 동생 부인 윤사흔·윤계겸과 대비 여동생의 아들인 이철견 등을 비난하는 **익명서**匿名書가 붙었다.

　자신과 친정일가가 직접 비난의 대상이 되자 대비 윤씨는 성종 7년(1476) 1월 성종에게 정사를 넘기겠다고 말했다. 한명회·김국광 등의 원상들이 일제히 반대했지만 성종은 대왕대비에게 아뢰지 않고 자신이 직접 정사를 처리하겠다고 선언했다. 성종 친정시대가 열린 것이다.

▲ **창덕궁 내 홍문관**. 옥당이라는 별칭으로 불렸다.

## = 사림의 조정 진출

성종이 친정하자 원상제가 도마 위에 올랐다. 성종 7년(1476) 5월 대사헌 윤계겸 등은 원상제 폐지와 의정부서사제 복설을 동시에 요구했다. 원상들이 의정부 정승직을 겸하고 있었으므로 원상제는 폐지하되 의정부서사제로 왕권을 제약하려는 의도였다. 성종은 원상제 폐지를 받아들이면서 의정부서사제 복설은 거부했다.

성종은 왕권강화를 위해서 공신세력을 견제할 수 있는 새로운 정치세력이 필요하다고 판단했다. 그래서 조정에 진출한 사림士林을 주목했다. 성종은 재위 9년(1478) 홍문관弘文館을 설치했는데, 이는 세조 때 폐지된 집현전의 부활과 마찬가지였다. 사헌부·사간원과 함께 삼사三司로 불린 홍문관에게 탄핵권과 언론권을 주었다. 성종은 과거에 갓 급제한 사림들을 삼사에 배치해 공신들을 견제했다. 사림은 수양의 즉위에 부정적이었으므로 그를 도운 공신집단에도 부정적 인식을 갖고 있었다. 사림은 지방에 일정한 규모의 토지와 노비를 가진 재지사족在地士族들이었는데 공신들이 지방까지 세력을 확장하면서 사림의 토지까지 침탈했기 때문이다. 사림은 정치적으로나 경제적으로 공신집단과 맞서 싸울 수밖에 없었다.

## ◀ 사림과 공신의 충돌

공신집단과 신진 사림의 충돌은 단종 모후 권씨의 무덤인 소릉

### 구언

구언은 나라에 재앙이 있거나 국정쇄신이 필요할 경우 임금이 신민들에게 국정의 잘잘못에 대하여 직간해 달라고 요구하는 것이다. 하늘과 땅과 사람이 서로 연결되어 있다는 천인감응天人感應 사상에서 나온 것으로 임금이 정치를 잘못하면 하늘이 재앙을 내린다는 것이다. 구언에 응해 올린 상소를 응지상소應旨上疏라고 하는데 어떤 말이 담겨 있어도 처벌하지 않는 것이 관례였다.

▲ **구리 동구릉 내 현릉.** 문종(왼쪽)과 현덕왕후 권씨의 릉이다. 현덕왕후 권씨릉은 안산에 있다가 중종 7년(1512) 이곳으로 옮겼다.

昭陵 복위 운동에서 시작되었다. 성종 9년(1478) 4월 흙비가 내리자 성종이 내외에 널리 구언求言했는데, 유학幼學 남효온이 응지應旨 상소를 올려 '소릉 추복'을 주장했다.

단종이 쫓겨난 후 파헤쳐진 소릉을 다시 복원해야 한다는 주장이었다. 도승지 임사홍이 '신자臣子로서 의논할 수 없는 일'이라고 비판했고 남효온에 대한 국문 주청이 잇따랐다. 그러나 성종은 구언에 응한 응지상소는 처벌하지 않는 것이 관례라며 거부했다. 소릉 복위는 무산되었지만 무소불위의 공신 세력에 맞설 수 있는 신진 정치세력이 등장했음을 보여준 사건이었다.

공신들과 사림이 충돌할 경우 성종은 한편의 손을 들어주지 않았다. 그것이 왕권강화에 도움이 된다는 판단이었다. 성종 때 사림은 계속 성장한 반면 공신들은 속속 세상을 떠났다. 성종 원년 구치관 사망을 필두로 성종 5년에는 최항, 6년에는 신숙주와 홍윤성이 세상을 떠났다. 성종 8년(1477) 조석문이, 그 이듬해 정인지가 사망했다. 공신들이 점차 사라지자 성종 12년(1481) 사림은 한명회까지 공격했다. 성종 18년(1487) 한명회와 정창손까지 세상을 뜨면서 세조 때의 원상들이 모두 사망했다.

사림은 이후 적개 1등, 좌리 4등인 영의정 윤필상尹弼商을 공격했다. 성종은 공신들과 사림을 공존시키면서 두 세력을 번갈아 활용해 왕권을 강화했다. 성종이 재위 25년(1494) 12월 세상을 떠나고 그 아들 연산군이 왕위에 올랐는데 그에게는 부왕같은 정치력이 부족했다.

## ❷ 훈구, 사림의 충돌과 4대사화

### ◀ 〈조의제문〉과 무오사화

　조선의 10대 왕 연산군燕山君(재위 1494~1506)은 폐비 윤씨의 아들이었다. 공신들은 연산군 즉위를 사림제거의 호기로 여겼다. 연산군 4년(1498) 7월 윤필상·노사신·한치형·유자광 등의 훈구대신들이 연산군에게 '비사秘事'를 아뢰겠다고 청했다. 대신들을 만난 연산군은 의금부 도사를 보내 경상도 청도에서 풍질風疾을 치료하고 있던 사관 김일손金馹孫을 잡아오게 했다. '비사'란 실록을 편찬하면서 사관들이 사초史草에 세조에 대한 부정적 내용을 실었다는 것이었다.

　'세조가 의경세자(덕종)의 후궁인 귀인 권씨權氏 등을 불렀으나 가지 않았다.'는 내용은 세조가 며느리들을 탐했다고 의심할 수 있었다. 유자광이 김일손의 스승 김종직이 쓴 〈조의제문弔義帝文〉과 〈술주시述酒詩〉가 세조를 비판한 내용이라고 가세하면서 사태가 악화되었다.

　〈조의제문〉은 정축년丁丑年(세조 3년) 10월 김종직의 꿈에 초楚

알고 싶어요

#### 폐비 윤씨

성종은 세조 13년(1467) 한명회의 딸인 공혜왕후 한씨와 혼인했으나 성종 5년(1474) 후사를 낳지 못하고 세상을 떠났다. 성종은 재위 7년(1476) 11월 후궁이던 윤기견의 딸이 연산군 이륭을 낳자 윤씨를 왕비로 책봉했다. 그러나 세조의 부인 정희왕후 윤씨와 덕종의 부인 소혜왕후 한씨 등의 대비들은 왕비를 부족하다고 여기고 폐비 논의를 제기했고 윤씨는 성종 10년(1479) 폐서인廢庶人되어 사가로 쫓겨 갔다. 성종은 재위 13년(1482) 폐비 윤씨에게 사약을 내려 죽임으로써 훗날 여러 비극을 낳았다.

#### 사초

실록을 편찬할 때 기본이 되는 사료이다. 춘추관에 소속된 사관들은 매일 시정기時政記을 작성했는데, 국왕이 죽으면 이런 시정기와 경연에 참석했던 신하들이 제출하는 경연일기 등을 모아 사초를 작성했다. 이 사초가 실록의 기본사료가 되었다.

▲ 세조 영정. 합천 해인사

나라 의제義帝가 나타나 "항우가 자신을 죽이고 빈강에 던졌다."고 하소연해서 자신이 제사를 지내주었다는 내용이다. 정축년 10월은 단종이 죽임을 당한 때이니 의제는 단종을 뜻한다는 것이다. 〈술주시〉는 도연명陶淵明(365~427)이 중국 남조南朝의 송 태조 유유劉裕가 진 공제恭帝를 살해한 것을 애도한 글이니 역시 세조가 단종을 죽인 것을 애도한 글이었다. 연산군은 공신집단 훈구가 정적 사림 제거를 위해 일으킨 사건이라는 본질을 보지 못했다. 연산군은 김일손·권오복·권경유·허반 등의 사관들과 김종직의 제자들을 대역죄로 능지처사하고 수많은 사림을 유배 보냈는데 이것이 무오사화다. 무오사화는 조정 권력을 훈구세력에게 몰아준 것인데 연산군은 왕권이 크게 강화된 것으로 여겼다.

## ● 갑자사화와 중종반정

### = 공신도 공격하는 연산군

왕권이 크게 강화되었다고 여긴 연산군은 생모 살해 사건 조사에 나섰다. 연산군 9년(1503) 9월 인정전에서 베푼 양로연 때 예조판서 이세좌李世佐가 연산군이 내린 회배주回盃酒를 엎지르자 국문 끝에 유배 보낸 것이 시작이었다. 연산군은 이듬해 3월 "위를 업신여기는 풍조를 개혁하여 없애는 일이 끝나지 않았다."면서 이세좌가 모후 윤씨에게 사약을 들고 간 사건을 들어 사형시켰다. 연산군은 공신들을 약화시켜 왕권을 더욱 강화시키려 했다. 연산군이 재위 10년 5월 여러 《공신초록功臣抄錄》을 내리면서 "연대가 오래된 공신들은 그 노비와 전토를 회수하는 것이 옳다."고 말하자 '지당하옵니다.'를 반복했던 지당정승 유순柳洵까지 반대했다. 연산군은 공신들에 대한 제도적 약화기도에서 개별적 재산

몰수 정책으로 전환했다. 연산군은 폐비 윤씨 사건의 책임을 물어 윤필상·이극균·성준·권주 등 생존 대신들을 사형시키고, 한치형·한명회·정창손·어세겸·심회 등 사망한 대신들을 부관참시했는데 거의 예외 없이 재산몰수 조치를 내렸다. 연산군은 몰수한 공신들의 재산을 셋으로 나누어 둘은 내수사內需司(왕실 재정관리 부서)에 주고 하나는 각 관사에 나누어 주었다.

## = 중종반정

연산군은 훈구세력을 공격하면서 사림도 같이 겨냥했다. 연산군 10년(1504) 9월 무오사화 때 귀양 간 사림들에 대해 "이 무리들을 어디에 쓰겠는가? 모두 잡아오도록 하라."고 명했다. 친 사림계열의 종친 이심원을 능지처사하고 귀양 갔던 김굉필·박한주·이수공·강백진·최부·이원·이주·강겸·이총 등을 사형시켰다. 이것이 연산군 10년(1504)의 갑자사화였다. 갑자사화는 연산군이 공신과 사림을 모두 제거하고 군주 1인지배체제 만들기 위한 것이었다. 이는 나라는 국왕과 사대부가 함께 다스린다는 개국원칙을 무시한 처사였다.

연산군 12년(1506) 9월 전 이조참판 성희안과 중추부지사中樞府知事 박원종, 이조판서 유순정 등 이른바 '반정 3대장'은 연산군의 총애를 받고 있던 군자부정軍資副正 신윤무를 끌어들여 정변을 일으켰다. 이들은 성종의 계비 정현왕후 윤씨 소생의 진성대군을 추대했는데 이것이 중종반정이란 정변이다. 연산군은 훈구와 사림을 모두 적으로 돌렸으므로 지지세력이 없었다. 《연려실기술》은 연산군이 쫓겨나던 날 우의정 김수동이 "전하께서는 너무 인심을 잃었으니 어찌하겠습니까?"라고 말했다고 전한다. 연산군은 개국 이후 최초로 쫓겨나는 국왕이 되었고, 국왕까지 쫓아낸 공신세력은 과거보다 더 큰 권력을 갖게 되었다.

▲ 반정3대장 중 유순정 초상. 경기박물관 소장.

### 🔷 사림의 재기와 기묘사화

#### = 정국공신 책봉

11대 중종中宗(재위 1506~1544)은 성종의 둘째아들로서 연산군의 이복동생이었다. 중종은 반정에 아무런 공이 없었다. 심지어 정변 주도세력들이 부인 신씨를 연산군의 처남 신수근의 딸이란 이유로 쫓아내는 것을 방관할 수밖에 없었다. 정변 이후 정국공신靖國功臣을 책봉했는데, 당초 101명에서 117명까지 늘어났다. 아무 공이 없었지만 공신들의 가족이나 측근이란 이유로 대거 책봉되었다. 중종 초반의 정국은 반정 3대장이라 불린 박원종·유순정·성희안이 주도했다. 중종 5년(1510) 박원종이 사망하고, 2년 후에는 유순정이, 그 다음해에는 성희안이 세상을 떠나면서 중종이 친정하게 되었다.

#### = 성리학적 사회 건설을 기도하다

중종은 공신 사망으로 생긴 권력공백을 왕권으로 채우려고 했다. 공신 견제를 위해 사림을 의도적으로 끌어들였다. 조광조를

### 연산군은 황음했는가?

정변을 일으킨 쪽에서 작성한《연산군일기》는 연산군이 극도로 황음한 군주였다고 묘사하고 있다. 심지어 백모인 월산대군의 부인 박씨를 성폭행해 임신시킨 것처럼 서술했다. 사관들이 요堯·순舜임금으로 묘사한 부친 성종은 3명의 왕비와 9명의 후궁에게서 16남 21녀를 낳았다. 1천여 명의 후궁이 있었던 것처럼 묘사된 연산군 소생은 4남 3녀에 불과하다. 왕비 신씨 소생의 2남 1녀를 빼면 후궁 조씨 소생의 서자 두 명과 장녹수와 정금鄭今 소생의 두 서녀庶女가 있었을 뿐이다.《연산군일기》의 사관들은 연산군 12년(1506) 7월 월산대군 부인 박씨가 죽자 "사람들이 왕에게 총애를 받아 잉태하자 약을 먹고 죽었다고 말했다." 면서 성폭행으로 자살한 것처럼 적었다. 이때 연산군은 서른 한 살이었고, 세조 12년(1466) 열세 살의 월산대군과 혼인한 박씨는 53~55세 정도였다. 당시 이 나이의 여성이 임신할 수는 없었다.《연산군일기》는 사실을 기록한 부분과 사관들이 기록한 사관의 사평을 나누어 읽어야 한다. 공신세력이 칼로 연산군을 쫓아냈다면 사림들은 붓으로 연산군을 다시 죽였다.

필두로 하는 사림이 조정에 다시 진출했다. 그러나 중종이 원한 것이 강력한 왕권이라면 조광조 등 사림이 원한 것은 성리학적 지치至治(극도로 잘 다스려지는 정치)사회였다.

중종 10년(1515) 장경왕후章敬王后 윤씨尹氏가 세자(인종)를 낳다가 세상을 떠났다. 중종이 구언求言하자 순창군수 김정金淨, 담양부사 박상朴祥은 반정 세력들이 쫓아낸 폐비 신씨 복위를 주장했다. 김정과 박상은 귀양에 처해졌으나 사림의 선명성을 과시하는 계기가 되었다.

점차 세력이 커진 사림은 조선을 성리학적 질서가 지배하는 사회로 재편하려 했다. 불교적 성격의 기신재忌晨齋와 도교적 성격의 소격서昭格署 혁파를 주장했다. 또한 추천에 의한 관료선발제인 현량과賢良科를 실시해 세력을 크게 늘렸다. 중종 14년(1519) 4월 '학식과 덕행'으로 천거된 120명을 대상으로 현량과를 열어 28명을 급제시켰다. 사림은 성리학적 질서가 지배하는 사회 건설에 더욱 박차를 가했다.

사림은 중종 10년(1515) 토지개혁에 나섰다. 모든 농민들에게 토지를 나누어 주는 정전법井田法을 논의했지만 실현이 불가능하자 중종 12년(1517) 토지 소유를 제한하는 한전법限田法을 주장했다.

▲ **조광조 유배지**. 전남 화순군 능주면.

50결 이상의 토지 소유를 제한하는 한전제가 채택되었지만 초과 소유 토지에 대한 강제 규정이 없었으므로 효과가 없었다. 중종 13년(1517) 2월 장령掌令 유옥柳沃이 "노비가 많은 자는 5~6천 명까지 되는데 이것은 마땅히 구수口數로 제한해 양민 수를 늘려야 한다."면서 노비 숫자 제한도 주장했지만 실제 제한하지는 못했다.

### ═ 기묘사화

▲《기묘제현수첩》. 기묘사화 때 화를 입은 사림들의 필적이다.

사림은 중종 14년(1518) 아무런 공이 없이 공신이 된 자들의 훈작을 박탈하자는 '위훈삭제僞勳削除'를 주장했다. 그해 10월 대사헌 조광조, 대사간 이성동 등은 '1등공신 유자광과 2·3등 공신 상당수, 4등 50여 인'은 공이 없이 공신이 되었다며 위훈삭제를 주장했다. 많은 진통 끝에 4등공신 전원과 2·3등 공신 일부를 포함해 총 76명에 이르는 공신들의 녹훈錄勳 삭제에 성공했다. 전체 117명 중 65%에 달하는 숫자였다. 그 대가로 받았던 전답과 노비 등도 모두 반납해야 했다. 이는 사림이 거둔 가장 큰 정치적 승리였지만 중종에게 큰 위구심을 심어주었다.

중종은 위훈삭제 나흘 후 후궁 희빈熙嬪 홍씨의 아버지인 홍경주에게 밀지를 주었다.

중종은 특명으로 남곤을 이조판서, 김근사를 가승지假承旨, 심사순을 가주서假注書로 삼아 비상체제를 구축한 후 대사헌 조광조, 우참찬 이자, 형조판서 김정金淨, 도승지 유인숙, 좌부승지 박세희, 우부승지 홍언필, 동부승지 박훈朴薰, 대사성 김식, 부제학 김구金絿 등의 사림을 체포했다. 성균관과 사학의 유생들이 대궐

### 중종이 홍경주에게 준 밀지

"정국공신은 다 나를 도와서 추대한 공이 있는데, 지금 4등을 공이 없다 하여 삭제하기를 청하니 이는 반드시 그 사람을 구별하려는 것이다. 그런 뒤에 공이 있는 사람을 뽑아내서 연산을 마음대로 폐출한 죄로 논한다면, 경 등이 어육魚肉이 되고 다음에 나에게 미칠 것이다."《중종실록》 15년 4월 13일

로 몰려와 조광조 등의 석방을 요구했으나 아무 소용없었고, 조광조 등은 무죄를 주장했으나 받아들여지지 않았다.

사림을 죽일 죄목이 없자 《대명률大明律》〈간당조奸黨條〉의 '붕비朋比(붕당)를 맺어, 자신들에게 붙는 자는 천거하고 뜻이 다른 자는 배척했다.'는 조항으로 죄를 삼았다. 조광조는 전라도 능주綾州로 귀양 보냈다가 한 달 후 사형에 처하고 김정·김식·기준奇遵·한충韓忠 등도 죽였다. 김구·박세희·박훈·홍언필·이자·유인숙 등은 유배형에 처해졌다. 사림의 몰락과 동시에 현량과는 폐지되었고 소격서는 부활되었으며, 위훈삭제된 공신들은 다시 복훈 되어 빼앗겼던 공신첩과 전답, 노비 등을 되찾았다. 사림의 기세를 단번에 꺾은 중종 24년(1529:기묘년)의 기묘사화였다.

▲《대명률직해》. 명의 대명률을 조선 실정에 맞게 수정한 형법 전이다.

## 을사사화와 사림의 집권

### = 대윤과 소윤의 분기

중종이 재위 39년(1544) 사망하고 장경왕후 윤씨의 아들 인종이 즉위하자 조정은 둘로 갈라졌다. 제1계비 장경왕후 윤씨의 친정이 중심인 대윤大尹과 제2계비 문정왕후의 친정이 중심인 소윤小尹으로 나뉜 것이다. 장경왕후는 인종을 낳고 산후통으로 일주일 만에 사망했으나 인종이 즉위했으므로 왕후의 오빠 윤임尹任이 실권을 장악했다. 윤임은 무과로 진출했으나 평소 사림을 동정해 유관柳灌·이언적李彦迪 등의 사림을 많이 등용시켰다. 이조판서 유인숙도 기묘사화 이후 은퇴한 사림들을 등용시켜 사림은 대

알고 싶어요

### 조광조가 왕이 되려 하였다?

훈구세력은 다양한 방법으로 사림을 모함했는데 그중 하나가 조광조가 왕이 되려 한다는 것이었다. 훈구는 "꿀로 나뭇잎에다 '주초위왕走肖爲王'(조씨가 왕이 된다) 네 글자를 많이 써서 벌레에게 갉아먹게 하는 방식으로 중종에게 불안감을 조성했다.

윤의 지지로 다시 재기의 길에 들어섰다. 인종도 사림에 우호적이었으나 즉위 직후 병에 걸렸다. 인종은 와병 중에 조광조·김정·기준 등을 복작시키고 현량과를 다시 설치했으나 재위 9개월만인 1545년 7월 31세의 젊은 나이로 세상을 떠났다.

인종의 뒤를 이어 문정왕후 윤씨의 아들 명종(경원대군)이 열두 살 어린 나이로 즉위하고 문정왕후가 수렴청정했다. 문정왕후의 형제들인 윤원로·윤원형 등의 소윤이 윤임의 대윤과 권력투쟁에 나섰다.

= 을사사화와 양재역 벽서사건

대윤과 소윤의 다툼에서 조정 대신들은 대체로 대윤의 편을 들었다. 그러자 윤원형은 이기李芑 등을 끌어들여 윤임이 유인숙·유관 등과 함께 중종의 8남 봉성군鳳城君 이완李岏을 임금으로 추대하려 했다고 무고했다. 또한 윤임이 성종이 숙의 하씨에게서 난

▲ 양주 회암사지. 문정왕후 때 크게 중창했으나 왕후 사후 불태워졌다.

계성군桂城君의 양자 계림군桂林君 이유李瑠를 추대하려 했다고도 무고했는데 계림군이 윤임의 3촌조카였기 때문이다. 이 사건으로 윤임·유관·유인숙 등은 명종 즉위년(1545:을사년) 8월 사사賜死당하고 이어서 계림군과 김명윤·이덕응 등 사림들이 죽임을 당해 대윤과 사림이 조정에서 함께 축출되었는데 이것이 을사사화다. 그 직후 위사공신衛社功臣 28인과 1,400인의 원종공신이 녹훈되었다. 기묘사화를 극복하고 조정에 다시 진출했던 사림은 다시 큰 타격을 입었다.

2년 후인 명종 2년(1547:정미년) '양재역 벽서사건'이 일어났다. 양재역에 "여자 임금이 위에서 정권을 잡고 간신 이기 등이 아래에서 권력을 농단하니 나라가 망할 것을 기다리는 격"이라는 내용의 벽서가 붙은 데서 비롯된 이 사건은 을사사화 때 살아남은 사림들을 겨냥했다. 을사사화 당시 어리다는 이유로 귀양에 처해졌던 봉성군과 송인수·이약빙이 사형당하고 이언적·임형수·노수신 등이 유배 가는 화를 입었다.

## = 사림의 집권

을사사화를 비롯한 명종 시대의 옥사는 외형적으로 외척 사이에 대립이었지만 내용은 사림에 대한 공신들의 정치보복이었다. 이는 소윤의 승리로 끝났지만 이런 정치공작은 한계를 맞이하고 있었다. 명종이 재위 8년(1553) 20세로 성인이 되자 문정왕후는 수렴청정을 거둘 수밖에 없었다. 문정왕후는 국정에 계속 관여하려 했으나 한계가 있었다. 문정왕후는 보우普雨를 중용하는 불교 우대 정책을 펼쳤지만 사림이 대거 죽임을 당하는 사화의 배후로 여겨졌으므로 불교중흥 정책은 반감만 더했다. 문정왕후가 명종 20년(1565) 세상을 떠나자 소윤 영수 윤원형은 도망 다니다가 애첩 난정과 함께 자결하고 말았다.

명종 때는 사림과 훈구의 마지막 대결시대였다. 사림은 거듭 큰 화를 입었으나 명분을 얻었다. 사림의 성리학 사회 건설 이념은 시대의 흐름이 되었다. 성종 때부터 약 100여 년 만에, 고려 말 조선 초 온건개혁파로부터는 약 170여 년 만에 사림은 정계의 주도 세력이 되었다. 그렇게 선조시대가 열렸다.

## ❸ 성리학 지배사상의 고착화

### ◖ 향촌까지 지배하는 성리학

사림의 먼 뿌리는 고려 말 온건개혁파였다. 정도전·조준·권근 등의 역성혁명파들이 조정에 진출해 세상을 다스리고 백성을 구제하는 경세제민經世濟民을 실천했다면, 조선 건국에 반대했던 이색·길재 등의 온건개혁파는 향촌에 내려가 후학을 가르쳤다. 이들은 자신을 수양하는 한편 자신들의 가정은 물론 향촌사회 전부를 성리학 사회로 재편하고자 하였다. 재지사족이었던 이들은 향촌에서 공부하다가 과거에 급제하면 중앙에 올라가 사헌부·사간원·홍문관 등의 대간臺諫을 맡아 훈구를 공격했다. 사화를 입으면 다시 향촌에 내려와 성리학적 이념으로 향촌을 지배했는데 이 과정에서 성리학이 향촌사회까지 깊게 뿌리내리게 되었다.

### ◖ 이기론에 치중하는 성리학

= 주희의 이기론

중국에서는 성리학을 정주이학程朱理學, 또는 정주학程朱學이라고 부른다. 북송北宋(960~1127)의 주돈이周敦頤·소옹邵雍 등이 시작해서 정호程顥·정이程頤형제가 발전시키고 남송南宋(1127~1279)의 주희朱熹(1130~1200)가 집대성했다. 정호형제와 주희의 성을 따서 정주학이라고 부르는 것이다. 정작 남송 때는 우월적 지위를

갖지 못했지만 몽골족의 원元 때 관학官學으로 흥성해졌
다가 명明 때 양명학陽明學이 나오면서 청淸 중엽 이후에
는 시들해졌다. 성리학을 이학理學, 양명학을 심학心學이
라고도 부른다.

▲ 주희의 초상

조선의 사림은 성리학 중에서도 이기론理氣論을 중시
했다. 우주 속에 존재하는 모든 현상은 이理와 기氣로 구
성되었으며, 이와 기에 의해 생성 변화한다는 이론이 이
기론의 핵심이다. 이의 개념을 정립하고 이와 기를 결합
한 이론체계는 북송의 주돈이(1017~1073)가 정립시켰다.
주돈이는 《통서通書》에서 태극은 이理이고 음양오행은 기氣라고
보았다. 이 이기론은 북송의 정호·정이 형제를 거쳐 남송의 주희
가 집대성했다. 조선 유학자들이 주자朱子로 떠받든 주희는 주돈
이의 사상을 수용해서 태극을 곧 이理라고 여기고, 음양의 기氣
는 태극이 낳은 것으로 태극을 우주 만물의 제일원인이라고 보았
다. 즉 주희는 이와 기의 존재를 동시에 인정하면서도 이理를 보
다 근원적 존재로 보는 이기이원론理氣二元論을 체계화시켰다.

성리학은 순수철학이 아니라 정치이론이었다. 주희가 이를 기보
다 우위에 둔 것은 중원을 여진족(만주족)의 금金에게 빼앗기고 양
자강 남쪽으로 쫓겨 내려온 남송의 정치상황과 밀접한 관계가 있
었다. 그에게 이理와 사단四端은 민족적으로는 한족漢族이고 국가
로는 남송南宋이었다. 기氣와 칠정七情은 민족으로는 여진족이고
국가로는 금이었다. 주희의 이기이원론은 한족과 남송이 세상을
지배해야 한다는 이념이었다. 주희의 이기론을 남송 내부사회에
적용하면 이는 지배계급인 사대부들이었고, 기는 피지배계급인 농
민들이었다. 사대부들이 농민들을 지배해야 한다는 이념이었다.

## ▪ 서경덕과 이황의 이기론

조선의 사림들이 주희의 이기론을 받아들인 것 역시 조선의 정치상황과 밀접한 관련이 있었다. 이와 사단은 사림이고 기와 칠정은 공신집단인 훈구였다. 조선 내부사회에 적용하면 이는 지배계급인 사대부들이었고 기는 피지배계급인 다수 농민들이었다.

그러나 조선 중종 때 주로 활동한 서경덕(徐敬德(1489~1546)은 이理보다는 기氣를 중시하는 기일원론氣一元論을 제창했다. 서경덕은 〈태허설太虛說〉에서 우주공간에 충만한 원기元氣의 본질을 태

**더 깊게** 생각하고 토론해 봅시다

### 이황의 이기이원론과 이이의 이기일원론

이황이 공신들과 사림이 정쟁을 벌이던 사화 때의 정치가였다면 이이는 사림이 집권한 시기의 정치가였다. 주희와 이황에게 이理와 사단四端은 이상이고, 기氣와 칠정七情은 현실을 뜻했다. 주희에게 이와 사단은 양자강 이남으로 쫓겨내려간 남송이었고 이황에게 이와 사단은 사림이었다. 주희에게 기와 칠정이 중원을 장악한 금이라면 이황에게 기와 칠정은 공신집단이었다. 주희와 이황에게 현실인 기氣는 이상인 이理에 의해 극복되어야

▲ **강릉 오죽헌의 몽룡실.** 이이는 진외가(외가의 외가)인 이곳에서 태어났다.

할 대상이었다. 여진족의 금을 섬겨야 했던 남송의 정치 현실에서 나온 중세 유학이 주희의 성리학이었다면 공신집단이 장악한 조선의 정치 현실에서 나온 조선 유학이 이기이원론이었다.

사림 집권기의 이이는 상황이 달랐다. 집권 사림에게 이상과 현실은 별개가 아니라 분리될 수 없는 일체였다. 이이의 이기일원론과 사단칠정론, 인심도심설人心道心說이 이황과 달랐던 이유가 여기에 있었다.

사림이 야당이었을 때는 훈구에 대한 부정의 논리로 존재할 수 있었지만 집권한 이상 부정의 논리만으로 나라를 이끌어 갈 수는 없었다. 집권 사림에게 요구되는 것은 야당 시절의 이상을 실현할 수 있는 능력이었다. 선조 때는 국내외적으로 난제가 중첩된 시기였다. 이이는 시대를 창업創業, 수성守成, 경장更張으로 나누면서 당시를 대대적 개혁이 필요한 경장기更張期로 보았다. 그러나 정작 집권 사림은 권력을 두고 내부 분열했다. 명에서는 이미 농민의 이해를 강화한 양명학이 나왔지만 집권 사림들은 양명학을 이단으로 몰면서 사대부의 계급적 이익을 강화했다. 그러다가 사변적인 예론禮論이 성리학의 주류가 되면서 사회 발전을 위해 극복해야 할 사상으로 전락해갔다.

허라고 보고, 맑게 비어있고 고요하여 움직임이 없는 것이 기의 근원이라는 것이다.

반면 이황李滉(1510~1570)은 이가 기보다 우위에 있다는 이기이원론을 제창했는데, 이는 남송의 주희와 유사한 것이었다. 이황보다 35세 아래인 율곡 이이李珥(1536~1584)는 주기론主氣論을 펼쳤다. 이이는 주기론적 이기일원론을 주장했다.

이황은 서경덕과 달리 이가 만물의 근본으로 기를 이끈다고 주장했는데 그의 학문은 김성일, 류성룡 등에게 이어져 경상좌도 중심의 영남학파를 형성하였고, 임진왜란을 거치면서 일본에 전해져 일본의 성리학 발전에 영향을 끼쳤다.

▲ **퇴계 이황.** 이유태, 1974, 한국은행 소장.

## = 조식의 실천론과 이이의 이기론

이황과 비슷한 시기의 조식曺植(1501~1572)은 이기론 같은 철학적 문제보다는 의리와 명분의 실천을 중시했다. 이러한 학풍의 영향으로 임진왜란이 일어나자 그의 문하에서 곽재우, 정인홍 같은 다수의 의병장이 배출되었고, **경상우도**● 중심의 **영남학파**嶺南學派●를 형성했다.

주기론적 이기론을 제창한 이이는 현실적인 개혁 정책들을 제시했다. 공납貢納의 폐단을 극복하기 위해 수미법收米法을 주장하고 서자들에 대한 차별을 완화하기 위해 서자들의 벼슬길을 터주자는 서얼 허통 정책과 향약의 전국적 시행 등을 제시하였다. 그의 학문 중 일부는 김장생, 송시열 등 보수적 학자들이 계승해 기호학파畿湖學派를 형성했는데 이들이 나중에 노론이 되어 조선사회를 보수화시켰다. 반면 박세채 등은 이이 사상의 개혁적 측면을 계승하는 소론을 형성했다.

사림 각 학파가 조선의 당파를 형성했다. 선조 때 이황·조식·서경덕 등의 제자들이 동인을 형성했고 이이·성혼의 제자들이 서인을 형성하였다.

▲ **남명 조식.** 한국선비문화연구원.

● **경상우도**
낙동강을 중심으로 그 서쪽을 경상우도라고 한다. 반대로 그 동쪽은 경상좌도라고 한다.

● **영남학파**
영남학파는 영남 중심의 유학자들을 뜻하는데, 주로 조식, 이황 등을 영수로 하는 학파를 말한다. 기호학파는 경기·충청·황해도 지방의 유학자들을 뜻하는데, 주로 이이와 성혼 등의 학설을 지지하는 학파를 말한다. 이 두 학파가 주로 조선의 당파를 형성했다.

# 성리학적 향촌 사회의 구축

## = 삼강오륜의 강조

성리학이 지배 사상으로 정착하면서 상하관계를 중시하는 것이 명분론이 되었고 삼강오륜三綱五倫이 기본 덕목으로 선전되었다. 가부장적 종법 질서로 구현된 삼강오륜은 성리학적 사회질서를 유지하는 핵심사상이 되었다. 15세기 세종은 그림으로 그린 《삼강행실도三綱行實圖》를 편찬해 보급했고, 16세기 사림은 《이륜행실도二倫行實圖》를 간행해 보급했다.

### 삼강오륜과 이륜

강綱은 벼리나 법도라는 뜻인데, 삼강三綱은 임금과 신하 사이의 할 도리인 군위신강君爲臣綱, 아버지와 자식 사이의 도리인 부위자강父爲子綱, 남편과 아내 사이의 도리인 부위부강夫爲婦綱이다. 《맹자孟子》에 나오는 오륜五倫은 아버지와 아들 사이에는 친애가 있다는 부자유친父子有親, 임금과 신하 사이에는 의리가 있다는 군신유의君臣有義, 부부 사이에는 구별이 있다는 부부유별夫婦有別, 어른과 어린이 사이에는 질서가 있다는 장유유서長幼有序, 벗 사이에는 신의가 있다는 붕우유신朋友有信이다. 이륜二倫은 장유유서와 붕우유신으로서 사림들이 이 가치를 민간에 널리 알리기 위해서 《이륜행실도》를 간행해 보급했다.

### 족보族譜

가문의 내력을 기록한 것으로, 안으로는 종족 내부의 결속을 다지고 밖으로는 다른 가문과 구별하려는 뜻을 담고 있다. 세종 5년(1423) 간행한 문화 유씨文化柳氏의 《영락보永樂譜》가 가장 앞선 족보로 알려져 있지만 고려시대의 묘지명 등을 통해 그 훨씬 이전부터 여러 형태의 족보가 편찬되었음을 알 수 있다. 《문화 유씨 족보》의 경우 1562년에 간행한 족보는 10권인데, 1689년에 간행한 족보는 5권으로 오히려 줄어들었다. 앞의 족보에는 외손도 실었다가 뒤의 족보에는 외손을 제외하고 친손만 수록했기 때문이다. 고故 최재석 고려대 사회학과 명예교수는 조선 중기 이후 아들, 딸에게 재산을 동등하게 나눠주는 균분상속均分相續에서 딸은 상속에서 제외되는 현상이 족보에도 나타난 것으로 보고 있다. 족보는 배타적 혈연관계의 기록으로서 그 신빙성이 높다고 볼 수 있다.

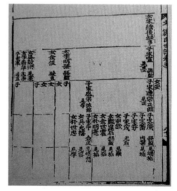

▲ 1562년 간행된 《문화 유씨 족보》. 여성들도 수록되어 있다.

사림은 성리학의 기초 내용을 담은 《소학》을 보급하고 가묘家廟(조상의 위패를 모셔놓고 제사지내는 집안의 사당) 건립을 장려했다. 《경국대전》에는 임금은 4대, 문무관 6품 이상은 3대, 7품 이하는 2대, 서인들은 부모만을 제사지내도록 명시하였다. 또한 족보를 편찬하여 성리학 중심의 사회 질서를 유지하려 하였다.

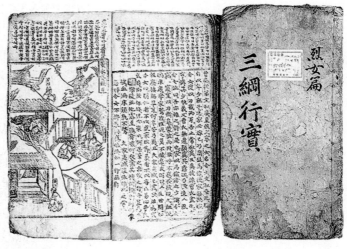

▲ 《삼강행실도》

## = 서원 설립

사림들은 서원書院의 역할을 중시했다. 서원은 학문연구와 선현先賢들의 제향祭享을 위해서 사림이 설립한 교육기관이자 향촌

▲ 안동 병산서원 만대루

● **사액서원**

임금이 편액扁額(액자)·서적·토지·노비 등을 하사한 서원을 말한다. 최초의 사액서원은 소수서원으로 사액 받은 백운동 서원이다.

자치기관이었다. 서원이 향촌 사회의 성리학적 교화를 담당했는데, 최초의 서원은 중종 38년(1543) 풍기군수 주세붕周世鵬이 세운 백운동 서원으로서 최초의 **사액서원**賜額書院●이기도 하다.

사림은 서원을 중심으로 결속을 다지고 세력을 키워 나갔으며, 여론을 모아 상소를 올리기도 하였다. 사림이 중앙 정계를 장악하면서 서원의 수도 전국적으로 크게 늘어났다. 서원은 자기 집안 조상의 제사를 지내거나 가문의 위세를 드러내기 위한 목적으로도 세워졌는데 서원을 세우지 못하는 경우에는 제사 기능만을 담당하는 사우祠宇를 세우기도 하였다. 당쟁이 심해지면서 당파의 본거지가 되어 농민들을 착취하는 부정적 현상도 나타났다.

= **향약 보급**

향약鄕約은 성리학적 질서를 바탕으로 만든 향촌공동체의 자치규약이다. 서원과 함께 향촌 사회에서 사림의 지배적 지위를 강화하고 성리학 사회질서를 민간에 보급하는 역할을 하였다. 중종 때 조광조 등이 중국의《여씨향약呂氏鄕約》을 들여와 우리 실정에 맞게 고쳐 보급하면서 시작되었다.

조선에서 향약은 향촌 사회의 풍속 교화뿐만 아니라 질서 유지와 치안까지 담당하였다. 사림은 향약의 조직과 운영을 주도하면서 서인庶人들도 참여시켰다. 사림은 향약을 기반으로 그리 크지 않은 사건에 대해서는 재판권까지 행사하여 중앙에서 파견된 지방관보다 향촌 사회에서 더 큰 영향력을 행사하기도 하였다.

**알고** 싶어요

### 《여씨향약》

북송北宋 때 섬서성 남전현藍田縣 여씨 문중에서 만든 향촌자치규약이다. 주희가 약간의 수정을 가해서《주자여씨향약朱子呂氏鄕約》을 만들었다. 중종 12년(1517) 정부에서 각 지방관에게 시행하게 했는데, 이를 토대로 이황은《예안향약禮安鄕約》을, 이이는《서원향약西原鄕約》을 만들었다.

# 당쟁과 전란의 시기

## ① 동서분당과 이이의 조제론

### 사림의 집권과 분당

= 이조전랑 문제로 동·서분당

　사림은 4대사화를 극복하고 명종 말~선조 초엽 정권을 장악했다. 사림은 훈구의 전횡과 부패를 비판해왔으므로 새로운 사회에 대한 지향점을 제시하고 실천해야 했다. 신분제 및 빈부격차 완화를 비롯해서 국제정세에 맞게 국방을 튼튼하게 하는 것 등이 집권 사림의 임무였다. 일본열도에서는 통일의 기운이 무르익고 있었고 북방 여진족도 흥기하고 있었다.

　그러나 집권 사림은 이런 대내외적인 과제 해결에 나서는 대신 내부가 갈려 권력투쟁에 나섰다. 선조 8년(1575:을해년) 삼사三司(사헌부·사간원·홍문관)의 인사권을 가진 이조전랑吏曹銓郎(정5품 정랑과 정6품 좌랑) 문제로 사림은 동인과 서인으로 나뉘었다.

　이조전랑 오건吳健이 김효원을 자신의 후임으로 천거하자 사림

알고 싶어요

#### 이준경의 예언

선조 4년(1571) 영의정을 역임한 이준경은 선조에게 유차遺箚(유서로 올린 차자)를 올려 벼슬아치들이 여러 명분으로 붕당을 만들고 있다면서 "나중에 나라의 고치기 어려운 환란이 될 것"이라고 경계했다. 유차가 사림의 영수 이이를 겨냥한 것으로 해석되자 이이는 '조정이 맑고 밝은데 어찌 붕당이 있겠느냐'면서 반발했으나 4년 후인 선조 8년(1575) 동서분당이 현실로 나타났다. 이이는 크게 반성하고 두 당의 대립을 완화하려는 조제론調劑論으로 중재에 나섰다.

에 우호적이던 심의겸이 '김
효원이 한 때 윤원형의 식객
食客이었다.'면서 반대한 것
때문에 둘로 나뉜 것이다.
이를 을해당론乙亥黨論이라
고 부르는데 김우옹·류성룡·
허엽·이산해·정유길·정지연·
우성전·이발 등 김효원을 지
지한 사람들이 동인이 되었
다. 박순·김계휘·정철·윤두
수·구사맹·홍성민·신응시 등
심의겸을 지지한 사람이 서

▲《요계관방지도》의 함경도 지역

인이 되었다. 3백년 이상 가는 당쟁의 시작이었다.

## = 정여립 사건

당쟁을 완화하기 위해 선조는 김효원을 함경도 경흥부사로, 심
의겸을 경기도 개성유수로 보냈다. 동인들이 '경흥은 오랑캐 땅
과 가까워서 선비가 기거할 곳이 아니다.'라고 반발하자 조금 남
쪽인 부령富寧부사로 바꿔주었다. 변방을 목숨 바쳐 지킬 선조들
의 강역으로 보지 않고 오랑캐 땅과 가까운 기피지로 여긴 점에
서 사림은 지배층의 자세를 망각한 것이었다.

선조는 서인의 영수인 이이를 크게 신뢰해서 서인에게 정권을

알고 싶어요

### 이조전랑

이조전랑은 이조의 정5품 정랑과 정6품 좌랑을 합쳐 부른 말이다. 조선은 언론권과 탄핵권이 있는 삼사三司의
관리임명권을 대신이 아닌 이조전랑에게 주어 대신들의 권력을 견제하게 했다. 또한 이조전랑은 다른 자리로
갈 경우 후임을 천거하는 자천제自薦制를 실시해 대신들의 개입을 제도적으로 막았다.

▲ 추정하여 그린 정여립 초상.
　홍보선 그림.

주었지만 선조 17년(1584) 이이가 사망하자 동인들을 중용했다. 그러자 선조 22년(1589) 황해도에 있던 서인의 모사 송익필이 전라도의 정여립을 역모로 고변하는 '정여립 사건'을 일으켰다.

선조는 중종의 후궁 창빈 안씨의 둘째아들인 덕흥군의 셋째아들로서 왕위를 이어받은 방계승통傍系承統(세자가 아닌데 왕이 됨)이었다. 선조는 정여립의 역모를 사실로 단정하고 서인 정철을 수사책임자인 위관委官으로 임명했다. 정철은 동인들에 대한 정치보복의 호기로 삼아 혹독하게 심문했다. 정여립은 자결했고 이발·최영경·정개청·백유양 등 수많은 동인들이 고문 끝에 죽임을 당했다. 호남 일대 사대부 1,000여 명이 희생되었다는 말이 있을 정도로 큰 화를 입었지만 진상은 아직도 불분명하다.

이 사건으로 정권을 잡은 서인들은 선조의 후궁 공빈 김씨의 둘째아들 광해군을 세자로 추천했다가 인빈 김씨의 아들 신성군을 총애하던 선조의 미움을 사서 동인에게 정권을 빼앗겼다. 다시 정권을 장악한 동인들은 서인에 대한 처벌을 둘러싸고 남인과 북인으로 갈라졌다. 엄중한 처벌을 주장한 이산해 등 강경파가 북인이 되었고, 관대한 처벌을 주장한 류성룡 등 온건파가 남인이 되었다. 이때가 임진왜란이 일어나기 1년 전인 선조 24년(1591)이었다.

알고 싶어요

### 정여립의 대동계

서인이었던 정여립은 이이 사후 동인으로 당적을 바꿨다. 선조가 등용하지 않자 진안으로 낙향해 죽도에 서실書室을 짓고 대동계大同契를 조직하고 향사례鄕射禮를 열었다. 선조 20년(1587) 왜구들이 전라도 손죽도를 침범하자 전주부윤 남언경은 대동계 동원을 요청했고 정여립은 왜구 격퇴를 도왔다. 정여립은 '천하는 공물公物'이라는 대동사상大同思想을 갖고 있었는데 이것이 그를 역모로 모는 꼬투리가 되었다.

## ② 임진왜란과 무너지는 지배체제

### ◀ 도요토미 히데요시의 일본 열도 통일

일본은 1467년 발생한 오닌應仁(응인)의 난을 계기로 각지에 영지를 가진 다이묘大名(대명)들이 서로 싸우는 전국시대戰國時代로 접어들었다. 포의布衣(평민)에서 일어난 도요토미 히데요시豊臣秀吉(풍신수길)는 1584년 동부의 도쿠가와 이에야스德川家康를 굴복시키고 1587년에는 큐슈九州(구주) 남부 사쓰마薩摩(륭마)를 굴복시켜 큐슈 전체를 정복하고 1590년에는 오다하라小田原(소전원)를 정복하고 오우奧羽의 다테 마사무네伊達政宗(이달정종)를 무릎 꿇려 전국 통일을 완수했다. 도요토미

▲ 도요토미 히데요시

는 여세를 몰아 조선은 물론 명明과 인도까지 지배하는 대제국 건설의 야망을 품고, 조선에 명나라를 정벌할 길을 빌려달라는 정명가도征明假道를 요구했다.

### ◀ 임진왜란 발발하다

조선은 통신사를 보내 일본의 진의를 파악하게 했다. 선조 24년(1591) 일본에 다녀온 정사 황윤길黃允吉(서인)은 '앞으로 반드시 병화가 있을 것'이라고 보고했으나 부사 김성일金誠一(동인)은 '그러한 조짐이 없다.'고 상반된 보고를 했다. 선조와 조정대신들은 정사의 말을 외면하고 부사의 말을 채택한 채 전쟁에 대한 대비를 하지 않았다. 같은 해 도요토미 히데요시는 승려 현소玄蘇(겐소)를 사신으로 보내 "내년에 조선의 길을 빌어 명나라를 칠 것"이라고 공언했다. 조정에서 보낸 선위사 오억령吳億齡이 현소의 말을 그대로 보고하자 조정은 오억령을 파직시켜 입을 막았다.

▲〈**동래부순절도**〉. 동래부사 송상현과 군민들의 항전 그림. 영조 때 그린 것이다.

일본은 나고야名古屋(명고옥)에서 원정군을 조직했는데, 고니시 유키나가小西行長(소서행장)가 이끄는 제1번대 1만 8,700명, 가토 기요마사加藤淸正(가등청정)가 이끄는 제2번대 2만 2,800명, 구로다 나가마치黑田長政(흑정장정)가 이끄는 제3번대 1만 1,000명 등 모두 9번대 15만 8,700명이었고, 그 외에 구키 요시카타九鬼嘉隆(구귀가륭)·토도 다카토라藤堂高虎(등당고호) 등이 인솔하는 수군水軍 9,000명 등을 포함하면 모두 20여만 명에 달하는 대군이었다.

정확히 조선 개창 200년 후인 선조 25년(1592) 4월 13일 고니시가 이끄는 제1번대가 오우라항大浦項(대포항)을 떠나 부산항에 상륙해 임진왜란의 문을 열었다. 당초 조공을 하러 오는 왜倭라고 여겼던 부산진 첨사 정발鄭撥과 동래부사 송상현은 급히 맞서 싸우다가 전사하고 부산이 함락되었다. 고니시의 제1번대는 이후 조선군의 저항을 거의 받지 않고 경상도 일대를 유린했다. 가토의 제2번대는 경상좌도로 북상했고, 구로다의 제3번대는 동래에서 김해를 거쳐 경상우도를 따라 올라가다가 추풍령을 넘어 충청도 청주 방면으로 들어갔다.

### ◀ 탄금대 패전과 선조의 도주

조선은 군역체계가 이미 붕괴한 이후였다. 양반들은 군포 징수

대상에서 제외되고 양민良民들에게만 군포 납부의 의무를 지웠다. 군포의 부담에 견딜 수 없던 백성들이 대거 도주해 텅 빈 마을이 속출했으므로 군사 자체가 없었다.

도순변사 신립申砬은 **제승방략**制勝方略 전략에 따라 충주 탄금대彈琴臺에 배수진背水陣을 치고 고니시 유키나가의 왜군과 싸웠다. 이때 신립이 거느린 군사가 8천여 명에 불과했던 것은 조선의 군사체제가 이미 붕괴했음을 뜻했다.

신립의 패전 소식을 들은 선조는 도성을 버리고 도주하려 했다. 그럼에도 만약에 대비해 세자를 세우자는 신하들의 건의는 굳게 거부하다가 승지 신잡申磼 등이 강하게 주청하자 마지못해 광해군을 세자로 결정하고 4월 30일 새벽에 도성을 버리고 도주했다. 선조는 요동으로 건너가서 명의 제후로 살려는 계획을 가지고 있었는데 이를 '요동내부책遼東內附策'이라고 한다.

선조의 도주소식을 들은 백성들은 노비 문서를 관장하는 장례원掌隸院과 형조刑曹에 난입해 불을 질렀다. 조선은 일본의 침략 이전에 내부에서 이미 무너져 내리고 있었다.

● **제승방략**
조선 초의 진관鎭管체제를 대체한 국방전략. 여러 지역의 군사를 한 곳에 집결시켜 중앙에서 파견된 장수가 지휘하는 전략이었다. 제승방략 체제는 1차방어선이 무너지면 이후 저지 수단이 없다는 취약점을 갖고 있었다.

## 🔹 류성룡의 개혁정책과 의병들의 분전

### = 류성룡의 개혁정책

선조가 도주하자 영의정 겸 **도체찰사** 류성룡은 혁명에 가까운 개혁을 단행하지 않으면 나라가 망할 것이라고 생각했다.

● **도체찰사**
의정부 정승들이 겸임하는 최고 군직으로서 문관이 무관을 통제하기 위한 것이다. 정1품 의정이 맡으면 도체찰사, 종1품이 맡으면 체찰사體察使, 정2품이 맡으면 도순찰사都巡察使, 종2품이 맡으면 순찰사巡察使라고 하였다.

 더 깊게 생각하고 토론해 봅시다

### 선조가 건너려던 강은 요수

조임도(1585~1664)가 쓴 조종도에 관한 기록인《대소헌유사大笑軒遺事》에는 "성상의 어가가 요수遼水를 건넜다."는 말이 전해지자 조종도가 진주 남강에 빠져 자살하려 했는데 김성일이 "대가가 요수를 건넜다는 말은 길거리에 떠도는 소문"이니 믿을 수 없다면서 만류하자 그만 두었다는 기록이 있다. 조선의 사대부들이 조선과 명의 국경을 지금의 압록강이 아니라 지금의 요하로 여겼음을 말해준다.

▲《징비록》

류성룡이 마련한 개혁안은 크게 세 가지 방향으로 진행되었다. 첫째는 신분제를 완화시키는 면천법免賤法을 제정했다. 천인이 왜군의 머리를 베어오면 양인으로 신분 상승시키거나 양반 벼슬을 주었다. 둘째 경제적 불평등을 완화하는 작미법作米法을 제정했다. 잡다한 공물貢物을 쌀로 통일해 납부하는 것이다. 부과 기준이 가호家戶가 아니라 농지면적이어서 농지가 많은 부자는 많이 내고 농지가 없으면 면제되는 법이었다. 셋째 폐쇄적인 정책을 개방적인 정책으로 바꾸었다. 압록강 중강진에 중강개시中江開市라는 국제 무역시장을 열어 조선의 물품과 요동의 곡식을 교환해서 많은 백성들을 굶주림에서 구했다. 또한 소금을 생산한 염호鹽戶에게 생산량의 일부를 주어 생산을 크게 늘렸다. 소금을 곡식으로 바꾸어 굶주린 백성들을 살렸다.

류성룡이 주도한 혁명적 개혁정책에 힘입어 각지에서 의병들이 일어났고 조선이 다시 살아나기 시작했다.

= 의병들의 분전

고니시 유키나가는 6월에 평양성을 점령했고 가토 기요마사는 함경감사 유영립을 생포했다. 회령부의 아전 국경인은 두 왕자 임해군臨海君과 순화군順和君을 체포해 가토 기요마사에게 넘겼다.

### 이이와 류성룡

서인 영수 이이는 여러 개혁안을 제안했다. 군사들이 부족하자 북방 육진六鎭에 서인들이 3년간 자원 근무하면 과거응시 자격을 주고, 노비들은 양인으로 신분상승 시켜주자고 제안했는데, 동인(남인) 영수 류성룡의 면천법과 비슷했다. 이이는 잡다한 공납을 쌀로 통일해 받는 '수미법收米法'을 주장했는데 이 또한 류성룡의 작미법과 같은 것이었다. 당파는 달라도 위기를 보는 시각과 극복하는 해법이 같았다.

멸망 위기에 몰린 조선은 류성룡이 주도한 각종 개혁정책과 각지에서 의병이 일어나면서 회생하기 시작했다.

문반文班 출신의 전직 관원이나 유생들이 일으킨 의병에 천민들이 대거 가세한 것은 면천법 덕분이었다. 또한 양반 사대부들이 의병을 일으키면서 창고를 열어 군량을 마련한 것도 의병들을 불러 모으는 큰 힘이 되었다.

▲ 고니시 유키나가

북인의 종주 남명 조식의 제자였던 홍의장군紅衣將軍 곽재우는 사재를 털어 경상도 의령에서 의병을 일으켜 의령·합천·창녕 등의 경상우도를 거의 수복했다. 합천에서 의병을 일으킨 정인홍도 조식의 제자였는데 성주·합천·함안 등지를 되찾았고, 역시 조식의 제자였던 김면과 조종도 등도 거창·고령 등지에서 의병을 규합해 왜적을 물리쳤다. 경상좌도의 권응수는 무과 출신으로서 영천과 예천·문경 등지에서 왜적과 싸워 승리했다.

호남의 고경명은 담양에서 의병대장으로 추대되었는데 선조가 있는 행재소行在所로 향하다가 금산에서 아들 고인후高因厚와 함께 전사했다. 김천일도 나주에서 의병을 일으켜 행재소가 있는 평안도로 향하다가 강화에서 왜군에게 큰 타격을 입혔다.

충청도에서는 조헌이 의병을 일으켜 의승장義僧長 영규가 이끄는 의승군과 합세해 청주성을 회복하고 금산에서 적군과 싸우다가 칠백의사七百義士와 함께 장렬하게 최후를 마쳤다.

황해도에서는 전 이조참의 이정암이 연안에서 의병을 일으켜 구로다의 왜군을 물리치고 인근의 여러 읍을 회복시켰고, 양호兩湖의 해상 교통을 의주의 행재소와 연결시켰다. 함경도에서는 정문부가 경성에서 의병을 일으켜 가토의 왜군을 격파하고 함경도 수복에 큰 공을 세웠다.

의승군도 크게 활약했다. 묘향산妙香山의 노승 휴정休靜(서산대사)과 금강산의 유정惟政(사명대사), 호남의 처영處英, 해서의 의엄義嚴 같은 휴정의 문도들이 호국불교의 전통을 살린 의승군을 일으켜 일본군과 싸웠다. 의병들은 관군이 궤멸된 상황에서 왜군들의 기세를 꺾고 큰 타격을 입혔다.

### = 수군의 활약

▲ 이순신의 〈우국애정도〉. 통영 한산도 제승당 소장.

전란 초기 연패한 육군과 달리 수군이 분전하면서 전세를 뒤엎었다. 임란 발발 당시 수군은 경상좌수사 박홍, 경상우수사 원균, 전라좌수사 이순신, 전라우수사 이억기가 이끌었다. 왜군의 초기 상륙지역이었던 경상좌우수사 소속 전선은 거의 궤멸된 상태였다. 전라좌수사 이순신은 경상우수사 원균의 지원요청으로 출전해 옥포玉浦와 당포唐浦 등지에서 승전을 거두었다. 이순신은 1592년 7월 이억기·원균과 함께 견내량見乃梁에 정박중이던 일본의 대선단을 한산도 앞바다로 유인하여 학익진鶴翼陣으로 대파했는데, 이것이 임란 삼대첩 중의 하나인 한산도대첩이다. 조선 수군이 제해권을 장악하면서 곡창지대인 호남을 보호할 수 있었고 왜군의 군수물자 보급에 막대한 지장을 초래했다. 이는 의병의 분전과 함께 불리했던 전쟁 초반의 전세를 역전시키는데 결정적인 역할을 했다. 이순신은 "만약 호남이 없으면 나라도 없다.[약무호남 시무국가若無湖南 是無國家]"라는 말을 남겼다.

### = 명군의 가세

선조 25년(1592) 12월 명나라의 동정제독東征提督 이여송李如松

이 4만 3천여 대군을 거느리고 조선으로 건너왔다. 이여송은 조선 출신 이영李英의 후손이자 요동 총병 이성량李成梁의 아들인데 원래 요동에 살던 조선인 가문이었다. 이여송은 선조 26년(1593) 정월 순변사 이일, 별장 김응

▲ **한산도대첩**. 김형구, 1975, 전쟁기념관 소장.

서가 이끄는 조선군과 휴정이 이끄는 의승군과 함께 평양성을 수복해 조명朝明연합군의 위력을 보여주었다. 평양성 탈환에 힘입은 이여송은 서울 수복을 위해 남하하다가 도성都城 북쪽 40리 벽제관碧蹄館에서 왜군의 기습에 대패한 후 기세가 꺾여 남하를 중지했다. 그러나 권율이 이끄는 조선군이 그해 2월 행주산성에서 일본군을 크게 무찔렀다. 권율의 행주대첩은 이순신의 한산도대첩, 김시민의 진주성대첩과 함께 임란 삼대첩壬亂三大捷으로 부른다.

### ◀ 임란 승전과 그 후

일본은 명나라 심유경沈惟敬과 강화회담을 진행하다가 결렬되자 1597년(선조 30:정유년)에 다시 재침해 정유재란이 발생했다. 그러나 별다른 성과를 얻지 못하던 상황에서 이듬해 7월 도요토미가 사망하자 일본은 비밀리에 철군령을 내렸다.

전쟁이 끝날 조짐을 보이자 선조와 사대부들은 전시에 각종 개혁 정책을 이끌었던 류성룡을 끌어내리고 과거체제로 복귀하려

▲ **행주대첩도.** 오승우, 1975, 독립기념관 소장.

하였다. 남이공, 김신국 등이 류성룡 탄핵을 주도했는데 남이공이 "(류성룡은) 속오군과 작미법을 만들었고 서예庶隷(상민과 노비)의 천한 신분을 발탁했다."면서 류성룡의 전시 개혁 입법을 탄핵 요인으로 삼았다.

류성룡은 선조 31년(1598)년 11월 파직당했고 그가 천거했던 이순신이 같은 날 노량해전에서 전사하자 자살설이 유포되었다. 선조는 그 전에 전쟁영웅인 이순신을 제거하라는 〈비망기備忘記〉까지 작성해 승정원에 내렸다.

파직 후 고향 안동으로 낙향한 류성룡은 《시경詩經》〈소비편小毖篇〉의 "내가 징계를 당했으므로 후환을 경계한다.[여기징이비후환予其懲而毖後患]"는 구절에서 딴 《징비록懲毖錄》을 저술했다.

### 선조의 〈비망기〉

선조는 재위 30년(1597) 3월 13일 우부승지 김홍미에게 자신이 직접 쓴 〈비망기〉를 내렸다.

"이순신이 조정을 속인 것은 임금을 없는 것으로 여긴 죄[무군지죄無君之罪]이고, 멋대로 적을 치지 않은 것은 나라를 배신한 죄[부국지죄負國之罪]이고, 심지어 남의 공을 빼앗은 것은 남을 함정에 빠뜨린 죄[함인어죄陷人於罪]이고, 멋대로 하지 않는 것이 없는 것은 아무 거리끼는 것이 없는 죄[무기탄지죄無忌憚之罪]다. 이렇게 허다한 죄상이 있는데도 법망에 방치되었으니 마땅히 법에 비추어 죽여야 한다. 인신으로서 속이는 자는 반드시 죽여서 용서하지 않는 것이다."

선조는 김홍미에게 선전관을 보내 이순신을 잡아오게 하면서 "만약 이순신이 군사를 거느리고 적과 대치하고 있다면 체포하기가 쉽지 않을 것이니 전투가 끝난 틈을 타서 잡아오라."고 구체적으로 지시했다. 이런 상황 때문에 이순신 자살설이 유포된 것이다.

전란을 잊어서는 안 된다는 교훈을 담은 책이다. 그러나 7년간의 전란에서 교훈을 얻지 못한 양반 사대부들은 류성룡의 개혁 입법들을 모두 폐기하고 조선을 다시 양반들의 특권만 있고 의무는 없는 과거체제로 회귀시켰다. 불과 30여년 후의 정묘호란(1627)에서 의병이 일어나지 않은 것은 구체제 회귀에 대한 백성들의 외면이었다.

## 더 깊게 생각하고 토론해 봅시다

### 이이는 십만양병설을 주장했는가?

조선총독부 조선사편수회 출신이자 노론 집안 출신인 이른바 국사학계의 태두 이병도는 《조선사대관(1948)》과 《한국사대관(1983)》 등에서 율곡 이이가 임란 전 십만양병설을 주장했지만 서애 류성룡이 반대해서 무산되었다고 서술했다. 십만양병설은 이이의 제자 김장생(1548~1631)이 쓴 《율곡행장》에 "일찍이 경연에서 이이가 십만양병설을 주장했다."고 처음 나온다. 김장생의 제자 송시열이 쓴 《율곡연보》에는 그 내용이 더 자세하게 나온다. 그러나 이이는 경연일기인 《석담일기》를 남겼지만 양병에 관한 주장은 전혀 없다. 이이는 오히려 선조에게 올린 〈군정책軍政策〉 등에서 "양민을 하지 않고서 양병을 했다는 것은 예부터 지금까지 들어본 적이 없습니다."라면서 양병에 반대했다. 십만양병설은 서인 김장생이 스승 이이를 임란을 예견한 선각자로 떠받들고 남인 류성룡을 격하시키려고 창작해 유포시킨 이야기이다.

## 알고 싶어요

### 천민 수문장 신충원의 인생유전

류성룡은 충주의 노비출신 신충원을 발탁해 서반 4품 수문장守門將으로 삼았다. 그가 충청도 괴산과 경상도 문경의 경계에 있는 조령鳥嶺 방어에 탁월한 재능을 지녔기 때문이다. 현재 남아 있는 조령 제2관문이 신충원이 쌓은 것이다. 선조는 종전 후 남이공 등의 주청에 따라 신충원을 혹독하게 심문하고 사형시키려고 하였다. 그러나 광해군의 장인 지돈녕부사 유자신이, "이것만 가지고 형을 가한다면 옳지 못할 듯도 하니 다시 의논해야 하겠습니다."라고 말려 겨우 목숨은 건졌다. 사대부들은 전쟁이 끝나자 노비 출신으로 장군까지 올라

▲ **고모산성 진남문.** 문경새재 남쪽에서 영남대로를 지키는 관문이다.

간 신충원을 죽여서 신분질서를 바로 잡아야 한다고 여겼지만 이는 정묘·병자호란 때 의병들이 움직이지 않는 역사의 반작용으로 돌아왔다.

## ❸ 계해정변과 정묘·병자호란

### 🔷 동아시아 정세의 변경

▲ 도쿠가와 이에야스

임진·정유재란은 동북아 정세에 큰 영향을 끼쳤다. 일본은 임진·정유재란을 '분로쿠文祿(문록)·케이초慶長(경장)의 역役'이라고 부르는데 두 차례 대규모 침략에서 모두 패전하면서 도요토미 막부는 위기에 몰렸다. 도요토미는 죽기 전 도쿠가와를 포함한 5인의 대로大老에게 어린 아들 도요토미 히데요리豊臣秀頼(풍신수뢰)를 섬긴다는 서약을 받았다. 그러나 도요토미가 죽자 도쿠가와 이에야쓰德川家康(덕천가강)는 1600년 10월의 세키가하라關ヶ原 전투에서 도요토미 부대를 대파하고 실권을 장악했다. 1603년에는 일왕으로부터 정이征夷대장군의 칭호를 받아 도쿠가와 막부幕府시대를 열었다.

명나라는 신종神宗의 연호를 따서 임진왜란을 '만력萬曆의 역役'이라고 부른다. 명이 군사를 파견한 이유는 조선이 무너지면 명나라가 전쟁터가 될 것이기 때문이었다. 임란 때 대군을 파견

▲ 청 누루하치가 각 부족들의 항복을 받는 그림.

한 것이 국가 재정에 부담을 주었고 이 틈에 만주의 여진족 세력이 크게 성장하였다. 여진족은 흑룡강과 연해주 유역의 야인野人 여진, 송화강 유역의 해서海西 여진, 목단강 유역에서 백두산 일대의 건주建州 여진의 셋으로 나뉘어 있었다. 건주 여진 출신의 누루하치努爾哈齊(1559~1626)가 부족 통합에 나서 선조 21년(1588)경에는 건주 여진 대부분을 통합했다.

선조 25년(1592) 4월 임진왜란이 발생하자 누루하치는 조선에 군사를 보내주겠다고 자처할 정도로 세력이 커졌다. 누루하치는 선조 31년(1598) 1월에도 구원군을 보내주겠다고 자청했는데, 조선의 거절로 성사되지는 않았지만 그간 조선의 벼슬을 받기 위해 다투던 여진족이 북방의 강자로 등장해 곧 명을 대체할 것임을 시사하는 사례였다.

## 왕조 타도를 내건 봉기군과 북인의 분당

### = 송유진, 이몽학의 봉기

임진왜란은 인적·물적 손실뿐만 아니라 조선의 정치·경제·사회에 많은 변화를 가져왔다. 임란 전 170만 결이던 전국의 경지 면적이 54만 결로 감소될 정도로 전야田野가 황폐화되었다. 경복궁·창덕궁·창경궁을 위시한 많은 건축물이 소실되고 서적·미술품 등이 약탈되었으며 전주사고全州史庫를 제외한 모든 사고가 불에 탔다.

임진왜란은 조선의 사회구조를 근본적으로 흔들었다. 일부 부유한 백성들은 군공軍功·납속納贖(곡식으로 벼슬을 사는 것) 등의 방법으로 양반 지위를 획득해 군포 납부 의무에서 면제된 반면 가난한 백성들은 더욱 몰락했다.

선조 27년(1594) 송유진의 봉기와 선조 29년(1596) 이몽학의 봉기는 조선왕조 타도와 새로운 나라 건설을 내걸었다는 점에서 이전의 반란과 달랐다. 의병대장을 자칭하며 천안·직산 등지를 근거지로 봉기한 송유진은 계룡산·지리산 일대까지 세력을 확장한 후 선조 27년(1594) 정월 보름 서울을 점령하려했다. 그는 아산·평택의 병기를 약탈해 북상의 의지를 드높였으나 직산에서 충청병사 변양준에게 체포되어 사형 당하고 말았다.

왕족의 서자였던 이몽학은 왜란 중에 장교가 되었으나 모속관募粟官 한현 등과 함께 백성들을 모아 홍산鴻山(충청도 부여)을 점령하고 이어 임천군·정산·청양·대흥을 함락시켰다. 이몽학은 충청도의 요충지인 홍주洪州(홍성)를 점령하려 했으나 홍주목사 홍가신의 방어로 실패한 후 그의 부하 김경창 등 3인에게 피살되었다. 이 과정에서 지방관들이 도주하거나 항복하고 수많은 이민吏民들이 반군에 호응하는 무리가 수만 명에 달해서 조선 왕조에 큰 충격을 주었다. 서울로 압송되어 처형된 사람만 33명이며 지방에서 처형된 사람이 100명이나 되었는데 연좌율을 적용하면 관련자가 너무 많아져서 특별한 경우에만 적용했을 정도였다.

국문에서 이몽학의 잔당들은 김덕령·최담령·홍계남·곽재우·고언백 등의 의병장들을 동조자라면서 끌어들였다. 선조는 정여립 사건을 이용해 많은 명가들을 주류한 것처럼 이 사건을 백성들의 신망이 높은 전쟁 영웅들을 제거하는 기회로 삼았다. 광주光

▲ 홍주성 조양문

州 출신 의병장 김덕령은 정강이뼈가 모두 부서지는 혹독한 심문 끝에 장살杖殺되고, 충청도 보령출신의 의병장 이산겸도 이 사건과 연루되어 죽었다. 송유진, 이몽학의 봉기에 백성들이 대거 가담한 것은 백성들이 조선 왕조를 버렸음을 말해주는데도 양반 사대부들은 혁신에 나설 생각이 없었다.

## = 광해군 즉위와 북인 분당

임란 때 북인들은 의병장을 대거 배출한데다 대일강경론을 주도해 선명성에서 앞서갔다. 서인들도 조헌·고경명같은 의병장이 나왔지만 곽재우·정인홍·조종도·김덕령 등의 대표적인 의병장들 다수가 북인으로 의병전쟁을 주도했다. 임란 와중에 정권을 잡은 북인들은 선조의 후사를 놓고 대북大北과 소북小北으로 갈라졌다. 세자 광해군을 지지하는 정인홍 중심의 대북大北과 선조의 계비 인목왕후 소생의 영창대군을 지지하는 유영경 중심의 소북小北으로 갈라진 것이다.

선조는 재위 33년(1600) 의인왕후 박씨가 세상을 떠나자 재위 35년(1602) 김제남의 딸을 계비로 삼았으니 곧 인목왕후 김씨였다. 방계승통의 열등감을 갖고 있던 선조는 적자嫡子가 태어나자 마음이 흔들렸고, 영의정 유영경 등은 영창대군을 후사로 세우려고 기도했다.

영창대군이 태어났을 때 광해군은 이미 14년 경력의 세자였다. 선조는 영창대군 탄생 이듬해(선조 40:1607) 병석에 눕자 만 두 살의 갓난아이에게 왕위를 물려줄 수 없다고 판단하고 광해군에게 양위했다. 영의정 유영경이 양위 전교를 집에 감추고 인목왕후에게 영창대군의 즉위를 종용했지만 갓난아기를 임금으로 삼는 것은 현실성이 없다고 판단한 인목왕후는 선조의 유조에 따라 광해군의 즉위를 결정했다. 제15대 광해군(재위 1608~1623)의 시대가 열린 것이다.

## = 광해군의 전란극복 정책

▲《동의보감》. 서울대학교 규장각 소장.

광해군은 전란 극복을 국정의 최우선 과제로 삼아 혁신정치를 펼쳤다. 자신을 지지한 대북을 중용했지만 즉위 초 남인 이원익에게 영의정을 제수하고 서인 이항복을 좌의정으로 삼는 연립내각을 구성했다. 즉위 원년 이원익의 건의로 경기도에 대동법을 시범 실시했는데, 류성룡이 임란 때 실시했던 작미법이 되살아난 것이었다. 광해군은 전란 때 소실된 서적 간행에도 힘을 기울여《신증동국여지승람》,《국조보감》 등을 다시 편찬했으며, 춘추관·충주·청주 사고史庫에 보관했던 실록들이 불탄 것을 우려해 적상산赤裳山에 사고를 설치해 중요한 전적典籍들을 보관했다. 허준에게《동의보감》을 편찬케하여 전란 때 창궐했던 질병을 다스리는 한편 민족의학을 집대성하였다.

재위 3년(1611)에는 양전量田사업을 실시하여 전란으로 황폐해진 농지를 다시 측량하여 경작지를 확대하고 국가재원을 확보하였다. 전란 때 소실된 창덕궁·경희궁·인경궁을 중축 또는 개축하는 과정에서 백성들을 부역에 동원해 원성을 사기도 했으나 국왕이 월산대군의 사저에서 업무를 보는 상황에서 궁궐 신축은 불가피한 것이었다.

## = 후금의 부상과 자주적 실리외교 선택

광해군은 자주적 실리외교를 선택했다. 도쿠가와 막부가 자신은 한 명의 군사도 보내지 않았다고 설득하자 수교를 결심했다. 대신 임란 때 성종과 계비 정현왕후의 무덤인 선릉宣陵과 중종의 무덤인 정릉靖陵을 훼손한 범인 인도를 조건으로 내걸었다. 일본에서 대마도의 죄인 두 명을 인도하자 이들을 효수하고 수교에 응했다. 광해군은 재위 1년(1609) 일본송사약조日本送使約條(기유조약)를 체결해 왜란 이후 중단되었던 외교를 재개하고, 재위 9년(1617) 오윤겸 등을 회답사回答使로 파견해 양국관계를 정상화했다. 일본과 수교를 조선의 평화를 보장하는 구조적 방편으로 판단해서 과거의 은원을 묻어둔 채 수교에 응한 것이다.

광해군은 여진족과도 실리적인 관계를 맺었다. 건주여진의 누루하치는 여진족을 통합한 후 광해군 8년(1616) 제위에 올라서 국호를 금金, 연호를 천명天命이라고 선포했다. 2년 후인 광해군 10년(1618) 4월에는 누루하치가 "명나라가 내 조부와 부친을 죽였다.", "명나라가 우리 민족을 탄압한다."는 등의 내용을 담은 '7대한七大恨'을 발표하면서 요녕성 무순撫順을 함락시켜 명을 경악시켰다.

명의 경략經略 왕가수汪可受는 광해군에게 군사 파견을 요청했다. 양국의 싸움에 말려들 필요가 없다고 판단한 광해군은 파병을 거부했다. 그러나 대북정권의 실세였던 이이첨까지 "중국에 난리가 났을 때 제후가 들어가 구원하는 것이 바로 춘추春秋의 대의요 변방을 지키는 직분"이라면서 파병을 주창하자 재위 11년(1619) 도원수 강홍립을 필두로 1만 3천 명의 조명군助明軍을 도강시켰다. 그러나 명나라 군사는 지도부가 분열된 상태였고 조선

▲ 요녕성 무순고성撫順古城

의 조명군도 군량 공급을 책임진 평안감사 박엽朴燁이 임무를 태만히 하는 바람에 굶주린 채 싸워야 했다. 조선군은 첫 전투에서 후금군을 격퇴했지만 두 번째 심하전역에서 패배했다. 후금군이 강화를 요청하자 강홍립은 남은 3천여 명을 이끌고 항복했다. 강홍립은 후금과 조선 사이를 중재해 사태 악화를 막았다. 광해군의 이런 실리적 자주외교를 서인들은 정변의 명분으로 악용했다.

## = 인목대비 폐모와 계해정변

광해군 재위 5년(1613)의 '칠서七庶의 옥獄'은 영창대군을 정쟁에 끌어들였다. 대가집 서자 7명이 조령 고개에서 발생한 살인강도 사건에 연루되었는데, 고故 정승 박순의 서자 박응서가 위관 이이첨에게, "국구國舅(임금의 장인) 김제남(인목대비의 부친)과 짜고 영창대군을 추대하려고 하였다."고 자백했다. 사건의 진상은 불분명했지만 김제남은 사사賜死 당했고, 영창대군도 서인庶人으로 강등되었다가 광해군 6년(1614) 2월 강화부사 정항에게 살해당했다.

대북은 인목대비 폐비廢妃를 추진했는데 이 폐모론廢母論은 광해군과 집권 대북을 고립시켰다. 모든 당파가 폐모를 반대했고 심지어 대북 영의정 기자헌도 반대했다. 그러나 광해군과 대북 강경파는 광해군 10년(1618) 인목대비의 호를 삭거削去하고 서궁西宮에 유폐시켰다.

광해군은 자주적 실리외교로 많은 업적을 남겼으나 폐모론 같은 정쟁에 얽매여 많은 반대파를 양산했다. 정권에서 소외된 서인들은 인목대비 폐모를 어머니를 버린 패륜으로 규정짓고, 광해군의 자주적 실리외교를 임금의 나라 명에 대한 불충으로 규정짓고 정변을 준비했다.

## 🔵 서인들이 주도한 계해정변

### = 계해정변 발발

광해군 15년(1623) 3월 김류·이귀·김자점·최명길·이괄·이서 등은 선조의 서손 능양군綾陽君(인조) 이종李倧을 추대해 정변을 일으켰다. 이것이 계해정변인데 정변을 일으킨 쪽에서는 인조반정이라고 부른다. 인조는 선조가 인빈 김씨에게서 낳은 셋째아들 정원군의 아들이었다. 계해정변은 국가재건에 힘쓸 시기에 극도의 친명 사대주의를 명분으로 일으킨 이념적 정변으로서 백성들은 물론 사대부들의 지지도 받지 못했다. 반정 일등공신 이서李曙가 반정 직후의 상황을 설명하면서 '성패가 확실히 정해지지 않은 터에 위세로써 진압할 수도 없었다.'라고 말한 것은 백성들과 사대부들이 정변에 반발해 봉기하려 했음을 시사한다. 다급해진 서인들은 남인 이원익을 영의정으로 삼는 연합 정권을 구성해 민심 안정을 꾀했다. 서인들은 요직을 독차지했지만 남인들을 제도권으로 끌어들여 정변에 대한 반발을 완화시켰다. 정변공신들은

▲ 오리 이원익 초상. 국립중앙박물관.

'산림山林(서인 유학자들)을 우대하고', '국혼國婚을 잃지 말자'고 밀약했는데, 국혼이란 곧 세자의 혼인으로 세자빈은 서인가에서 배출하겠다는 뜻이었다. 이에 따라 소현세자는 남인 윤의립의 딸과 혼인하기로 되어 있었으나 파혼하고 강석기의 딸과 혼인해야 했다. 차기 국왕은 반드시 서인가에서 나와야 한다는 것이었다. 계해정변은 특정당파가 합법적으로 즉위한 국왕을 갈아 치울 수 있음을 말해준 것으로서 사실상 왕조정치 체제의 붕괴였다.

### = 이괄의 난과 정적 살육

정변 이듬해인 인조 2년(1624) 내부 분열인 '이괄의 난'이 발생했다. 이괄이 군사를 이끌고 정변을 주도했음에도 논공행상에서 이등공신으로 밀린 후 외직으로 축출되고 역모 혐의까지 받자 군사

를 일으켜 서울을 점령한 것이다. 인조와 서인정권은 서울을 버리고 도망가기 직전 감옥에 갇혀 있던 전 영의정 기자헌 등 49명의 관리들을 이괄과 내통할 '우려'가 있다는 이유로 전격적으로 처형했다. 이괄은 선조의 열 번 째 아들 흥안군興安君 이제李瑅를 임금으로 추대했으나 장만이 이끄는 관군과 서울 근교의 길마재 鞍峴(안현)에서 패전하면서 부하 장수 기익헌 등에 의해 살해 당해 실패하고 말았다.

## 서인들의 계해정변 논리

| | 서인들의 정변 논리 | 비고 |
|---|---|---|
| 군주론 1 | 조선 사대부(서인)들의 임금은 명나라 황제다 | 조선 전기의 주체적 사대주의와 다른 객체적 사대주의 |
| 군주론 2 | 조선 임금은 명나라 황제의 신하다 | 자국의 정체성 부인 |
| 신하론 | 조선 임금은 조선 사대부와 같은 계급이다 | |
| 충성론 1 | 광해군은 임금을 배신했다 | |
| 충성론 2 | 조선 사대부가 광해군을 축출한 것은 명나라 황제에 대한 충성이다. | 반역 합리화 논리 |
| 사례 1 | 1차 예송 때 송시열 등의 기년복(1년)설 2차 예송 때 송시열 등의 대공복(9개월) | 효종은 둘째 아들이고, 인선왕후 장씨는 둘째 며느리 |
| 사례 2 | 노론 당수 이완용이 데라우치에게 고종·순종의 지위를 국왕이 아닌 대공으로 하자고 주장 | 고종·순종은 임금이 아니라는 논리 |

### ● 친명 사대주의가 자초한 정묘·병자호란

= 정묘호란

서인들은 광해군의 자주적 실리외교를 쿠데타 명분으로 삼았다. 그러나 북인 이이첨이 조명군 파병을 적극 주장했던 데서 알 수 있는 것처럼 이 또한 서인들이 조작한 명분에 불과했다. 정변을 합리화하기 위해서 광해군을 명에 대한 군신의 의리를 저버린 불충으로 몰고 갔다. 서인정권은 숭명반청崇明反淸 정책으로 선회했고 후금後金(청)과의 충돌이 불가피했다.

　인조 5년(1627:정묘년) 1월 후금이 조선을 침략했는데 이것이 정묘호란이다. 후금의 목적은 조선과 명의 관계를 단절시키는 데 있었다. 후금의 아민阿敏이 이끄는 3만 군사는 압록강을 건너자마자 의주를 공략하고 용천·선천을 거쳐 청천강을 건넜다. 도원수 장만의 조선군은 기병 위주인 후금군에 역부족이었다. 인조가 병조판서 이정구에게 "군병의 숫자를 아는가?"고 묻자 "모른다."고 답변했고 인조가 "판서가 군병의 숫자를 몰라서야 되겠는가?"라고 반문한 것이 인조정권의 현실이었다.

　조선군이 개성까지 후퇴하자 인조를 비롯한 신하들은 강화도로 도피하고 소현세자는 전주로 피난했다. 그나마 심하전역 이래 후금에 잡혀 있던 강홍립

▲ 청 태종

이 중재에 나서 후금군은 황해도 평산에서 더 이상 남하하지 않고 강화조약을 체결할 수 있었다. 조선은 후금에 세폐를 보내고, 형제국의 관계를 맺되 명나라와도 적대적인 관계를 맺지 않으며 왕자를 인질로 보낸다는 정묘조약丁卯條約이었다. 조선은 왕자 대신 종실 원창군原昌君 이구李玖를 인질로 보냈고 후금군도 철수했다.

## = 병자호란

　정묘호란 이후 국력이 더욱 강해진 후금後金은 인조 14년(1636) 국호를 대청大淸으로 바꾸고 형제관계를 군신관계로 바꾸자고 요구했다. 인조는 8도에 교서를 내려 향명대의向明大義(명을 향한 큰 의리)를 위해 후금과 화和를 끊는다고 선언하는 선전宣戰 교서를 내렸지만 군사는 없었다. 같은 해 12월 청 태종은 여진군 7만, 몽고군 3만 등 도합 12만 군사를 이끌고 압록강을 건넜고 보름이 안

▲ 남한산성 수어장대

돼 개성을 점령하였다. 인조와 서인정권은 강화도로 천도해 장기항전하려 했으나 청군이 강화로 가는 길을 끊자 남한산성에 들어가 농성했다. 조선군보다 추위에 강한 청군은 남한산성을 포위하고 성안의 물자가 떨어지기를 기다렸다.

인조와 서인정권은 명의 구원군과 의병이 일어나기를 기대했지만 명 군사가 요동을 건너 조선으로 올 수도 없었고, 임란 후 면천법을 폐기시킨 조정을 위해 목숨 걸고 싸울 의병도 없었다. 이듬해 초 강화도가 함락당하자 인조는 주화파主和派 최명길 등에게 강화조건을 교섭하게 했다. 정묘호란 때 청과 중재했던 강홍립은 이미 사망한 후였다. 형제관계는 군신관계로 전환되었고, 명과 관계를 단절해야 했고, 세자·왕자 및 여러 대신의 자제를 인질로 보내야 했다. 재위 15년(1637) 1월 인조는 소현세자를 비롯한 백관을 거느리고 삼전도三田渡(지금의 송파구)로 나가 황옥黃屋을 펼치고 앉아 있는 청 태종에게 항복하는 '삼전도의 치욕'을 겪어야 했다.

### 소현세자의 현실인식과 좌절

#### = 북경으로 남하한 소현세자

강화조약 때 세자의 인질요구가 쟁점이 되자 소현세자는 스스로 인질이 되기를 자처해 문제를 풀었다. 조선 지배층에게서 보기 드문 자기희생이었다. 소현세자 부부는 3백여 명의 수행원들과 심양관瀋陽館에 거주하면서 두 나라 사이의 현안을 조절했다. 명나라는 청나라가 아니더라도 각지에서 일어난 봉기 때문에 이미 무너지고 있었다. 인질 생활 7년째인 1644(인조 22년) 3월 명나라 의종毅宗은 역졸驛卒 출신 이자성李自成이 북경을 점령하자 스스로 목숨을 끊었다. 명의 마지막 보루인 산해관山海關를 지키던 오삼계吳三桂는 이 소식을 듣고 청나라에 인의仁義의 군대를 조직해 역적을 타도하자고 요청했다. 청의 섭정왕 구왕九王 다이곤多爾袞은, "인의의 군대를 동원해 유적 이자성을 멸하고, 중국 백성을 구원한다."는 명분으로 이에 응했다. 형식은 오삼계의 명군과 청군의 연합이었지만 내용은 청군이 명군을 흡수한 것이었다. 다이곤은 북경으로 남하하면서 소현세자를 데려갔는데 청군이 북경에 가까이오자 이자성은 남쪽으로 도주했다. 소현세자는 북경에서 예수회 선교사 아담 샬Adam Schall(중국명 탕약망湯若望) 등과 교류하면서 서양 문물을 체험했고, 숭명 사대주의가 시대에 뒤떨어진 이념임을 깨닫게 되었다.

▲ 오삼계

북경까지 점령한 청은 1645년(인조 23) 2월 세자의 귀국을 허락했다. 소현세자는 천주교 전교를 허용해 달라는 아담 샬의 요청에 응해 이방송李邦訟·장삼외張三畏·유중림劉中林·곡풍등谷豊登 등 천주교 신자인 중국인 환관과 궁녀들을 동반하고 귀국했다.

▲ 다이곤. 청 태조 누루하치의 14번째 아들로 청의 실권자였다.

= 소현세자 급서와 독살설

소현세자 부부는 만 8년의 볼모생활 끝인 인조 23년(1645) 2월 34세의 한창 나이로 서울로 돌아왔다. 세자는 인질생활 동안 체득한 개방적 세계관을 실천할 계획이었지만 인조와 서인정권은 이를 부정적으로 보았다. 과거에도 세자가 청의 힘을 빌려 자신을 폐하고 즉위하지 않을까 의심해서 환관을 보내 세자의 동태를 감시했던 인조는 세자에 대한 신하들의 진하進賀조차 막았다. 부왕의 냉대에 상심한 세자는 귀국 두 달 만에 학질에 걸려 병석에 누웠는데 발병 사흘 만에 급서하고 말았다. "온 몸이 전부 검은 빛이었고 이목구비의 일곱 구멍에서는 모두 선혈鮮血이 나왔다." 는 시신 목격담이 전해지면서 독살설이 유포되었다. 인조의 후궁 조씨趙氏 사갓집에 출입하던 의관醫官 이형익에게 의혹의 시선이 쏠렸지만 인조는 이형익을 비호했다. 소현세자가 장남이었으므로 인조는 3년복을 입어야 했으나 1년복으로 축소하고, 그것도 하루를 한 달로 치는 역월제易月制를 적용했다. 뿐만 아니라 세자의 장자인 원손元孫 석철이 후사가 되었어야 함에도 종통을 무시하고 동생 봉림대군(효종)을 세자로 책봉했다. 인조는 또한 저주사건을 조작해 소현세자의 부인 강빈을 죽이고, 그 어머니를 처형하고 형제들인 강문성과 강문명도 장살杖殺(매를 쳐서 죽임)했다. 인조는 세자의 세 아들을 귀양 보냈는데 장남 석철과 석린은 이듬해 제주도에서 죽고 말았다.

## ④ 북벌론의 등장과 예송

### 효종과 북벌

인조가 재위 27년(1649) 5월 사망하고 서른 살의 효종이 조선의 17대 왕으로 즉위했다. 효종은 소현세자의 장남 석철을 제치고 왕이 된 정당성을 북벌에서 찾았다. 효종은 박무·원두표 같은 군비확장론자들을 병조판서로 삼아 군비확장을 맡겼다. 또한 이완을 어영대장으로 삼아 문신 원두표와 조화를 이루게 했다. 문신 원두표와 무신 이완이 효종의 북벌 계획과 실행을 뒷받침한 문무文武 신하였다. 문신들은 '청과 분쟁거리가 된다.'면서 군비증강을 반대했지만 효종은 군비증강에 매진해 재위 6년(1655) 1만 3천여 정예군사들을 거느리고 노량진 백사장에서 열병식을 거행했다.

문신들은 백성들의 생활을 안정시켜야 한다는 '안민책安民策'을 내세워 효종에게 반발했다. 산림영수 송시열은 효종 8년 '밀봉한 상소문'인 〈정유봉사丁酉封事〉를 올려 "전하께서 재위에 계신 8년 동안은 그럭저럭 지나갔을 뿐 한 자 한 치의 실효도 없었습니다."라고 효종의 치세 전반을 부정했다. 송시열의 **산당**山黨♦은 말로는 북벌을 주창해 명나라에 대한 충성을 과시했지만 행동으로는 북벌을 반대했다.

당시는 소빙하기로 천재지변이 잇따라 농민생활이 피폐했기 때문에 군비확장이 쉽지 않았다. 그러나 북벌의지를 꺾지 않은 효종은 재위 10년(1659:기해년) 3월 이조판서 송시열과 기해독대己亥獨對를 통해 북벌추진을 강권했다.

효종은 정예 포병砲兵(소총수) 10만을 길렀다가 기회를 엿보아 산해관으로 쳐들어가면 '중원의 의사義士와 호걸'들이 호응할 것이라고 예견했다. 조선군의 북상과 한족漢族의 봉기가 맞물리면

▲ **만리장성의 거용관**居庸關. 북경 북서쪽에 있다.

♦ **산당**
서인이 갈라져서 나온 당파로 김집金集과 송시열이 중심이었다. 김육 중심의 한당漢黨이 대동법을 주창한 반면 산당은 대동법과 북벌에 반대했다.

### 하멜과 북벌

효종 4년(1653) 네덜란드 동인도회사 소속 선박의 포수砲手 하멜Hamel이 제주도에 표류했다. 효종은 이미 조선으로 귀화한 네덜란드인 박연朴燕(벨테브레)의 통역을 통해 하멜이 포수였다는 사실을 알게되자 훈련도감에 배속시켜 조총鳥銃을 제작하게 했다.

### 독대

임금이 신하를 만날 때는 사관과 승지가 배석해 기록해야 했으므로 독대는 엄격하게 금지되어 있었다. 효종과 송시열의 기해독대와 숙종과 이이명의 정유독대가 유명한데 송시열은 《독대설화獨對說話》를 통해 대화내용을 남겼으므로 그 내용을 알 수 있다.

▲ 송시열 초상. 국립중앙박물관

소수 만주족의 청나라는 무너질 것이라는 전략이었다. 송시열은 치자治者의 근본도리는 '몸을 닦고 집안을 다스린다'는 뜻의 '수기형가修己刑家'로 대답을 대신했다. 효종은 송시열이 북벌을 추진한다면 병조판서도 겸직시키겠다고 제안했다. 말로는 북벌을 주창했지만 실제로는 북벌을 불가능한 것으로 보았던 산당이 진퇴양난에 빠졌다. 그러나 효종은 독대 두 달 후인 재위 10년(1659) 5월 귀 밑의 종기 때문에 어의御醫 신가귀에게 침을 맞다가 피를 쏟고 승하했다. 효종의 급서는 수많은 의문을 낳았다. 자의대비의 복상服喪문제를 두고 서인과 남인이 대립하는 제1차 예송논쟁이 벌어졌다.

## 왕위계승의 정통성을 둘러싼 제1차 기해예송

예송논쟁은 두 차례 벌어졌다. 기해년(1659)에 벌어진 1차 예송논쟁은 기해예송, 현종 15년(1674:갑인년)에 벌어진 제2차 예송은 갑인예송이라고 한다. 예송논쟁이 큰 논란이 된 것은 그 이면에 효종 왕위계승의 정통성 문제를 담고 있기 때문이었다.

조선의 성리학자들은 중국 고대의 《주례周禮》와 《주자가례朱子家禮》 등을 근거로 상복喪服을 다섯 종류로 분류했다. 3년복인 참최斬衰, 1년복인 재최齊衰, 9개월복인 대공大功, 5개월복인 소공小功, 3개월복인 시마總麻였다.

부모상에는 자녀들이 모두 3년복을 입었다. 자식들이 먼저 세상을 떠나면 부모도 상복을 입었는데 맏아들의 경우에는 부모도 3년복을 입고, 둘째 아들 이하는 1년복을 입었다. 이는 사대부가의 예법이지 왕가의 예법이 아니었다. 천명을 받은 임금의 상에는 장자, 차자 따질 것 없이 모두 3년복을 입었다. 송시열과 산당이

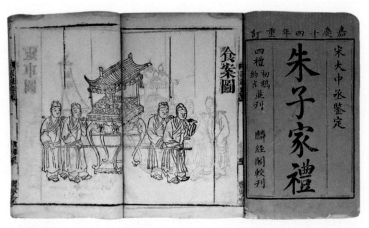

▲《주자가례》

명의 임금은 황제이고 조선 임금은 제후로 낮춰보면서 예송논쟁이
발생했다. 효종이 세상을 떠났을 때 인조의 계비 자의대비 조씨가
생존해 있었는데 송시열은 효종이 차남이란 논리로 1년복설을 제
기했다. 이는 자칫 효종 왕위계승의 정통성을 부정한 것으로 해석
될 여지가 있었다.

　그래서 서인들은 의논 끝에 1년복을 주장하면서 조선의 국제國
制, 즉《경국대전》에 따라서 1년복을 입는 것이라는 논리를 세웠
다.《경국대전》은 아들이 먼저 세상을 떠났을 경우 장자, 차자의
구분 없이 부모의 복을 1년복으로 규정하고 있었기 때문이다.

　남인 학자 윤휴는 '임금의 상喪에는 모두가 참최복(3년복)을 입는
것이 신하의 의리'라고 반대했다. 남인 장령 허목이 다시 3년복설
을 주장했다. 남인강경파 윤선도는 '송시열이 종통宗統은 종묘와
사직을 관장하는 임금(효종)에게 돌려보내고 적통嫡統은 이미 죽
은 장자(소현세자)에게 돌려보내 종통과 적통을 둘로 나누었다.'고
비판하는 상소를 올려 정국에 파란을 일으켰다. 적통을 소현세자
에게 돌렸다는 것은 효종의 왕위계승을 부정했다는 의미이므로
서인들은 일제히 윤선도를 공격했다. 윤선도는 사형 위기에 몰렸
다가 유배로 감해져 함경도 삼수三水로 귀양 갔다. 현종은 1년복
설로 정리하면서 1차 예송은 송시열과 서인들의 승리로 끝났다.

### 제2차 갑인예송

= 《경국대전》과 다른 복제

현종 15년(1674) 2월 효종의 비妃이자 현종의 어머니인 인선왕후 장씨가 세상을 떠나자 제2차 예송논쟁이 일어났다. 인조의 계비 자의대비의 복제문제가 다시 대두된 것이다. 《경국대전》은 아들의 경우와는 달리 며느리가 먼저 세상을 떠났을 때는 맏며느리는 1년, 둘째 며느리 이하는 9개월로 구분하고 있었다. 예조판서 조연은 당초 1년복으로 올렸다가 효종 때의 복제와 같다는 문제를 인식해서 현종에게 복제를 물었다.

현종이 대신들의 견해를 묻자 송시열의 제자인 정승 김수항·김수흥 형제는 효종 때와 같은 기년복일 수 없다면서 대공복大功服(9개월)으로 의정하였다. 당초 1년복으로 정했던 복제를 대공복으로 낮춘 것이나 문제의 소지가 있었다. 이때 칠순의 대구 유생 도신징이 서울로 올라와 우여곡절 끝에 현종에게 상소를 올렸다. 《경국대전》에 의하면 대왕대비 복제가 기년복(1년복)인데 왜 대공복으로 바꾸었냐고 따지는 상소였다. 서인 대신들이 9개월복 주장을 굽히지 않자 현종은 "경들은 모두 선왕의 은혜를 입은 자들

### 현종 11~12년의 경신대기근

현종 11년(1670·경술년)부터 12년(신해년)까지 발생한 대기근을 경신대기근이라고 한다. 한해旱害(가뭄)·수해水害(홍수)·냉해冷害·풍해風害(태풍)·충해蟲害·혹한酷寒에 인간 전염병과 가축 전염병이 더해져 팔재八災가 덮쳤다. 현종 12년 6월 한 달 동안 전국에서 1만 7천여 명이 죽었을 정도로 피해가 극심했고 굶주린 백성들이 관아 창고를 털기도 했다. 당시에는 몰랐지만 16~19세기는 소빙기小氷期여서 자연재해가 잇따랐던 것이다. 대기근을 극복할 방법으로 청나라의 곡식 수입 방안이 제시되었지만 많은 신하들이 반대해 성사되지 못했다. 반면 광해군 즉위년(1608)에 경기도에 시범실시했다가 숙종 34년(1708)에 전국적으로 확대된 대동법이 재난 극복에 큰 역할을 했다. 현종 14년 11월 전 사간司諫 이무가 현종에게, "우리가 비록 신해년(현종 12년)의 변을 겪었지만 지금까지 보존할 수 있었던 것은 대동법의 은혜입니다."라고 말했다. 농지면적에 따라 세금을 부과했던 대동법이 대기근을 극복할 수 있는 효과를 나타냈던 것이다.

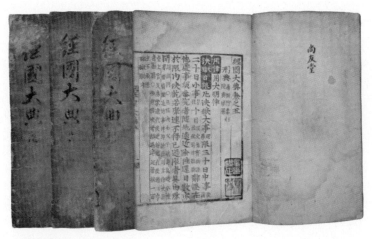

▲《경국대전》

인데…임금에게 이렇게 박하게 하면서 어느 곳에 후하게 하려는 것인가."라고 꾸짖었다. '어느 곳'은 송시열을 뜻하는 것이었다. 현종은 정권을 바꾸기로 결심하고 남인 허적을 영의정으로 삼고, 예조판서도 남인 장선징으로 바꾸는 등 남인들을 대거 등용했다.

= 현종의 급서와 숙종의 즉위

정권을 남인으로 갈아치우는 와중에 현종은 갑자기 병에 걸려 서른셋의 젊은 나이로 세상을 떠났다. 제19대 숙종(재위 1674~1720)이 열세 살의 어린 나이로 그 뒤를 이었다. 숙종은 부왕의 뜻을 이어 송시열을 함경도 덕원德源으로 유배하는 등 서인들을 계속 처벌하고 남인에게 정권을 주었다. 정권을 잡은 남인들은 서인들에 대한 강경처벌을 주장하는 청남淸南과 온건 처벌을 주장하는 탁남濁南으로 나뉘었다. 두 차례의 예송논쟁은 왕위 계승의 정통성에 관한 문제였지만 양란이 초래한 문제 극복에 힘써야할 나라에서 꼭 필요한 논쟁은 아니었다. 나라에 꼭 필요한 것은 시대가 요구하는 개혁이었다. 숙종 초 정권에 참여한 윤휴 등 청남은 북벌, 신분제 완화, 경제적 불평등 완화 같은 새로운 개혁정책을 지지하고 나섰다.

# 5 탕평과 세도정치

## ① 서인의 분당과 노·소대립

### 서인 재집권과 노·소 분당

= 삼번의 난과 경신환국

현종 말~숙종 초 청은 내전에 휩싸였다. 현종 14년(1673) 12월 청의 남방 운남雲南·귀주貴州를 장악한 한족漢族 출신의 평서왕平西王 오삼계吳三桂가 청의 운남순무 주국치朱國治를 살해하고 주왕周王을 자칭하며 청조 타도를 기치로 내걸었다. 같은 한족 출신의 광동廣東의 상가희尙可喜, 복주福州의 경중명耿仲明 등이 호응하는 삼번三藩의 난이 일어났다. 청 남방이 내전에 휩싸인 것으로 효종이 살아 있었으면 즉각 북벌을 단행했을 것이다. 숙종 초 조정에 진출한 남인 윤휴는 북벌을 단행하자고 주장했지만 숙종과 조정의 실세였던 왕비의 사촌 김석주는 북벌이 불가능하다고 여겼다.

초기에는 삼번이 우세했으나 6~7년이 지나면서 점차 청의 우세로 돌아서자 숙종은 정권을 북벌을 주창하는 남인에게서 빼앗아 서인에게 돌려주어야 한다고

▲ 삼번의 난의 형세도

판단했다. 숙종 6년(1680:경신년) 3월 영의정 허적이 임금에게 궤장几杖을 하사받은 것을 기념하는 연시연延諡宴을 베풀었다. 이날 비가 오자 궁중의 기름천막을 허락 없이 가져간 것을 빌미로 정권을 서인으로 교체했는데 이것이 **경신환국**庚申換局<sup></sup>이다.

● **경신환국**
숙종 6년의 경신환국을 서인들은 경신대출척이라고 표현했다. 출척黜陟이란 소인이 쫓겨나고 군자가 조정에 들어오는 것을 뜻한다. 환국은 정권교체를 뜻하는 중립적 용어이다.

= 서인의 정치보복과 노·소분당

재집권한 서인들은 남인들의 재기를 막기 위해 정치보복을 자행했다. 허적의 서자 허견을 역모로 모는 '허견의 옥사'가 그것이었다. 서인 모사謀士 김석주가 심은 간자間者 정원로의 고변으로 시작되었는데, 사건의 진상이 모호했지만 인조의 손자였던 복선군·복창군 형제가 사형당하고, 허견은 능지처사당했고 허적도 사사 당했다. 북벌론자였던 윤휴도 사형당했다. 이 사건으로 1백여 명 이상의 피화자가 발생했다.

김석주는 또 숙종 8년(1682) 심복인 어영대장 김익훈을 시켜 남인 허새·허영 등을 역모로 고변했다. 허새·허영 등은 심한 고문을 당했지만 누구를 추대하려 했는지를 묻는 질문에는 함구한 채 죽었다. 이 사건이 정치공작으로 드러나자 승지 조지겸, 지평 박태유, 오도일 등 젊은 서인들이 반발하며 김익훈 처벌을 주장했다. 파문이 확산되자 숙종은 정국 수습을 위해 산림의 세 유현儒

알고 싶어요

### 청남 윤휴의 사회개혁안

북벌론자였던 윤휴는 조정에 나온 후 여러 개혁안을 제시했다. 양반들에게도 군포를 받자는 호포제와 무과선발 시험인 만인과萬人科를 실시해 신분에 관계없이 응시하게 하자고 주장했다. 또한 북벌에 사용할 병거兵車제작도 주장했다. 윤휴의 개혁안은 조선의 당쟁이 단순한 권력다툼이 아니라 정치노선에 대한 충돌이라는 점을 말해준다.

▶ 백호 윤휴

▲ 남계 박세채 초상

賢인 송시열, 윤증, 박세채를 불렀다.

송시열이 김익훈 등의 무고자들을 법대로 처리해야 한다고 말했기 때문에 젊은 서인들은 송시열을 대로大老로 존숭하며 기대했다. 그러나 막상 송시열이 김익훈을 옹호하자 크게 실망했다. 윤증은 상경 도중 박세채에게 자신이 정치에 참여할 수 있는 세 가지 전제조건을 내걸었다. 첫째는 남인들의 원한을 풀어줄 것, 둘째 세 외척인 삼척三戚(김석주·김만기·민정중의 세 외척)의 권력을 제한할 것, 셋째 송시열의 세도를 변화시킬 것 등이었다. 윤증의 3대 명분론은 남인과 서인의 화해에 의한 당쟁 종식, 척신 정치구조의 타파, 송시열의 세도약화로 요약될 수 있었다. 그러나 박세채와 윤증은 이 세 가지를 해결할 수 없다고 판단해서 낙향했고, 혼자 조정에 남을 수 없던 송시열도 낙향했다.

이후 서인은 공작정치 처벌과 남인에 대한 화해를 주장하는 윤증 중심의 소론少論과 서인 단독의 정국 운영을 옹호하는 송시열 중심의 노론老論으로 나뉘었다. 노론의 중심인물은 송시열과 척신 김석주·민정중, 김익훈, 이이명 등이었으며, 소론의 중심인물은 윤증과 박세채를 비롯해서 조지겸·오도일·한태동·박태보·남구만 등 비교적 젊은 서인들이었다. 선조 8년(1575)의 을해당론으로 동서가 분당된 지 115년 이상 단일당이었던 서인이 노론과 소론으로 나뉜 것이다.

## 남인의 재집권과 실각

● 고묘
전쟁이나 천도遷都, 왕비나 세자世子의 책봉 등 국가나 왕실에 큰 일이 있을 때 이를 선왕들의 위패를 모신 종묘宗廟에 고하는 것.

숙종 14년(1688) 역관 집안 출신의 후궁 장옥정이 왕자를 낳았다. 장씨를 남인으로 본 집권 서인 대신들이 외면하는 가운데 숙종은 재위 15년(1689년:기사년) 1월 갓난 왕자를 원자元子로 종묘에 **고묘**告廟●해 자신의 후사임을 선포했다.

종묘에 고묘하면 다시 바꿀 수 없는 일이었는데 송시열이 이를 비판하는 상소를 올리자 격분한 숙종은 송시열을 삭탈관작했다. 영의정 김수흥을 파직하고 남인 권대운으로 바꾸는 등 정권을 남인으로 갈아치웠는데, 이것이 기사환국己巳換局이다.

　재집권한 남인들은 서인들에 대한 정치보복에 나서 여든 둘의 송시열을 정읍에서 사사하고 김수항도 진도 귀양지에서 사사했다. 효종의 외손자 홍치상을 포함해 18명이 사형당하고 100여 명이 유배, 삭탈관작 등을 당했다. 서인 측 정치공작의 실행자였던 김익훈 등도 모두 사형당했다.

　숙종은 인현왕후 민씨를 투기한다는 명목으로 폐출하고 후궁 장씨를 왕비로 올렸다. 민씨는 노론이었으나 박세당의 아들이자 소론인 박태보는 왕비폐출을 반대하는 86명의 연명상소를 주도했다가 혹독한 심문 끝에 사망했다.

　서인들은 새로 숙종의 총애를 받는 후궁 최씨를 끌어들여 정국 전환을 시도했다. 숙종은 재위 20년(1694:갑술년) 다시 정권을 서인에게 주는 갑술환국甲戌換局을 단행했다.

　정치보복이 다시 행해져 남인 우의정 민암·민종도 부자, 이의징, 조사기, 노이익 등과 왕비 장씨의 궁녀 정숙 등이 사형 당했다. 또한 왕비 장씨가 희빈으로 강등되고 폐비 민씨가 다시 복위했다.

　숙종 27년(1701) 인현왕후가 세상을 떠나자 남인들은 다시 환국을 꿈꿨지만 숙종은 거꾸로 희빈 장씨와 그 오라비 장희재를 사형시켰다. 노론은 장씨 사사를 지지하고 소론은 반대했다. 소론 영의정 최석정은 모친을 구해 달라는 세자(경종)의 간청에, "신이 감히 죽기로써 저하邸下의 은혜를 갚지 않으리까."라고 응했으나 노론 좌의정 이세백은 옷자락을 붙잡고 매달리는 세자를 외면했다.

　숙종 때의 잦은 환국은 장단점이 있었다. 상대당에 대한 감시와 견제가 강화되면서 각 당의 부정부패가 줄어든 것은 장점이었다. 그러나 정당간 공존의 틀이 무너진 것과 국왕·왕비까지 파당적 지위로 격하된 것은 큰 단점이었다.

## 경종 즉위와 신축환국

### = 정유독대와 반발

▲ 연잉군 초상

희빈 장씨 사사 후 그 아들인 세자가 정쟁의 대상이 되었다. 노론은 세자 축출과 숙빈 최씨의 아들 연잉군 추대를 내부 당론으로 삼았고 소론은 세자를 지지했다.

숙종은 재위 43년(1717) 노론영수인 좌의정 이이명과 '정유독대丁酉獨對'를 단행했다. 독대직후 세자 대리청정을 명령하자 그간 세자를 내쫓으려던 노론은 환영했고 이를 세자 축출 음모라고 본 소론은 강력 반발했다.

그러나 노론의 예상과 달리 세자는 대리청정 기간 동안 일체의 흠을 잡히지 않았고 숙종도 건강이 좋지 않아 세자교체를 단행하지 못했다. 숙종이 재위 46년(1720) 병석에 누워 회복할 가망이 없자 독대의 당사자 이이명은, "국사國事를 생각하고 헤아리신 것이 있으시면 하교하소서." 라고 재촉했다. 세자를 연잉군으로 교체하라는 하교를 내려달라는 뜻이었다. 그러나 숙종이 유언을 남기지 않고 세상을 떠나면서 제20대 경종(재위 1688~1724)이 즉위했다.

### = 노론의 경종 무력화시도

경종 즉위 후 노론은 경종 무력화를 위한 2단계 계획을 마련했다. 경종을 몰아내고 숙종의 후궁 숙빈 최씨 소생의 이복동생 연잉군延礽君(영조)을 즉위시키는 것이 최종 목적이었다. 경종 1년(1721:신축년) 8월 20일 사간원 정6품 정언正言 이정소가, '전하의 춘추가 한창이신 데도 후사後嗣가 없어 나라의 형세가 위태롭고 인심이 흩어져 있다.'면서 후사를 빨리 결정해야 한다고 상소했다. 아들이 없는 임금에게 후사 결정을 재촉한 것은 태종 때 같으면 삼족이 멸족당할 대역大逆이었다. 그날 밤 영의정 김창집, 좌의

정 이건명, 판부사 조태채, 호조판서 민진원 등은
소론이 퇴궐하고 대궐문이 닫힐 때까지 기다렸다
가 일제히 경종을 찾아가 이날 중으로 후사를 결
정하라고 다그쳤다. 정승과 판서, 대간과 승지까
지 가담한 정변을 막을 힘이 없던 경종은 노론의
요구를 수락했다. 노론은 대비 인원왕후 김씨까지
끌어들여 '연잉군'을 후사로 결정했다. 자신들이
퇴궐한 사이 차기 국왕이 결정된 사실을 안 소론

▲ **경종의 친필.** 경敬으로 안을 곱게하고 의義로 밖을 바르게 한다는 뜻으로《주역》〈문언전〉의 글귀이다.

은 경악했지만 이미 결정된 사안을 되돌릴 수는 없었다. 노론의
정변이 성공한 것이다.

## = 연잉군 대리청정 요구

연잉군 세제책봉에 성공한 노론은 2단계 계획을 실행했다. 세
제 대리청정을 통한 경종 무력화 계획이었다. 경종 1년 10월 종3
품 사헌부 집의執義 조성복이 세제 대리청정을 주장하고 나섰다.
신하가 대리청정을 거론하는 것은 그 자체가 반역이었지만 경종
은 즉각 수락했다. 소론의 좌참찬 최석항은 유문留門(궁문 개폐를
막는 짓)하며 입대해 왕명을 거두어 달라고 호소했다. 경종이 대리
청정 명을 거두자 소론은 연일 조성복을 공격해 진도로 귀양 보
냈다. 그러나 경종은 다시 세제 연잉군의 대리청정을 명했다. 노
론은 대리청정 명령의 철회를 요청하는 정청庭請을 열었는데 사
흘간의 정청에도 경종이 명을 거두지 않자 영의정 김창집과 이이

**알고 싶어요**

### 정유독대에 대한 노신의 반발

정유독대 직후 와병 중이던 소론의 영중추부사 윤지완은 여든두 살의 노구에 관을 들고 상경해서 숙종과 이이
명을 모두 비난했다.

"독대는 상하가 서로 잘못한 일입니다. 전하께서는 어찌 상국相國(정승)을 사인私人으로 삼을 수 있으며 대신
또한 어떻게 여러 사람들이 우러러 보는 지위로서 임금의 사신私臣(개인의 신하)이 될 수 있습니까?"

명·조태채·이건명 등 노론 4대신은 세제 대리청정을 받아들였다. 조성복의 대리청정 상소가 자신들의 사주임을 자인한 셈이었다. 그러나 이때의 대리청정 명령도 소론 우의정 조태구 등이 눈물로 간하자 다시 환수했다. 대리청정 소동은 노론이 경종을 제거하고 연잉군을 추대하려 한다는 사실만 알린 채 끝나고 말았다. 행사과行司果 한세량이 '남의 신하가 되어서 감히 몰래 천위天位(임금 자리)를 옮길 계책을 품었다.'라고 비판하는 상소를 올리고 행사직行司直 박태항 등 28명은 '(노론의) 그 마음 둔 바는 길가는 사람도 안다.'고 공격했다.

## = 정국을 바꾼 김일경의 신축소

경종 1년(1721) 12월 사직司直 김일경이 상소를 올렸다. 김일경이 상소의 우두머리인 소두疏頭이고 박필몽·이명의·이진유·윤성시·정해鄭楷·서종하 등 6명이 소하疏下(연명자)인 상소인데 노론 4대신을 사흉四凶으로 몰아 파란을 일으켰다.

> "강綱에는 세 가지가 있는데 군위신강君爲臣綱이 으뜸이 되고, 륜倫에는 다섯 가지가 있어서 군신유의君臣有義가 첫머리가 되는데…삼강三綱과 오륜五倫이 무너짐이 오늘날과 같은 적은 없었습니다. 조성복이 앞에서 불쑥 나왔는데도 현륙顯戮(죽여서 전시함)하는 법을 아직 더하지 아니하였고, 사흉四凶이 뒤에 방자하였는데도 목욕하고 토죄를 요청했다는 말을 아직 듣지 못했습니다…적신賊臣 조성복과 사흉 등 수악首惡을 일체 삼척三尺으로 처단하여 조금도 용서하지 마소서."

노론 4대신을 사흉, 노론을 역당逆黨으로 모는 상소였다. 노론에서 일제히 김일경을 공격하자 경종은 태도를 돌변해 정권을 바꿔버렸다. 병조판서에 최석항, 훈련대장에 윤취상을 임명해 병권

▲ **김일경 단소**. 단소는 시신 없는 무덤이다. 경북 예천군 감천면 내성천 근처

을 소론에게 주고 대신들도 소론들을 대거 등용했다. 김일경은 이조참판, 박필몽은 삼사에 기용했다. 이 모든 일이 경종 1년 12월 6일 하루 동안에 벌어졌는데, 이것이 소론이 집권한 신축환국辛丑換局이다.

## = 목호룡 고변사건

정권이 소론으로 바뀌자 경종 2년(1772:임인) '목호룡 고변사건'이 발생했다. 노론에서 삼급수三急手를 사용해 경종을 살해하려 했다는 고변인데, 목호룡이 직접 음모에 가담했던 인물이므로 파급력이 컸다. 자객으로 경종을 살해하는 대급수大急手, 독약으로 살해하는 소급수小急手, 숙종의 유언을 위조해 쫓아내는 평지수平地手가 삼급수였다. 수사 과정에서 소급수가 실제로 시행되었음이 드러났다. 이이명 부자가 장씨 역관을 시켜 청에서 독약을

**1차 사료로** 그 시대 보기

### 신축환국 당일의 사관의 평

"사신史臣은 말한다. '주상께서 즉위하신 이래 공묵恭默(공손하고 말이 없음)하여 말이 없고 조용히 고공高拱(아무 일도 하지 않음)하면서 신료를 인접하여 더불어 수작하지 아니하고 군하群下의 진품을 문득 모두 허락하니, 흉당凶黨(노론)이 업신여겨 두려워하고 꺼리는 바가 전혀 없어서 중외에서 근심하고 한탄하며 질병이 있는가 염려하였다. 그런데 이에 하루 밤 사이에 건단乾斷(임금의 결단)을 크게 휘둘러 군흉群凶을 물리쳐 내치고 사류士類를 올려 쓰니, 천둥이 울리고 바람이 휘몰아치며 하늘과 땅이 뒤집히는 듯하였으므로, 군하가 비로소 주상이 숨은 덕을 도회韜晦(덕을 숨기어 감춤)함을 알았다.'"《경종실록》 1년 12월 6일

사오게 했는데 김씨 성의 궁녀가 실제로 임금에게 사용했다는 것
이다. 국청에서 당일의 《약방일기藥房日記》를 찾아보니 그날 "(임
금이) 거의 한 되나 되는 황수黃水를 토했다."는 구절이 있었다. 이
날 경종이 구토하지 않았으면 죽었다는 뜻이었다. 영의정 김창집
의 손자 김성행이 재령군수 우홍채에게, "노론은 천지와 더불어
무궁한 길이 있다."라면서 국왕은 유한하지만 노론은 무한하다고
장담했다는 사실도 밝혀졌다.

이 사건으로 김창집·이이명·이건명·조태채 등 노론 4대신이 사
형 당하고 김용택·이천기·이기지·이희지·백망 등의 숱한 노론가 자
제들이 국문 받다 죽었는데 이것이 임인옥사壬寅獄事이다.

역모사건의 주범은 국왕으로 추대되는 인물인데 연잉군의 처
조카 서덕수가 연잉군을 추대하려고 했으며 연잉군도 이를 알고
있었다고 자백하고 사형당했다. 연잉군이 수사기록인 《임인옥안
壬寅獄案》에 수괴로 등재되었으므로 사형에 처해야 했는데 경종
은 하나뿐인 선왕의 핏줄인 연잉군을 보호했다.

## = 경종의 급서

경종은 재위 4년(1724) 8월부터 한열寒熱과 설사가 동반되는 병
에 걸렸다. 와병 중에 가슴과 배가 조이듯 아파서 의관을 불러 입
진했는데 게장과 생감을 연이어 진어했기 때문으로 드러났다. 게
장과 생감은 서로 상극이어서 의가醫家에서 금기로 치는 것인데
이를 보낸 인물이 대비 인원왕후이고 이를 진어한 인물이 연잉군
이라는 사실이 두고두고 문제가 되었다. 세제 연잉군이 인삼과 부
자附子(바꽃의 뿌리)를 올리려 하자 어의 이공윤이 자신이 올린 약
과 상충되어 기를 운행할 수 없을 것이라고 반대했다. 그러나 연
잉군은 이공윤을 꾸짖으며 인삼과 부자를 올렸고 경종은 그날 새
벽 재위 4년 2개월 만에 서른여섯의 한창 나이로 세상을 떠났다.
소급수를 사용했다는 독약사건, 대비전에서 올렸다는 게장과 생

감, 어의와 다투어가며 올린 인삼과 부자, 이 세 사건은 모두 경종의 죽음과 깊은 관계를 맺고 있었다. 경종독살설이 크게 확산되었고, 소론과 남인들은 경종이 독살되었다고 믿었다. 이런 혼란 속에서 즉위한 제21대 영조(재위 1724~1776)는 경종의 유산에서 자유로울 수 없었다.

## ② 영조 탕평책의 한계

### 영조의 즉위와 이인좌의 봉기

= 김일경과 목호룡의 사형

경종 때 소론은 강경파인 준소峻少와 온건파인 완소緩少로 나뉘었는데 준소는 경종 독살설을 확신했다. 경종의 첫 왕비 단의왕후 심씨의 동생 심유현이 경종이 독살당한 것 같다는 시신 목격담을 전하면서 독살설은 급속하게 퍼져나갔다. 영조는 즉위하자마자 김일경과 목호룡을 친국했는데, 영조가 김일경을 죽여서

▲ 경종과 선의왕후 어씨의 의릉. 서울 성북구 화랑로. 문화재청

**● 부대시처참**

만물이 생장하는 춘분春分과 추분秋分 사이에는 사형집행을 유보하는데 대역 등의 중죄는 이를 따지지 않고 사형을 집행하는 것이다. 부대시참不待時斬이라고도 한다.

빈전殯殿(경종의 시신)에 고하겠다고 위협하자 김일경은, "선대왕先大王(경종)의 빈전殯殿이 있는 곳에서 죽는다면 달갑게 여기겠다."면서 "시원하게 나를 죽이라."고 말했다. 목호룡도 "다만 종사宗社를 위했던 죄가 있을 뿐 다른 죄는 없다."고 항변했다. 경종에 대한 노론과 연잉군(영조)의 행태는 객관적인 반역이었고, 김일경과 목호룡의 행위는 객관적인 충성이었다. 경종의 충신인 김일경과 목호룡은 영조의 역적이 되어 **부대시처참**不待時處斬●당했다.

## = 이인좌의 봉기

영조 4년(1728:무신년) 남인 이인좌李麟佐는 남인과 준소를 모아 봉기를 일으켰다. 이인좌는 세종의 넷째 아들 임영대군臨瀛大君 이구李璆의 후손이었으므로 큰 충격을 주었다. 이인좌가 청주성을 함락시키자 각지에서 동조 거사가 잇달았다. 남인의 근거지인 경상도에서 이인좌의 동생 이웅보와 정희량 등이 거병하여 안음과 거창을 함락시켰고, 전라도에서는 태인현감 박필현이 중심이 되어 거병하려 했다. 소현세자의 3세손 밀풍군을 추대한 이들은 경종의 위패를 진중陣中에 모셔놓고 아침저녁으로 곡을 하면서 선왕의 복수를 다짐했다.

영조는 총융사 김중기에게 출전을 명하였으나 두려워 나타나지 않을 정도로 노론은 급속히 위축되었다. 이때 진압을 자처한 인물이 완소 병조판서 오명항이었다. 영조는 소론 이광좌에게 병조를 맡기고 오명항을 도순무사都巡撫使로 삼아 진압에 나서게 했다. 소론강경과 준소가 일으킨 봉기를 소론온건과 완소가 진압했다.

▲ 오명항 양무공신 교지

봉기 진압 후 노론이 소론과 남인 탄압의 계기로 사용하려 하자 영조는, "지금 역변이 당론黨論에서 일어났으니 이때에 당론을 하는 자는 역률로 다스리겠다."면서 이인좌의 봉기를 탕평책 추진의 계기로 삼았다.

## 영조 탕평책의 한계와 사도세자의 죽음

### = 탕평과 과거의 모순

탕평이란 《서경書經》〈황극皇極〉에 "편이 없고 당이 없이 왕도는 탕탕하며, 당이 없고 편이 없이 왕도는 평평하다."란 구절에서 따온 말로서 왕도는 공평무사함을 나타낸다. 영조의 탕평책은 노론은 모두 등용한 반면 소론은 온건파인 완소만 등용하고 남인은 배제한 제한적 탕평책이었다. 영조의 탕평책이 효과를 거두려면 조선의 정치구도를 근본적으로 개편하는 혁신에 나서야 했다. 왕조국가에서 신하가 국왕을 선택하는 '택군擇君' 현상은 말기적 증상이었다. 이 무렵 백성들은 신분제 철폐와 군역 폐단 해소 등의 현실문제 해결을 요구했다.

그러나 영조를 국왕으로 만든 노론은 이런 개혁에 관심이 없었다. 영조 때의 정국은 경종 때 노론의 행위

▲ 영조 어진

에 대한 평가문제로 날이 새고 저물었다. 영조는 과거사 뒤집기에 나섰다. 자신이 역적의 수괴로 등재된 《임인옥안》을 무효로 만들고 경종 때 사형당한 노론 4대신을 신원하려 했다. 재위 16년 (1740:경신) 사형당한 노론 4대신 모두를 신원하고, 목호룡의 고변에 의한 임인옥사를 무고로 처분하는 경신처분庚申處分을 단행했다. 영조 17년에는 《임인옥안》을 소각하고 경종 때의 세제책봉과 대리청정 주장은 역모가 아니라 대비와 경종의 하교에 의한 정당

한 행위라고 선포하는 '신유대훈辛酉大訓'을 발표했다. 경종에 대한 객관적 반역이 영조에 대한 객관적 충성으로 뒤집힌 것이다. 그러나 현실의 권력으로 뒤바꾼 과거사 평가는 한계가 있을 수밖에 없었다.

## = 나주벽서사건

신유대훈 이후 조정은 노론 일당이 차지했다. 완소 일부만 조정에 남은 형식적 탕평이었다. 그나마 영조 31년(1755) 나주 객사客舍에 영조의 치세를 비판하는 벽서가 붙은 나주 벽서사건으로 형식적인 탕평책마저 무너졌다. 벽서는 영조 즉위 직후 유배형에 처해져 30년째 유배 중인 윤지尹志로서 김일경 일당으로 몰려 사형당한 준소 윤취상尹就商의 아들이었다.

영조는 이를 소론에 대한 대대적 정치보복의 계기로 삼았다. 이미 사망한 준소 이사상은 물론 완소 조태구 등에게도 역률을 추가했다. 역률이 추가되면 가족까지 연루되고 재산도 삭탈되는 것이었다. 나아가 경종 시절 목호룡의 고변으로 위기에 몰린 자신을 도운 완소의 영수 이광좌와 조태억 등의 관작도 삭탈했다. 조정은 노론 일당독재 체제가 되었다. 소론은 강하게 반발했다. 영조가 나주 벽서사건 토벌을 축하하는 '토역경과討逆慶科'를 열자 심정연이 영조를 비난하는 답안지를 제출했다. 심정연은 이인좌의 봉기에 관련되어 사형당한 심성연의 아우였다. 다시 대대적인 정치보복이 자행되었다.

## = 사도세자 살해사건

일당 독재체제를 구축한 노론의 칼날은 대리청정하던 사도세자로 향했다. 나주벽서 처리 과정에서 사도세자가 소론 인사 가족들의 노륙孥戮(가족도 모두 죽이고 재산을 몰수하는 것)을 반대했기 때문이었다. 영조와 노론은 세자가 친소론 정견을 갖고 있는 것으로 받아들였다. 노론은 사도세자 제거를 당론으로 삼았는데 세자의 장인이자 정승이었던 홍봉한·홍인한 형제가 앞장서고 세자의 부인 혜경궁 홍씨도 동조했다.

위기에 빠진 세자는 세자시강원의 조유진을 통해 소론의 영수인 전 우의정 조재호의 도움을 청했다. 노론과 영조의 합작으로 영조 38년(1762:임오년) 사도세자는 뒤주 속에 갇혀 죽임을 당하는 임오화변壬午禍變이 발생했다. 사건 직후 영의정 홍봉한은 세자가 도움을 청했던 조재호를 공격해 사형시켰다. 조재호가 "한쪽 사람들(노론)은 모두 소조小朝(사도세자)에 불충했지만 나는 동궁東宮(세자)을 보호하고 있다."라고 말했다는 죄목이었다. 영조의 형식적 탕평책은 나주벽서사건과 사도세자 살해사건으로 완전히 붕괴되었다.

▲ 홍봉한 초상

### ③ 개혁군주 정조의 등장

#### ◀ 험난했던 즉위의 길

사도세자를 죽인 노론은 그 아들인 세손(정조) 제거까지 당론으로 삼았다. "죄인의 아들은 임금이 될 수 없다.[죄인지자罪人之子 불위군왕不爲君王]"는 8자 흉언凶言을 조직적으로 퍼뜨렸다. 영조와 혜

**1차 사료로** 그 시대 보기

### 홍인한의 '삼불가지론'

"임금이 이르기를 '어린 세손이 노론을 알겠는가? 소론을 알겠는가? 남인을 알겠는가? 소북을 알겠는가? 국사國事를 알겠는가? 조사朝事를 알겠는가? 병조 판서를 누가 할 만한가를 알겠으며, 이조 판서를 누가 할 만한가를 알겠는가?…'하니, 홍인한이 말하기를, '동궁은 노론이나 소론을 알 필요가 없고, 이조 판서나 병조 판서를 알 필요도 없습니다. 더욱이 조사朝事까지도 알 필요 없습니다.'라고 하였다."《영조실록》 51년(1775) 11월 20일

⋯ 국사 운영을 위해서 당파를 알아야 하고, 국사와 조사를 알아야 하고, 문·무관의 인사권이 있는 판서를 누가 할 수 있는지 알아야 한다. 영조가 이 세 가지를 세손에게 가르쳐 주려고 하자 홍인한은 세손은 알 필요가 없다고 공개적으로 반대했다. 세손은 왕이 될 수 없다는 뜻이다.

경궁 홍씨는 사도세자 제거에는 뜻이 같았지만 세손 제거는 반대했다. 노론은 사도세자 제거에는 뜻이 같았지만 세손까지 제거하려는 벽파僻派와 세손 제거는 반대하는 시파時派로 갈라졌다. 영조는 세손을 이미 죽은 효장세자의 후사로 입적시켜 지위를 보존하게 했다. 그러나 혜경궁 홍씨의 숙부 홍인한은 세손은 '세 가지 일을 알 필요가 없다.'는 '삼불가지론三不可知論'을 제기해 세손은 왕이 될 수 없음을 분명히 했다.

영조는 재위 51년(1775) 12월 노론 대신들의 반대를 무릅 쓰고 세손을 대리청정시켰다. 또한 세손에게 순감군巡監軍(야간 순찰을 맡은 군사)의 지휘권을 주어 군사적 기반을 마련해주었다. 영조는 재위 52년(1776) 3월 "대보大寶(옥쇄)를 왕세손에게 전하라."는 유조遺詔를 남기고 세상을 떠났다. 그 결과 사도세자의 아들인 세손은 겨우 즉위할 수 있었는데, 그가 제22대 정조(재위 1776~1800)였다.

### 정조에 대한 반발과 개혁정치

정조는 즉위 일성으로 "과인은 사도세자의 아들이다."라고 선포했지만 사도세자 죽음에 대한 복수의 길로 가지는 않았다. 정

#### 《한중록》

사도세자의 부인 혜경궁 홍씨의 《한중록》은 모두 네 편이다. 정조 19년(1795) 《한중록》 1편을 쓰고, 순조 1년(1801)부터 순조 5년(1805) 사이에 나머지 세 편을 썼다. 1편은 주로 사도세자와 자신의 친정이 사이가 좋았다는 점을 역설했고, 나머지 세 편에서는 영조와 사도세자의 다툼의 결과 뒤주의 비극이 발생했지 자신의 친정은 아무런 책임이 없으며 정조가 자신의 친정의 신원을 약속했다고 주장했다. 가해자인 홍씨의 자리에서 쓴 가해자의 기록이다.

▶ 혜경궁 홍씨의 《한중록》

조는 자신의 즉위를 방해한 세력과 사도세자를 죽인 세력이 같기 때문에 자신의 즉위를 방해한 자들은 영조의 뜻을 거스른 것이라는 논리로 처벌했다. 홍봉한의 형 홍인한과 화완옹주의 양자 정후겸 등이 사형당했다. 홍봉한에 대한 처벌론이 거세지자 혜경궁 홍씨가 아버지 홍봉한의 처벌을 극력 저지하였다. 그와중에 홍봉한은 정조 2년(1778) 세상을 떠났다. 혜경궁 홍씨는 정조 말년부터 순조 때 자신의 친정은 사도세자 죽음과 관련없다고 변명하는 《한중록閑中錄》을 썼다.

정조 1년(1777) 7월 사사死士(죽음을 무릎 쓴 무사) 전흥문이 정조가 묵는 존현각尊賢閣 지붕까지 올라와 정조를 살해하려던 사건이 발생했다. 사건 조사 결과 사도세자를 죽음으로 몰았던 고 홍계희의 아들 홍술해·홍상범 부자가 배후로 드러났다.

정조는 이 사건을 계기로 노론 전체를 적으로 돌리는 대신 정치개혁의 계기로 삼았다. 노론 일당독재를 다당제로 바꾸었다. 시파를 중용했지만 벽파도 배제하지 않았다. 개혁문신들을 육성하기 위해서 규장각奎章閣을 설립하고 그 검서관에 서자출신들인 이덕무·박제가·유득공·서리수를 임명해 신분제를 완화시켰다. 재위 12년(1788) 장용위를 장용영壯勇營으로 개칭해 군권을 강화했

알고 싶어요

### 도산서원의 별시

영남 사대부들은 이인좌의 봉기 이후 사실상 과거응시가 금지되어 있었다. 정조는 재위 16년(1792) 퇴계 이황을 모시는 도산서원陶山書院에서 영남 유생들을 위한 별시別試를 실시했다. 이날 과장科場에 7천여 명의 유생이 입시했고, 3천 6백여 장의 시권試券이 제출되었는데 정조는 직접 전형해 강세백·김희락을 합격시켰다.

▲ 안동 도산서원 전교당

다. 규장각이 개혁문신 양성기관이라면 장용영은 개혁무신 양성기관이었다. 재위 12년(1788)에는 남인 채제공을 우의정에 임명했는데, 숙종 20년(1694) 갑술환국 이후 100여 년만의 남인 정승이었다.

## 미래를 향한 개혁

### = 천주교를 둘러싼 갈등

● **양명학**
명나라 학자인 양명陽明 왕수인 王守仁(1472~1528)이 주창한 유학의 한 학파. 주자학이 계급적 봉건질서를 합리화했지만 양명학은 인간이 평등하다는 사해 평등주의를 제창하고 주자학을 비판하면서 양심이 옳다고 하는 것을 곧 실천하라는 지행합일知行合一을 주장했다.

노론은 성리학 이외의 사상은 모두 사문난적斯文亂賊으로 몰아 배척했지만 정조는 **양명학**陽明學●은 물론 서학西學(천주학)까지도 사실상 허용하는 사상개방 정책을 실시했다.

조선은 선교사 입국 전 남인들의 자발적 천주교 신앙조직이 존재했다. 이 조직의 지도자 이벽李蘗은 이승훈을 북경에 보내 영세를 받게 했다. 천주교는 신 앞에 모든 사람이 평등하다는 교리와 내세 신앙에 힘입어 양반, 중인, 농민, 여성들에게 확산되었다. 노론은 남인 탄압 차원에서 천주교를 엄하게 처벌해야 한다고 주장했다. 정조는 천주교에 관대했지만 재위 15년(1791) 전라도 진산珍山(현 논산)의 양반 윤지충과 권상연이 조상의 제사를 폐지하고 부모의 위패를 불태운 '진산 사건'이 발생하자 두 사람을 사형시킬 수밖에 없었다. 이 사건을 계기로 천주교에 대한 강경탄압론이 횡행하자 정조는 '문체반정文體反正'을 들고 나왔다.

알고 싶어요

### 문체반정

정조는 "서양학(천주교)을 금지하려면 먼저 패관잡기稗官雜記부터 금지시켜야 하고, 패관잡기란 유학의 경학적 문체 외의 문체로 쓴 글들이다. 정조는 사대부들이 쓰는 문체부터 바로잡아야 천주교 문제가 해결될 수 있다면서 문체반정을 주장했다. 문체반정은 떠들썩했지만 그 처벌은 미미했다. 노론 이상황·김조순이 예문관에서 숙직하면서 《평산냉연平山冷燕》이란 소설을 읽은 것이 드러나자 일종의 반성문인 함답緘答을 받았다. 반성문 쓰기를 거부한 박지원은 처벌을 받지 않았다. 과거 때 패관문체로 제출한 답안지로 급제했던 이옥李鈺의 합격이 취소되고 잠시 경상도 삼가현三嘉縣(합천군)의 군사로 충군充軍된 것이 유일한 실형이었다. 정조가 의도적으로 다른 사건을 일으켜 천주교 탄압론을 막은 것이 문체반정이었다.

노론 출신들이 문체반정의 대상으로 계속 적발되자 노론
은 더 이상 천주교 문제로 공세를 취하기 어려웠다.

## = 화성 축조와 대유둔 건설

▲ 정약용 초상

정조는 상업과 농업 진흥에도 힘썼다. 재위 13년(1789) 양
주 배봉산에 있던 사도세자의 묘소를 수원 화산으로 옮긴
후 배후 도시로 화성 신도시를 건설했다. 재위 18년(1794)
수원 화성을 축조할 때 정약용에게 설계도인 성설城說을 쓰
게 했는데 정약용에게 스위스 출신의 선교사이자 과학자인
요하네스 테렌츠 J. Terrenz (중국명 등옥함鄧玉函)의 《기기도설奇
器圖說》을 내려주면서 기중기 제작을 지시했다. 《기기도설》
은 물리학의 원리와 도르래를 이용해 무거운 것을 들어 올
리는 각종 기계 장치에 관한 책이었다.

정조는 '화성 건설과 관련해 단 한 명의 억울한 백성도 없게 하
겠다.'는 뜻에서 강제 부역賦役 대신 임금 노동제를 실시했다. 정
조 18년(1794) 정월 시작된 화성 축성은 당초 10년 계획이었지만
34개월 만인 정조 20년(1796) 10월 낙성식을 거행할 수 있었다. 강
제 부역이 아닌 임금 노동의 효과였다.

정조는 화성축조를 농업혁명의 계기로 삼았다. 화성 주위의 범
람하던 진목천眞木川을 막아 저수지 만석거萬石渠를 만들고 화성
북쪽의 황무지를 개간해 대유둔大有屯이란 큰 농장을 만들었다.
만석거에는 측우기와 수문水門·갑문閘門·수차水車 등을 설치해 농
한기에 물을 가두었다가 농번기에 사용하게 했다. 대유둔 농토는
수원에 주둔하는 장용외영의 장교 서리와 군졸, 관예 등에게 3분
의 2를 나누어 주고 3분의 1은 농토가 없는 수원 백성들에게 나
누어주었다. 둔소屯所에서는 모든 자재를 제공하는 대신 생산물
의 반을 화성 관리 비용으로 사용했다. 대유둔은 첫해인 정조 19
년(1795) 단위 면적당 최고의 생산성을 올렸다. 장용영 병사들은

▲ 수원 화성 화성장대

병농일치의 이상을 실천할 수 있었고, 수원의 가난한 백성들은 농토를 얻었다. 장용영이 최고의 군영이 될 수 있었던 것은 고려 초의 부병제가 재연되었기 때문이다.

재위 22년(1798)에는 새로운 저수지 축만제祝萬堤를 쌓고 농장 축만제둔祝萬堤屯을 만들었고, 황해도 봉산에도 장용영 둔전을 설치해 농업혁명을 확산시켰다.

## = 상업혁명을 선도하다

조선의 상업은 육의전六矣廛의 **금난전권**禁難廛權● 때문에 큰 제약을 받았다.

정조는 재위 15년(1791) 채제공의 건의를 받아들여 금난전권을 철폐하고 자유로운 상행위를 허용해서 상업을 활성화시켰다. 또한 화성 관청 아래 '십자로十字路'를 만들고 도로 양편에 상가를 조성했다. 국가에서 1만 5,000냥을 수원 상인들에게 대여해 미곡전米穀廛(곡식상), 어물전魚物廛, 목포전木布廛(옷감상), 유철전鍮鐵廛(놋과 철), 관곽전棺槨廛(장의상), 지혜전紙鞋廛(종이·신발상) 등의 시전을 개설해 종로처럼 흥성한 상업도시로 만들었다. 삼남三南으로 통하는 화성에서 시작된 농업혁명과 상업혁명은 전국으로 확대되

▲ 우하영의 응지상소에 대한 정조의 비답

었다. 계해정변 이후 250여 년 만에 조선은 개혁군주 정조를 만나 개방적인 미래로 나아갔다.

## 정조의 의문사와 과거 회귀

노론은 정조 개혁정치의 발목을 잡았다. 정조가 이가환·이승훈·정약용 등의 남인들을 중용하자 이들이 사학邪學인 천주교 신자라며 공격했다. 정조는 재위 24년(1800) 5월 30일 '오월 그믐날 경연의 교시'라는 뜻의 '오회연교五晦筵敎'로 중대 발언을 했다. 사도세자 사건을 거론하며 노론을 질책하고 자신의 즉위 방해사건을 언급하면서 관련자들이 반성하지 않으면 특단의 조치를 취하겠다고 경고했다. 다음 달 중순부터 종기가 났는데 노론 벽파 심환지의 친척인 어의 심인沈鏔이 수은 성분의 경면주사鏡面朱砂를 태워 연기를 쐬는 연훈방烟熏方을 두 차례 사용해 큰 논란을 불러 일으켰다.

정조는 6월 28일 세상을 떠났고 영조의 계비 정순왕후 김씨가 만 10세의 순조를 대신해 수렴청정하면서 노론 벽파가 정권을 잡았다. 조선은 정조 즉위 전으로 되돌아갔다.

알고 싶어요

### 연훈방과 경면주사

2010년 강릉 아산병원 응급실에 46세의 건장한 남자가 호흡곤란으로 실려 왔다. 무속신앙인이었던 그는 경면주사를 사용한 부적을 200장을 화장실에서 불태우면서 그 연기와 수은유증기를 마셨다. 그는 진료진의 갖은 노력에도 입원 22일째 사망했다. 현대의학으로도 연훈방의 독성을 치료하지 못했던 것이다.

## ❹ 세도정치 시대

### 🏵 노론재집권과 천주교 박해

= 노론벽파 재집권과 신유박해

정순왕후 김씨는 아버지 김한구의 사주로 사도세자 제거에 앞장섰던 인물이었다. 그 동생 김귀주는 정조 즉위 방해혐의로 정조 즉위 후 귀양 가서 죽었다. 정순왕후는 순조 1년(1801·신유년) 정월 천주교 신앙을 역률로 다스리는 사학邪學 엄금 교서를 내렸다. 청 출신 주문모周文謨 신부와 정약종·이승훈·황사영 등 남인들이 참형을 당하고 이미 천주교를 버린 이가환도 죽임을 당했다. 정약전·정약용 형제 등은 유배형에 처해졌다. 정조의 이복동생 은언군恩彦君의 부인 송씨宋氏와 그 며느리 신씨申氏 같은 왕족들과 강완숙 같은 양반부녀자를 포함해 약 300여 명이 처형당했는데 이것이 신유박해辛酉迫害다. 사교탄압을 빙자한 정적숙청이었다.

### = 안동 김씨 세도정치와 노론벽파 공격

순조 4년(1804) 정순왕후가 수렴청정을 거두면서 순조의 왕비 순원왕후 김씨의 아버지 김조순이 정권을 장악했다. 김조순은 경종 때 사형당한 노론 김창집의 후손이었지만 세손을 지지하던 노론 시파였다. 김조순 집권 이후 노론 일당독재에서 노론 몇 개 가문이 국정을 운영하는 **세도정치**˙가 시작되었고 국왕은 무력화되었다.

김조순은 천주교에 동정적이었기에

▲ **전주 전동성당.** 윤지충·권상연과 순조 1년의 신유박해 때 수많은 천주교도들이 사형당한 곳이다.

그의 집권기간에는 큰 박해가 발생하지 않았다. 김조순은 노론 벽파를 축출하고 정권을 공고히 하려 했다. 순조 6년(1806:병인년) 사간원 정언 박영재가 4년 전 사망한 심환지를 탄핵했는데, "역적 심인을 천거해 어의로 진출시킨 것이 첫 번째 죄입니다."라는 내용이 있었다. 연훈방을 처방했던 심인을 어의로 천거한 심환지가 정조독살의 배후라는 비판이었다. 또한 심환지가 순조 2년(1802) 장용영을 폐지시킨 것도 비판했다. 심환지는 관작 추탈을 당하고 노론 벽파는 몰락했는데 이것이 병인**경화**丙寅更化**ᵉ**이다.

● **경화**
경화更化는 정치를 개혁해서 교화를 새롭게 한다는 뜻이다.

**알고** 싶어요

### 〈황사영백서黃嗣永帛書〉

황사영이 신유박해의 전말과 그 대응책을 흰 비단에 적어 북경의 구베아 주교에게 보내려던 편지이다. 천주교를 믿는다는 이유만으로 죽어야 했던 신자들의 절규와 신앙을 담고 있다. 신유박해 때 황사영은 충청도 제천의 배론[주론舟論] 토굴로 숨었다. 배론에서 황심黃沁을 만나 조선 교회를 구출할 방도를 상의한 끝에 흰 비단에 깨알같은 글씨로 내용을 적어 옥천희를 통해 북경 주교에게 전달하려던 서한이다. 옥천희와 황심이 체포되면서 황사영도 체포되고 백서帛書도 발각되었다.

백서는 정조 9년(1785) 이후의 교회 사정과 박해에 대하여 설명하고 주문모 신부의 순교 등 신유박해의 상세한 전개 과정과 순교자들의 간단한 약전略傳을 적었다. 조선교회의 재건과 신앙의 자유 획득 방안도 적었다. 청 임금이 조선 임금에게 천주교를 탄압하지 말도록 요청하게 하거나 서양 선박을 보내 조정을 압박하는 방안 등을 제시하였다. 노론 정권은 백서 내용을 대폭 축소해 청나라에 제출했는데 이것이 '가백서假帛書'이다. 청에 관한 내용은 대폭 삭제하고 서양 선박과 군대 파견을 요청한 사실만 적어 박해의 정당함을 주장했다.

〈황사영백서〉는 1801년에 압수된 이후 의금부에 보관되어 오다가 1894년 갑오개혁 때 조선교구장이던 뮈텔Mutel 주교가 입수했는데 1925년 한국순교복자 79위의 시복식 때 로마 교황에게 전달되었다. 현재 로마 교황청 민속박물관에 보관되어 있다.

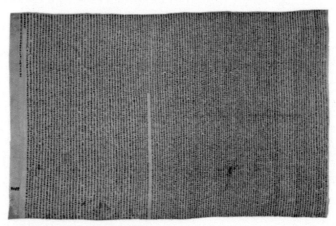

▲ 〈**황사영백서**〉. 로마 교황청 민속박물관 소장.

## = 풍양 조씨 세도정치

▲ 심환지 초상

세도정치에 대한 비난이 높아지자 김조순은 다른 시파 가문들을 끌어들여 외연을 넓히려 하였다. 순조 19년(1819) 순조의 장남 효명세자孝明世子(익종)의 부인으로 풍양 조씨 조만영의 딸을 간택했다. 이후 풍양 조씨는 세도정치의 한 축으로 안동 김씨와 권력을 다투었다. 순조 27년(1827) 효명세자는 대리청정에 나서 개혁을 시도했으나 3년 후 의문사하고 말았다. 순조가 재위 34년(1834) 만에 사망하고 효명세자의 아들인 7세의 헌종(재위 1834~1849)이 즉위하였다. 순조비 순원왕후 김씨가 대왕대비로써 섭정하면서 안동 김씨가 다시 권력을 장악했다. 헌종의 왕비로 김조근의 딸을 간택해 안동 김씨는 중첩된 외척관계를 맺고 장기 집권의 기틀을 세웠다. 그러나 풍양 조씨는 안동 김씨가 천주교에 유화적이라고 비판하면서 권력투쟁에 나섰다.

## = 천주교의 성장과 탄압

천주교에 유화적이었던 안동 김씨가 집권할 때 천주교는 교세가 확장되었다. 프랑스 외방전교회는 순조 31년(1831) 조선교구를 북경교구에서 분립시키고 브뤼기에르를 초대 조선교구 주교로 임명했다. 헌종 2년(1836)에는 모방*Maubant*과 샤스탕*Chastan*·앵베르*Imbert* 등의 프랑스 신부 등이 밀입국해 교세를 확장했다. 순원왕후의 오빠 김유근은 병에 걸리자 헌종 5년(1839:기해년) 천주교도 유진길의 권유로 세례까지 받았다. 그러나 김유근이 물러나고 정권을 잡은 우의정 이지연은 조만영과 그의 동생 조인영·조용현 등 풍양 조씨와 손잡고 천주교 박해에 나섰는데 이것이 헌종 5년(1839)의 기해박해己亥迫害다. 프랑스 신부 모방·사스탕·앵베르와

신유박해 때 순교했던 정약종의 아들 정하상 등 70여 명의 천주
교도가 처형당했다.

헌종 7년(1841) 순원왕후의 수렴청정이 끝나고 헌종의 친정이
시작되면서 풍양 조씨 정권은 더욱 강화되었다. 헌종 12년(1846)
조만영이 죽으면서 안동 김씨가 다시 세력을 얻었다. 왕실은 이미 무
력화되었고 외척들이 전횡하면서 정상적인 국가체제는 붕괴했다.

## 세도정치에 대한 민중들의 저항

### = 극심해진 삼정의 문란

세도 정치 아래서 정치 기강이 해이해지고 관리들이 부패하면
서 광범위한 착취와 수탈이 진행되었다. 특히 전정田政·군정軍政·
환정還政의 삼정三政 문란이 극심했다.

전정의 경우 가난한 농민들
은 규정된 세금보다 몇 배의
세금을 더 부담해야 했다. 마
을 단위로 세액의 총액이 미리
정해져 있는 **비총제**比摠制 때
문에 가난한 농민의 부담은 더
욱더 컸다.

군정의 경우 양반 사대부는
군포납부에서 면제된 것이 가
장 큰 문제였다. 군포 때문에
도망간 친지나 이웃들의 군포
까지 남은 농민들이 부담해야
했고, 갓난아기에게 군포가 지
워지는 경우도 있었다.

환정도 마찬가지였다. 환곡

● **비총제**
한 마을의 토지를 기준으로 마을
전체가 부담해야 할 세액을 총액
으로 정하여 일괄 부과하는 방식
이다.

▲ 김홍도 풍속도화첩 〈벼타작〉

의 이자에 각종 가산세를 물려 고리대처럼 운영하였다. 필요 이상의 곡물을 억지로 떠맡기거나 규정보다 적게 대여해주고 거둘 때에는 더 받는 등 각종 불법과 부조리가 만연하였다. 곡물을 대여해 주지도 않고 이자만 받는 경우도 있었다. 암행어사를 파견해 단속하려 했지만 지방 수령 대부분이 세도가와 연결되어 있었기 때문에 효과를 거두기 힘들었다. 정부에서 환곡을 탕감해 줄 경우에도 그 혜택은 수령이나 아전에게 돌아갈 뿐 백성들에게 혜택이 돌아가지는 않았다.

## = 민중들의 저항

삼정 문란의 고통을 감내해야 했던 농민들은 유민이 되어 떠돌아다니거나 광산의 임노동자가 되었다. 일부는 두만강과 압록강을 건너 이주하기도 했다. 체제 이반현상이 보편화되었다. 몰락한 양반층인 잔반殘班들은 정치권력에서 배제된 데 불만을 품었고, 부를 축적한 일부 상인이나 부농 등은 재산에 걸맞는 사회적 대우를 받지 못해 불만이었다. 지역 차별 문제도 심해서 평안도나 함경도 출신은 과거 급제도 어려웠고 급제해도 승진하기가 어려웠다. 가장 큰 피해를 입은 농민층은 직접 행동에 나섰다. 벽서, 괘서 등의 소극적 저항에서 세금 납부 거부, 항의 시위, 관리나 향리 폭행 등의 보다 적극적 저항으로 나아갔다. 농민의 저항은 결국 집단 봉기로 발전하였다.

### 알고 싶어요

#### 토지에 대한 여러 세금

토지 1결에 대한 세금 규정은 전세 4두, 대동미 12두, 결작 2두, 삼수미 2.2두 등 모두 20.2두 정도였다. 그러나 실제로는 운송비, 문서 처리 비용, 향리 수고비 등이 추가되어 원래 부담액보다 훨씬 많았다.

### = 홍경래의 봉기와 임술농민봉기

집단 봉기가 먼저 일어난 곳은 평안도였다. 평안도는 대청 무역 경로에 있어 상인층이 성장하였고 광업으로 부를 쌓은 이들도 있었다. 그러나 중앙 정부는 평안도를 수탈의 대상으로만 여기고 주민들이 바라는 인재 등용의 길은 막혀 있었다. 홍경래는 순조 11년(1811) 12월 평안도의 상인과 향임鄕任(지방관리), 무반武班, 광산 노동자 등과 봉기를 일으켰다. 임란 이후 최초로 조선왕조 타도를 기치로 건 봉기로서 큰 충격이었다. 홍경래는 평서대원수平西大元帥가 되어 가산嘉山를 점령하고 삽시간에 박천博川·곽산郭山·정주定州·선천宣川·철산鐵山·용천龍川 등을 점령해 평안도 일대를 장악했다. 안주에서 정부군과 싸우다가 패전하면서 진압되었지만 그 여파는 컸다.

▲ 홍경래군과 관군의 정주성 전투도. 규장각한국학연구원.

 알고 싶어요

### 홍경래의 봉기

평안북도 용강군 출신의 홍경래의 거사에 상인 우군칙禹君則, 양반 가문 출신의 김사용金士用·김창시金昌始, 몰락한 향족鄕族 이제초李濟初와 역노驛奴 출신의 부호 이희저李禧著, 평민 장사壯士 홍총각洪總角 등이 대거 가담해 조선왕조 타도를 내걸자 평안도의 농민, 유민, 임노동자들이 대거 가담해 삽시간에 평안도 대부분을 점령했다. 관군이 정주성 전투에서 승리하면서 홍경래군을 진압하자 조정에서는 2,983명을 체포해 여자와 어린아이를 제외한 1,917명 전원을 일시에 처형했다. 홍경래는 전투 중에 사망했으나 다시 목을 베었다.

철종 13년(1862:임술년)에는 병사 백낙신의 수탈에 저항하는 진주 농민 봉기가 일어났다. 진주의 수만 농민들은 백낙신을 감금하고 권준범·김희순 같은 관리들과 향리 4명을 타살하고 부호들을 습격했는데 봉기는 전국으로 확산되었다. 이것이 임술농민봉기인데 진압 후 농민 측은 효수 10명, 귀양 20명 등의 형을 받았으나 관리 측도 귀양 8명, 곤장 5명, 파직 4명 등의 처벌을 하지 않을 수 없을 정도로 부정부패와 민심이반은 심각한 것이었다. 이에 놀란 정부는 안핵사를 파견하여 조사하는 한편 봉기의 원인이 되는 삼정의 문란을 해결하기 위해서 삼정이정청三政釐整廳을 설치했으나 해결하려는 시늉에 불과했다.

### = 민진용의 옥사와 철종 추대

▲ 철종 초상

헌종 10년(1844)에는 중인 출신 의원 민진용의 역모사건이 발생했다. 무사이기도 했던 민진용은 은언군의 손자 회평군懷平君 이원경을 추대하려다가 실패해 사형당하고 이원경도 사사당했다. 중인들이 권력 투쟁에 나설만큼 성장한 것이자 그만큼 왕실의 권위가 떨어진 것이었다.

헌종이 재위 15년(1849) 사망하자 안동 김씨가 국왕으로 추대한 인물은 사사당한 이원경의 동생 원범이었다. 그가 바로 강화도령이라 불렸던 철종哲宗(재위 1849~1863)인데, 그만큼 국왕은 명목상의 존재로 전락했다. 순원왕후 김씨가 섭정했는데, 철종 2년(1851) 대왕대비의 근친 김문근의 딸이 왕비로 책봉되어 안동 김씨의 세도정치는 절정에 달했다.

노론 일당독재와 세도정치 아래에서 국가권력은 세도가의 사익 추구수단으로 전락했고 백성들은 각지에서 봉기했다. 각지의 농민봉기로 전국이 어수선한 가운데 철종이 재위 14년(1863) 12월 후사 없이 사망했다. 대왕대비 조씨의 전교로 흥선군興宣君 이하응의 둘째 아들 명복이 왕위에 올랐으니 그가 바로 조선의 26대 고종(재위 1863~1907)이었다.

# 6 조선 후기의 제도와 외교·경제·사회·문화

## ① 양란 이후의 제도변화

### = 기능이 확대된 비변사

양란 이후 비변사의 기능이 크게 확대되었다. 비변사는 중종 5년(1510) 삼포왜란 때 군국기무를 관장하는 임시기구로 설치했지만 양란 이후 권한이 강화되어 군사뿐만 아니라 일반 정무까지 의논하고 결정하는 상설기관이 되었다. 의정부와 6조는 비변사에서 결정된 내용을 집행하는 기구로 위상이 낮아졌다. 비변사 회의에 의정부 정승, 육조 판서, 각 군영의 대장 등 문무 고위 관리가 참여하면서 효율성이 높아지기도 하였다. 그러나 국왕의 권위가 낮아지고 지역별·행정 부서별 현안이 무시되고 권력을 장악한 붕당의 의견이 주로 관철되는 문제점이 나타났다. 고종 2년(1865) 대원군이 비변사를 폐지할 때까지 이런 상황은 계속되었다.

### = 5군영 창설

● **삼수병**
조선후기 소속된 사수射手·포수砲手·살수殺手 이다. 포수란 총포를 가진 군사를 뜻한다.

임란 때 수도 방위와 조총을 사용하는 일본군에 맞선 포수 양성의 필요성에서 훈련도감을 창설했다. 훈련도감은 직업 군인으로 구성된 상비군으로서 **삼수병**三手兵● 체제로 조직되었다.

후금과 전쟁을 치르면서 어영청·총융청·수어청을 신설했고, 숙종 때 금위영을 신설해 훈련도감·어영청·총융청·수어청·금위영의 5군영 체제가 되었다. 훈련도감은 수도 방위의 핵심이었고, 어영청과 금위영은 국왕 호위와 도성 수비를 맡았다. 총융청과 수어청은 각각 북한산성과 남한산성을 거점으로 수도 외곽을 방어하였다.

지방에는 양반을 비롯한 양인과 천민을 모두 소속시킨 속오군을 만들었다. 이들은 평상시에는 생업에 종사하다가 유사시에는 전투에 동원되었다. 수령과는 별개로 영장을 파견해서 속오군을 훈련시키고 관리했는데 여러 읍의 속오군을 함께 관할하게 하였다. 시간이 지나면서 양인들은 천민과 같이 편성된 속오군을 기피하였다.

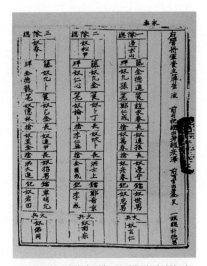
▲ 속오군의 〈관병편오책〉. 류성룡이 작성한 것으로 종들이 대총隊總을 이끌고 있음을 알 수 있다.

## = 영정법 실시

조선은 두 차례의 전란을 겪으면서 토지대장이 소실되고 토지가 황폐해져 재정 수입이 크게 줄었다. 조정은 국가 재정을 확보하고 민생을 안정시키기 위해 토지 개간을 장려하고 양전 사업을 시행하고 수취제도 개혁을 추진하였다. 인조 13년(1635) 새로운 전세징수법인 영정법永定法을 실시했다. 과거 토지를 6등급으로 나누던 전분6등법과 한해의 풍흉을 9등급으로 나누던 연분9등법이 복잡하기 때문에 풍흉에 관계없이 1결당 쌀 4~6두씩을 내게 한 것이다. 영정법으로 세금액수는 낮아졌으나 대부분의 농민은 토지를 소유하지 못한 소작농이어서 큰 도움이 되지 못했고, 나라에서 부족한 세금을 보충하기 위해서 **삼수미**三手米♦ 등이 부과되어 농민의 부담은 거의 줄지 않거나 더 늘었다.

♦ 삼수미
5군영의 하나인 훈련도감에 소속된 사수·포수·살수의 삼수군의 경비를 충당하기 위해 세금으로 거두어들인 쌀

## = 대동법 실시

지방 특산물을 현물로 납부하는 공납은 농민들에게 큰 부담이었다. 가짓수가 많고 부과기준도 형평에 어긋났다. 그래서 잡다한 공물을 쌀로 통일해서 납부하자는 대동법大同法이 대안으로 제시되었다. 서인 영수 이이가 대공수미법貸貢收米法을 제시했으나 실시하지 못했고, 남인 영수 류성룡이 임란 때 대동법과 같은

▲ 잠곡 김육 초상

● 방납
공물을 대신 납부하고 이자를 붙여 받는 것을 말한다. 관료들과 짜고 농민들에게 높은 부담을 지웠다.

● 공인
납품가를 미리 받아 물품을 구입하여 납품하는 대상인으로 조선 후기 상업 발달의 주역이 된 대표적인 상인이다.

작미법作米法을 실시했으나 곧 폐기되었다. 광해군 즉위년(1608) 남인 영수 이원익의 건의로 경기도에 대동법을 시범 실시했다. 대동법은 현물 대신 농지면적을 기준으로 1결당 쌀 12두나 베, 무명, 동전 등을 거두는 것으로서, 땅이 없거나 적은 농민들의 환영을 받았다. 그러나 기존의 **방납**업자防納業者들과 지주층이 강하게 반대하여 전국적으로 시행되는데 많은 기간이 소요되었다.

김육·조익 등은 대동법 확대실시에 정치생명을 걸었던 개혁관료들이었다. 이들의 노력으로 숙종 34년(1708) 평안도와 함경도를 제외한 전국에 실시되면서 약 100여 년 만에 전국적으로 실시되었다.

대동법을 주관하는 선혜청은 **공인**貢人들에게 비용을 미리 지급하고 필요한 물품을 독점적으로 조달하도록 하여 공인들은 막대한 자본을 축적할 수 있었다. 대동법 실시 이후 화폐 유통이 활발해졌으며, 공인의 주문에 따라 생산하는 수공업도 발달하면서 상업 자본주의의 초기적 모습이 나타났다. 대동법 시행 이후에도 진상, 별공 등 현물 납부가 완전히 사라지지는 않았으나, 농민의 부담이 이전보다 줄어들었으며 국가 재정도 안정을 찾을 수 있는 계기가 되었다.

= 균역법 실시

중앙 5군영을 유지하기 위해서 막대한 비용이 필요하였다. 그 운영비용은 군포軍布로 충당했는데 양반 사대부들은 징수 대상에서 면제되어 형평성에 어긋났다. 군포는 양인 장정 1명이 16개월마다 포 2필을 납부하는 것이 원칙이었다. 그러나 조정은 양인 장정의 수와 징수할 군포의 양을 미리 정해 놓고 이를 마을 단위로 부과하였다. 징수 기관도 통일되지 않아 중앙 군영은 물론 각 지방의 감영과 병영에서도 군포를 받았다. 부담을 견디지 못한 양인들은 도망하거나 양반 신분을 사려 하였으며 자진하여 천인이 되기도 하였다. 가장 좋은 해결방식은 양반 사대부들에게도 군포를 징수하는 호포제戸布制였다. 숙종 때 윤휴가 호포제 실시를 주장했으나 사대부들의 반대로 실시하지 못했고, 윤휴는 끝내 사형당했다.

영조 26년(1750) 균역법을 실시해 그 폐단을 일부 시정하였다. 먼저 양역의 종류와 배정된 양인의 수를 조사하여 《양역실총》을 편찬하였다. 이를 바탕으로 양인 1명당 1년

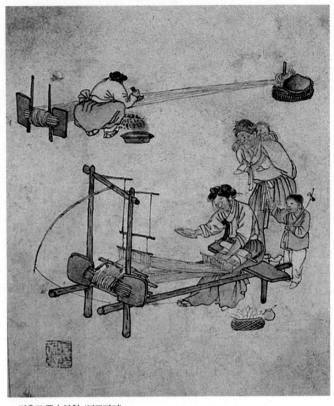

▲ 김홍도 풍속화첩 〈면포짜기〉

에 1필씩 내도록 부담을 경감시켰다. 균역법 시행으로 줄어든 재정을 보충하고자 지주에게 결작結作이라는 명목으로 토지 1결당 쌀 2두를 부과하였고, 각 아문이나 궁방에게도 어세·염세·선세를 거두었다. 또 군역을 면제받던 상층 양인에게 **선무군관**●이라는 칭호를 주고 포 1필을 받았다.

균역법으로 농민의 부담은 일부 경감되었다. 그러나 지주들이 자신이 부담해야 할 결작을 소작인에게 전가하는 경우도 많았기 때문에 농민의 부담은 크게 줄지 않았다. 또 지방 관청은 각종 무명잡세를 신설하여 부족한 부분을 채우려 하였다. 이 때문에 군역의 폐단이 완전히 해결되지 않아서 농민 봉기의 주요인이 되었다.

● 선무군관

지방의 부유한 양인들로 조직되어 평소에는 군포를 내고 무예를 익히다가 유사시에는 군졸을 지휘하는 군관이 되었는데 무과에 응시하는 특혜를 주었다. 균역법 시행으로 부족해진 재정을 보충하기 위해 조직했다.

## ② 조선 후기의 대외관계

### = 일본에는 통신사, 청에는 연행사를 파견하다

임진왜란 이후 도쿠가와 막부와 수교한 조정은 여러 차례 통신사를 파견하였다. 통신사 일행은 조선의 문화를 일본에 전하여 일본 문화 발전에 크게 기여하였다. 또한 이들은 견문록을 남겨 일본의 사정을 국내에 전하였다. 조정은 막부에 통신사를 보냈고, 대마도에 정3품 예조참의가 위문행慰問行을 보내 관리했다.

병자호란 이후 조선은 청에 연행사를 파견하였다. 연행사가 쓴 기행문이나 보고서를 통해 청의 사정이 알려지자, 국내에서는 청의 발전된 문물을 수용하자는 북학론이 나타나기도 하였다.

### = 〈백두산정계비〉, 을릉도, 독도

중원을 차지한 청은 그들의 본거지인 만주 지역을 봉금封禁 지역으로 성역화하여 한족의 출입을 제한하고 매년 허가된 인원에게만 백두산 부근에서 인삼을 캐도록 허용하였다. 그러나 평안도와 함경도 북부 지역의 조선인들은 압록강과 두만강 이북을 조선 강역으로 여겼으므로 강을 건너가 인삼을 캐거나 사냥하다가 청인들과 충돌하는 일이 자주 일어났다. 이에 조선과 청은 숙종 38년(1712) 백두산에 정계비를 세워 서쪽은 압록강鴨綠江, 동쪽은 토문土門을 양국의 국경으로 정하였다. 압록강은 지금의 압록강뿐

**1차 사료로** 그 시대 보기

#### 〈백두산정계비〉

"오라총독 목극등이 황제의 명을 받들어 변계를 조사하고 이곳에 이르러 자세히 살펴보니 서쪽은 압록이고 동쪽은 토문이므로 분수령 위 돌에 글자를 새겨 명기한다. 강희康熙 51년 5월 15일[烏喇摠管穆克登奉旨 查邊 至此審視 西爲鴨綠 東爲土門 故於分水嶺上勒石爲記 康熙五十一年五月十五日]"

⋯⇢ 조정에서 보낸 접반사 박권과 함경도 관찰사 이선부는 백두산에 올라가지도 않았고 역관 김지남·경문 부자만 따라가서 세운 것이다. 토문강은 송화강의 지류이니 만주는 조선 강역임이 다시 확인되었다.

만 아니라 요하도 압록으로 불렀다. 토문강은 송화강 지류를 뜻하므로 모두 만주를 흐르는 강이다. 대한제국 시절 정부는 이범윤을 간도관리사로 파견해서 현재의 압록강 북쪽 백성들은 평안도에, 두만강 북쪽 백성들은 함경도에 편입시켜 관리하고 세금을 징수했다.

▲ 조선과 청의 국경

신라 지증왕 이래 우리 영토인 울릉도와 독도에 일본 어민들이 자주 출몰하자 숙종 때 안용복은 일본과 담판하여 이곳이 조선의 영토임을 인정받고 돌아왔다.

이를 계기로 정부에서는 울릉도에 관리를 파견하는 등 적극적으로 관리하였다. 정부는 거주 환경이 좋지 않다는 이유로 섬을 비워 두는 정책을 실시하기도 하였으나, 일본 어민이 계속 침범하자 19세기 말에는 주민들의 이주를 장려하고 군을 설치하였으며 관리를 파견하여 독도까지 관할하도록 하였다.

### 안용복의 독도 수호 활동

안용복은 숙종 19년(1693) 일본으로 가서 "울릉도는 일본의 영토가 아니다.[울릉도비일본계鬱陵島非日本界]"라는 막부의 회신을 받아왔다. 그는 또 숙종 22년(1696) 다시 도일해 일본 호키주伯耆州(백기주)로 건너가 영주의 사과를 받고 이듬해 막부는 지방 영주들에게 "죽도竹島(울릉도)와 송도松島(독도)는 조선의 영토이므로 일본인들의 출어를 엄금한다."라고 명령하였다. 그러나 안용복은 관리를 사칭했다는 죄목으로 사형 위기에 몰렸다가 겨우 목숨을 건지고 유배형에 처해졌다.

## ③ 조선 후기의 경제변화

### 대토지소유의 확대와 모내기 확산

● 광작
농경기술이 발달해 한 사람의 경작 면적이 늘어나자 소작인을 시켜 경작하던 지주는 직접 농사짓거나 머슴을 써서 경작하였다. 이 때문에 영세한 소작농들은 소작지를 얻기가 어려워 몰락하기도 하였다.

● 강화도 간척
강화도의 간척지는 갯벌을 논으로 만든 것으로 고려시대부터 조선 후기를 거쳐 20세기 초까지 계속 확대되었다.

조선 후기에는 조선 건국의 기반이 되었던 과전법이 무너지면서 소수 권력자가 토지를 독점하고 다수 농민들이 몰락하는 악순환이 계속되었다. 이런 상황에서도 농민들은 새로운 농사법을 적극 도입하고 농지를 개간하는 등의 방법으로 경제력을 확대시켜나갔다. 양란 후 농민들은 직파법直播法을 이앙법移秧法(모내기)으로 개량하고 농기구와 시비법을 개량하였다. 모내기법의 도입으로 김매기에 필요한 노동력이 감소하고 생산력이 높아졌으며, 벼와 보리의 이모작이 가능해져 단위 면적당 곡물 생산량이 증가하였다. 한 사람이 경작할 수 있는 면적이 늘어나면서 **광작** 현상이 나타났다.

현종 때에는 제언사가 설치되어 많은 제언堤堰(제방과 방죽)과 저수지 등이 신설되거나 보수되었다. 18세기 말에는 전국적으로 저수지가 6천여 개소로 증가하였다.

왕실에서는 바닷가의 갈대밭을 불하받아 개간하거나 민전을 사들여 궁방전宮房田을 늘려갔다. 궁방전에는 세금이 부과되기도 했으나 상당수 토지는 면세였고 요역도 감해주는 특혜를 주었다. 관료들과 양반 사대부들도 산지를 개간하거나 매입하여 소유지를 늘려갔다. 강화도 등 서해안 일대의 **간척** 사업도 널리 진행되어 농경지가 크게 확대되었다.

알고 싶어요

### 직파법과 이앙법

직파법은 논에 직접 씨앗을 뿌려 벼를 재배하는 것이고 이앙법은 못자리에서 일정기간 모를 키운 후 본논에 옮겨 심는 것이다. 이앙법은 노동력이 적게들고 수확량도 많지만 벼를 옮겨 심을 때 가뭄이 들면 농사를 망치는 약점이 있었다.

## 상품 작물의 증가와 구황 작물의 재배

대동법의 영향으로 상품 경제가 발전하면서 시장에 팔기 위한 작물 재배가 증가하였다. 목화, 담배, 채소, 약재와 인삼 등을 많이 재배했는데 가장 인기 있는 상품 작물은 인삼과 담배였다.

18세기에 재배법이 개량된 인삼은 청과 일본에서 수요가 높아 경기 개성의 인삼이 특히 선호되었다. 기호품 혹은 약재로 취급되던 담배 역시 전국적으로 재배되었다. 농민들은 고구마와 감자 등 기근에 대비한 구황 작물도 많이 심었다. 고구마는 영조 39년(1763)에 조선통신사로 일본에 다녀온 조엄趙曮이 대마도에서 그 종자를 가져와 널리 퍼졌다고 전해지고 있으며, 감자는 아메리카 대륙에서 청에 전래된 것이 다시 들어왔다고 알려지고 있다.

▲ 김홍도 풍속화첩 〈행상〉

## 민영 수공업과 광업의 발달

상품 경제의 발달로 도시 인구가 증가하면서 수공업 제품에 대한 수요도 증가하였다. 이에 주문 생산이 아닌 시장 판매를 위한 생산도 활발해졌다. 대동법을 시행하면서 등장한 공인들은 국가 기관에서 미리 받은 공가貢價의 일부를 장인들에게 지급하였고, 장인들은 물건을 생산해서 납품하고 나머지 물품은 시장에 판매하였다. 상업이 발달하면서 점차 관영 수공업이 줄고 민영 수공업이 발달하였다. 장인들은 국가에 세금만 납부하면 자유롭게 물품을 생산할 수 있었다.

18세기 초에는 상인 자본이 수공업자들을 지배하는 선대제先貸制가 유행하였다. 자본이 풍부한 공인이나 대상인들이 수공업자들에게 지금을 미리 시불하고 생산된 제품을 독점하였다. 또한 장인들을 직접 고용하여 제품을 만들게 하는 경우도 있었다. 상업자본이 수공업자본을 지배하는 상업자본주의의 초기적 형태였다.

18세기 후반에는 자기 자본을 이용하여 상품을 생산한 후 직접 판매하는 수공업자들이 늘어났다. 이들이 생산한 제품은 보부상을 통해 전국의 시장에서 판매되었다.

전문 수공업자들은 작업 공정에 따라 원료 가공에서 제품 완성까지 함께 작업하는 경우가 많았다. 이들이 모인 곳을 점촌店村이라 하였는데 경기도 안성과 평안도 정주 등은 놋그릇 생산지로 유명하였다.

조세나 소작료를 물건으로 납부하는 현물제와 화폐로 납부하는 금납제가 병행되면서 농촌 수공업도 자급자족을 위한 부업에서 시장 판매를 위한 노동으로 변하였다. 군포 납부를 위한 포목布木(베와 무명)은 물론 나무 그릇, 대나무나 왕골 제품 등이 주로 생산되었다.

광업은 국가가 독점하다가 17세기 중엽부터 개인에게 광산 개발을 허용하고 세금을 받는 정책이 시행되었다. 개인이 경영하는 은광이 많았는데 당시 대청 무역의 중요한 결제 수단이 은이었기 때문이었다. 17세기 말부터 일본에서 들어오는 은이 줄어들면서 광산 개발이 더욱 촉진되었다. 농민이 광산으로 몰려들자 정부는 세율을 높이고 공개적인 채굴을 금지하였다. 그러나 상업 자본이 사금 채취에 투입되어 금광 개발이 추진되었고 관청의 눈을 피해 몰래 채취하는 잠채潛採도 성행하였다.

광산을 개발하려면 많은 인력을 집중적으로 고용해야 했기 때문에 대규모 자본을 동원할 수 있는 상인이 물주物主가 되어 **덕대**德大●에게 경영을 위임하는 형태로 운영되었다. 덕대는 채굴업

● 덕대
광산 주인과 계약을 맺고 광산을 맡아 광부들을 고용하여 경영하는 사람

자와 노동자를 고용하여 광물을 캤으며 제련 과정까지 주관하는
경우도 있었다.

### 사상의 성장과 화폐의 유통

농업, 수공업, 광업 생산력이 증가하면서 시
장 경제가 활성화되고 상품 유통이 확대되었
다. 대규모 자본을 동원할 수 있는 공인貢人들
과 서울 및 주요 도시의 사상私商들은 **도고**都賈**❀**
로 성장하였다.

특히 사상들은 전국의 지방 장시를 연계하여
물품을 교역하고 각지에 지점을 두었다. 서울의
경강상인京江商人, 개성의 송상松商, 동래의 내
상萊商, 의주의 만상灣商, 평양의 유상柳商 등이

▲ 보부상 유품. 예산보부상박물관.

유명한 거상들이었다. 이들은 국제 무역에도 참여하여 많은 이득
을 취하였다.

상품 생산과 유통이 증가하여 18세기 중엽에는 전국에 천여 개
소에 이르는 장시가 개설되었다. 장시는 보통 5일마다 열렸으며
인근 주민들이 농산물과 수공업 제품을 교역하였고, 보부상들은
여러 장시를 돌면서 다른 지역의 물품을 판매하였다. 한 지역의
장시는 인근 장시와 연계되어 지역상권을 형성하였는데 일부는
상설 시장으로 발전하였다. 서울 부근의 송파, 칠패, 이현, 누원장
과 지방의 전라도 전주, 경상도 대구와 안동, 강원도 대화(평창)가
상업 거점으로 성장하였다. 대규모 교역이 이루어지는 항구 부
근의 장시에서는 **객주, 여각❀** 등이 활동하였다. 은진 강경장, 창원
마산포장, 덕원 원산장 등이 대표적인 포구 장시였다.

상인들이 물품을 대규모로 거래할 때에는 어음이나 환 등을
이용한 신용 거래가 늘어났고, 소규모 상행위에는 동전이 사용되

**❀ 도고**
조선 후기 독점적 도매 등의 방법
을 통해 염가로 매점하고 고가로
판매하는 매점매석을 통해 부를
축적한 상인 또는 상인조직을 뜻
한다.

**❀ 객주와 여각**
객주는 다른 상인의 물건을 위탁
받아 팔아주거나 매매를 거간하
던 상인들이고, 여각은 연안의 포
구 등에서 물건을 위탁판매하거
나 매매를 거래하던 상인들인데
선주인船主人, 선상船商이라고도
하였다.

기도 하였다. 조선 초기부터 지폐인 저화楮貨와 동전 등이 만들어 졌으나 활발하지 못하다가 조선 후기 상평통보常平通寶가 만들어 지면 전국에 유통되었다. 18세기 후반 이후 화폐로 세금과 소작료 납부가 가능해져 유통이 더욱 활발해졌다. 그러나 지주나 대상인 들이 화폐를 재산의 축적 수단으로 삼아 쌓아두고 유통시키지 않 는 현상도 나타났는데 이를 전황錢荒이라고 한다. 또 동전과 현물 의 시세 차익을 이용한 고리대도 성행하여 농민들의 피해가 컸다. 이에 일부 학자들은 동전 사용을 금해야 한다고 주장하였다.

## 국제 무역 발달

▲ 〈동래부사접왜사도〉. 동래부사가 일본 사신을 접대하는 그림 으로 조선 후기 화가 강세황 작품이다.

양란 이후 청·일과의 국제 관계가 회복되면 서 무역 거래량이 증가하였다. 연행로를 따라 의주에서 중강 개시와 중강 후시가 열렸고, 만 주의 봉황성에서는 책문柵門 후시가 개설되었 으며, 연경에서도 공무역과 사무역이 행해졌 다. 조선은 청에 종이와 인삼 등을 수출하고 비단, 약재, 서적, 모자, 문방구, 사치품 등을 수입하였다. 함경도에서는 북관 개시라는 국 제무역 시장이 열렸는데 회령에서는 매년, 경 원에서는 2년마다 열렸다. 이곳에서는 국가 간의 공적인 교역인 공시公市와 양국 상인들 이 자유롭게 거래하는 사시私市가 열렸다. 조 선은 만주 지역 주민들이 필요한 철제 농기구, 소, 소금 등을 수출하고 말과 가죽 제품을 수 입하였다.

일본과는 주로 동래에 있는 왜관을 통해 거 래하였다. 조선은 대청 무역에 필요한 은과 무기 제조에 필요한 구리, 유황 등을 주로 수입하였고 인삼과 무명, 쌀 등을 대금으로 지불하였다. 또 청에서 수입한 비단과 명주실 등의 물품을 중계하기도 하였다. 일본에서는 조선의 인삼을 선호하여 공적으로 허용된 양보다 많은 인삼이 밀거래되었다.

국제 무역은 국가 간의 공식적인 거래보다 상인들이 참여하는 사무역이 더욱 활발하였다. 특히 의주의 만상과 동래의 내상이 이를 주도하였으며, 개성의 송상과 서울의 경상京商들은 양자 간 거래를 중계하여 이익을 취하였다.

## ④ 조선 후기의 신분 변동

### ◀ 양반 수가 증가하고 다양해지다

양란 이후 여러 사회 여건이 변화하면서 신분 구조도 크게 바뀌었다. 양반은 군역을 비롯한 각종 부역이 면제되었기 때문에 부유한 상민들은 호적을 새로 만들거나 족보를 위조하는 등 여러 방법을 써서 양반층에 편입되려 하였다. **납속**納粟*이나 **공명첩**空名帖*을 사서 양반이 되는 경우도 있었지만 이들은 품계만 있을 뿐 실제 관직에 임명되는 경우는 거의 없었다.

청요직清要職에 임명되는 사람들은 주로 서울이나 경기의 유력 가문 출신들이었고, 지방 출신들은 차별을 받았다. 선전관 등 무반 요직도 서울 출신이 주로 임명되었다. 과거 시행 횟수가 늘고 응시자와 합격자가 급증하면서 이러한 현상은 더욱 심해졌다.

벼슬과 거리가 멀어진 지방의 양반들은 **청금록**青衿錄*이나 **향안**鄉案*같은 양반 명단을 만들고 문중 중심의 서원과 **사우**祠宇*를 세워 향촌에서 위세를 지키려 하였다. 또 촌락 단위의 동약洞約을 시행하거나 부계 위주의 족보를 편찬하고 동성 마을을 이루었다.

향반鄉班 혹은 잔반殘班이라 불린 몰락한 양반 중에는 소작이

● **납속과 공명첩**

납속은 전쟁이나 흉년 등에 돈이나 곡식을 내면 벼슬을 내리거나 천인 신분을 양인으로 상승시켜 주는 것이고 공명첩은 이름을 쓰지 않는 관직임명장으로서 돈이나 곡식을 내면 구입할 수 있었다.

● **청금록과 향안**

양반들의 지방자치기구인 유향소를 운영하던 지방 사대부들을 수록한 책자로 양반임을 입증하는 역할을 하였다.

● **사우**

가문에 이름 있는 선조나 훌륭한 인물을 모셔 제사 지내는 곳이다.

▲ **향안**. 선비들의 명부이다. 국립 경상대학교 소장.

● **향전**
경제력을 바탕으로 양반 신분을 가지게 된 신향층과 기존의 재지 사족들 간의 충돌

나 임노동으로 생계를 유지하는 사람도 있었다. 반면 부농층들은 수령을 중심으로 한 관권과 결탁하여 향안에 이름을 올리고 향회를 장악하여 영향력을 키우려 하였다. 이들은 종래의 재지 사족을 대신하여 정부의 부세 제도 운영에 참여하였고, 향임직에도 진출하였다. 이러한 움직임은 기존 양반층의 반발을 불러일으켜 **향전**鄕戰●이 일어나기도 하였다.

## ◀ 농민층의 계층 분화

조선 후기에는 소작인이 대대로 경작하였거나 직접 개간한 땅 등에 대해서는 소작권이 인정되어 지주라도 소작인을 마음대로 바꿀 수 없었다. 또 수확량의 절반을 소작료로 내는 병작반수 대신 미리 납부할 액수를 정하는 도조법이 확산되었다.

자작농과 일부 소작농들은 벼뿐만 아니라 상품 작물을 재배하여 이득을 얻었다. 이렇게 번 돈으로 토지를 매입하거나 개간하여 지주로 성장하기도 하였다. 지주들도 직접 경작하는 농지를 늘리거나 임노동자나 머슴을 고용하여 경작 규모를 확대해 갔다. 이 때문에 토지를 얻기가 어려워진 소작인들은 농촌을 떠나 떠돌거나 광산, 도회지의 날품팔이가 되기도 하였다. 농민들은 소작료와 관혼상제 비용, 부세 부담 등을 이기지 못하여 노비로 전락하는 경우도 적지 않았다.

경제력으로 신분을 상승시켜 양반 행세를 할 수 있게 된 일부 유력자들을 제외한 대부분의 농민들은 소작농이나 임노동자로 살아갔다. 이들의 처지는 주인집에 거주하며 농사와 잡일에 종사하는 솔거 노비보다는 나을지 몰라도 주인과 따로 살면서 주인의 땅을 경작하거나 신공을 바치는 외거 노비와 크게 다르지 않았다. 또한 속오군에 양인과 노비가 함께 편제되는 추세 속에서 일반 농민과 노비의 사회·경제적 처지는 크게 다를 바가 없었다.

## 노비 도망의 급증

노비세습제에서 노비 신분을 벗어날 수 없었던 노비들이 도망하는 경우가 급증했다. 도망한 노비들은 다른 지역에 이주하여 임노동자나 머슴, 화전민이 되어 살았다. 주인들은 이들을 잡아들여 신공을 거두려 하였으나 여의치 못한 경우가 많았다.

국가에 소속된 공노비가 도망하는 일도 증가하였다. 정조는 노비제를 폐지하고 임금 노동제로 전환하려고 하다가 양반 사대부들의 반발을 우려해 그만 두었다. 대신 공노비 해방에 나서 그가 세상을 떠난 이듬해인 순조 1년(1801) 중앙 관서에 소속된 공노비 6만 6,000여 명이 해방되었다. 이때 해방되지 못한 공노비들은 1894년 갑오조치로 모두 해방되었고 사노비의 세습도 금지되었다. 양인들의 신분 상승 노력과 노비 해방 추세는 신분 평등의 근대로 나아가는 움직임이었다.

## 중인계층의 성장

조선 후기 서자나 중인들은 학식이나 능력면에서 양반 사대부 못지않았으나 신분적 한계는 뚜렷했다. 이들은 여러 형태로 자신들의 목소리를 담아냈다. 철종 9년(1858) 서얼들에 관한 역사서인 《규사葵史●》를 편찬했고 정조 때 이진흥李震興이 향리에 관계된 여러 내용을 담아 《연조귀감掾曹龜鑑》을 편찬한 것은 자신들의 정체성에 대한 자부심을 표현한 것이었다. 조선 후기 유재건劉在建(1793~1880)은 중인 이하 인물들의 행적을 기록한 《이향견문록里鄕見聞錄》을 편찬하였다. 정조 10년(1786) 중인 천수경千壽慶을 중심으로 한시 창작 모임인 옥계시사玉溪詩社를 결성했는데, 여기에는 일부 양반 사대부도 함께 참여하였다.

서얼들을 관직에 등용하라는 통청通淸 운동도 여러 차례 전개

● 규사

규葵는 해바라기를 뜻하는데, "해바라기가 해를 향하는 데는 본가지나 곁가지의 차이가 없는 것처럼 서얼의 충성도 적자와 다를 바 없다."는 선조의 말에서 따온 것이다.

▲ **정선의 옥류동**. 서울 종로구 옥인동의 옥류동은 중인들이 시회를 갖던 곳이다.

하였다. 정조는 통청 운동에 적극 호응해 재위 원년(1777:정유년) 서자들의 관직 진출길을 여는 〈정유절목丁酉節目〉을 반포하고 유득공·이덕무·서리수·박제가 등의 서자들을 규장각 검서관으로 등용했다.

의관, 역관, 율관, 화원, 서리 등 전문 기술직에 종사하던 중인들도 1850년대에 집단 상소로 통청 운동을 전개했다. 통청 운동이 성공하지는 못하였으나 이들은 전문 기술과 풍부한 재력으로 자신들의 목소리를 내는 데는 성공했다. 특히 역관층은 대청 외교 업무에 종사하면서 서학을 비롯한 외래문화를 적극적으로 수용하는 선구적인 역할을 하였다.

## ⑤ 조선 후기 학문의 새 경향

### 성리학의 한계와 그 대안

= 새로운 사상과 이념의 모색

조선 후기에도 사대부들은 성리학을 벗어나지 못했다. 명明의 왕수인王守仁(1472~1528)은 이미 16세기 초에 성리학을 비판하는 양명학을 제창했지만 조선 사대부들은 양명학을 이단으로 몰고 성리학을 유일사상으로 삼았다. 특히 노론은 주자학(성리학) 이외에 다른 학문을 사학邪學으로 몰아 탄압했다. 유학의 방법론에 불과한 예학禮學이 학문의 본질인 것처럼 호도되었고 두 차례의 예송논쟁이 발생했다.

이런 가운데 유학의 6경과 제자백가의 이론을 폭넓게 수용하여 성리학을 대체하는 사상적 기반을 찾으려는 학자들도 나타났다. 윤휴와 박세당은 주자가 정립한 학문 체계를 벗어난 독자적 학문 체계를 주장하다가 노론에게 사문난적斯文亂賊으로 몰렸다. 소론계열의 박세당은《사변록思辨錄》에서 주자학을 비판했다가 관작을 삭탈당했다. "천하의 많은 이치를 어찌 주자 혼자 알고 나는 모른다는 말이냐."고 말했던 남인 윤휴는 서인에 의해 사형 당했다.

▲ 서계 박세당 초상. 주자학을 비판한《사변록思辨錄》을 써서 사문난적으로 몰렸다.

= 양명학의 수용과 탄압

명나라 중기 양명陽明 왕수인은 주자학의 신분제를 비판하고 사대부나 일반백성들이 모두 양지良知를 갖고 있다고 주장했다. 성리학은 심心과 성性을 구분하는 성즉리性卽理를 내세워 심心은 이理가 아니라고 보았지만 양명학은 심과 성을 구분하지 않고 심心 그 자체가 이理에 합치된다는 심즉리心卽理를 주장했다. 또한 성리학은 궁극적 앎에 먼저 도달한 후에 실천하라는 선지후행先知後行을 주장한 반면 양명학은 사람 마음속의 양지良知를 곧 실천하면 된다는 지행합일知行合一을 주장했다. 성리학의 선지후행이 학문에만 전념할 수 있는 양반 지주를 위한 철학이라면 양명학의 지행합일은 학문에만 전념할 수 없던 농민층의 처지가 반영된 철학이었다.

조선은 16세기에 이미 왕수인의《전습록傳習錄》이 전해졌으나 이황의 비판을 받았고, 이후 성리학자들에 의해 이단으로 몰렸

알고 싶어요

**사문난적**

원래는 유교 사상에 어긋나는 언행을 하는 사람을 비판하는 말이었으나 조선 후기에는 주희朱熹(주자)의 경전 해석을 따르지 않는 학자들을 비판하는 용어로 사용되었다. 송시열이 주도하는 노론은 주희와 다르게 경전을 해석하는 박세당이나 윤휴를 사문난적으로 몰아 사회적으로 매장했다. 송시열은 윤휴가 사형당한 이유를 '주자를 능멸했기 때문'이라고 말했다.

다. 조선 후기 양명학이 옳다고 생각하는 유학자들은 겉으로는 주자학자 행세를 하면서 속으로는 양명학을 신봉했는데 이를 '외주내양外朱內陽'이라고 표현하기도 했다. 18세기 초 양명학을 본격적으로 연구한 정제두는 강화도로 이주하여 양명학에 전념했다. 그의 학문은 집안 후손과 친인척 사이에 가학의 형태로 계승되면서 훗날 강화학파로 불렸다. 강화학파는 국어학, 역사, 서예, 문학 등 우리 고유문화에 폭넓은 관심을 보였으며 정약용 등 실학자들과도 교류하였다. 또한 나라가 망하자 이건승, 홍승헌, 정원하 등의 양명학자들이 가장 먼저 만주로 망명해 독립운동에 나섰다.

## = 서양 과학의 수용

중국에 온 서양의 예수교 선교사들은 과학자나 지리학자를 겸하는 경우가 많았다. 이들이 소개한 서양의 과학 기술은 북경에 왕래하던 사신들을 통해 조선에 전해졌다. 세계 지도와 천리경, 자명종, 화포가 소개되었고 새로운 역법인 시헌력도 도입되었다. 이에 조선에서는 지구설과 지전설이 퍼졌고 세계 지리에 대한 인식과 중국 중심의 세계관이 변하기 시작하였다.

17세기에 조선 정부는 벨테브레이(박연)와 하멜 등 표류한 네덜란드선원을 훈련도감에 소속시켜 서양식 대포와 조총을 제조하게 했다. 네덜란드로 돌아간 하멜 일행은 표류기를 지어 조선의 사정을 서양에 알리기도 하였다.

알고 싶어요

### 17세기 초에 전해진 새로운 문물

● **천리경** : 망원경이다. 원거리 항해용으로 사용되기 시작하였으며 청을 통해 조선에 전해졌다.
● **자명종** : 태엽을 이용하여 정확한 시각을 알려 주는 시계이다. 조선에서도 이를 응용한 제품이 만들어졌다.
● **화포**(홍이포) : 명이 포르투갈 상인을 통해 수입한 장거리 화포이다. 성을 포위하고 공격할 때 위력을 발휘하였다.

## 실학의 형성과 발전

### 실학의 발견

일제는 한국을 점령한 후 조선에는 독자적 사상이 존재하지 않았다고 폄하했다. 장지연(1864~1921), 최남선(1890~1957), 이능화(1869~1943) 같은 학자들이 조선 후기에 개혁을 지향하던 독자적 학문이 있었음을 들어 반박하면서 실학 연구가 시작되었다. 이들은 유형원·이익·정약용 등의 예를 들어 이들이 성리학과 다른 학문경향을 가지고 있었음을 밝혔다. 정약용 서세 98주년인 1934년에 안재홍(1891~1965), 백남운(1895~1979), 최익한(1897~ ?) 등의 민족주의 및 사회주의 계열 학자들이 정약용과 그 시대의 사상가들에 대한 연구내용을 발표했다. 이들의 학문은 광복 후 남북한 학계에 이어져 실학의 정치·경제·사회사상 전반에 대한 연구가 축적되었다. 실학은 노론 일당 독재 아래에서 정권에서 소외되었던 남인이나 소론계열에서 주로 주창한 사상이었다. 그들의 사상은 여러 분야의 개혁사상이 담겨 있으므로 중요했는데, 농업중심의 개혁론과 상공업중심의 개혁론으로 나누어 볼 수 있다.

### 중농주의 실학의 토지개혁론

중농주의 실학은 토지개혁을 통한 농민생활의 안정을 최우선으로 추구해야 한다고 주장하는 학파를 말한다. 대표적으로 유형원(1622~1673)·이익(1681~1763)·정약용(1762~1836)의 사상을 들 수 있다. 유형원은 북인 계열의 남인으로 부친 유흠은 계해정변 이후 광해군 복위음모를 꾸몄다는 혐의로 사형당했다. 유형원은 관직을 단념하고 전라도 부안 우반동에 은거해 학문에만 전념하였다. 유형원이 《반계수록》에서 제시한 토지개혁론은 균전제均田制로 대표된다. 그의 토지개혁 사상은 토지국유론을 바탕에 둔 것으로서 조선을 건국한 역성혁명파 사대부들의 토지사상과 일

▲ 성호 이익 초상

맥상통한다. 유형원은 모두가 고른 토지를 갖고 있던 고대의 정전제井田制를 이상으로 삼고 농사짓는 자가 토지를 갖는 '경자유전耕者有田'의 토지제도를 실시해야 한다고 보았다. 모든 농민에게 토지를 나누어주고 군역이나 부세 등도 토지를 대상으로 하여 일률적으로 부과하자는 것이었다. 고려에서 실시했던 균전제를 조선 실정에 맞게 조정해 정전제의 효과를 갖게 하자는 것이었다. 그는 이런 토지개혁을 반대하는 부유층들을 극형에 처하는 한이 있더라도 토지개혁을 해야 한다고 역설했다.

유형원의 뒤를 이어 이익도 토지개혁론을 제창했다. 그의 부친 이하진은 청남 계열로서 윤휴와 함께 개혁정책을 추진하다가 노론 집권 후 평안도 운산에 유배되어 사망했다. 또한 이익에게 공부를 가르쳐주었던 형 이잠李潛은 숙종 32년(1706) 노론이 제거하려는 세자(경종)를 옹호하는 상소문을 냈다가 죽임을 당했다. 이익은 관직을 단념하고 안산 첨성리에 은거해 스스로 농사를 지으며 학문에 매진했다. 그는 《성호사설》이라는 방대한 저서를 남겼는데 그의 토지개혁론도 토지국유론을 바탕에 둔 것이었다. 그는 전주田主(지주)는 국가의 토지를 일시적으로 빌어가지고 있는 것뿐인데 마치 절대적인 소유권을 가진 것 같이 여기는 현실이 문제라고 보았다. 그도 고대의 정전제를 이상으로 삼았으나 이를 조선

### 나라의 폐단에 대한 이익의 생각

"나라를 어지럽히는 폐단이 여섯 가지인데 첫째가 노비 제도요, 둘째가 과거 제도이며, 셋째가 벌열閥閱(벼슬아치가 많은 집안)이고 넷째가 광대나 무당 따위이며, 다섯째는 승려요, 여섯째는 게으른 무리들이다."라면서 이 여섯 가지 폐단 때문에 농업에 힘쓰지 않게 되고 생산력이 떨어지게 된다고 보았다.

### 이용감 利用監

정약용은 정치 제도와 조세 제도의 개혁을 중시하면서도 청의 발달된 기술을 적극적으로 받아들여야 한다고 주장하였다. 이용감은 청 기술 도입과 운영을 전담하는 기구이다.

에 실시할 수는 없고, 유형원이 제시한 균전제도 실시할 수 없다고 보았다. 이익은 한전제限田制를 주장했는데 그 핵심은 일정한 규모의 토지를 1호戶의 영업전永業田으로 삼아서 매매를 금지시키자는 것이었다. 이 영업전을 토대로 몰락하는 백성들이 나오지 않게 하고 농민들의 부를 증가시키자는 것이었다.

▲ 김홍도 풍속도첩 〈주막〉

정약용의 토지개혁론은 여전제閭田制였다. 그의 여전제도 토지국유의 사상에서 토지는 농민들이 균등하게 나누어 가져야 한다는 토지분배론이었다. 그는 먼저 양전量田을 통해서 토지의 면적을 확정하고 그 토대 위에서 농사짓는 사람이 토지를 점유하는 경자유전耕者有田의 원칙과 토지는 공유公有로 한다는 토지공유의 원칙, 토지는 공동으로 경작한다는 공동경작의 원칙을 제시했다. 수확물은 노동량에 따라 분배한다는 것이다. 유형원과 이익이 재야학자의 자리에서 토지개혁론을 제기했다면 정약용은 정조 21년(1797) 황해도 곡산부사 시절에 주장했다는 점에서 차이가 있다. 그는 여전제를 국왕과 집권당의 힘과 의지로 실현 가능한 토지개혁론으로 여겼다는 뜻이다.

## = 중상주의 실학의 상공업 진흥론

중상주의 실학은 상공업 진흥과 기술혁신을 통한 부국안민을 최우선시하면서 청나라의 문물을 수용하자는 학파로 북학파라고도 하였다. 중상주의를 바탕으로 상공업 진흥론을 편 학자들은 유수원(1694~1755), 홍대용(1731~1783), 박지원(1737~1805), 박제가(1750~1805) 등을 들 수 있다. 중상주의 실학의 선구자인 유수원은 소론 강경파 준소峻少 출신이었다. 그는 단양군수 시절《우서迂書》를 썼는데 이를 영조가 직접 읽고 영조 17년(1741)에 귀가 어두운 상태에서 영조와 필담으로 개혁에 대한 의견을 나누기도 했다. 그러나 유수원은 영조 31년(1755)의 나주벽서사건으로 사형당했다. 유수원은《우서》에서 신분제 폐지를 주장하고 전 백성에게 균등하게 교육을 받을 수 있는 기회를 제공하고 그 능력과 자질에 따라서 사士를 선발해 양성하고 나머지는 농공상의 전문 직업인을 만들자고 주장했다. 그는 또한 화폐가 유통되지 못하는 책임은 양반에게 있다고 보고 화폐가 유통되어야 상품이 유통되고 국가도 부강해지고 백성들의 생활이 윤택해진다고 보았다. 그는 상업 진흥을 주장했는데 이 때문에 그를 북학론의 선구로 보고 있다.

홍대용은 노론 출신의 김원행을 스승으로 모셨으나 송시열을 비판하다가 노여움을 샀다는 일화가 있는 것처럼 노론의 세계관과는 맞지 않았다. 그는 서른네 살 때인 영조 41년(1765) 사신의 서장관으로 가는 숙부 홍억을 수행해 북경에 갔다. 홍대용은 신분을 막론하고 노동을 해야 하며 양반이라도 노동을 하지 않으면 처벌해야 한다고 주장했다. 또한 신분을 막론하고 재능과 학식이 있으면 농부, 상인의 아들이라도 정부 요직에 앉혀야 한다고 주장했다. 지방의 면 단위까지 학교를 두어 신분을 막론하고 8살 이상이면 교육을 받게 해야 한다고 주장했다. 신분제 타파와 양반노

**1차 사료로** 그 시대 보기

### 나주벽서 사건 때 유수원과 함께 사형당한 심학의 공초

"유수원이 사형 당한 것은 흉언 때문이지 대역大逆 때문은 아닌 줄로 압니다. 유수원의 흉언은 나라에 대한 충성이었지 대역을 도모한 것은 아니었다고 봅니다…유수원과 함께 죽게 된 것을 기쁘게 여깁니다."《영조실록》 31년 5월

동, 모두에게 교육을 시켜야 한다고 주장한 것은 혁명적이라고 하지 않을 수 없다.

박지원은 정조 4년(1780) 삼종형이자 영조의 부마인 금성위 박명원이 진하사로 북경에 가자 수행원으로 따라갔다. 때마침 청의 건륭제가 지금의 승덕承德인 열하로 갔으므로 열하까지 갔다가 다시 북경을 거쳐 서울로 돌아왔다. 그는 이때의 경험을 《열하일기》로 남겼는데 단순한 기행문이 아니라 정치·제도·국방·천문·지리·문학 등 다방면에 걸쳐서 혁신적인 사상을 피력했다. 박지원의 개혁 사상은 〈허생전〉에 압축되어 있다. 가난한 서생 허생은 독서만 하다가 상업에 투신해

▲ **박지원 초상**. 실학박물관.

큰 성공을 거둔다. 이는 상업을 천하게 여기는 성리학 사상을 비판하며 중상주의 사상을 설파한 것으로 볼 수 있다. 허생은 도둑들을 데리고 섬에 들어가서 이상적 나라를 건설했는데 이 또한 새로운 나라 건설의 이상을 표현한 것이다. 허생은 북벌론으로 유명한 이완李浣에게 세 가지 조건을 제시했으나 한 가지도 실천하지 못했다고 함으로써 청에 대한 북벌론을 허황된 이론이라고 풍자했다.

박제가는 우부승지 박평朴坪의 서자로 태어났다. 그는 정조 2년(1788) 정사 채제공의 후의로 이덕무와 함께 북경에 갔다가 돌아와 《북학의北學議》를 저술했다. 《맹자》의 "북쪽 중국에 와서 학문을 배웠다[북학어중국北學於中國]"라는 말에서 따온 것이 청의 발

알고 싶어요

### 북학파의 역사관 : 홍대용의 '역외춘추론域外春秋論'

공자가 주나라를 정통으로 보고 저술한 역사서가 《춘추》다. 이를 춘추대의론이라고 하는데 홍대용이 제시한 역외 춘추론이란 춘추 대의론과 대비되는 것으로서 세계에는 안과 밖이 없으니 내가 서있는 땅이 세계의 중심이라는 사상이다. 홍대용을 비롯한 북학자들은 지구 구형설에 근거하여 세계의 중심이 따로 존재하지 않는다고 주장함으로써 중국 중심의 천하관을 부정하였다.

▲ 박제가 초상. 실학박물관.

전된 문물을 수용해 상공업을 발전시키자는 것이었다. 그는 "우리의 가난은 우리나라의 토산이 척박한 탓이 아니라 다만 이들을 이용할 줄 모르는 데서 연유한다."면서 상업 중시를 설파했다. 박제가는 농사를 해치는 것은 상업이 아니라 놀고먹는 유식遊食 양반층이라면서 모든 양반들에게 모든 종류의 상업에 종사할 수 있도록 허용하고 자금도 대어주고 크게 성공한 자는 발탁하자고 주장했다. 조선의 양반들이 청에 매년 사신을 보내 사대하면서도 내심으로는 청을 오랑캐의 나라라고 멸시할 때 청의 발전된 문물을 배우자고 주장한 북학파들의 주장은 획기적 사상이었다.

## 국학의 발달

### ▪ 역사서와 지리지 편찬

조선 후기에는 우리 역사를 비롯해서 지리, 언어에 대한 연구가 활발해졌다. 만주족의 청나라가 지배하는 현실은 정통론에 대한 관심을 높였다. 그 결과 우리 역사의 정통을 단군으로 보는 시각과 기자로 보는 시각이 나타났다. 우리 역사를 주체적 입장으로 파악한 당파는 주로 소론계열이었다. 18세기 초반 소론 홍만종(1643~1725)은 단군을 우리 역사의 시조로 여겼는데, 이는 남인계열의 이익도 마찬가지였다. 소론 이종휘(1731~1797)는 《동사東史》에서 단군을 우리 역사의 시조로 보면서 부여·고구려·백제·예맥·옥저·비류 등을 모두 단군의 후예로 인식하고 발해도 고구려의 후계자로 인정했다. 이는 만주를 우리 강역으로 인정하는 역사관의 표현이었다. 그는 고려 때 윤관이 개척한 9성의 북단인 선춘령先春嶺을 두만강 북쪽 700리라고 서술했다. 또한 요수遼水를 우리나라의 8대 강 중에 포함시켰다.

이 무렵 역사지리학에 대한 관심도 높아졌는데 한국사의 무대를 어디로 보는가가 중요했다. 17세기 초 한백겸의《동국지리지》는 후대 학자들에게 많은 영향을 주었는데 단군조선에 대한 기술은 없고 주로 반도사관에 입각해 우리 역사지리를 서술함으로써 후대 학자들이 역사강역에 대해 그릇된 관점을 갖게 했다. 한사군 중 낙랑군의 위치에 대해 낙랑군을 흐르는 열수洌水가 요동에 있다는 중국 사료를 인용하면서도 낙랑군을 지금의 평양에 있다고 주장하는 모순을 보였다. 그래서 영조 때《운해훈민정음韻解訓民正音》을 저술한 신경준(1712~1781)은 낙랑군 수성현遂城縣이 요동지역에 있었는데 한백겸이 황해도 수안遂安에 끌어들였다고 비판했다. 정약용은《아방강역고》에서 "지금 사람들은 낙랑의 여러 현들이 혹 요동에 있지 않았는가 의심한다."라고 써놓고는 낙랑군을 지금의 평양으로 비정하는 모순을 보였다. 청과 조선을 분리해서 사고하면서 나타난 반도사관의 한계로 보인다. 신경준은《여지고興地考》에서 백제의 요서경유설을 사실로 여겼고 발해사를 한국사의 일부로 인식했다.

유득공은《발해고》에서 통일 신라와 발해가 병립한 시기를 남북국시대로 설정하여 발해를 우리 역사 체계 속으로 포용하였다.《발해고》는 고구려사를 강조한 이종휘의《동사》와 함께 우리 고대 국가의 역사와 문화에 대한 관심을 환기

▲《동국대지도 東國大地圖》. 18세기에 제작했는데 만주까지 그려져있다.

▲ 이중환의《택리지》

시켰으며 우리 역사의 무대를 만주로 보는 인식을 확산시켰다.

이중환은《택리지》에서 인문지리학적 관점으로 우리 국토에 대해 서술하였다. 국방에 대한 관심이 높아지고 상업의 발달로 물화의 이동이 활발해지면서 상세한 지도에 대한 수요도 높아졌다. 정상기는 정확한 축척을 적용한《동국지도》를 제작하였다. 김정호는 그 영향을 받아《대동여지도》에서 각종 시설물을 기호로 제시하고 산맥, 하천, 포구, 도로를 정밀하게 묘사하였으며 10리마다 눈금을 매겨 지역 간 거리를 쉽게 알 수 있도록 하였다.

마테오 리치의《곤여만국전도》등 서양에서 제작된 지도도 청을 통해 들어왔다. 이를 통해 세계에 대한 인식이 한층 정확해졌으며 중국이 천하의 중심이라는 세계관도 변하기 시작하였다.

청에서 발달한 고증학의 영향으로 어떤 주제에 대해 자신의 주장을 내세우기보다 관련된 자료를 다양하게 제시해 독자들로 하여금 스스로 비교하여 판단하게 하는 학문 경향도 나타났다. 이긍익의《연려실기술》은 조선사에 대해 다양한 관점의 자료들을 모은 기사본말체 역사서였다. 역사에 대한 관심이 높아지면서 금석문에 대한 관심도 높아졌다. 김정희는《금석과안록金石過眼錄》에서 함경도 황초령비와 서울의 북한산비가 진흥왕 순수비임을 밝혔다.

= 훈민정음에 대한 관심

우리 문화에 대한 관심이 높아지면서 국어 연구도 활발해졌다. 소론계열 학자들이 훈민정음에 많은 관심을 보였다. 최명길의 손자 최석정은 숙종 4년(1678)《경세정운經世正韻》에서 훈민정음과 한자의 음운을 그림으로 나타내었다. 신경준도 훈민정음에 관심이 많았는데《훈민정음운해》에서 훈민정음을 초성, 중성, 종성으로 나누어 설명하면서 훈민정음이야말로 세상에서 가장 우수한 문자라고 칭송하였다.

▲ 북한산 진흥왕 순수비. 국립중앙박물관

유희柳僖(1773~1837)는《언문지》에서 훈민정음이 모든 소리를
다 적을 수 있는 우수한 표음 문자임을 밝혔으며 우리말 어휘를
정리하여《물명고物名攷》를 편찬하였다.

## = 과학과 기술의 발전

조선 후기에는 과학과 기술에 대한 서적도 다수 출간되었다. 박
세당은《색경穡經》에서 벼농사는 물론 과수와 축산, 원예 기술을
소개하였고, 홍만선은《산림경제山林經濟》에서 농업과 임업, 축산,
식품 가공과 저장 등 의식주와 관련된 제반 내용을 정리하였다.
서호수가 편찬한《해동농서海東農書》는 조선 고유의 농학 기술의
토대에서 중국 농업 기술을 수용하여 농학을 체계화하였다.

허준은《동의보감東醫寶鑑》으로 동아시아 의학을 총정리하면
서 민족의학을 집대성하였다. 안경창은 전염병을 치료하기 위해
《벽온신방辟瘟新方》을 저술하였다. 정약용은 홍역에 관한 의학서
인《마과회통麻科會通》을 썼고, 박제가 등과 함께 종두법을 실험
하기도 하였다. 고종 때 이제마는《동의수세보원東醫壽世保元》을
편찬하여 **사상의학**四象醫學● 체계를 정립하였다.

효종 때 정부는 시헌력時憲曆을 받아들여 시행하였고, 숙종 때
김석문은 지구가 자전한다고 주장하였다. 홍대용은 우주를 상대
적으로 파악하여 지구뿐만 아니라 다른 별에도 인간과 같은 생명
체가 존재할 수 있다고 보았다.

중국에서 수입된《기하원본幾何原本》의 영향으로 수학 연구도
활발해졌다. 최석정은 대수와 기하이론을 정리하여《구수략九數
略》을 썼고, 홍대용도 수학서인《주해수용籌解需用》을 저술하였다.

## = 백과전서파의 등장

다양한 분야의 학문이 발달하면서 이를 망라하여 주제별로 분
류하고 항목별로 설명한 백과전서들이 편찬되었다. 이수광의《지

● **사상의학**
사람들을 체질적 특성에 따라 태
양·태음·소양·소음의 네 유형으로
나누고 그에 따라 병을 진단하고
치료하는 체질의학이다.

봉유설》을 시작으로 이익의《성호사설》, 이덕무의《청장관전서》, 서유구의《임원경제지》, 이규경의《오주연문장전산고》는 개인이 저술한 백과사전들이었다. 영조 때는 조선의 정치·경제·문화 등 각종 제도와 문물을 분류하고 100권으로 정리한《동국문헌비고》를 편찬했다.《동국문헌비고》에서 사실과 어긋난 부분과 누락된 부분이 드러나자 정조 때 다시 편찬하기 시작했고 대한제국 시기에《증보문헌비고》로 결실을 보았다.

## ⑥ 서민 문화의 형성

### 문화의 새 경향

= 우리 멋의 발견

▲ 겸제 정선의 〈금강전도〉. 리움미술관 소장.

조선은 문화 수준이 낮다고 여기던 청淸에 굴복한 것에 정신적인 충격을 받았다. 이를 극복하는 과정에서 멸망한 명明을 대신하여 조선이 정신문화의 정수를 간직하고 있다고 여기게 되었다. 예술 분야에서도 우리의 자연과 삶의 모습에 대해 새롭게 인식하고 표현하는 경향이 나타났다.

18세기에 나타나기 시작한 진경산수화는 우리 고유의 자연과 풍속을 대상으로 하면서 중국 남종과 북종 화법을 고르게 수용하여 창안된 새로운 화법이다. 정선은 서울의 인왕산과 압구정 등은 물론 금강산을 비롯한 강원도 명승지를 실제 본 것과 같은 느낌을 주도록 사실적으로 그렸다. 그는 세밀한 선묘線描와 굵은 묵묘墨描를 조화시켜 바위산과 폭포, 흙산과 구름을 정교하게 표현하였다. 정선의 뒤를 이은 김홍도는 정조의 화성 행차 등 중요한 왕실 행사 장면을 묘사하였고, 서민들의 여러 모습도 그렸다. 중인 출신 직업화가였던 최북도 그림으로 유명했다.

서예에서는 이광사가 우리 고유의 정서와 감성을 담았는데 그의 글씨를 동국진체東國眞體라고 불렀다. 김정희는 우리의 금석문과 중국의 다양한 필체를 종합적으로 연구하여 추사체라는 독특한 필법을 창안하였고, 은거하는 군자의 삶을 그린 〈세한도歲寒圖〉같은 걸작을 남겼다.

▲ **최북 초상.** 자신의 눈을 스스로 찔러 불구가 되었다.

## = 문화향유층의 확산

농업생산력이 증가하고 상공업이 발달하면서 문화에서도 새로운 경향이 나타났다. 서민의 경제력이 확대되고 신분이 상승하면서 종래 양반층의 전유물이었던 문예 활동에 참여하는 계층이 늘어났다. 중인들이 시사詩社를 조직하여 한시를 창작했고, 부유한 농민과 상인은 문화의 소비자이자 창작자가 되었다. 지방에서는 부유한 농민의 요구로 서당이 세워져 서민이 교육을 받을 수 있는 기회가 확대되었다.

▲ 김정희의 〈세한도〉

전국에 장시場市가 늘어나면서 상인들이 장시 활성화를 위해 공연단을 끌어들이면서 장시가 문화의 중심지가 되었다. 장시 곳곳에서 상인과 서민을 대상으로 한 각종 공연이 열리면서 서민 문화의 폭이 확대되었다. 서민 문화는 권선징악의 양상을 띠면서도 양반층의 비리나 위선적인 모습을 고발하고 풍자하는 경향이 강하였다.

교육 기회의 확대와 문화 활동 참여는 서민들이 사회 모순을 깨닫는 계기가 되었다. 서당이나 장시는 문화 교류의 터전일 뿐만 아니라 상소나 상언 등 집단행동을 준비하는 장소가 되기도 했다.

## = 다양한 공예품을 만들다

조선 후기에는 수공업의 발달과 개인 공방을 운영하는 장인들의 활동으로 실용적이면서 간결한 멋을 갖춘 다양한 공예품이 나타났다. 경제력이 상승한 민간에서는 백자를 일상적으로 사용하였다. 청화백자를 만들던 광주분원은 10년에 한 번씩 옮겨 다니다가 영조 27년(1751) 현재의 광주시 남종면 분원리로 위치가 고

▲ 청화백자 송죽문 화병. 리움미술관.

정되었다. 이후 고종 19년(1882) 민영화될 때까지 관청은 물론 민간의 수요에 응하여 많은 자기를 생산했다. 또한 나전칠기와 화각 공예품도 유행하였다. 목공예품도 발전하여 장롱, 소반, 의자 등 가구뿐만 아니라 문갑, 필통, 서안 등 문방구가 많이 제작되었는데, 다양한 형태의 문방구가 도자기로 제조되어 널리 퍼졌다. 문화적 소양을 받은 계층과 교육을 받은 계층이 증가하면서 문방구에 대한 수요가 증가하였음을 반영한다. 다양한 공예품의 등장은 산업 발달로 부를 쌓은 서민들이 기존 양반의 문화와 생활을 누리려고 하면서 그런 풍속이 확산되어 나타난 현상이었다.

## ◀ 서민 문화의 발달

### = 한글 소설의 유행

조선 후기 문화 향유 계층이 확대되면서 한글 소설이 발달
하였다. 최초의 한글 소설은 17세기 초에 허균이 지은 《홍길
동전》이다. 이어서 김만중의 《사씨남정기》와 《구운몽》이 나
왔고, 작자 미상의 《전우치전》, 《윤군평전》, 《곽재우전》 등이
나왔는데 이는 도술가가 주인공인 전기물들이었다.

18세기 이후로는 《장화홍련전》, 《흥부전》, 《심청전》, 《춘향
전》 등 권선징악과 애정 문제를 소재로 한 소설이 널리 읽혔
다. 특히 《춘향전》은 애정 문제와 함께 탐관오리와 신분 질서
에 대한 비판 등 다양한 요소가 어우러져 인기를 끌었다.

▲ 《홍길동전 영인본》. 국립한글박물관.

이 밖에 정형화된 틀을 벗어나 남녀 간의 애정을 다루거나 현
실을 비판하는 내용을 담아 서민의 감정을 솔직하게 표현하는 사
설시조가 발달하였다. 가사 문학에서는 내방 가사가 유행하여
규중에 얽매인 여성의 하소연, 애정, 시집살이의 괴로움 등 부녀
자의 생활 모습을 진솔하게 표현하였다.

양반층 중심의 한문학에서도 사회 비판과 풍자의 경향이 두드
러졌다. 박지원은 《양반전》, 《호질》 등의 한문 소설에서 양반 신
분의 허구성과 허위의식을 비판하였고, 정약용은 삼정 문란을 고
발하는 한시 〈애절양哀絶陽〉을 남겼다.

### = 공연 예술의 발달

상업이 발달하고 시장이 활성화되면서 여럿이 어우러져 즐기
는 공연 예술이 다양하게 나타났다. 판소리와 잡가, 가면극이 유
행하였는데 특히 판소리가 중심이었다. 판소리는 소리꾼이 일정
한 줄거리가 있는 내용을 창과 사설로 읊어 관중도 함께 어울릴
수 있으므로 신분을 뛰어넘어 모두에게 호응을 받았다. 춘향가,

적벽가, 심청가, 토끼 타령, 흥부가 등 인기 있는 판소리들은 한글 소설로도 잘 알려진 작품이었다. 19세기 이후에는 왕실에서도 판소리를 감상하였는데 신재효는 고종 때 판소리 사설을 정리하였다. 판소리는 지역적 특색을 갖고 있는데 전라도 서남 지역의 소리제를 서편제, 전라도 북부 지역의 소리제를 동편제, 경기도·충청도의 소리제를 중고제中高制로 분류한다.

공연 예술이 활발해지면서 가면극도 성행하였다. 봉산 탈춤과 강령 탈춤, 안동 하회 별신굿, 양주 산대놀이, 통영과 고성의 오광대, 북청 사자놀음 등이 대표적이다. 가면극이 유행한 지역들은 대부분 교통, 상업, 군사, 행정의 중심지였다. 양반 사회의 허구와 위선을 풍자하는 가면극을 보면서 서민들은 그릇된 현실에 분노하면서 사회 비판 의식을 가질 수 있었다.

천민들의 유랑 연예 집단인 사당패들의 활동도 늘어났다. 사당패는 꼭두쇠라는 우두머리를 중심으로 위계질서를 갖추고 공연하였다. 이들은 각지를 떠돌면서 풍물과 줄타기, 각종 재주 등을 공연하였다.

## = 풍속화와 민화의 발달

조선 후기 문화 향수층의 확대는 미술품에도 나타나 풍속화와 민화가 크게 유행하였다. 김홍도는 밭 갈기, 추수, 집짓기, 대장간, 씨름, 서당 등 서민의 다양한 생활 모습을 특유의 소탈하고 익살스러운 필치로 묘사하였다. 신윤복은 도시 양반들의 풍류와 부녀자들의 생활, 애정 표현 등을 거리낌 없

▲ 김홍도 풍속화첩 〈행상〉

이 화폭에 담았다. 이 밖에 김득신·김석신 형제도 당시의 생활상을 있는 그대로 표현하였다.

민화도 유행하였다. 민화는 해와 달, 나무, 꽃, 동물, 물고기 등 친숙한 것을 소재로 하여 서민의 소박한 정서를 담았다. 부유한 중인이나 상민들은 집안을 민화로 장식하여 출세와 장수, 행운과 복을 기원하였다.

## 점검

### 정치 분야

- 국제정세 변화와 조선개창에 대해서 설명해보자.
- 조선 외교의 특징에 대해서 설명해보자.
- 사림과 훈구의 성격에 대해서 설명해보자.
- 계해정변이 조선 후기 사회에 끼친 영향에 대해서 설명해보자.
- 조선의 개혁 흐름에 대해서 설명해보자.

### 사회 분야

- 조선의 토지제도와 그 변화에 대해서 설명해보자.
- 사림의 향촌사회 지배과정에 대해서 설명해보자.
- 조선의 신분제 변화에 대해서 설명해보자.

### 문화 분야

- 훈민정음의 성격과 현재 우리가 사용하는 언어의 상관성을 설명해보자.
- 조선 성리학의 변천과 한계에 대해서 설명해보자.
- 국학과 서민문화의 확산에 대해서 설명해보자.

# IX

국제질서의 변동과
근대국가 수립운동

## 개요

1. 제국주의 국가들의 식민지 확보 경쟁이 치열하게 전개되면서 전쟁의 기운이 높아졌다. 뒤늦게 식민지 쟁탈전에 뛰어든 독일, 오스트리아 등의 동맹국은 1914년 영국, 프랑스 등의 협상국을 상대로 제1차 세계 대전을 일으켰다. 제국주의 국가들 사이의 식민지 쟁탈전이었던 제1차 세계 대전은 중립을 지키던 미국이 협상국측에 가담하면서 전세가 기울어 동맹국의 패전으로 막을 내렸다. 러시아에서는 차르의 전제정치에 항거한 노동자와 농민들이 1917년 제정을 무너뜨리고 역사상 최초로 사회주의 정부를 수립하였다. 이후 각국에 사회주의 체제를 수립하려는 사회주의 혁명 운동이 크게 확산되었다.

2. 조선 후기사회는 새로운 사회를 지향하는 내부의 요구가 있었지만 노론 일당의 지배체제는 사회변화를 거부했다. 흥선대원군이 개혁에 나섰지만 성리학적 사회 재건이라는 구체제로의 회귀를 지향하면서 실패했다. 고종의 친정은 민씨 척족정권의 등장으로 이어졌는데 이들은 일본과 서구열강에 문호를 개방했지만 내부 사회 변화를 거부했다. 그 결과 사회갈등이 증폭되어 동학농민혁명 등을 겪었다. 이후 사회 각계각층에서 근대적 시민국가를 만들려는 여러 움직임이 있었지만 결국 이런 노력들은 결실을 맺지 못하고 일제의 강제점령으로 나라를 빼앗겼다.

## 학습 목표

- 제국주의의 등장과 아시아 침략과정에 대해서 설명할 수 있다.
- 흥선대원군이 추진한 여러 정책의 긍정적인 면과 부정적인 면을 설명할 수 있다.
- 개화파의 형성과 그 한계에 대해서 설명할 수 있다.
- 농민층의 몰락과 각종 민중항쟁에 대해서 설명할 수 있다.
- 동학농민혁명의 의의에 대해서 설명할 수 있다.
- 러일전쟁과 을사늑약 체결과정을 설명할 수 있다.
- 고종의 정치에 대해서 설명할 수 있다.
- 항일의병전쟁과 민족종교의 상관성에 대해서 설명할 수 있다.
- 독도와 간도의 귀속성에 대해서 설명할 수 있다.

# 1

## 서구열강의 침략과 조선의 대응

### ① 서양세력이 아시아를 침략하다

#### ◀ 제국주의의 등장

중세 유럽은 기독교 중심의 코즈모폴리턴 *Cosmopolitan* 사회였으나 상업과 산업 발달의 결과 각지에서 민족 국가가 등장하기 시작했다. 유럽 여러 나라의 국왕들은 새롭게 성장한 신흥상공업자와 손잡고 봉건귀족을 억누르면서 중앙집권적 통치를 강화해 근대 국민국가를 탄생시켰다. 유럽은 산업혁명과 프랑스혁명을 거치면서 점차 근대사회로 변모해갔다.

나아가 생산과 자본이 소수에게 집중되고, 은행 자본과 산업

▲ **1842년의 아편전쟁 회화**. 리차드 심킨 그림.

자본이 결합된 소수의 거대 독점 기업이 사회 전 분야를 지배하는 독점 자본주의로 나아갔는데 이것이 제국주의다.

제국주의는 산업혁명이후 대량생산에 필요한 값싼 원료의 공급지와 상품의 판매시장이 필요했다. 또한 국내의 잉여 자본을 투자할 해외 시장으로 식민지가 필요해지자 군사력을 동원해서 아시아, 아프리카의 나라들을 식민지로 삼았다. 제국주의 국가들은 사회진화론을 이론적 배경으로 삼아 강대국의 약소국 점령을 정당화했다.

제국주의 열강들이 식민지 쟁탈과정에서 서로 충돌해 발생한 것이 제1차 세계 대전이다.

### 제국주의 열강의 동아시아 침략

= 중국의 강제개항

청나라는 원래 대만의 정성공鄭成功이 반청의 거점역할을 했기에 해금령海禁令으로 백성들의 국제무역을 금지시켰다. 강희제康熙帝는 1683년 대만을 점령한 이듬해 동남쪽 연해 관리들의 요청을 받아들여서 해금정책을 해제하고 마카오 등 4개 항구를 외국에 개방했다. 건륭제乾隆帝는 1757년 광동성廣東省 광주廣州에서 서양상인들과 통상할 수 있게 허용하면서 특권상인들인 공행公行에게 무역을 독점하게 했다. 공행무역 체제에서 중국의 차, 비단, 도자기 등이 유럽으로 대량 수출되면서 막대한 은이 유입되

알고 싶어요

**사회진화론**

사회진화론은 찰스 다윈의 약육강식에 따른 생물학적 진화론을 인간 사회에 적응시킨 것으로 영국의 사회학자인 허버트 스펜서가 주창했다. 이는 강자가 약자를 지배하는 것이 궁극적으로 약자에게도 이익이라는 제국주의 논리였다. 제국주의 침략을 정당화하는 사회진화론에 맞서 러시아의 아나키스트 크로포트킨은 인간사회는 경쟁이 아니라 서로 도울 때 발전한다는 사회부조론社會扶助論을 제창해 이에 맞섰다.

▲ 1853년 일본에 상륙하는 미국의 페리제독

었고, 영국은 무역적자를 메꾸기 위해 인도산 아편을 청에 밀수 출했다. 청이 아편무역을 금지시키자 영국은 1840년 아편전쟁을 일으켰고 전쟁에 패한 청은 1842년 남경조약南京條約을 체결해 광주를 포함해 다섯 개 항구를 개항했고, 홍콩을 할양했다. 남경 조약은 청의 허약함을 드러내는 계기가 되어 청은 격랑 속으로 빠져들게 되었다.

= 일본의 강제개항

일본은 도쿠가와 이에야스德川家康가 1603년 에도江戸(강호)에 막부幕府를 수립한 이래 약 200여 년 동안 쇄국정책을 실시했다. 조선 왜관의 무역을 제외하면 청 상인과 네덜란드 상인에게만 나가사키長崎(장기) 항구를 통한 국제무역을 허용했다. 1853년 미국

알고 싶어요

**베트남의 난생사화**

베트남 민족을 월족越族 이라고 하는데 이들은 킨족Kinh people으로도 불린다. 킨족의 건국사화에 따르면 중국 남방을 다스리던 신농神農씨의 후손으로 용궁에 살던 왕 락롱Lac Long Quan(낙용군貉龍君)은 어우꺼Au Co(구희 嫗姬)라는 여인을 만나 100개의 알을 낳아서 백 명의 아이를 낳았다. 락롱은 50명의 아이들을 데리고 바다로 돌아갔고 어우꺼가 키운 50명의 아들 중 장남 훙 왕Hung king(웅왕雄王)이 반랑국Van Lang(문랑국文郎國)을 세웠다. 이들이 베트남의 시조인데 동이족 신농씨의 후손이자 우리 민족과 같은 난생사화를 갖고 있는 점에서 그 뿌리가 같다고 볼 수 있다.

의 동인도함대 사령관 페리 제독은 흑선黑船 4척을 이끌고 우라
가浦賀(포하)에 도착해 개항을 요구했고 1854년에는 에도만江戶灣
에 정박해 조약체결을 요구했다. 도쿠가와 막부는 그해 3월 가나
가와神奈川에서 미일화친조약美日和親條約을 체결하고 개항을 약
속했다. 이는 막부의 허약함을 드러낸 것으로 비쳐져서 존왕양이
尊王攘夷 세력이 왕정복고王政復古라는 명분으로 막부타도 운동에
나서게 했다.

= 베트남의 강제개항

베트남은 16세기에 포르투갈인들과 무역을 시작한 이후 서양
각국과 교역을 했다. 18세기 중엽 인도에서 영국에 패한 프랑스
는 베트남에 눈독을 들였다. 프랑스는 베트남이 천주교를 박해한
다는 구실로 군대를 파견해 1862년 제1차 사이공 조약을 맺고 문
호를 개방하게 했다.

청, 일본, 베트남이 모두 강제로 문호를 개방하면서 조선도 선
택의 기로에 섰다.

## ② 흥선대원군의 부상과 몰락

### ◀ 흥선대원군의 집권

25대 철종哲宗이 1863년 후사 없이 세상을 떠났다. 영조의 증
손 남연군 이구의 넷째아들 이하응李昰應은 익종(효명세자)의 왕
비인 왕대비 신정왕후 조씨와 손잡고 차남 이재황李載晃을 즉
위시켰는데 그가 고종이다. 국왕의 생부로서 정권을 잡은 흥선
대원군은 노론 일당 전제 및 세도정치로 실추된 왕권을 회복해
야 왕조를 회생시킬 수 있으리라고 여겼다. 그는 왕권을 제약하
던 비변사를 폐지하고 의정부와 삼군부의 기능을 회복시키고,

▲ **흥선대원군 초상**. 국립중앙박물관.

● 당백전

고종 3년(1866) 주조되어 6개월 동안 유통되었던 화폐로서 모양과 중량은 당시 통용되던 상평통보의 5~6배에 지나지 않았으나 상평통보보다 100배의 명목가치로 만들었으므로 많은 폐단을 낳았다.

임진왜란 때 불탄 경복궁을 중건해 왕실의 권위를 높이려고 하였다. 또한 법의 권위를 회복하기 위해 기존 법전을 총 정리한 《대전회통大典會通》을 편찬했다. 그는 경복궁 중건 비용 등을 마련하기 위해서 **당백전**當百錢을 발행했는데, 액면가보다 실제 가치가 떨어져 경제에 부담을 주었다.

## 민생안정을 위한 개혁정책

흥선대원군은 민생 안정을 위해서 민중봉기의 원인으로 지목된 전정田政·군정軍政·환곡還穀(환정)의 삼정三政 문란 해결에 나섰다. 농지세인 전정은 법정 조세 외에 지방관들이 임의로 세금을 부가해 문제가 되었고, 병역제도인 군정은 양반들은 군역에서 면제된 반면 농민들에게 이중, 삼중의 부담을 지워 문제가 되었다. 춘궁기에 가난한 농민에게 곡식을 꾸어주었다가 추수기에 약간의 이자를 덧붙여 받는 환곡은 강제 고리대로 변해 백성들의 등골을 빼먹었다.

흥선대원군은 지방관과 향리들이 세금을 내지 않고 토지대장에서 누락시킨 농지인 은결隱結을 찾아내 세금을 징수하고, 양반 사대부들에게도 군포를 받는 호포제를 실시했다. 환곡은 각 면별로 지역민이 자치적으로 운영하는 사창社倉을 설치해 그 폐단을 줄여나

**1차 사료로** 그 시대 보기

### 흥선대원군의 개혁 목표 : 왕실 강화와 노론 벌열 가문의 약화

"대원군이 집권 초에 공회公會에서 당당한 기세로 재상들에게, '내가 천리를 끌어다 지척으로 만들고 태산을 깎아 평지로 만들고, 남대문을 3층으로 높이려고 하는데 여러 공들은 어떻게 생각하시오?'라고 물었다. 재상들은 대답할 바를 모르고 있는데 김병기金炳冀가 분연히 먼저 말하기를, '천리도 지척으로 만들면 지척이 되고, 남대문도 3층으로 만들면 3층이 될 것입니다. 대감께서 지금 무슨 일을 못하겠습니까? 그러나 태산은 태산인데 어찌 쉽게 평지로 만들 수 있겠습니까?'라고 말하고 밖으로 나갔다…대개 천리를 지척으로 만든다는 것은 종친宗親(왕실의 친척)을 높인다는 뜻이고, 남대문을 3층으로 높인다는 것은 남인南人을 기용한다는 것이고 태산을 평지로 만든다는 것은 노론老論을 억제하겠다는 뜻이다." 황현,《매천야록》

갔다. 대원군의 이런 개혁정책들은 백성들에게 큰 환영을 받았다.

대원군은 전국 600여 개에 달하는 서원이 붕당의 근거지이면서 면세와 면역의 특권까지 누리는 폐단을 해결하기 위해서 47개 소만 남기고 모두 없애버렸다. 그중 명의 임금들을 모시던 청주의 만동묘萬東廟를 관리하는 화양동 서원도 포함되어 있었으므로 노론이 극렬 반발했다. 반면 서원의 횡포에 시달리던 백성들은 크게 환영했다.

## ◀ 쇄국정책과 천주교 탄압

대원군 집정 당시 외교문제는 국내 문제 못지않게 중요했다. 철종 10년(1860) 청은 러시아와 북경조약을 체결해 연해주를 넘겨주었다. 두만강 북쪽 동해에 인접한 연해주는 〈백두산정계비〉에 따라도 조선 강역이었으니 청나라가 불법으로 넘겨준 것이다.

대원군은 서구열강들도 이이제이以夷制夷 방식으로 상

▲ 〈절두산의 대학살〉, 조창원, 2008

**1차 사료로** 그 시대 보기

### 흥선대원군의 서원 철폐

"청주 화양동에 있는 만동묘(명나라 신종神宗과 의종毅宗의 사당)는 우암尤庵(송시열)의 뜻으로 만든 것으로 그 곁에 우암사尤庵祠가 있는데, 세칭 화양동 서원이라 한다. 이 사원의 원임院任(서원의 간부)들은 모두 호중湖中(충청도)의 제멋대로인 자제들로서 묵패墨牌(먹물 도장 찍어 보내던 문서)로 평민들을 붙잡아 껍질을 벗기고 뼈를 빨아서 남쪽 지방의 좀이 된지 100년이 되었으나 그 수령들도 임금 곁의 권신들이 두려워 감히 금지할 수 없었다. 대원군도 젊은 시절 서원에 들어갔다가 원유院儒에게 욕을 당하여 깊은 한을 품고 있다가 정권을 잡자 그 원유를 죽이고 마침내 명령을 내려 그 서원도 없애버렸다." 황현, 《매천야록》

▶ **청주 화양동 계곡의 송시열 글씨.** 대명천지大明天地 숭정일월崇禎日月 천지는 명나라의 것이고 일월(세월)은 명나라 마지막 임금 주유검朱由檢(숭정)의 것이란 뜻이다.

▲ **정족산성.** 병인양요 때 양헌수 장군이 프랑스군을 무찌른 곳이다.

대하려 했다. 대원군의 부인 민씨가 천주교 신자였다. 대원군은 프랑스를 이용해 러시아의 남하를 저지하려고 승지였던 신자 남종삼南鍾三 등을 통해 프랑스와 연결하려고 하였다. 그러나 프랑스 신부와의 만남이 여의치 않은 가운데 천주교와 관련한 소문이 돌자 태도를 돌변해 천주교 박해에 나섰다. 고종 3년(1866) 2월부터 남종삼을 비롯한 조선 신자들과 베르뇌 주교 등 프랑스 선교사 9명 등 모두 8천여 명을 처형하는 병인박해를 자행한 것이다. 겨우 체포를 피한 리델 신부 등이 천진天津에 있던 프랑스 극동

함대 사령관 피에르 로즈에게 병인박해 소식을 전했고 이 사건을 보고 받은 나폴레옹 3세는 조선 출병을 승인했다. 그해 9월 로즈 제독은 프랑스 군함 3척을 이끌고 강화도를 점령하고 강화도 외규장각의 많은 서적을 약탈해 갔다. 이것이 병인양요丙寅洋擾인데 프랑스군은 양헌수가 이끄는 조선군에게 패퇴해 물러갔다.

같은 해 미국의 제너럴 셔먼호가 대동강을 거슬러 올라와 통상을 요구하다가 평양감사 박규수朴珪壽가 이끄는 조선군에 의해 불타는 사건이 발생했고, 2년 후에는 독일인 오페르트가 통상을 요구하며 대원군의 아버지 남연군의 묘를 도굴하려던 사건이 일어나 선조들의 묘소를 중시하던 조선인들에게 큰 충격을 주었다.

고종 8년(1871) 미국의 로저스 제독이 이끄는 군함들이 통상교섭을 요구하면서 강화도 광성보, 초지진 등지를 공격하는 신미양요辛未洋擾가 발생했다. 비록 미군이 물러났지만 광성보 전투에서 미군은 3명이 전사한데 비해 조선은 순무중군巡撫中軍 어재연魚在淵을 비롯해서 350여 명이 전사했을 정도로 큰 타격을 받았다.

청나라가 이미 서구열강에 무릎을 꿇은 상태에서 조선이 계속

문호를 닫는 것은 불가능한 일이었다. 청나라의 현실을 목도한 역관驛官 오경석吳慶錫(1831~1879)이 대원군에게 문호개방을 건의했으나 대원군은 쇄국정책을 더욱 강화했다. 신미양요 이후 대원군은 전국에 〈척화비斥和碑◆〉를 세우고 쇄국의 의지를 더욱 굳혔다.

대원군이 병인·신미양요 승전의 여세로 서구열강과 평등조약을 맺고 문호를 개방했다면 조선의 운명은 달라질 수 있었다. 그러나 대원군은 쇄국을 더욱 강화했고 조선은 더욱 고립되었다.

● 척화비
고종 8년 전국에 세운 비이다. "서양 오랑캐가 침입하는데 싸우지 않으면 곧 화친하자는 것이니 화친을 주장함은 나라를 파는 것이다."라고 썼는데 대원군 실각 후 철거하거나 땅에 파묻었다.

### ❸ 문호 개방과 개화정책의 추진

#### ◀ 청의 태평천국 봉기와 양무운동

= 1, 2차 아편전쟁

영국은 1842년 제1차 아편전쟁 승전으로 5개 항구를 열게 했지만 예상만큼 수익이 나지 않았다. 청은 광동에 주재하는 흠차대신欽差大臣(특정 사안만 처리하는 대신)을 통해서만 일체의 교섭을 수행했다. 영국이 불만을 가진 상황에서 1856년 청의 관원이 광동廣東에 정박 중인 영국 상선 애로Arrow호를 수색해 중국인 선원

▲ 아편전쟁. 영국 동인도회사의 네메시스호에 격침되는 청의 병선 그림

열두 명을 해적 혐의로 체포하고 영국 국기를 내린 사건이 발행했다. 영국은 때마침 자국의 선교사가 살해당한 사건이 발생한 프랑스와 공동출병해 광동廣東과 천진天津을 점령하고 천진조약을 체결했다. 영국과 프랑스에 배상금을 지불하고 추가로 개항한다는 내용이었다. 그런데 조약 비준이 미루어지자 영국과 프랑스는 1860년에는 북경을 점령하여 원명원圓明園 등을 약탈하고 북경조약을 맺었는데 이것이 제2차 아편전쟁이다. 북경조약은 천진조약 규정보다 두 배의 배상금을 지급하고 천진을 추가로 개항하며 구룡을 할양하기로 했다.

### = 태평천국 봉기와 양무운동

서구 열강의 침략에 청 정부는 무능했고 백성들의 생활은 더욱 어려워졌다. 광동 출신의 홍수전洪秀全은 기독교의 하느님을 동양 전통의 상제上帝로 해석하면서 1843년 상제를 섬기는 배상제교拜上帝敎를 창시했다. 그는 자신이 상제에게 타락한 중국을 구할 사명을 부여받았다면서 만주족의 청나라를 멸망시키고 한족 국가를 일으킨다는 멸만흥한滅滿興漢의 기치로 태평천국太平天

▲ **태평천국 묘사도.** 위측 상단의 황포입은 인물이 홍수전이다.

國 봉기를 일으켰다. 그는 자신을 천왕天王이라고 자칭했으며 토지의 균등 분배를 바탕으로 하는 평등 사회 건설을 약속해 서양 세력의 침탈과 청 관료들의 부패에 시달리던 백성들의 큰 호응을 받았다.

청나라는 제2차 아편전쟁의 와중이어서 이를 진압할 능력이 없었으므로 증국번曾國藩, 이홍장李鴻章 등의 한인漢人 출신 관료들이 의용군을 모집해 1864년 겨우 진압했다.

1, 2차에 걸친 아편전쟁과 태평천국의 봉기를 경험한 청나라는 서양의 근대 문물을 받아들이는 수밖에 없다고 판단했다. 그래서 청 정부에서 시작한 것이 양무운동洋務運動이었다. 양무운동은 중국의 전통적 가치에 서양의 문물을 이용하겠다는 의미여서 중체서용中體西用으로도 불린다. 양무운동은 서양식 무기를 만들기 위한 군수공업 육성을 필두로 교육, 교통, 광공업 육성 등으로 확산되었다. 동치제同治帝(재위 1856-1874) 때 시작한 양무운동은 광서제光緒帝(재위 1871-1908) 때까지 계속되었으나 1894년의 청일전쟁에서 패전하면서 그 한계가 드러났다. 이후 서구의 기술뿐만 아니라 정치제도, 교육제도까지 서양의 것을 받아들여야 한다는 변법자강變法自疆 운동으로 이어졌다.

## 일본의 메이지유신

### = 막부에 대한 저항

일본은 1854년 미국에 대한 최혜국 대우 등을 담은 12개조의 미일화친조약을 체결하고 개항했지만 통상에 대한 내용은 포함되지 않았다. 미국 초대 영사 해리스는 1857년 에도막부의 쇼군將軍 도쿠가와 이에사다德川家定(덕천가정)를 만나 통상을 요구했고 1858년 기존의 개항장 외에 5개 항구의 추가 개항 등을 담은 미일수호통상조약을 체결했다. 이후 네덜란드·프랑스·러시아·영국과

▲ 1889년 메이지헌법 발포식 그림

도 통상조약을 체결했는데 막부의 허약함을 목도한 세력들이 국왕을 업고 막부를 비판하면서 정국이 요동쳤다. 반 막부세력이 일왕 고메이孝明(효명)의 승인 없이 조약이 체결되었다고 비판하자 막부는 탄압에 나서 안세이대옥安政大獄(안정대옥)이 일어났다.

## = 일왕에게 정권을 돌려주다

1862년 쇼군으로 취임한 도쿠가와 요시노부德川慶喜(덕천경희)는 강력한 반막부 운동에 직면했다. 요시노부는 반막부세력과 싸우는 대신 1867년 16세의 일왕 메이지明治에게 통치권을 돌려주는 대정봉환大政奉還을 선택했다. 그러나 반막부세력은 막부의 완전한 타도를 주장하였고 1868년 일왕 중심의 새로운 정치체제를 만들었는데 이것이 메이지유신이다.

메이지 정부는 먼저 폐번치현廢藩置縣을 단행해 봉건 영주들이 다스리던 번을 폐지하고 중앙에서 지방관을 파견하는 현을 설치했고, 조세제도 및 교육제도 등을 서구식으로 개편했다. 이 과정에서 친막부파에서 무진전쟁戊辰戰爭(보신전쟁)을 일으켜 신정부에 맞서고, 메이지 정부의 개혁으로 신분적 특권을 상실한 사족士族들이 서남전쟁西南戰爭(세이난전쟁)을 일으켰으나 모두 메이지 정부의 승리로 마무리되었다.

메이지정부는 1871~1873년까지 미국과 유럽에 이와쿠라 사절단岩倉使節團(암창사절단)을 보내 서구의 제도와 문물을 습득하게 했다. 조선은 전국에 통용되는 법이 있었지만 일본은 그때까지 전국에 통용

▲ 도쿠가와 요시노부. 일왕에게 정권을 돌려주었다.

되는 법이 없었으므로 1882년에는 이토 히로부미伊藤博文(이등박문)를 미국과 유럽에 파견해 헌법을 연구하게 했다. 1889년 2월 11일 독일식 군주제 헌법을 본 뜬 메이지 헌법을 반포하는 것으로 메이지정부의 개혁은 절정에 이르렀다. 정식명칭이 '대일본제국헌법大日本帝国憲法'인 메이지 헌법의 발포로 일본은 아시아에서 최초로 근대적 입헌 정체를 수립하게 되었다. 그러나 메이지 헌법은 일왕을 신성불가침의 존재로 규정해 초 헌법적 권력을 부여하고 그 아래 내각, 재판소, 의회를 설치한 것으로 형식상 삼권분립 형태였지만 내용은 전제專制 헌법이었다.

## ◖ 대원군의 실각과 강화도조약

### = 대원군 실각

대원군은 호포제와 서원철폐로 양반 사대부들의 지지를 잃고, 경복궁 중건을 비롯한 각종 경제정책의 실패로 양민들의 지지를 잃었다. 개항을 요구하는 개화론자들까지 등장해 대원군은 더욱 고립되었다. 드디어 집권 10년 만인 고종 10년(1873) 최익현이 대원군의 실정을 극렬 비판하는 상소를 올렸는데 최익현을 처벌할 것이라는 대원군의 예상과 달리 고종이 이 상소에 동조하면서 대원군은 몰락했다.

성리학을 신봉했던 쇄국론자 대원군이 또 다른 쇄국론자 최익현의 상소로 무너진 것은 대원군 개혁정책의 모순을 잘

▲ 면암 **최익현 초상**. 국립중앙박물관.

**1차 사료로** 그 시대 보기

### 최익현의 〈호조참판을 사직하는 상소〉

"황제들의 사당(만동묘)을 철거한 것은 군신의 윤리가 무너진 것이요, 서원을 혁파한 것은 사제師弟 간의 의리가 끊어진 것이며, 죽은 자가 양자를 간 것은 부자 간의 윤리가 문란해진 것이요, 국적國賊들을 신원伸寃한 것은 충신과 역적의 분별이 혼동된 것이며, 호전胡錢을 사용하는 것은 중화와 이적夷狄의 구별이 문란해진 것입니다."

보여주고 있다. 그는 호포제 실시, 서원 철폐 등 개혁정책의 여세를 몰아 보다 평등하고 개방적인 사회를 지향해야 했지만 성리학적 사회 강화라는 시대역행적 과제에 매달렸다. 뚜렷한 개혁의지가 있었음에도 방향성을 잘못 설정해 실패하고 만 것이다.

1873년 대원군이 물러나면서 고종의 친정이 시작되었다. 그러나 고종의 친정은 처가인 척족戚族 민씨 일가의 집권으로 이어졌다.

## = 강화도 조약 체결

▲ 강화도에 상륙하는 일본군

메이지정부는 조선 정부에 대마도주를 통해 일왕 중심의 새 정부가 수립되었음을 조선에 알렸다. 그러나 조선에서는 메이지정부의 외교문서가 전통적인 외교문서에 어긋났고 또 '천황'의 명의로 되어 있다는 이유로 접수를 거부했다. 그러자 일본에서 한국을 정벌해야 한다는 '정한론征韓論'이 제기되었다.

조선이 외교문서 접수를 거부하자 일본은 1875년 운요호[운양호雲揚號] 사건을 일으켰다. 운요호가 조선 해안 측량을 명분으로 서해를 항해하다가 강화도에서 조선 수군과 충돌한 사건이었다. 일본은 강화도 앞바다에서 무력시위를 하며 수교통상을 요구했다. 조선에서는 일본과는 이미 국교가 수립되어 있는데 새삼 조약을 맺을 필요가 있느

### 민씨 척족정권의 부패

"여러 민씨들이 번갈아 세도世道를 장악하여 어지러운 정사가 이전보다 심하였다. 병권兵權, 재부財府, 큰 고을과 군현이 모두 민씨 집안의 물건이 되었다…당시 사람들이 노래를 부르기를 '아들을 낳으면 민씨 집안의 사위 되기 바라고/딸을 낳으면 민씨 집안의 며느리 되기를 바라네'라고 했다. 나라 사람들이 이렇게 질시했으니 어찌 오랫동안 복록을 누릴 수 있겠는가? 이것이 바로 갑을甲乙의 난리(동학농민혁명)를 초래한 원인이었다." 이범석 (1862~?),《경란록經亂錄》

나는 이의제기가 있었지만 민씨 척족정권은 1876년 강화도 조약(조일수호조규)을 맺었다. 강화도 조약으로 부산과 다른 두 항구(인천, 원산)를 개항했는데 개항장의 일본인들을 치외법권의 존재로 인정하고 해안 측량권도 내준 불평등 조약이었다.

이 당시 조선은 일본과 불평등 조약을 맺을 아무런 이유가 없었다. 강화도 조약은 이후 여러 서구열강이 앞다퉈 불평등 조약 체결을 요구했다. 고종 19년(1882) 조선은 미국과 '조·미수호통상조약'을 맺었다. 조·미수호통상조약은 청의 북양北洋대신 이홍장李鴻章이 일본을 견제하기 위해서 서구 여러 나라들과 조약 체결을 권한 것이 중요한 동기가 되었다. 조·미수호통상조약에는 치외법권 조항도 있었지만 한 나라가 다른 나라에게 모욕을 당하면 서로 돕는다는 조항이 있었고, 관세 부과 규정도 있어서 강화도 조약보다는 진일보한 것이었다.

알고 싶어요

### 일본의 정한론

당시 국호가 조선이었음에도 '정조론'이 아니라 '정한론'을 주창한 것은 《일본서기日本書紀》에 고대 신공왕후가 삼한三韓(신라·고구려·백제)을 정벌했다고 허황되게 쓰고 있는 것을 사실로 믿고 지은 이름이다. 정한론은 일제가 한국(조선)을 점령하는 것은 침략이 아니라 과거의 옛 강역을 되찾는 것이라고 주장하는 논리였다.

### 강화도 조약의 주요내용

**제1조** 조선은 자주의 나라로 일본과 평등한 권리를 가진다.

**제2조** 조선은 부산 이외에 두 항구를 20개월 이내에 개항하여 통상을 허여 한다.

**제3조** 일본 항해자로 하여금 해안 측량을 허용한다.

**제4조** 범죄 사건은 속인주의에 입각하여 자국의 법에 의하여 처리한다.

▲ **한일통상조약체결 기념연회도**. 안중식, 1883, 숭실대박물관.

⋯ 조선을 자주의 나라로 규정한 것은 청과 조선의 특수관계를 부인하기 위한 것이고, 수출입 상품에 대한 관세 규정이 없던 불평등조약이다.

1883년에는 영국, 독일과 조약을 체결하고 1884년에는 청을 거치지 않고 러시아와 수교했다. 프랑스와는 천주교 선교 인정문제로 난항을 겪다가 1886년 '죄인을 가르친다'는 뜻의 '교회教誨' 두 자를 삽입하는 것으로 절충해 '조·불수호통상조약'을 체결했는데, 프랑스는 이를 천주교 선교의 자유를 인정한 것으로 해석했다. 이들 조약도 대부분 치외법권과 최혜국 대우 등을 규정한 불평등 조약이었다.

▲ **오경석 사진**. 글씨는 아들 오세창이 작성하였다.

## ● 개화파의 형성

= 개화파 3비조

일본에 이어 서구 열강까지 밀려들어오자 조선 지배층은 둘로 갈렸다. 하나는 서양문물을 배척하고 성리학적 사회를 고수하자는 위정척사론이었고, 다른 하나는 서양 문물과 기술을 수용하여 부국강병을 이루자는 개화론이었다. 개화사상은 그 논리나 인적 계보에서 실학과 밀접한 관련을 맺고 있다. 개화파의 신분제 타파 등의 민권사상과 통상개국론通商開國論이 실학파의 주장과

**1차 사료로** 그 시대 보기

### 조·미수호통상조약

**제1조** 조선과 미국 인민은 영원히 화평우의를 지키고 만약 타국이 가볍게 모욕하는 일이 있게 되면 서로 도와 잘 조치한다.

**제4조** 조선인이 재조선 미국인에게 범행했을 경우 조선법률에 의거해 처벌하고, 미국인이 범행했을 경우 미국법률에 의해 처벌한다.

**제5조** 조선과 미국 양국은 상호 관세를 납부한다. 일용품에 대한 관세는 10%를 넘지 못하며 사치품은 30%를 넘지 못한다.

**제7조** 조선과 미국은 아편 수입을 금지한다.

▲ 조·미수호통상조약 삽화

맥락이 같았기 때문이다. 개화파의 3비조鼻祖는 박지원의 손자 박규수와 역관 오경석, 의관醫官 유홍기(유대치)이다. 박규수는 양반 출신이지만 나머지 둘은 중인 출신이었다. 가장 먼저 개화를 역설한 인물은 역관譯官 오경석이었다. 오경석은 남경조약 체결 직후인 철종 4년(1853) 북경에 가서 서구 열강에 속수무책인 청의 실상을 목도했고, 제2차 아편전쟁 직후인 철종 11년(1860) 영불연합군이 북경을 점령한 것을 보고 개화에 대한 확신을 굳혔다. 오경석은 귀국 후 친구인 의관醫官 유홍기에게 자신의 견문과 청나라 지식인들이 쓴《해국도지海國圖志》·《영환지략瀛環志略》같은 신서新書들을 전하면서 개화를 역설했다. 유홍기도 일대 혁신을 단행하지 않으면 서구 열강에 망할 것이라고 동의했다.

▲ 박규수

박규수도 철종 12년(1861) 청에 부사로 갔다가 청이 서구 열강에 유린당하는 모습을 보고 충격을 받았다. 박규수는 평안도관찰사였던 고종 3년(1866) 8월 대동강에서 미국의 제너럴셔먼호를 화공으로 불태워 대원군의 신임을 받았고, 고종 6년(1869) 한성판윤으로 서울로 돌아와 형조판서까지 겸직하게 되었다. 박규수는 오경석·유홍기가 양반가 자제들을 교육시켜 개화세력을 형성하

**1차 사료로** 그 시대 보기

### 박규수와 김옥균의 대화

"김옥균이 일찍이 우의정 박규수를 방문하니 그가 벽장에서 지구의를 꺼내 김씨에게 보여주었다. 그의 조부 연암 박지원이 중국에서 사 가지고 온 것이었다. 박규수가 지구의를 한 번 돌리더니 김씨에게 말하였다. '이 지구의에서 중국이 과연 어디에 있느냐? 저리 돌리면 미국이 중국이 되고, 이리 돌리면 조선이 중국이 되니 어느 나라든 가운데에 위치하게 돌리면 중국이 되지 않는 나라가 있느냐?' 김옥균이 그동안 중국만을 높이는 낡은 사상에 속박되어 있다가 박씨의 말에 크게 깨닫고 무릎을 치며 일어났으니 그 결과 갑신정변이 폭발한 것이었다." 신채호,《용과 용의 대격전》〈지동설의 효력〉

▶ 김옥균

는 것이 필요하다고 설득하자 선뜻 받아들였다.

박규수는 자신의 사랑방에 개화파 정치학교를 열었는데 이를 통해 김옥균·박영효·서광범·홍영식·서재필 등의 양반출신 지식인들과 오경석·유홍기(유대치)·이동인(승려) 등 중인 출신 개화파가 형성되었다.

= 일본에 수신사를 파견하다

● **화륜선**
배 앞쪽이나 양쪽에 물레바퀴 모양의 추진기를 단 기선

조정은 강화도 조약이 체결된 고종 13년(1896) 4월 김기수를 수신사修信使로 파견했다. 부산에서 일본 **화륜선**火輪船●을 타고 일본에 간 김기수가 돌아오자 고종은 일본의 군수산업과 군비증강 정책의 실상에 대해 주로 질문하고 개화가 옳다고 여겼다.

고종은 재위 17년(1880) 예조참의 김홍집을 제2차 수신사로 파견했다. 김홍집은 한 달 정도 도쿄에 체류하면서 일본의 조야인사와 주일 청국공사 하여장何如璋과 참찬관參贊官 황준헌黃遵憲 등을 만나 여러 의견을 들었다. 하여장은 황준헌에게 조선이 앞으로 행할 외교전략을 요약한 《조선책략朝鮮策略》을 작성해 전달했다. 《조선책략》은 조선에서 가장 시급한 일을 러시아의 남하저지라고 규정했다. 러시아를 막으려면 자강을 도모하면서 '중국과 친하고, 일본과 결합하고, 미국과 연계해야 한다'는 '친중국親中國, 결일본結日本, 연미국聯美國'의 방책을 채택해야 한다는 것이었다. 고종은 이 책을 보고 조선이 경계할 나라는 일본이 아니라 러시아라고 생각해서 대미수교를 서둘렀다. 그러나 위정척사파 유학자들은 러시아, 미국, 일본이 모두 오랑캐라

▲ 일본에 간 수신사 행렬

면서 개화정책 자체에 반발했다.

## = 통리기무아문을 설치하고 개화를 추진하다

고종은 제위 17년(1880) 12월 통리기무아문統理機務衙門을 설치했다. 설치 목적은 "시무時務를 강구하고 변통變通(융통성 있게 처리함)을 참작해 전담하기 위한 것이다."라고 규정했다. 당초 개항 후의 외교와 통상을 관장하는 기구로 만들었지만 정작 외교와 통상 이외에 군사, 재정 등 다른 업무까지 관장하였다. 통리기무아문에 12사司를 두어 업무를 분장시켰는데 의정부의 영의정 이최응李最應 등 10명이 통리기무아문 당상으로 임명되었다.

이듬해에는 군사를 근대화하기 위해서 기존의 5군영에서 지원자 80명을 선발해서 서구식 육군인 별기군別技軍을 창설했다. 청에서 훈련교관을 초빙하려 했지만 일본에서 공사관에 근무하는 공병소위 호리모토 레이조掘本禮造(굴본예조)를 추천하자 그를 교관으로 삼아 훈련시켰다. 기존의 5군영은 무위영과 장어영의 2영으로 축소 개편했다. 일본인 교관이 별기군을 훈련시키자 기존의 군사들은 별기군을 왜별기倭別技라고 불렀다.

같은 해 일본에 신사유람단紳士遊覽團을 파견해 일본의 문물을 보고 오게 했다. 개화에 반대하는 위정척사 운동이 일고 있었으므로 시찰단의 조사朝士를 모두 동래 암행어사로 발령해서 비밀리에 동래에 집합해 일본으로 향하게 했다. 신사유람단은 12개 반으로 나누어 참판 박정양은 일본의 내무성과 농상성, 승지 민종묵은 외무성, 교리 어윤

▲ 천진기기국 그림

중은 대장성을 관찰하는 식으로 모두 62명이 3개월 간 일본의 국정을 시찰하고 시찰보고서와 견문록을 제출했는데 이 문건들이 개화정책에 많은 참고자료가 되었다. 이 시찰단에서도 많은 개화파가 나왔다.

같은 해에는 청국에서 수용한 서양의 과학기술과 병기 제조기술 습득을 위해 영선사領選使 김윤식 주관 아래 69명의 관리와 유학생, 기술자들을 천진天津에 천진기기국天津機器局으로 유학 보냈다. 천진기기국은 독일 쿠루프회사의 서양기술을 사용하고 있었다. 그러나 국내에서 임오군란이 발발하는 등 여러 사건이 발생하고 경비가 제대로 지원되지 못해서 1년 만인 1882년 10월 철수했다. 그러나 이듬해 서울 삼청동에 근대 병기공장인 기기창 북창이 만들어지는 계기가 되었다.

### ④ 개화를 둘러싼 갈등

#### ◀ 위정척사운동과 임오군란

= 위정척사 운동이 일어나다

고종과 민씨 척족정권의 개화 정책에 유생들은 위정척사衛正斥邪 운동으로 맞섰다. 위정척사는 정正을 보위하고 사邪를 배척한다는 뜻인데, 정이란 곧 성리학 사회였다. 위정척사 사상은 유학자 이항로·기정진과 이항로의 제자인 김평묵 등이 주창하다가 최익현에 이르러 의병운동으로 전환되었다.

고종 10년(1873) 대원군을 비판하는 상소문을 올려 대원군의 퇴진과 고종의 친정을 가져왔던 최익현은 고종의 친정이 개항으로 드러나자 크게 분개했다. 그는 고종 13년(1876) 도끼를 들고 '조·일수호조규(강화도조약)' 체결에 반대하는 상소를 올렸다.

최익현은 일본이 서양 오랑캐와 같다는 왜양일체론倭洋一體論을 주장하며 문호를 열면 사학邪學(천주학) 서적들과 천주天主의 초상이 교역하는 속에 섞여 들어온다면서 개항을 반대했다. 고종은 최익현을 흑산도로 유배 보내고 '조·일수호조규'를 체결하고 문을 열었다.

한편 황준헌의 《조선책략》은 유학자들의 큰 반발을 낳았다. 1881년 퇴계 이황의 후손 이만손李晩孫을 소두疏頭(상소의 대표)로 만여 명의 영남 유학자가 〈영남만인소〉를 올려 비판했다. 이들은 러시아·미국·일본은 모두 이적들이라고 비판하면서 《조선책략》을 가져온 김홍집 처벌을 요구했다.

〈영남만인소〉를 필두로 전국에서 유생들의 상소가 쏟아졌는데 강원도의 유생 홍재학洪在鶴은 〈만언소萬言疏〉에서 고종이 선왕들의 정책을 바꾼 결과 종묘사직이 무너질 위기에 있다면서 주화매국하는 신하들을 처단해야 한다고 주장했다. 고종은 이만손을

### 병인양요 때 이항로의 〈동부승지를 사직하는 상소〉

"이제 국론이 교交(친교) 와 전戰(전쟁) 두 가지로 나뉘어 있는데 양적洋賊(서양 도적)을 공격해야 한다는 것은 우리측의 주장이고, 양적과 화교和交 해야 한다는 주장은 적 쪽의 주장입니다. 전자처럼 하면 우리나라의 옛 풍습을 보존할 수 있지만 후자처럼 하면 인류가 금수禽獸(짐승)의 자리에 빠지게 됩니다."

▶ 이항로 영정

### 최익현의 〈도끼를 들고 대궐에 엎드려 척화를 의논하는 상소〉

"전하의 뜻은 저들이 왜인이고 양호洋胡(서양 오랑캐)가 아니라고 하십니다…옛날의 왜인들은 이웃 나라였으나 지금의 왜인들은 구적寇賊(도적)이니…왜인들이 구적인 것을 어떻게 아는가 하면…서양옷을 입고 서양대포를 사용하며 서양배를 탔으니 이는 서양과 왜가 일체인 증거입니다."

전라도 강진의 신지도로 유배 보내고 이항로의 제자인 홍재학은 서소문 밖 형장에서 능지처참에 처했다. 몇 년 전에는 대원군이 각지에 〈척화비〉를 세웠던 나라에서 척화를 주장하면 능지처참까지 당하는 반전이 발생한 것이다. 위정척사 운동은 정작 개화 정책을 주도했던 명성황후가 시해당하는 을미사변과 그 직후 단발령이 내려지자 의병운동으로 전환하게 된다.

## = 임오군란 일어나다

서양식 군사훈련을 받는 별기군은 후한 대우와 급료를 받았지만 무위영 소속의 옛 훈련도감 군병들은 급료가 13개월이나 밀려 있었다. 전라도 세곡이 도착하자 1개월분의 급료를 받았는데 겨와 모래가 섞여 있었고 양도 부족했다. 급료 수령을 거절한 군사들이 관리를 구타했다. 선혜청 당상이자 명성황후의 오빠 민겸호는 김춘영·유복만 등 주동자 네 명을 가두었는데 곧 처형할 것이라는 소문이 돌았다. 김춘영과 유복만의 가족들이 통문을 작성해 돌리자 격분한 훈련도감 군사들이 실력행사에 나섰다. 사태가 심각해지자 고종은 민겸호 등을 파직했으나 군사들은 포도청

### 황준헌의 《조선책략》을 비판한 〈영남만인소〉(고종 10년:1873)

"러시아·미국·일본은 모두 같은 오랑캐로서, 그 어느 곳에 후함과 박함을 두기가 어렵습니다…황준헌의 책략대로 방아책防俄策(러시아를 막는 방책)을 쓴다 해도 러시아가 병탄침략하려 하는데 만 리 밖(미국)의 원조를 앉아서 기다리면서 경군京軍만으로 어떻게 방어해 내겠습니까?"

▲ **만인소.** 철종 6년(1855) 사도세자 추존을 요구하는 유생 만 명의 연명 상소이다.

▲ 고종 때 군사 훈련 모습. 국사편찬위원회

을 습격해 김춘영 등과 다른 죄수들을 석방시켰다. 또한 남산에 올라가 봉화를 올리면서 왜적 배척을 주장했다고 의금부에 갇혀 있던 유생 백낙관을 석방시켰다. 군인들은 별기군의 일본인 교관 호리모토 레이조를 죽이고 일본공사관 청수관淸水館을 습격했다. 일본공사 하나부사 요시모토花房義質(화방의질)는 일본군과 총을 쏘고 방어하면서 인천을 통해 일본으로 도주했다. 서울의 하층민까지 대거 가세한 봉기군은 대원군의 형인 흥인군興仁君 이최응을 습격하고 대궐 안으로 들어가 민겸호 등도 죽였다. 봉기군은 명성황후를 죽이려고 찾아 다녔으나 명성황후는 궁녀로 변장해 도주한 뒤였다.

이에 놀란 고종은 대원군에게 사태 수습을 맡겼다. 대원군은 통리기무아문과 별기군을 혁파하고 무위영과 장어영의 2영을 없애는 대신 5군영을 부활시키는 군제개혁을 단행하고 민씨 척족을 제거하는 인사를 단행했다.

= 청의 내정간섭 본격화하다

청국은 조선에서 군란이 발생했다는 소식을 듣고 천진해관도天津海關道 주복周馥에게 청에 머물고 있는 영선사 김윤식과 문의관問議官 어윤중을 만나게 했다. 김윤식 등은 그 배후에 대원군이

▲ 청의 원세개

있을 것이라면서 청이 군사를 파견해 난을 진압해 달라고 요청했다. 일본이 군사를 파견할 움직임을 보이자 청은 광동수사제독廣東水師提督 오장경吳長慶에게 3천 명의 군사를 주어 보냈는데 김윤식은 청국군의 향도관 직책으로 함께 들어왔다.

청국군은 대원군을 납치해 천진으로 압송하고, 궁궐과 사대문을 수비하던 조선 군병들을 몰아내고 서울을 장악했다. 일부 군병들이 청국군과 맞서 싸웠으나 사태를 뒤집지는 못했다. 청국대표 원세개袁世凱는 군란 진압 후에도 철수하지 않고 마건상馬建常을 내정고문으로 삼고, 묄렌도르프를 외교 고문으로 삼아 조선 내정에 간섭했다. 묄렌도르프는 1882년 조·청상민 수륙무역장정을 체결해 청나라 상인들에게 막대한 이권을 넘겨주었다.

임오군란 때 일본으로 도주한 일본공사 하나부사는 군함을 이

**1차 사료로** 그 시대 보기

### 제물포조약

**제1항** 금일부터 20일 안에 조선국은 흉도를 체포해서 수괴를 중벌로 다스리고, 일본국 관리가 입회한 가운데 처단한다. 조선국이 처단하지 못하면 일본국이 처리한다.

**제2항** 피해를 입은 일본국 관리는 조선국이 융숭한 예로 장사를 지낼 것.

**제3항** 조선국은 5만원을 일본국 관리 피해자의 유족 및 부상자에 지급할 것.

**제4항** 흉도의 폭거로 일본국이 받은 손해와 공사公使를 호위한 육·해군의 군비 중에서 50만원을 조선이 부담한다. 매년 10만원씩 5년에 걸쳐 완납한다.

▲ 개항기 제물포 정경

**제5항** 일본 공사관에 군인 약간 명을 두어 경비하게 하고, 병영의 설치·수선은 조선국이 책임을 진다.

**제6항** 조선국은 일본에 대관大官을 특파하고 국서를 보내어 일본국에 사죄한다.

끌고 제물포에 상륙해 조선정부에 군사들의 처벌과 막대한 배상금을 요구했다. 조선은 1882년 제물포 조약을 맺고 막대한 배상금을 지급하고 일본 경비병의 공사관 주둔을 허용했다. 제물포 조약에는 조선이 고관을 일본에 보내 사죄한다는 내용도 있었는데 이에 따라 박영효가 일본에 수신사로 가면서 태극기를 처음 사용했다.

## ● 갑신정변

### = 개화파의 분열

임오군란 이후 개화파는 둘로 갈렸다. 청에 대한 사대관계 청산과 민씨 척족정권 타도를 주장하는 급진개화파와 민씨 척족정권과 타협하면서 점진적으로 개화를 실천하자는 온건개화파였다. 김옥균·박영효·홍영식·서광범 등의 급진개화파는 일본의 메이지 유신을 본받아 군주의 권력을 제한하고 내각이 정치를 주도하는 입헌군주제를 실시하려 했다.

김홍집·어윤중 등의 온건개화파는 청의 양무운동을 본받아 점진적인 개화 추진을 주장했다. 온건개화파는 이 때문에 청을 추종하는 '사대당事大黨'으로 불리기도 했다. 이들은 서양의 기술과 문물은 수용하되 그 정신은 전통 유학에 바탕을 둔다는 '동도서기론東道西器論'을 주창했다.

### = 급진개화파가 갑신정변을 일으키다

임오군란 때 청국은 '조선은 중국의 속방屬邦이다.'라는 큰 깃발을 광화문에 걸었다. 청에서 독립이 무엇보다 시급하다고 판단한 급진개화파는 일본과 손을 잡았다. 국가 재정 위기가 발생했을 때 민씨 정권의 재정고문 묄렌도르프는 화폐를 발행해 해결하자고 주장한 반면 김옥균 등 급진개화파는 일본에서 500만원의

▲ **급진개화파의 핵심.** 왼쪽부터 박영효, 서광범, 서재필, 김옥균.

차관을 도입해 해결하자고 주장했다. 친청 수구파의 방해와 일본의 소극적 행태로 17만원을 구하는데 그치자 급진개화파의 정치적 입지가 좁아졌다.

1884년 프랑스가 베트남을 점령하는 과정에서 청과 충돌했는데 조선 주둔 청군 일부가 베트남으로 이동했다. 급진개화파는 이를 절호의 기회로 여겼는데 하나부사의 뒤를 이어 조선공사가 된 다케조에 신이치로竹添進一郎(죽첨진일랑)도 군사지원을 약속했다. 급진개화파는 1884년 10월 개화파 홍영식이 총판으로 있는 우정총국 개설 피로연을 거사 기회로 삼았다. 별궁別宮 방화가 거사 신호였는데 방화에 실패하자 우정국 옆 건물에 불을 질러 장사들을 움직이게 했다. 이들은 고종 부부를 경우궁景祐宮으로 옮기고 민영목·민태호·조영하·이조연·한규직 등 친청 수구파 대신들을 대거 죽이고 왕비 민씨의 조카 민영익에게 부상을 입혔다.

이것이 급진개화파가 정권을 잡은 갑신정변이다. 급진개화파는 14개조로 구성된 새 정부의 정강을 발표해 청에 대한 조공 폐지,

▲ **갑신정변 발생했던 우정총국**

대원군 귀국, 지조법 개혁, 문벌 폐지와 인민 평등 등을 규정했다.

급진개화파의 14개조 정강은 조선이 봉건제 및 사대주의에서 벗어나 근대적 자주독립국가로 나아가기 위해서 필요한 개혁조치들이었다.

그러나 왕비 민씨는 청의 원세개에게 무력진압을 요청했고 원세개가 1,500여 명의 청군을 이끌고 공격하자 일본은 약속을 어기고 철수했다. 개화파 정권은 '3일천하' 끝에 붕괴되고 말았다. 홍영식·박영교 등은 청군에게 살해되고 김옥균·박영효·서광범·서재필 등 9명은 일본공사관에 피신했다가 일본으로 망명했다. 불과 1,500여 명의 청군을 막아내지 못해 무너진 것이 갑신정변이었다.

## 급진개화파 정부의 14개조 정강

❶ 대원군 귀국과 청국에 대한 조공 폐지

❷ 문벌을 폐지해서 인민평등의 권리를 제정하고 인재등용

❸ 지조법地租法 개혁과 가난한 백성 구제 및 재정확립

❹ 내시부 폐지

❺ 탐관오리 숙청

❻ 각 도의 환상還上제도 폐지

❼ 규장각奎章閣 폐지

❽ 순검제巡査制 실시

❾ 혜상공국惠商公局 폐지

❿ 유배, 금고된 죄인의 재조사

⓫ 4군영을 1영으로 통합하고 왕세자를 대장으로 임명

⓬ 모든 국가재정은 호조에서 관할

⓭ 대신과 참찬은 의정부에 모여서 정치상의 명령이나 법령의결(내각 권한 강화)

⓮ 의정부와 6조 외 불필요한 관청 폐지

## = 갑신정변의 후속조치

　　일본은 갑신정변을 함께 모의했으므로 사태에 책임이 있음에
도 공사관이 불타고 공사관 직원과 거류민이 희생된 책임을 조선
정부에 돌렸다. 조정은 김홍집을 일본공사에게 보내 "사변이 일
어난 후 귀하는 왜 호위병을 이끌고 왕궁에 들어갔고 국왕을 다
른 곳으로 옮겨가고 여섯 대신을 죽였는지 이해할 수 없다."면서
일본 군대가 먼저 발포했기 때문에 사상자가 생겼으니 일본 책임
이라고 항의했다. 그러나 일본은 외무대신 이노우에 가오루井上馨
(정상형)를 특파전권대사로 삼아 2개 대대의 병력과 경찰대, 군함 7
척을 보내 조선 정부를 겁박했다. 친청 정부는 일본의 압력에 굴
복해서 1885년 1월 한성조약漢城條約을 체결하였다. 한성조약은
일본에 사죄하고 일본인 유족과 부상자들에게 보상금을 지불하
며 일본 공사관을 신축해 준다는 일방적 내용을 담고 있었다.

　　또한 일본과 청나라는 1885년 4월 천진조약天津條約을 체결했
는데 조선에서 청·일 양국군이 철수한다고 합의하고 앞으로 청·
일 중 한쪽이 조선에 파병할 경우 그 사실을 상대방에게 알린다
고 규정했다. 청군의 파병이 일본군의 자동 파병으로 연결된다
는 뜻이었다. 일본은 10년 뒤 동학농민혁명 때 청군이 파병하자
천진조약을 빌미로 일본군을 파병해 조선 점령의 발판으로 악용
했다.

### 1차 사료로 그 시대 보기

#### 천진조약

❶ 청국과 일본국은 4개월 이내에 각각 조선주둔 군대를 철수한다.
❷ 양국은 조선정부에게 병사를 훈련시켜 스스로 치안을 유지하게 하고 외국인 무관을 초빙해 병사 훈련을 위
　임시키는데 양국은 교관을 파견하지 않는다.
❸ 앞으로 조선에 변란이나 중대한 사건이 일어나 군사를 파병할 경우 상대방에게 서로 알린다. 그 사건이 진정
　되면 곧 철병하여 다시 머물지 아니한다.

갑신정변은 일본의 메이지유신을 모범으로 삼았던 위로부터의 개혁운동이었다. 갑신정변은 근대 국가수립을 지향했지만 외세에 의존한데다 소수의 관료·지식인들이 주도했다는 한계가 뚜렷했다. 비록 지조법 개혁을 내걸기는 했지만 이는 농민들의 염원이던 토지개혁에 크게 못 미치는 것이었으므로 민중의 적극참여를 끌어내지 못했다.

갑신정변 실패 후 개화정책은 위축되었으나 고종 정권은 개화 자체를 폐기하지는 않았다. 갑신정변 이후 김홍집·어윤중 등 온건개화파는 다시 개화정책을 추진했으나 친청 수구파의 방해로 큰 성과를 거두지는 못했다.

훗날 대한민국 임시정부 2대 대통령이 되는 박은식은《한국통사》와《한국독립운동지혈사》에서 한국 독립운동의 시작을 갑신정변으로 보았다.《한국통사》에서 갑신정변의 실패에 대하여 애석하게 생각한다고 말하고《한국독립운동지혈사》에서는 옛 정치를 개혁하여 새로운 독립 제국을 세우려 하였다고 평가하였다. 그러나 일본 세력을 이용한 개혁에는 한계가 있으며 국민의 동의를 얻지 못했기 때문에 실패하였다고 평가하였다. 개혁이란 자주적인 주권에 간섭하는 모든 나라로부터 독립해야 하며 국민들의 동의를 얻어야 한다는 것이었다.

# 2 동학농민혁명과 대한제국

## ① 동학농민혁명

### 농민층의 몰락과 민중항쟁

고종 때 조선은 전대미문의 상황을 맞고 있었다. 18세기 중엽 영국에서 시작된 산업혁명을 기반으로 급격하게 성장한 서구제 국들이 동아시아로 밀려오는 것은 전 세계적인 흐름이었으며 군 사력이 없는 조선으로서는 외세를 막아낼 수는 없었다. 그러나 조선의 지배층은 여전히 성리학적 세계질서에 집착하면서 새로 운 변화 수용을 거부하고 있었다. 삼정의 문란으로 대표되는 수 탈적인 지배체제에 대한 개혁도 지지부진했다.

노론 일당독재는 노론 중에서도 소수 가문이 권력을 독점하는 세도정치로 퇴행하면서 왕권이 무력화되자 민중들은 직접 봉기 에 나섰다. 순조 11년(1811) 홍경래의 봉기는 조선 왕조타도를 내 걸었고, 이듬해(1862) 진주 농민봉기는 경상도·충청도·전라도까지 합세하는 임술농민봉기로 발전했다.

불평등조약으로 문호를 개방한 조선 정부는 개화정책 추진과 정에서 발생한 각종 배상금 지급에 허덕였다. 1880년대 중반 이 후 청·일 상인들은 각종 특권을 바탕으로 내륙까지 진출했는데, 상해나 광주에서 영국산 면제품을 수입해 조선 상인들에게 팔고 쌀을 대량으로 매입해 가져갔다. 이 때문에 면포 수입이 급증하 고 곡물값이 폭등하자 1889년 5월 황해도관찰사 조병철과 함경 도관찰사 조병식이 곡식수출을 금지하는 방곡령防穀令을 내렸다. 그러나 방곡령 또한 일본 상인들이 피해를 봤다고 우기면서 1893

▲ 수운 최제우 영정. 용담정 소장.

년 일본에 배상금을 지불하는 것으로 끝이 났다.

　이런 대내외 상황에서 민중들의 의식이 크게 성장하였고, 민중들은 조선왕조에 근본적인 변화를 촉구했지만 그들은 지배층에게 여전히 착취의 대상일뿐이었다. 민중들은 자신들의 문제를 스스로 해결하기 위해 일어났는데 그것이 바로 동학이다. 과거 민중 봉기들과 달리 동학은 전국적인 조직을 가지고 있었다.

## ● 동학농민혁명

### = 교조신원 운동

　1860년 최제우가 창시한 민족종교 동학은 사상적·정치적으로 조선 사회를 큰 격변 속으로 끌고 들어갔다. 최제우는 천주를 모시는 시천주侍天主 사상을 제창했는데 하늘을 뜻하는 천주는 인간 안에 있다는 것이다. 이런 인간은 신분·빈부·남녀·적서嫡庶의 차별이 없이 모두 평등하다는 평등사상이었다. 최제우는 인류의 역사를 크게 선천先天과 후천後天으로 구분해서 후천의 시대가 도래한다는 후천개벽後天開闢 사상을 제시했다. 동학 자체가 서학에 맞선 개념이므로 최제우가 창시한 동학은 반외세 사상이자 성리학의 신분제를 부정하는 신분제 해체 사상이므로

▲ 처형 직전의 최시형

**최제우와 최시형의 혁명사상**

최제우는 1860년 4월 5일 고향인 경주 구미산의 용담정에서 "마음이 떨리고 몸이 전율"하는 현상과 함께 상제上帝의 목소리를 듣고 동학을 창시했다. 최제우는 《동경대전東經大全》에서 "나는 동쪽에서 나서 동쪽에서 도道를 받았으므로, 도는 비록 천도天道이지만 학學은 동학이다." 라고 말했다. 최제우는 '내 몸에 한울님을 모신다'는 '시천주侍天主' 신앙을 내세웠다. 2대 교주 최시형崔時亨은 '사람이 곧 하늘'이라는 '인내천人乃天'과 '사람 섬기기를 한울님같이 한다'는 '사인여천事人如天' 사상을 내세웠다. 이는 만민평등 사상이자 신분제를 부정하는 혁명 이론이었다.

조선사회에 큰 격변을 불러왔다. 동학은 일본과 서양제국의 침략과 삼정의 문란으로 대표되는 농민수탈에 대한 민중들의 각성과 결합되어 짧은 시간에 크게 성장했다.

조정은 동학의 교조 최제우崔濟愚를 경주에서 체포해 이듬해인 고종 1년(1864) 대구 감영으로 이송해 "사도邪道로써 성리학 사회를 어지럽힌다."는 '사도난정邪道亂正'의 죄목으로 처형했다. 그러나 동학은 교조 처형으로 해체시킬 수 없었다. 외세의 침략과 봉건 수탈체제의 질곡에서 신음하던 많은 민중들이 동학으로 결집했기 때문이다. 동학은 밖으로 외세를 물리치고 안으로 신분제를 개혁한다는 사회구원 메시지를 담고 있었다. 민중들에게 미래에 대한 희망과 피안의 세계를 제공했기 때문에 교세가 급속도로 확대되었다.

그러나 부패하고 무능한 관료들에게 동학교도들은 수탈의 대상에 불과했다. 동학교도들은 고종 29년(1892) 10월 공주에 모여

▲ **동학교주 전봉준.** 오승윤, 1976, 독립기념관 소장.

충청도 관찰사 조병식에게 교조의 억울함을 풀어달라는 '교조신원敎祖伸寃'과 함께 교도들에 대한 수탈 중지를 요청했다. 이를 필두로 전라도 삼례, 서울 등지에서 집회를 열고 교조신원과 폐정개혁 단행을 요구했다. 1893년부터는 교조신원 외에 일본과 서양세력을 물리치자는 '척왜양斥倭洋' 구호를 내걸면서 이를 각국의 공사관에 붙였다. 동학교도들의 집회에 대해 조정은 어윤중을 양호선무사兩湖宣撫使로 삼아 해산을 종용했다. 최시형 등 지도부는 일단 해산을 결정했으나 이는 집회 해산으로 해결될 문제가 아니었다.

## = 고부 농민 봉기

조선왕조의 지배체제를 거부하는 농민들이 늘어가던 고종 29년(1892) 조병갑이 전라도 고부군수로 부임했다. 조병갑은 고부읍 북쪽 동진강 상류의 만석보萬石洑 밑에 다시 보를 쌓게 해서 물세를 받았다. 재력 있는 농민들에게 불효不孝, 음행淫行 등의 각종 죄목을 만들어 재산을 수탈했다. 조병갑의 이런 행태는 특수한 행태가 아니라 전국에 만연된 행태였다. 지방관들은 대부분 고종이나 민씨 척족들에게 막대한 뇌물을 바치고 수령 자리를 샀기 때문에 그 대가를 농민들에게 받으려 했다.

이런 상황에서 고부군 향교의 장의掌議였던 전창혁이 조병갑의 폭정에 항의하다가 곤장 후유증으로 죽었는데 그의 아들이 전봉준이었다. 1893년 11월 〈사발통문沙鉢通文〉이 돌자 민중들이 곳곳에 모여서 "났네 났어 난리가 났어", "에이 참 잘 되었지 그냥 이대로 지내서야 백성이 어디 한사람이나 남아 있겠나"라며 봉기가 일어나기를 기다렸다. 드디어 고종 31년(1894) 1월 11일 전라도 고부에서 시작되어 전라도는 물론 경상·충청을 거쳐 전국으로 확산되는 동학농민혁명의 깃발이 올랐다.

전봉준을 지도자로 추대한 동학농민들은 고부관아를 점령하

**● 안핵사**
조선시대 지방에서 사건이 발생
하면 중앙에서 이를 조사, 또는
수습하기 위해서 파견하던 관리
이다.

고 무기고를 헐어 무장한 뒤 부패한 아전들을 처벌했다. 수세로 거둔 양곡을 몰수하고, 억울하게 옥살이 하는 사람들을 풀어주고, 만석보 밑에 새로 쌓은 보를 허물었다. 조병갑은 변장을 하고 전주감영으로 도망갔다. 조정은 조병갑을 파면하고 박원명을 신임 군수로 임명하고 장흥부사 이용태를 **안핵사**按覈使●로 삼아 사태를 조사하게 했다.

새 군수 박원명이 농민들을 처벌하지 않겠다고 회유하면서 사태가 진정되어 갔다. 그러나 역졸 800명을 거느리고 온 안핵사 이용태는 농민군의 주력이 해산되자 농민들을 죽이거나 체포하고 집들을 불태웠다. 이에 분개한 전봉준·손화중·김개남의 동학 3대장이 농민들을 이끌고 다시 일어섰다.

### = 제1차 동학농민혁명 발발과 전주성 점령

전봉준을 비롯한 동학농민 4천여 명은 1894년 3월 20일 무장에 동학 도소都所를 설치하고 〈창의문〉을 발표했다. 1차 동학 농민혁명의 깃발이 오른 것이다.

농민군이 고부로 진격하자 이용태와 역졸들은 전주로 도주했다. 농민군은 3월 25일 백산으로 이동했는데 8천여 명으로 늘어났다. 농민들은 백산에 '호남창의대장소湖南倡義大將所'를 설치하

**알고 싶어요**

### 〈사발통문〉

봉기의 주모자가 누구인지 모르게 참여자들의 이름을 사발 모양으로 둥글게 쓴 문서이다. 고부에서 작성된 〈사발통문〉은 네 가지 사항을 담고 있다.
❶ 고부성을 격파하고 군수 조병갑을 효수梟首(목을 벰)할 일.
❷ 군기창과 화약고를 점령할 일
❸ 군수에게 아첨하여 인민을 침어하는 탐관오리를 처벌할 일
❹ 전주감영을 함락시키고 경사京師(서울)로 곧바로 향할 일

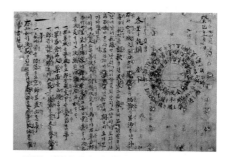
▲ 동학농민혁명 때의 〈사발통문〉

고 새로운 지도부를 꾸렸으며 '동도대장東徒大將', '보국안민保國安民'이라고 쓴 큰 깃발을 내걸고 〈격문〉을 작성해 전라도를 비롯한 전국에 보냈다.

확대개편된 동학 농민군의 간부는 다음과 같다.

대장大將: 전봉준
총관령總管領: 손화중·김개남
총참모: 김덕명·오시영
영솔장領率長: 오경선
비서: 송희옥·정백현

▲ 김개남. 본명은 김기범인데 남조선을 연다는 뜻에서 개남으로 개명했다.

농민군은 또 자신들이 봉기한 네 가지 명분과 실천내용을 담은 '사대명의四大名義'를 발표했다.

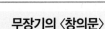

**1차 사료로** 그 시대 보기

### 무장기의 〈창의문〉

"공경公卿부터 방백수령方伯守令(도지사와 군사)까지 모두 국가의 위태로움은 생각지 않고 한갓 자신의 살찜과 가문 윤택의 계책만을 도둑질하며, 과거의 문을 돈벌이의 길이라 생각하니 응시 장소는 매매하는 저자로 변하고 말았도다. 허다한 돈과 뇌물은 국고國庫로 들어가지 않고 도리어 사복私腹(개인의 배)을 채우고 있도다. 국가에는 누적된 빚이 있으나 갚을 생각은 하지 아니하고 교만과 사치와 음란과 더러운 일만을 거리낌 없이 일삼으니, 팔로八路는 어육魚肉이 되고 만민은 도탄에 빠졌도다."

### 백산기의 〈격문〉

"우리가 의義를 들어 이에 이름은 그 본의가 다른 데 있지 아니하고 창생을 도탄에서 건지고 국가를 반석 위에 두고자 함이다. 안으로는 탐학한 관리의 머리를 베고 밖으로는 횡포한 강적의 무리를 내쫓고자 함이다. 양반과 부호 앞에서 고통 받는 민중들과 방백과 수령 밑에서 굴욕을 받는 소리小吏들은 우리와 같이 원한이 깊은 자라. 조금도 주저하지 말고 이 시각으로 일어서라. 만일 기회를 잃으면 후회하여도 미치지 못하리라"

① 사람과 물건을 죽이지 않는다.

② 충과 효를 온전하게 하고 세상을 구하고 백성을 편안케 한다.

③ 왜 오랑캐를 몰아내 없애고 왕의 정치를 깨끗하게 한다.

④ 군대를 몰고 서울로 들어가 권세가와 귀족을 모두 없앤다.

　동학농민군은 왕조 타도보다 외세를 내쫓고 국왕 주변의 탐관오리 등을 처단해서 바른 나라로 탈바꿈시키려 했음을 알 수 있다.

　전라감사 김문현은 우영관 이경호를 총지휘관으로 삼아 영병, 토병, 보부상으로 진압군을 편성해 진압하게 했다. 두 군사들은 정읍 덕천면 황토현黃土峴에서 대치했다. 농민군의 전력을 과소평가한 감영군이 방심하는 사이 농민군은 세 방면으로 공격을 개시했고 관군은 일시에 무너졌다.

　이에 놀란 조정은 전라 병사 홍계훈을 양호초토사兩湖招討使로 삼아 진압하게 했다. 농민군의 위세에 놀란 홍계훈은 조정에 청군의 청병을 요청했다. 4월 27일 전봉준을 비롯한 1만여 명의 농민군은 전주성을 점령했다. 전라감사 김문현은 변장하고 공주로 도주했다.

▲ **전주성**. 호남제일성이란 현판이 달려 있다.

## ▪ 청·일 양군의 진주와 전주화약

전주가 함락 당하자 고종은 4월 29일 청나라 군사를 부르자고 제의했다. 김병시 등이 반대했지만 민씨 척족인 민영준(민영휘)가 주도해 청나라 군사를 요청했다. 청군 파병요청 소식을 들은 전봉준은 폐정개혁안을 받아들이면 전투를 멈추겠다는 휴전안을 홍계훈에게 제시했다.

▲ 행군하는 일본군(1901년)

고종은 청군이 올 동안 농민군을 전주에 묶어두어야 한다는 판단에서 5월 7일 전봉준의 휴전제의를 받아들이라고 명령했고 '전주화약全州和約'이 맺어졌다.

청군의 파병은 천진조약에 의해 일본군의 파병으로 이어지게 되어 있었다. 일본은 청군이 파병해도 자신들은 파병하지 않겠다고 청국을 속였고, 북양대신 이홍장은 5월 2일 청군을 파병했다. 그러나 청군이 아산만에 도착하기 전에 일본군이 먼저 인천에 들어왔다. 청군과 일본군은 무능하고 부패한 고종과 민씨 척족정권이 부른 것이었다.

이런 와중에 동학농민군은 전라도 53개 주읍州邑에 농민자치기구인 집강소執綱所를 설치해 신분제 폐지 등 각종 개혁정치를 실천했다. 전주에는 집강소의 총본부인 대도소大都所를 두고 각 집강소에는 집강 밑에 서기 등의 임원을 두어 행정사무를 분담했다. 전봉준은 전라우도를 아우르고, 김개남은 전라좌도를 아우르면서 민중들의 직접 민주주의를 실천했다. 동학농민군은 탐관오리 숙청, 양반토호들의 탐학 배격, 토지재분배 요구, 농민들의 정치 참여 및 노비해방과 일본세력의 배격 등을 주장하고 실천했다. 위로부터의 개혁이었던 1884년 갑신정변과 유사한 개혁 정책이 10년 후 농민들의 직접 민주주의 형태로 실천에 옮겨진 것이었다.

### = 반외세·반봉건의 제2차 봉기

▲ 체포되어 압송되는 전봉준

일본군은 6월 21일 경복궁에 난입해 대원군에게 정권을 주라고 고종을 압박하는 한편 청과 전쟁을 준비했다. 청일전쟁이 발발하자 교주 최시형은 9월 18일 기포령을 내렸고, 전봉준도 기의해 제2차 봉기가 일어났다. 제1차 봉기가 반봉건에 초점이 맞춰졌다면 제2차 봉기는 반외세가 추가된 '반외세·반봉건' 봉기였다. 전국 각지에서 수십만에 달하는 농민들이 기의했다. 손병희가 이끄는 북접군과 전봉준이 이끄는 남접군은 논산에서 합류해 서울 진격을 논의했다. 전라도·충청도뿐만 아니라 경기·경상·강원·황해·평안도 등 전국 각지의 농민들이 일본군과 손잡은 조선 정부군과 싸웠다.

전봉준과 손병희가 이끄는 농민군은 11월 8일 공주 우금치에서 일본군·조선 정부군과 맞붙었다. 화승총과 창검류로 무장한 농민군은 일본군과 조선 정부군의 방어선인 우금치를 빼앗기 위해서 수십 차례의 공방전을 전개했는데 신식무기로 무장한 일본군과

**1차 사료로** 그 시대 보기

#### 전봉준이 재판에서 말한 봉기의 목적(《전봉준 공초》)

"너는 고부군수에게서 피해도 많지 않았는데 무슨 목적으로 민란을 일으켰는가?"
"세상 일이 날로 그릇되어 갔으므로 개연히 한 번 세상을 건지려는 목적이었다."

조선 정부군을 이기지 못하고 수많은 사상자를 남긴 채 패퇴하고 말았다. 나아가 전봉준 등 지도부가 체포되면서 제2차 봉기는 실패로 끝나고 말았다.

동학농민혁명의 실패는 아래로부터 반외세·반봉건 운동이 좌절되었음을 의미했다. 나아가 조선이 자력으로 자주독립국의 지위를 유지할 수 없게 되었음을 뜻하기도 했다. 비록 실패로 끝났지만 동학농민혁명은 대내외적으로 많은 영향을 끼쳤다. 대내적으로는 일본의 강요로 조정에서 갑오조치를 실시해야 했다. 대외적으로는 청일전쟁이 발발했다. 반외세·반봉건 무장 항전인 동학농민혁명은 항일의병전쟁과 대일항전(독립전쟁)으로 이어졌다.

= 청일전쟁

일본군이 파병하자 당황한 청은 일본에 공동 철병을 제의했다. 일본은 이를 거부하면서 양국이 공동으로 조선 내정을 개혁하자고 제안했고 청이 거부했다. 일본은 1894년 6월 21일 경복궁을 점령해서 청과 맺은 통상무역장정을 폐기시키고 이틀 후에는 아산만의 청 함정을 습격해 청군 1,200여 명을 전사시켜 청일전쟁을 시작했다. 일본군은 성환전투와 평양전투에서도 승리했고 여

▲ **청일전쟁 때 풍도해전.** 일본의 판화그림이다.

세를 몰아 요동반도 여순旅順까지 함락시켰다. 일본군은 산동반도 위해위威海衛 부근에서 청이 야심차게 육성하던 북양함대北洋艦隊를 무너뜨렸고 북양수사제독北洋水師提督 정여창丁汝昌은 음독 자결했다. 청일 양국은 미국의 중재로 1895년 4월 시모노세키조약下關條約을 체결했다. 일본은 거액의 배상금과 요동반도, 대만, 팽후도澎湖島를 할양받았다. 일본의 요동반도 장악을 용납할수 없었던 러시아는 프랑스·독일을 끌어들이는 삼국간섭으로 요동반도를 중국에 반환하게 했다. 일본은 러시아와 일전을 준비했다. 1904년의 러일전쟁의 씨앗이 뿌려진 것이다.

## ② 일제가 강요한 갑오조치와 을미조치

### ◀ 일제가 갑오조치를 강요하다

= 군국기무처가 갑오조치를 실시하다

청일전쟁 때 고종과 조정 대신들은 청국의 승리를 기대했다. 일본공사 오오토리 게이스케大鳥圭介(대조규개)는 조선 정부의 내정개혁이 미진해서 농민전쟁이 발생했다면서 〈내정개혁방안강목內政改革方案綱目〉을 제출했다. 고종은 7월 13일 심순택·조병세·김홍집 등 전현직 대신을 총재로 삼는 교정청校正廳을 설치해 내정개혁에 나서게 했다. 교정청은 지방관의 불법적인 세금포탈과 토지강점 금지 등 동학농민군의 요구사항을 일부 수용하는 조치를 취했다.

1894년 7월 23일 새벽 오오시마 요시마사大鳥義昌(대도의창) 중장이 이끄는 일본군은 경복궁에 난입해 궁성수비대와 치열한 접전 끝에 경복궁을 점령했다. 일본은 흥선대원군을 섭정으로 삼고 김홍집을 내각 수반으로 삼는 친일정권을 수립하고 조선 내정개혁을 강요했다. 일본의 압박을 받은 조정은 군국기무처軍國

▲ 일본공사 오오토리 게이스케

機務處를 설치했고, 김홍집·김윤식·김가진 등 17명이 의원으로 임명되어 여러 조치를 취했다. 군국기무처가 각종 제도를 개혁한 것이 **갑오경장**甲午更張*인데 경장更張이란 옛 제도를 개혁해서 새롭게 한다는 뜻이다.

대원군 실각 전까지를 '제1차 갑오조치', 대원군이 실각한 1894년 12월 이후를 '제2차 갑오조치'로 분류해 서술한다. 1차 갑오조치의 목표는 정치제도의 개편이었다. 먼저 개국기원을 사용하여 1894년을 개국 503년으로 표기하고 청의 연호 사용을 폐지했다. 군국기무처는 의정부관제안議政府官制案과 궁내부관제안宮內府官制案을 제정했는데, 국왕의 인사권·재정권·군사권을 축소하고 궁중의 여러 부서를 궁내부로 통합해서 권한을 축소시켰다. 유명무실하던 의정부를 중추기관으로 만들고 그 밑에 육조六曹를 개편한 내무·외무·탁지·군무·법무·학무·공무·농상 등 8아문을 설치했다. 또한 사회 발전을 저해하던 여러 봉건적 폐습을 개혁했다. 문벌과 반상제도班常制度을 혁파하고, 문무존비文武尊卑의 차별과 노비제도와 연좌제를 폐지하고, 조혼을 금지시키고, 과부의 재가를 허용했다. 재정에 관한 일체의 사무를 탁지아문度支衙門에서 관장하여 재정의 일원화를 꾀하고 은본위제도를 채택하고 도량형度量衡을 일본식으로 개편하였다. 그러나 갑오조치에는 가장 중요한 토지개혁이 빠져 한계를 드러냈다.

* **갑오경장**
갑오경장을 현재 갑오개혁이라는 용어로 대체해 많이 사용하는데 일본의 강요로 실시한 행정조치들에 개혁이란 용어는 너무 큰 의미를 부여한다는 점에서 문제가 있다. 그래서 개혁보다 중립적 용어인 '조치措置'라는 용어를 사용하였다.

▲ 갑오조치 당시의 군국기무처

= 김홍집·박영효 친일내각의 제2차 갑오조치

대원군은 일본군의 추대로 섭정이 되었으나 일본이 주도하는 군국기무처의 조치에 반발하였다. 대원군은 고종과 왕비를 폐하고 적손자 이준용李埈鎔을 왕위에 앉히려고 획책하였다. 또한 동학농민군 및 청군과 손을 잡고 일본군을 축출하려 하다가 일본의 내무대신으로 조선주차특명전권공사朝鮮駐箚特命全權公使가 된 이노우에井上馨(정상형)에게 축출당했다. 이노우에는 군국기무처를 폐지하고 갑신정변 때 일본으로 망명했던 박영효와 서광범

**1차 사료로** 그 시대 보기

### 〈홍범 14조〉《관보官報》 1894년 12월

1. 청국에 의탁하는 생각을 끊어버리고 확실히 자주 독립하는 기초를 확고히 세울 것
2. 왕실 전범典範을 제정하여 대통의 계승과 종실宗室과 척신戚臣의 분의分義를 밝힐 것
3. 대군주가 정전正殿에 거하고 일을 보되, 정사를 친히 각 대신에게 물어 재결하며 왕후와 비빈妃嬪과 종실과 척신의 간여를 용납하지 않을 것.
4. 왕실 사무와 국정 사무를 모름지기 나누어 서로 혼합하지 아니할 것.
5. 의정부와 각 아문衙門의 직무 권한의 제정을 밝혀 행할 것.
6. 인민이 내는 부세를 다 법령으로 작정하고 망녕되이 명목을 가하여 범람氾濫히 거두지 아니할 것.
7. 조세 과징과 경비 지출은 모두 탁지아문이 관할할 것.
8. 왕실 비용을 솔선 절감하여 각 아문 및 지방관의 모범이 되게 할 것.
9. 왕실비 및 각 관부 비용은 일년 회계를 예정하여 재정의 기초를 세울 것.
10. 지방관제를 속히 개정하여 지방관리의 직권을 제한할 것.
11. 국중國中의 총명한 자제를 널리 파견하여 외국의 학술과 기예를 견습할 것.
12. 장병을 교육하고 징병하는 법을 사용하여 군제의 기초를 확정할 것.
13. 민법과 형법을 엄격하고 명확하게 제정하고 함부로 사람을 가두거나 징벌하지 말게 하여 인민의 생명과 재산을 보전할 것.
14. 사람을 쓰는 데 문벌에 구애받지 아니하고 선비를 구함에 두루 조야에 미쳐 인재의 등용을 넓힐 것.

▲ 〈홍범 14조〉. 일종의 헌법인데 고종에 의해 폐기되었다..

을 귀국시켜 박영효를 내부대신, 서광범을 법부대신으로 입각시키는 김홍집·박영효 연립내각을 수립했다. 김홍집·박영효 연립내각에서 주도한 개혁이 '제2차 갑오조치'이다. 2차 갑오내각은 〈홍범 14조〉를 반포했는데 비록 일본의 요구에 의한 것이었지만 자주독립과 종친의 정사 간여 금지, 조세, 군제개혁 등은 일정한 가치가 있다고 볼 수 있다. 또한 의정부를 내각이라고 고치고 7부를 두었으며, 지방행정구역 8도道를 23부府 337군으로 개편하였다. 지방관에게 부여한 사법권과 군사권을 박탈하는 한편 재판소를 설치해 사법권을 행정권에서 불리시켰고, 2심제二審制를 채택했다. 이때도 가장 중요한 토지개혁은 누락되었다. 갑오조치는 일본의 점령과 지배를 용이하게 하기 위한 사전조치임을 말해준다.

▲ 온건개화파 김홍집

▲ 박영효

## 을미사변과 을미조치

### = 을미사변 발생과 을미조치

제2차 갑오내각을 주도하던 박영효는 고종과 왕비는 물론 때로는 일본과도 대립하면서 스스로를 고립시켰다. 고종과 왕비 민씨는 박영효에게 몰래 반역을 도모했다는 음도불궤죄陰圖不軌罪를 씌웠고 박영효는 다시 일본으로 망명했다. 고종은 친러·친미파인 정동파貞洞派를 끌어들여 제3차 김홍집 내각을 출범시켰다. 제3차 김홍집 내각으로 세력이 약화된 일본은 극단의 조치를 취하려 했다. 조정에서 일본의 영향력이 큰 훈련대 해산을 통보하자 일본의 미우라 고로三浦梧樓(삼포오루) 공사는 1895년 10월 낭인 야쿠자들과 경복궁 담을 넘어 명성황후를 시해하였는데 이를 '을미사변'이라고 한다.

일본은 친러내각을 붕괴시키고 제4차 김홍집 친일내각을 수립해 다시 여러 가지 조치를 취했다. 이 조치들이 1895년(을미년)에 추진된 '을미조치'이다. 1896년부터 건양建陽이라는 연호를 사용해 청과 관계를 단절시키고, 태양력과 종두법을 시행했으며 소학교를 설치하고 머리를 깎는 단발령斷髮令을 실시했다. 을미사변과 단발령에 대해 여론이 물 끓듯 일어나 유생들을 중심으로 전국적인 의병전쟁과 반일·반개화 운동이 일어났다.

### = 아관파천과 친일내각 붕괴

명성황후가 살해당하는 을미사변과 단발령에 항거하는 을미의병이 전국에서 일어났다. 신임 주한 러시아공사 스페이에르*Alexis de Speyer*는 1896년 1월 8일 서울에 도착했는데 고종이 일본의 압박에서 벗어나기를 원하는 것을 파악하고는 러시아 공사관 망명을 권유했다.

---

**알고 싶어요**

### 을미사변과 야쿠자들

미우라공사와 경복궁 담을 넘어 명성황후를 시해한 낭인 야쿠자들 중에는 나중에 역사서를 쓴 인물들도 있었다. 국민신문사國民新聞社 특파원 기구찌 겐조菊池謙讓(국지겸양)는 《조선왕국朝鮮國王》등의 역사서를 썼고, 아유카이 후사노신鮎貝房之進(점패방지진)은 《일본서기 조선지명고》를 썼다. 둘은 모두 임나일본부설을 신봉했는데, 아유카이는 가야가 고대 야마토왜의 식민지인 임나일본부였다는 '임나=가야설'을 주장하면서 임나 강역이 경상도뿐만 아니라 전라도 및 충청도까지 차지했다는 이른바 '호남가야설', '호서가야설'을 처음 주창했다. 일제 식민사학은 학문이 아니라 침략이론임을 말해준다.

▲ 아유카이 후사노신. 호남이 야마토왜의 식민지라는 호남가야설을 처음 주창했다.

---

**1차 사료로** 그 시대 보기

### 단발령

"이때 유길준·조의연 등이 왜인들을 인도해서 궁성을 포위하고 대포를 설치하여 머리를 깎지 않는 자는 모두 죽이겠다고 했다. 고종은 길게 탄식을 하며 조병하를 돌아보고 '네가 내 머리를 깎으라.'고 하였다. 정병하는 가위를 들고 고종의 머리를 깎았고 유길준은 태자의 머리를 깎았다. 단발령이 내려지자 통곡 소리가 진동했다." 황현, 《매천야록》

▲ **아관파천 당시의 러시아 공사관.** 문화재청

고종은 1896년 2월 11일 러시아 공사관으로 전격 망명하는 아
관파천俄館播遷을 단행했다.  망명 직후 경무관 등을 불러 총리대
신 김홍집을 포함해 유길준·정병하·조희연·장박 등 5대신을 역적
으로 규정하고 처형하도록 명령하였다.  김홍집과 정병하는 군중
들에게 참살 당했고 어윤중은 다음날 도주하던 중 지방에서 참
살 당했다.  고종은 박정양·이완용·조병직·이윤용·윤용구·이재정
등으로 구성된 친러·친미 내각을 구성했다.  박정양·이완용 등의
친러·친미 내각은 그간 갑오·을미조치에서 시행했던 대부분의 개
혁조치를 무효로 돌렸다.  개항 이후 대부분의 개혁세력들의 목
표는 군주를 헌법상의 지위로 명시하는 입헌군주국을 만드는 것
이었다.  그러나 고종의 아관파천에 대해 황현이 《매천야록》에서

### 러시아 공사 스페이에르가 프랑스 공사 르페브르에게 언급한 아관파천의 계기

"서울에 도착한 후 나는 조선사태를 보고 정말 놀랐다. 고종은 대신들의 부당한 요구를 저지할 힘이 없었고 대신
들은 일본공사관의 지시를 받고 있었다. 나는 더 이상 이런 상황이 용납될 수 없다고 보고 시정할 방법을 모색하
였다. 나는 대신들을 권력으로부터 몰아낼 가장 간단한 방법은 고종이 비밀리에 궁궐을 떠나 우리 공사관으로
오는 것이라고 생각했다. 그러면 고종은 모든 압제로부터 벗어나 대신들을 해임하고 자신의 의향에 따라 새 내
각을 구성할 수 있을 것이다. 나는 이 계획을 직접 고종에게 털어 놓았지만 그는 이 일을 감행하기를 주저했다. 그
는 이 일이 실패하여 자신의 처지가 더욱 궁지에 몰리지 않을까 두려워하였다."

"헌정에 속박되는 것을 싫어했기 때문"이라고 비판한 것처럼 고종은 입헌군주제를 받아들일 생각이 전혀 없었다.

갑오조치는 일본의 간섭에 의해 이루어졌다는 한계는 있으나 백성들의 오랜 요구사항이었던 반봉건적 요구들을 일부 수용했다는 점에서 일부 긍정적 성과도 있었다. 그러나 가장 절실한 과제였던 토지개혁이 누락되었고 군사개혁도 형식에 그치고 말았다. 무엇보다 일본의 이익을 위해 강요된 개혁이라는 점에서 그 한계는 명백했다.

### ❸ 독립협회와 대한제국

#### ◀ 독립협회의 출범과 그 활동

= 독립협회 출범하다

▲ **독립문**. 독립협회가 중국 사신을 맞이하던 영은문 자리에 세웠다.

고종이 러시아 공사관으로 망명하면서 일본의 침략에는 일단 제동이 걸렸지만 서양 열강들의 이권침탈이 본격적으로 이루어졌다. 특히 러시아의 영향력이 커졌다. 갑오조치는 국왕의 권한을 법적인 테두리 내에서 행사하도록 제한했는데 고종은 아관파천 후에 이런 모든 정책들을 폐기하고 다시 무소불위의 전제 군주로 되돌아갔다. 고종이 러시아 공사관에 머무르는 동안 러시아는 압록강 연안과 울릉도의 삼림 채벌권을 비롯하여 경원慶源·종성鐘城의 광산 채굴권, 인천 월미도 저탄소 설치권 등 수많은 경제적 이권을 차지했다. 이를 본 일본과 미국·독일·프랑스·영국 등도 경쟁적으로 이권획득에 나서 경인京仁 및 경의선京義線 철도 부설권 등 주요 이권들이 고종에 의해 외국에 넘어갔다.

개화파들은 1896년 4월 7일 《독립신문》을 창간하고, 1896년 7월 2일에는 독립협회를 창립하였다. 독립협회는 서재필을 중심으로 이상재·이승만·윤치호 등의 개화파 지식인들과 이완용·안경수 등 정부 요인들이 함께 한 반관반민半官半民단체였다. 고문에 서재필, 회장에 안경수, 위원장에 이완용이 선임되었다. 독립협회는 강연회와 토론회 등을 통하여 민중에게 근대적 지식과 국권·민권 사상을 고취시켜 민중들의 광범한 지지를 받는 단체로 발전하였다. 독립협회는 그 해 11월 청나라 사신들을 접대하던 모화관慕華館을 독립관으로 개칭하고, 청나라 사신들을 맞이하던 영은문迎恩門 자리에 독립문을 세워 대청 독립정신의 상징으로 삼았다. 이듬해 2월에는 러시아 공사관에 머물고 있던 고종에게 환궁을 호소하여 실현시켰다.

그러나 반관반민의 독립협회는 정체성이 모호했다. 독립협회가 《독립신문》을 통해 자주 민권 사상을 바탕으로 정부에 대한 비판을 강화하자 이완용을 비롯한 정부관료 회원들이 탈퇴하였다. 이후 윤치호가 회장, 이상재가 부회장이 되어서 자주 국권과 자유 민권 실현을 목표로 정치 운동을 전개하였다.

## = 관민 공동회와 헌의 6조

독립협회는 1898년 10월 정부 대신들과 백성들이 참여하는 관민 공동회官民共同會(이후 만민 공동회)를 열었는데 1만여 명의 군중이 참석해서 민중들의 정치적 역량이 성숙했음을 보여주었다. 회장 윤치호의 인사말에 이어 '관官' 측에서 의정부참정 박정양이 개막연설을 했고, '민民' 측에서 백정출신 박성춘이 개막연설을 했다.

관민 공동회는 고종에게 헌의 6조를 건의했다. 1조는 "외국인에게 의부依附(의지하여 붙음)하지 아니하고 동심 합력하여 전제황권專制皇權을 견고케 할 사"였고 그 외에 이권양도 반대, 예산공개, 의회식 중추원 설립 등이 담겨 있었다. 헌의 6조는 고종의 전제권을 인정하는 것으로 타협하면서 중추원이라는 의회제도를 만들려 한 것이었다. 고종은 '전제황권을 견고'하게 한다는데 만족해서 헌의 6조를 수정 없이 재가하고 이를 보완하는 조칙 5조까지 공포하고 중추원 의관議官 50명 중 관선 25명, 민선 25명 선출을 재가했다.

### 관민 공동회의 백성출신 박성춘의 연설

"나는 대한의 가장 천한 사람이고 무지몰각합니다. 그러나 충군애국의 뜻은 대강 알고 있습니다. 나라에 이롭고 백성을 편하케 하는 길인즉 관과 민이 합심한 연후에 가능하다고 생각합니다. 저 차일遮日(천막)에 비유하건대 한 개의 장대로 받친즉 역부족이나 많은 장대를 합한즉 그 힘이 공고합니다. 원컨대 관민합심하여 우리 대황제의 성덕에 보답하고 나라의 복을 만만세 누리게 합시다." 정교, 《대한계년사》

▲ 관민 공동회의 민중집회 기록화. 최대섭, 1978, 독립기념관 소장.

## = 독립협회를 해산시키다

이에 위기를 느낀 조병식·유기환 등 수구파 관료들은 중추원 관제가 반포된 11월 4일 익명서匿名書 사건을 일으켰다. 독립협회가 왕정을 폐지하고 박정양을 대통령, 윤치호를 부통령으로 삼아 공화정을 수립하려 한다고 무고한 것이었다. 고종은 진상파악도 하지 않고 독립협회를 비롯한 모든 협회를 해산하라는 조칙을 발표하고, 이상재, 남궁억, 정교 등 독립협회 지도부 20명에 대한 체포령을 내려 17명을 체포하였다. 고종의 왕권을 인정하면서 의회제도를 설립해 근대 국가로 나아가려던 독립협회는 고종에 의해 해산되고 다시 친일·친러수구파 정권이 들어섰다.

서울의 민중들은 관민 공동회를 열어 50여 일 간 시위 농성하면서 독립협회 부활, 개혁파 내각 수립, 의회식 중추원 설치 등을 요구했다. 고종은 황국협회를 이용하여 관민 공동회를 탄압하였고, 결국은 병력을 동원하여 민중들의 정치 활동을 봉쇄하였다.

독립협회에서 나타난 사상은 자주 국권 사상, 자유 민권 사상, 자강 개혁 사상으로 집약된다. 자주독립 국가건설을 목표로 삼았지만 청나라에 대한 독립은 강조한 반면 일본에 대한 독립은 상대적으로 소홀했다는 문제점도 갖고 있었다.

### 독립협회 회장 윤치호의 일기

"오늘의 〈관보官報〉는 독립협회 해산과 헌의 6조에 서명한 대신들을 면관시킨 칙령을 공포하였다. 이것이 국왕이라니! 거짓말을 능사로 하는 어떤 배신적인 비겁자라도 대한의 대황제보다 더 천박한 일을 하지 못할 것이다. 이제는 정부는 친일 노예 유기환과 친러 노비 조병식의 수중에 있다. 러시아·일본인 양자가 이 사건에 개입한 것은 의심할 여지가 없고 모종의 살찐 이권을 위하여 그들의 노예들을 지원하고 있다. 저주받을 왜놈들!" 《윤치호일기》, 1898년 11월 5일

┄→ 윤치호는 대한제국 멸망 후 친일파로 변신해 중추원 고문과 일본제국의회 귀족원 칙선의원을 역임하게 된다.

▲ 윤치호

## 🔹 대한제국과 〈대한국 국제〉

= 대한제국 수립

　　러시아 공사관에서 환궁한 고종은 1897년 대한제국을 수립했
는데 재위 34년째였다. 대한제국은 황제국을 선포하고 국호를 조
선에서 대한으로 바꾸었으며 연호를 광무光武로 정하고, 만국공
법에 기초한 자주 국가임을 국내외에 선포하였다. 일본, 청, 러시
아, 프랑스 등으로부터 승인을 받았다. 대한제국 선포는 조선이
명·청에 사대했던 과거와 달리 자주 독립 국가임을 대외에 선포했
다는 의미가 있다. 그러나 자주 독립 국가는 황제국이라고 선포
한다고 이룩되는 것이 아니라 내용적으로 자주 독립 국가의 실력
을 갖추어야 하는 것이었다. 그런 실력을 갖추려면 나라를 발전
시키려는 국민들의 역량을 최대한 제도권 내로 끌어들여야 했다.
그러기 이해서 가장 필요한 것이 입헌군주제였지만 고종은 자신
을 헌법 내의 존재로 제한할 생각이 없었다.

▲ **천자가 하늘에 제사를 지내던 환구단.** 광무 1년(1899) 고종이 황제즉위식을 올린 곳이다.

## ＝ 〈대한국 국제〉를 반포하다

고종은 대한제국 수립을 법제적으로 뒷받침하기 위해서 1899년 6월 법규교정소를 만들고 8월 〈대한국 국제國制〉를 반포했다. 〈대한국 국제〉의 내용은 다음과 같다.

> **제1조** 대한국은 세계만국에 공인된 자주독립 제국帝國이니라.
> **제2조** 대한국의 정치는 전부터 후까지 만세불변할 전제정치專制政治이니라.
> **제3조** 대황제는 무한한 군권君權을 향유享有하니라.
> **제4조** 대한국 신민이 대황제께서 향유하시는 군권을 침손侵損하면 실행했고 실행하기 전이고 신민의 도리를 잃은 자로 인정하노라.
> **제5조** 대황제께서는 육해군을 통솔하고 편제編制를 정하고 비상계엄을 명하시니라.
> **제6조** 대황제께서는 법률을 제정하고 대사大赦, 특사特赦, 감형減刑, 복권復權을 명하시느니라.
> **제7조〜8조** 대황제께서는 행정 각부의 관제를 정하고 각종 칙령을 발하고 문무관을 임명하거나 파면하고 작위爵位, 훈장勳章 및 기타 영전榮典을 수여하거나 빼앗느니라.
> **제9조** 대황제께서는 각 나라에 사신을 파견하거나 주재하게 하고 선전宣戰이나 강화講和 및 제반조약諸般約條를 체결하느니라.

대한제국의 헌법이라고 할 〈대한국 국제〉는 10년 전인 1889년 공포된 메이지헌법을 개악한 것이었다. 국왕을 헌법 위의 초월적 존재로 설정하고 삼권분립은 흉내조차 내지 않고 입법·행정·사법을 국왕이 독차지했다. 외교·군사권을 비롯해 모든 권력을 국왕한 사람에게 귀속시킨 시대착오적인 국제였다.

고종은 황제권 강화에 모든 정력을 기울였다. 군사정책의 중점을 국가의 국방력 강화보다 황실 호위 병력의 강화에 두었다. 경제정책에서도 전국의 광산·철도·홍삼·제조·수리관개사업 등의 수입을 정부예산과 분리해 황제의 수입으로 삼고, 상업과 공장건립도 민간산업을 억제하고 황실직영 업종에 중점을 두었다. 근대적인 토지제도를 수립한다면서 토지를 측량하는 양전사업과 토지소유자에게 증서를 발급하는 지계사업도 실시했는데 시행 결과 봉건적인 지주 권한만 강화했을 뿐 농민들의 토지개혁 요구는 전혀 반영되지 않았다. 양전사업 과정에서 실질적으로 농민 소유였던 토지들이 다수 황실 소유의 궁방전 등으로 강제 편입되면서 정부와 농민 사이에 많은 분쟁이 발생했다.

고종과 황제 측근의 수구관료들에 의해서 행해진 이런 조치들을 '광무개혁'이라고도 부르기도 하지만 개혁改革이 아닌 개악改惡에 가까웠다. 고종이 당면한 시대적 과제를 방기하고 황권강화에 몰두하는 동안 러시아와 일본은 한국을 차지하기 위한 군사 충돌까지 불사하려 했다.

▲ 덕수궁을 순찰하는 일본군(1901년)

# 3 일제의 국권침탈과 항전

### ① 러일전쟁과 을사늑약

= 러일전쟁 발생하다

청일전쟁에서 승리한 일본은 청 세력을 몰아냈지만 러시아라는 장벽에 부딪쳤다. 일본은 청일전쟁의 승리로 요동반도를 차지했지만 러시아가 주도한 삼국간섭으로 청나라에 되돌려주었고 이어서 아관파천으로 한국의 여러 이권을 러시아에 빼앗겼다. 일본은 전쟁으로 러시아를 구축하고 한국을 차지하려 하였다. 이를 감지한 대한제국 정부는 1904년 1월 국외중립局外中立을 선언했으나 국방력이 없는 국가의 선언은 실속이 없었다. 일본은 1904년 2월 4일 러시아에 선전포고하는 것으로 러일전쟁을 시작했다. 일본은 개전 직후 서울을 점령하고 2월 23일 외부대신 서리 이지용과 일본공사 하야시 곤스케林權助 사이의 〈한일의정서〉

▲ 러일전쟁 당시 일본의 선전화

를 체결하였다. 그 내용은 첫째 한국정부는 일본을 신임하여 시설개선에 관한 충고를 받아들인다는 것이었고, 셋째 일본은 전략상 필요한 한국 내 지역을 언제나 사용할 수 있다는 것이었다. 또한 한국과 일본은 상호간의 승인을 거치지 않고서는 협정의 취지에 위배되는 협약을 제3국과 맺지 못한다는 것도 있었다. 이는 대한제국의

▲ 만주에서 촬영한 러시아 제23포병여단

주권을 크게 훼손한 것이어서 민중들이 반발했으나 일본은 같은 해 7월 〈군사경찰훈령軍事警察訓令〉을 만들어 치안권을 빼앗았으며, 8월에는 〈한일외국인고문용빙韓日外國人顧問傭聘에 관한 협정서〉로 재정에 대한 권한을 빼앗아갔다. 대원군의 형 흥인군興寅君 이최응李最應의 손자인 이지용을 비롯한 친일관료들은 일제에게 뇌물까지 받고 조약을 체결했다.

1904년 8월부터 이듬해 초까지 벌어진 여순 공방전에서 러시아측 전사자는 7,400여 명인데 비해 일본측 전사자가 1만 1,100여 명으로 훨씬 많았다. 1905년 3월 초의 봉천회전奉天會戰에서도 러시아측 전사자는 8,700여 명인데 비해서 일본측 전사자는 1만 5,000여 명에 달했다. 그러나 러시아에 내전이 발생한데다 러시아 발틱함대까지 도고 헤이하치로東鄕平八郎가 이끄는 일본연합함대에게 동해에서 패배하자 러시아는 더 이상 전쟁을 수행하기 어렵게 되었다. 일본과 러시아는 미국의 중재로 1905년 9월 5일 포츠머스 강화조약을 체결했다. 이 조약으로 일본은 러시아로부터 한국의 지배권을 인정받고 여순과 대련의 조차권과 북위 50도 이남의 사할린까지 양도받았다.

▲ 선교사 헐버트. 한국독립운동
을 시종일관 지지했다.

강화조약을 중재한 공으로 미국의 루스벨트 대통령은 1906년 노벨 평화상을 수상했으나 미국은 그 전인 1905년 7월 육군장관 태프트 *William Howard Taft*(훗날 27대 미국대통령)와 일본의 내각 총리대신이자 임시 외무대신이었던 가쓰라 다로桂太郎 사이에 이른바 '가쓰라-태프트밀약'을 맺었다. 미국이 필리핀을 차지하는 대신 일본은 한국을 지배한다는 밀약이었다. 이런 사실을 몰랐던 고종은 포츠머스 강화조약이 체결된 다음 달 미국인 헐버트*H. B. Hulbert*를 통해 루스벨트에게 친서를 전달해 한국을 도와달라고 간청하려 했으나 미국은 이미 일본에 대한제국의 지배권을 넘겨준 후였다. 청일전쟁과 러일전쟁에서 승전한 일본의 한국 지배는 국제 사회에서 이미 기정사실이었다.

### = 을사늑약 체결과 그 반발

포츠머스 강화조약으로 러시아는 한국을 포기할 수밖에 없었다. 일본 각의閣議는 강화회담이 열리기 4개월 전인 4월 8일 이미 한국에 대해 이른바 '보호권 확립' 방침을 결정했다. 일본은 1902년 1월 영일동맹을 체결해 "한국에 대한 일본의 정치, 경제적 이

## 러일전쟁 때 일본의 첩보활동

▲ 아카시 모토지로

러일전쟁 당시 러시아 공사관에 근무하던 일본의 아카시 모토지로明石元二郎(명석원이랑) 대좌는 1904년 제네바에 있던 레닌을 방문에 러시아 사회주의 혁명에 일본이 자금을 지원하겠다고 요청했다. 레닌이 주저하자 '타타르인인 그대가 러시아 로마노프 왕조를 무너뜨리는데 주저할 것이 무엇이냐?'고 설득해 막대한 자금을 주었다. 이 자금이 1905년 1월의 피의 일요일 사건, 전함 포템킨호 반란 사건으로 이어져 러시아는 러일전쟁을 계속하기 어렵게 되고 로마노프 왕조는 몰락하게 된다. 고종이 외교력으로 국권을 지킬 수 있다는 망상을 꾼 반면 레닌과 아카시는 국제관계에서는 영원한 적도, 동지도 없음을 말해주었다. 아카시는 1910년 일제의 한국 점령 후 헌병사령관과 경무총장을 겸임하면서 무단통치를 자행했고 수많은 한국인을 학살했다. 러일전쟁 때 첩보활동 내용은 당사자인 아카시의 자서전《낙화유수落花流水》에 기록되어있다.

익을 영국으로부터 승인" 받은 데다 가쓰라-테프트 밀약으로 미국으로부터 한국 지배를 승인받았고, 포츠머스 강화조약으로 러시아를 축출했으니 한국점령에 걸림돌은 없었다.

1905년 11월 9일 일본의 특명전권대사 이토 히로부미伊藤博文는 대한제국을 이른바 '보호국'이란 명칭의 군사점령지로 만드는 을사늑약을 체결하려 한국에 입국했다. 나흘 전인 11월 5일 친일파 이용구·송병준 등이 결성한 **일진회**一進會•는 "한국의 외교권을 일본 정부에 위임하는 것이 국가 독립을 유지할 수 있고 영원히 복을 누릴 수 있는 길"이란 내용의 〈일진회 성명서〉를 발표했다. 나중에 이용구·송병준의 일진회와 이완용의 집권 노론은 어느 집단이 나라를 먼저 팔아먹는지 경쟁하는 사이가 된다. 1905년 11월 17일, 일본은 "한국이 부강해졌다는 사실을 인정할 때까지"라는 단서를 달아 '을사늑약'을 체결했다. 이로써 한국의 외교권은 일본인 통감統監에게 넘어갔다.

참정대신 한규설과 탁지부대신 민영기, 법무대신 이하영은 조약체결에 반대했으나 학부대신 이완용·군부대신 이근택·내부대신 이지용·외부대신 박제순·농상공부대신 권중현 등이 찬성했는데, 이들이 을사오적이었다. 이로써 대한제국의 외교권은 강탈당

알고 싶어요

## 을사늑약의 주요내용

전문: 한국이 부강해질 때까지 아래 조항을 약정함

❶ 일본은 동경 외무성이 앞으로 한국의 외교관계를 지휘함

❷ 한국정부는 앞으로 외국과 조약을 체결하지 못함

❸ 한국황제 아래 한 명의 통감統監을 설치하는데 외교에 관한 사항만 관장함. 각 개항장과 일본이 필요로 하는 곳에 통감의 지휘를 받는 이사관理事官을 설치함

❹ 일본과 한국 사이의 기존 조약은 본 협약에 저촉되는 것을 제외하고 그 효력이 계속됨

❺ 일본은 한국황실의 안녕과 존엄을 유지함을 보증함

⋯▶ 일본인 통감이 외교만 관장한다고 했으나 이는 외교적 수사에 불과하고 모든 국정을 장악한 황제 위의 존재였다.

▲ **을사오적.** 왼쪽부터 박제순, 이지용, 이근택, 이완용, 권중현

했으며 통감부가 외교권을 대신 행사했다.

《황성신문》 사장 장지연은 1905년 11월 20일자에 '이 날을 목
놓아 통곡한다'는 〈시일야방성대곡是日也放聲大哭〉이라는 논설을
게재해 조약체결을 비판했고 전국 각지에서 조약거부 운동이 일
어났다. 의정부참찬 이상설을 비롯해 이유승, 법부주사 안병찬,

### 장지연의 〈시일야방성대곡〉(《황성신문》, 1905년 11월 20일)

"오호라! 개·돼지만도 못한 소위 우리 정부 대신이라는 작자들이 위협에 떨면서
굽실거려 나라를 팔아먹는 적이 되기를 서슴지 않아서 4천 년 강토와 5백 년 종
사를 타인에게 바치고 2천만 생령生靈을 타인의 노예로 만들었다…우리 2천만
동포 노예들이여! 살겠느냐? 죽겠느냐? 단군·기자 이래 4천 년 국민정신이 하룻
밤 사이에 졸연히 망하고 멈추지 않았는가? 아프고 아프도다. 동포여 동포여!"

··→ 장지연은 망국 후 총독부의 어용신문 〈매일신보〉 주필로 친일 논설을 쓰는 친
　일파로 전락했다.

▲ 장지연

### 고종의 재가 없는 을사늑약은 무효

"짐은 최근 한국과 일본 사이에 체결된 소위 보호조약이 총검과 공갈 하에 강제로 제정된 것이므로 전혀 무효
임을 선언한다. 짐은 이에 동의한 일이 없으며 앞으로도 동의하지 않을 것이니 이 뜻을 미국 정부에 전달하기
바란다".

··→ 을사늑약이 체결된 후 고종은 자신의 재가없이 맺은 보호조약은 무효라고 주장하였다.

원임의정대신 조병세, 시종무관장 민영환, 전 참찬 최익현 등이
조약 거부와 을사오적의 처벌을 주장하는 상소를 올렸으며, 민영
환과 조병세, 전 참판 홍만식, 학부주사 이상철, 주영공사 이한응,
평양대의 김봉학 등은 자결로써 항거했고 전국 각지에서 의병운
동이 일어났다.

　나인영(나철)·오기호·김인식 등은 자신회自新會를 조직해서 5적
암살에 나섰다. 5적 이지용과 박제순에게 '미국인이 보낸 것'이라
면서 폭약 2궤를 보냈으나 둘이 의심해 실패했으며, 강원상 등의
장사들을 구해서 권중현에게 육혈포를 쐈으나 명중시키지 못했다.

## ② 통감통치와 대한제국의 종말

### ◀ 통감통치 시작되다

　을사늑약이 체결되자 청국·영국·미국·독일·프랑스·이탈
리아 등의 주한외국 공관은 철수하면서 격을 낮춰 영사
관을 설치했다. 일본은 1906년 2월 1일 서울에 통감부統
監府를 설치하고 이토 히로부미를 초대 조선통감으로 임
명했다. 일진회는 '환영'이라는 큰 현수막을 숭례문에 게
양했다.

　통감부는 외교사항만 관장하게 되어 있었지만 이토는
한국 전체 내정을 간섭했고, 친일매국노들이 장악한 대한
제국 정부는 그 감독을 받아들였다.

▲ 이토의 통감통치를 풍자한 삽화

### ◀ 헤이그 밀사사건과 고종의 강제퇴위

　외교권을 빼앗긴 고종은 1907년 6월 네덜란드의 헤이그에서 열
리는 제2회 만국평화회의에 이상설·이위종·이준 등을 특사(밀사)

▲ 일본에서 만든 일·청·한 귀인 초상화. 조선에는 고종, 대원군, 박영효, 김옥균 등이 그려져 있다.

로 파견했다. 을사늑약이 황제의 뜻에 반해서 강제로 체결된 것임을 폭로해 일제의 허를 찔렀으나 이미 을사늑약을 승인한 열강들은 한국 정부의 외교권을 승인할 수 없다면서 의제 상정조차 거부했다. 이에 분개한 특사 이준은 헤이그에서 분사憤死했다. 이토 히로부미는 이 사건을 이용해 고종의 퇴위를 강요했고 고종은 그해 7월 '국사를 황태자에게 대리시킨다'는 황태자 섭정의 조칙을 승인했다. 일제와 친일매국 대신들은 섭정의 조칙을 황위를 내놓은 '양위'로 조작해서 양위식을 강행하고 고종을 끌어내렸다.

분노한 군중들이 일진회 기관지 《국민신보사》 등을 습격하고 이완용의 집에 불을 질렀으나 상황을 되돌릴 수는 없었다.

일제는 친일매국 대신들과 일본인 차관이 국사를 집행하는 '차관정치'를 명문화한 이른바 '한·일신협약(정미7조약)'을 체결했다. 민중들은 정미7조약에 찬성

▲ 이토에게 나라 팔아먹는 매국대신을 풍자한 삽화

한 내각총리대신 이완용, 농상공부대신 송병준, 군부대신 이병무, 탁지부대신 고영희, 법부대신 조중응, 학부대신 이재곤, 내부대신 임선준 등을 '정미7적'이라고 부르며 격렬하게 규탄했다. 일제는 친일매국노들로 구성된 내각에게 각종 조치를 취하게 했다. 집회결사를 금지시키는 보안법을 공포하고, 군대해산 명령을 내렸다. 시위대 제1연대 제1대대장 박성환朴性煥이 군대 해산령에 항거해 자결하자 격분한 시위대 군인들은 일본군과 격렬한 시가전을 치렀다. 일제는 각 지방 진위대도 강제해산시켰는데 강원도 원주의 진위대를 비롯해서 여러 곳의 군인들이 일본군과 격전을 치렀다. 이 군인들이 의병에 가담하면서 의병 측의 전력이 크게 확대되었다.

나라가 망국으로 치닫는 가운데 고종은 강제로 퇴위당하고 순종이 새 황제로 즉위해서 1907년 8월 2일부터 연호 광무光武를 융희隆熙로 바꾸었다. 시대의 흐름을 거부하고 모든 개혁을 저지한 고종은 500년 종사를 일제에 헌납한 꼴이었고, 일제로서는 대한제국의 마지막 남은 껍데기를 해체하는 작업만 남은 셈이었다.

### 대한제국의 종말

일본 조야에는 한국 점령에 대해 두 가지 기류가 있었다. 하나는 육군대장 야마가타 아리토모山縣有朋(산현유붕)와 초대 조선총독이 되는 데라우치 마사다케寺內正毅(사내정의) 등 군부 인사들로서 한국을 즉각 점령하자는 즉각병합론을 주장했다. 반면 이토 히로부미 등 문관 관료들은 국

▲ 일본에서 발행한 한국강점 기념 엽서

제여론도 살펴가면서 점령하자는 점진병합론을 주장했다. 고종과 친일관료들 중에 매국적이 아닌 인사들은 이토가 한국의 독립을 유지시켜 줄 것이라는 희망을 버리지 않았다. 그러나 이토는 1909년 4월 총리대신 가쓰라, 외무대신 고무라와 3자 회합에서 즉각 병합에 이의가 없다고 동의했고, 일본 각의는 7월 6일 '한국 병합에 관한 건'을 통과시켰다. 이토는 그해 10월 러시아 방문길에 올라 10월 26일 특별열차를 타고 하얼빈역에 도착했다가 대한민국 의병중장 안중근에 의해 총살당했다.

일제가 청일전쟁, 러일전쟁을 불사한 이유는 한국을 식민지로 만들기 위한 것이었다. 일제는 군사력으로 한국을 점령하는 한편 총리대신 이완용이 당수로 있는 계유정변 이후의 집권 노론과 이용구·송병준 등의 '일진회' 같은 친일 매국노들을 시켜 이른바 합방을 찬성하게 사주했다.

1910년 7월 조선통감 데라우치 마사타케는 '병합 후의 대한 통치방침'을 휴대하고 부임해 이 임무를 수행했다. 이완용의 비서 이인직을 통해 이미 매국조건을 합의한 데라우치는 총리대신 이

**1차 사료로** 그 시대 보기

### 안중근 의사가 회고하는 이토 저격장면

"나는 찻집에 앉아서 차를 두서너 잔 마시며 기다렸다…이토가 하차하자 각 군대가 경례하고 군악 연주 소리가 하늘을 울리고 귀를 때렸다. 그때 분한 기운이 터져 일어나고 3천길 업화業火가 머릿속에서 치솟아 올랐다. '무슨 까닭으로 세상 일은 이렇게 공평하지 못한가. 슬프다. 이웃 나라를 강탈하고 인명을 잔인하게 해치는 자는 이처럼 기뻐 날뛰면서 아무런 꺼림도 없는데, 죄 없고 어질고 약한 인종은 거꾸로 이런 곤경에 빠져야 하는가'

▲ **이토를 총살하는 안중근 의사.** 박영선, 1976, 독립기념관 소장

다시 더 말할 것 없이 곧 큰 걸음으로 용감하게 걸어 나가서 군대가 늘어서 있는 뒤까지 갔다. 러시아 일반 관리들이 호위하고 돌아오는 맨 앞의 누런 얼굴에 흰 수염을 한 작은 노인이 이렇게 염치도 없이 감히 천지 사이를 돌아다니는가…… 하고 곧 단총을 뽑아 그 오른쪽을 향해서 4발을 쏘았다." 안중근, 《안응칠 역사》

완용, 농상공대신 조중응과 매국에 합의했다. 8월 22일 형식상의 어전회의를 마친 당일로 데라우치는 이완용과 조인을 완료했다. 이 사실은 1주일간 비밀에 부쳐졌다가 8월 29일 이완용이 윤덕영에게 황제의 어새를 날인하게 하고 일본이 한국을 차지한다는 이른바 병합조약을 반포했다. 조선 왕조는 27대를 마지막으로 519년 만에 일제에 점령당하는 것으로 종말을 고했다.

그러나 〈대한국 국제〉에 의하면 대한제국의 모든 조약 체결권은 황제 1인에게 있으므로 고종의 재가를 받지 않은 을사늑약은 물론 이때의 이른바 합병조약도 순종의 재가를 받지 않았으므로 불법이자 원천 무효이다.

일본 내각은 그 전인 6월 3일 '한국에 대한 시정방침'을 결정해 한국에는 일본의 메이지 헌법을 시행하지 않고 일왕의 위임을 받은 조선총독의 '대권大權'에 의해 통치하기로 결정했다. 일왕에 직속된 조선 총독이 대만처럼 일체의 입법·사법·행정권을 한 손에 갖게 되었다. 일본의 메이지 헌법을 적용하면 한국에서도 총선거를 실시하고 그 결과에 따라 내각을 구성해야 했기에 총독제를 적용한 것이었다. 군사적으로 일제에 점령된 한국은 법제적으로도 일제의 노예국이 된 것이다.

**알고 싶어요**

## 이인직의 매국행위

《혈의 루》의 작가 이인직은 1900년 관비유학생으로 도쿄정치학교에 입학해서 교수 고마쓰 미도리小松綠를 만나고, 귀국해서 《국민신보》·《만세보》 등 친일언론의 주필로 활동하다가 《대한신문》 사장을 역임했다. 1910년 8월 4일 이인직은 총리 이완용의 비서로서 통감부 외사국장 고마쓰를 몰래 만나 이완용의 지시로 대한제국을 팔아먹는 비밀협상을 주도했다. 고마쓰는 1934년 11월 총독부 기관지 《경성일보京城日報》에 〈일한병합교섭日韓併合交涉과 데라우치寺內 백작伯爵의 외교수완〉이라는 연속 기사에서 이 사실을 밝혔다. 그러나 아직도 국내에서는 친일 매국노 이인직을 선각자로 묘사하고 있다.

▲ 이인직

## ❸ 항일의병전쟁과 민족종교의 등장과 항전

### 🔹 항일의병전쟁

= 서울진공작전의 실패

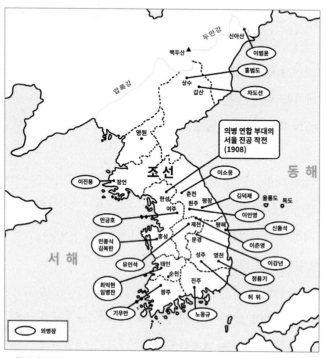

▲ 항일의병전쟁

나라가 위기에 빠지자 다수의 민중들과 일부 지식층이 스스로 무기를 잡고 의병을 일으켰다. 의병전쟁은 1895~1896년의 제1차 의병전쟁과 1905~1910년의 제2차 의병전쟁으로 나뉜다. 1차 의병전쟁은 '을미의병', 2차 의병전쟁은 그 절정기가 1907년(정미년)이므로 '정미의병'이라고도 부른다. 1차 을미의병은 1895년(을미년) 일제의 명성황후 살해와 단발령에 반발해 봉기했다.

제1차 의병전쟁은 원주의 원용팔, 홍성의 민종식, 태인의 최익현 등이 대표적 의병장이다. 이들은 대부분 유학자들로서 유인석·노응규·최익현은 화서華西 이항로를 따르는 화서학파에 사상적 뿌리를 두고 있다. 전라도의 기우만은 이항로와 함께 조선 후기 위정척사 사상의 양대 지주를 이루었던 기정진의 손자로서 모두 성리학 사회를 지킨다는 위정척사 사상에 뿌리를 두고 있었다. 1차 의병전쟁은 1896년 고종이 러시아 공사관으로 망명

▲ 항일의병들. F.A. 매켄지,《대한제국의 비극》

하는 아관파천으로 김홍집 친일내각이 붕괴되고 일본의 기세도 일시 꺾이자 종결되었다.

2차 의병전쟁은 러일전쟁에서 승리한 일본이 을사늑약으로 대한제국의 외교권을 박탈하고 통감통치를 실시하자 일어났다. 양반 출신들뿐만 아니라 영해의 신돌석처럼 평민 출신들도 의병장으로 등장했다는 특

▲ **박승환 순국도**. 박기태, 1976, 독립기념관 소장.

징을 지닌다. 1907년 고종이 강제퇴위당하고, 한일신협약(정미 7조약)이 체결되고, 그해 8월 군대가 강제 해산 당하자 시위대 제1대대장 박승환 참령이 자결 순국했다. 이후 대한제국 군인들이 의병에 가담하면서 그 전력이 크게 강화되었다. 서울시위대 박승환 대대장이 자결하면서 한국군의 항전은 원주·강화 등 지방 진위대로 확대되었다. 민긍호가 지휘하는 원주진위대는 강원도와 충청북도 일대를 넘나들면서 일본군과 싸웠고 서울 진격 작전의 중추를 이루기도 했다.

1908년 의병들은 13도 창의군을 결성했는데 그해 음력 정월 양주에 집결한 의병군은 모두 1만여 명에 달했다. 창의대장 이인영, 군사장 허위를 비롯해 전라창의대장 문태수, 호서 이강년, 관동 민긍호, 교남(영남) 신돌석, 관서 방인관, 관북 정봉준, 관동 허위

알고 싶어요

### 허위의 순국

허위는 천거에 의해서 중추원 의관中樞院議官·평리원수반판사平理院首班判事·평리원 재판장平理院裁判長 을 역임했는데, 이는 지금의 대법원장에 해당하는 자리이다. 그러나 그는 의병항전에 나섰다가 1908년 10월 21일 서대문 감옥에서 51세로 순국하였다. 안중근 의사는 "본시 고관이란 제 몸만 알고 나라는 모르는 법이지만, 허위는 그렇지 않았다. 허위는 관계 제일의 충신이라 할 것이다."라고 평했다.

등이 지휘관이었다. 총대장 이인영은 서울주재 각국 공사관에 격문을 보내 의병이 국제법상 교전단체임을 선언하고 일본군의 철수를 요구했다. 13도 창의군은 서울진공작전을 결의했는데 허위가 선발대를 거느리고 동대문 밖 30리 지점까지 진격했다. 그러나 각도 의병진들이 제때 도착하지 못한 상황에서 일본군이 망우리 일대의 군사요충지를 선점했다. 여기에 창의대장 이인영의 부친상이 겹치자 이인영은 허위에게 군무를 위탁하고 낙향했다. 후임 의병 총대장 허위가 일제에 쫓겨 소요산까지 퇴각했다가 1908년 5월 양평군에서 체포되어 사형당했다. 이로써 서울진공작전은 무산되고 말았다.

## = 일제의 남한대토벌 작전

▲ 완주 만마관. 일제의 《남한폭도대토벌사진첩》에 수록

▲ 의병들을 학살하는 일본군

이후 의병들은 여러 곳으로 분산해 독자적인 항일전쟁을 수행했다. 러시아 연해주로 이주한 노령露領(러시아령) 의병은 1908년 두 차례 두만강을 건너 국내진공작전을 전개했다.

제2차 의병전쟁이 전국적으로 확대되자 일제는 이른바 '남한대토벌 작전'을 전개해 남한 전역의 의병들을 강제로 진압했다. '남한대토벌 작전'은 '토벌을 행해야 할 구역은 전라남북도'라고 명시해 의병이 가장 성행했던 전라도를 중점적으로 탄압했는데, 전라도 각지의 수많은 마을들을 소각하고 주민들을 대량 살육했다. 제2차 의병전쟁은 '남한대토벌 작전'으로 결정적인 타격을 받았다. 의병전쟁은 1909년 말부터 쇠퇴하기 시작했지만 국내에서도 1915년경까지 계속되었다. 그중 일부는 만주와 연해주(블라디보스토크)로 이주해 독립군으로 재탄생했다. 그런 대표적 인물이 홍범도이다. 함경도의 포수 출신인 홍범도는 1910년 간도로 망명해 독립군을 결성했다. 그는 1920년 일본 정규군을 대거 섬멸하는 봉오동 승첩과 청산리 승첩의 주역이 되었다. 양반 출신으로는 유인석이 대표적이다. 1907년 정미의병에 가담했던 유인석은 연해주로 망명해 1910년 13도 의군을 조직했다. 전직 고위관료였던 이상설·이범윤 등도 연해주에 망명해 있었는데 이들이 유인석을 도총재로 추대했다. 유인석은 다시 서간도로 망명해 1915년 사망할 때까지 항일무장투쟁에 전념했다.

## ◀ 민족종교의 등장과 항전

### = 민족종교의 등장

망국이 기정사실화하자 지식인들은 큰 충격을 받았다. 왜 서양 열강도 아닌 일본에 나라를 빼앗기게 되었는지 깊게 성찰했다. 그 결과 우리의 사상과 학문·역사를 버린 유교 사대주의가 근본원인이라는 깨달음에 도달했다.

일본과 서양열강이 밀려들자 우리 민족을 주체로 삼는 민족종교가 나타났다. 수운 최제우가 철종 11년 (1860) 깨달음을 얻고 동학을 창시한 데는 도탄에 빠진 민생과 서양 선박들의 출몰에 위기의식을 느낀 것도 주요한 동기였다. 동학은 제2대 교주 최시형을 거쳐 1905년 제3대 교주 손병희에 의해 천도교天道教로 개칭했다.

또한 증산甑山 강일순姜一淳은 1901년 모악산에서 깨달음을 얻고 무극대도無極大道를 열었다. 이것이 훗날의 증산도甑山道가 되는데 대일항전기 때 6백만 신

▲ 단군교를 대종교로 중광한 홍암 나철

도를 헤아렸다는 보천교普天教도 증산의 사상을 따르던 민족종교
이다. 보천교는 김좌진의 북로군정서와 정의부 등에 독립운동 자
금을 제공하는 등 독립운동을 후원했다.

1909년 1월 15일 나철과 오기호 등은 단군교를 중광重光(빛이 끝
났다가 다시 이어져 빛나게 되었다는 뜻)하고 이듬해 대종교大倧教로 교
명을 바꾸었다. 대종교는 망국 후 두만강 북쪽에 북로군정서 및
신민부 등을 설립해 북간도 독립운동의 중심이 되었다. 1916년
박중빈朴重彬이 창시한 원불교圓佛教도 한국의 신 불교로 일종의
민족종교이다.

조선총독부는 한국의 민족종교를 말살하기 위해 혹독한 탄압
을 가했다. 일제는 종교를 둘로 분류했다. 일본의 신도神道를 필
두로 기독교, 불교는 종교로 분류해서 지금의 교육부나 문화부격
인 총독부 학무국 종교과에서 관장했다. 민족의 광복을 희구하
는 민족종교들은 유사종교로 분류해서 독립운동가들을 탄압하
는 총독부 경무국警務局 치안과治安課에서 관장했다. 일제는 민족
종교들을 독립운동 조직으로 파악한 것이었다. 실제로 민족종교
들은 대일항전기 내내 혹독한 탄압을 받아 존속 자체가 거의 불
가능했다.

## ④ 독도와 간도

### 독도

▲독도

## = 독도가 조선령임을 밝힌 일본의 〈태정관지령〉

일본이 독도에 관심을 가진 것은 1876년이었다. 일본은 이른바 메이지유신 이전에는 봉건영주가 다스리는 각 지방 쿠니國(국)가 사실상 독립국이었기 때문에 일본열도 전체를 총괄하는 지적도가 구비되지 못했다. 일본은 메이지유신 이후 비로소 내무부에서 전국적인 지적도 편찬사업을 진행했다. 이때 시마네현島根縣(도근현)에 파견된 내무부 관료들이 내무부에 울릉도와 독도를 일본의 지적도에 포함시켜야 하는지를 질의한 것이 독도 문제의 시작이었다. 내무부는 영토 문제는 중요하니까 정식으로 문건을 갖춰서 질의하라고 하달했고 관료들은 관련 서류를 갖춰서 보고했다. 내무부는 문건 검토 결과 울릉도와 독도는 조선령이지만 영토 문제를 내무부에서 결정할 수 없다면서 지금의 총리실격인 태정관太政官에 품의했다. 태정관은 1877년 3월 내무부에 "품의한 취지의 죽도竹島(울릉도) 외 1도(독도)는 본방本邦(일본)과 관계없다는 뜻을 명심할 것"이라는 지시를 하달했다. 또 시마네현에도 "울릉도와 독도를 편입하지 말라."는 지시를 내렸다. 조선정부는 일본 내

**1차 사료로** 그 시대 보기

### 내무부에서 태정관에 질의한 내용

"다케시마竹島 관할 건에 대해서 시마네현에서 별지別紙로 물은 것이 제출되었으므로 조사한 결과 이 섬에 대한 건은 원록元禄 5년(1692:숙종 18) 조선인(안용복)이 섬에 온 것을 계기로, 별지의 서류에 요약한 것처럼 원록元禄 9년(1696:숙종 22) 정월의 제1호 〈구정부舊政府 평의評議의 취지〉에 기초하고, 제2호 〈역관에게 하달한 문서〉, 제3호 〈해당국(조선)에서 온 문건〉, 제4호 〈본방本邦(일본)에서 회답한 문서〉 등에 의해 결국 원록元禄 12년(1699)까지 각각 협의가 종료되어 본방과는 관계가 없는 것으로 여겨지고 있습니다. 그러나 영토의 취사取捨는 중요한 안건이기 때문에 별지 서류를 첨부해서 묻습니다."

⋯▸ 4가지 사료를 근거로 울릉도와 독도가 조선 영역이라고 말하고 있다.

▲ 〈태정관지령〉. 울릉도와 독도는 일본과 관련 없다는 사실을 명심하라는 명령하고 있다.

에서 이런 일이 벌어지고 있다는 사실 자체를 알지 못했으므로 일본 내각의 최고기관이 스스로 독도가 울릉도임을 분명히 한 것이다.

그러나 일본은 이 문건을 감추고 러일전쟁 와중인 1905년 1월 28일 독도를 시마네현으로 편입시켰다. 일본이 이를 '국제고시'가 아닌 '시마네현 고시 제40호'로 처리했는데 '국제고시'를 하면 혹시 〈태정관지령〉이 드러날지도 모른다고 여겼기 때문일 것이다. 시마네현은 1905년 2월 22일 현청 게시판에 독도의 명칭을 다케시마로 하고 오키섬隱岐諸島(은기제도)의 관할로 한다는 내용의 고시를 발표하였다. 1906년 울도군수 심흥택은 일본의 독도 조사단으로부터 독도가 일본령으로 불법 편입되었다는 사실을 알고 한국 정부에 보고했지만 이미 외교권을 빼앗긴 후라서 대응책을 마련하지 못했다.

일본은 1945년 패전 후에도 〈태정관지령〉을 비밀에 부쳤으나 1987년 교토京都대학의 호리 가즈오堀和生(굴화생) 교수가 〈1905년 일본의 다케시마 편입〉이라는 논문을 써서 세상에 알렸다. 호리 가즈오 교수는 독도가 한국령이라고 밝힌 이 논문 때문에 일본 학계에서 배척당했는데 마찬가지로 한국 학계도 호리 가즈오 교수의 연구결과를 적극적으로 드러내지 않고 있다.

## = 독도의 역사적 연원

독도가 한국령임은 역사는 물론 지리로도 입증된다. 먼저 지리적으로 독도는 울릉도에서 87.4km 떨어져 있는 반면 일본에서 가장 가까운 오키섬에서는 157.5km로 2배 이상 멀다. 역사적으로 울릉도와 독도는 신라의 이찬伊湌 이사부異斯夫가 지증왕 13년(512) 우산국을 복속시킨 이래 한국 영토였다. 《삼국사기》는 "우산국于山國이 귀복하여 해마다 토산물을 바치기로 하였다."고 말하고 있다. 이 기록의 우산국은 울릉도와 독도를 함께 가리키는 말이다.

고려는 신라에 이어 우산국을 관리했는데 현종 9년(1018) 우산국에 농기구를 하사했다는 기록도 있다. 조선도 마찬가지로《세종실록지리지》는 울릉도와 독도를 강원도 삼척도호부 울진현 소속의 섬으로 설명하고 있다. 일본 내무부가 태정관에 질의한 내용 중의 '조선인'은 안용복을 뜻한다. 동래의 수군 출신 어부였던 안용복은 울릉도에 고기잡이 나갔다가 일본 어선을 발견하고 독도까지 추격해서 정박시켰다. 그는 울릉우산양도감세관鬱陵于山兩道監稅官이라고 자칭하고 일본 호키주伯耆州(백기주:현재의 시마네현)에 가서 번주藩主에게 국경을 넘은 것을 항의하고 사과를 받고 돌아왔다. 도쿠가와 막부는 이듬해 대마도주를 통해 잘못을 시인하고 일본 어선의 출어를 금지했다고 통보했다.

이때 안용복이 가져간〈조선팔도지도〉를 일본 관리가 옮겨 적으면서 강원도 소속의 땅으로 울릉도를 '죽도竹島', 독도를 '송도松島'라고 구분해서 적었다. 안용복 사건 이후 조정에서 편찬한《동국문헌비고》에는 "울릉과 우산은 모두 우산국 땅인데 우산은 바로 왜인들이 말하는 송도松島(독도)이다."라고 정확하게 기록하고 있다.

울릉도와 독도는 역사상 단 한 번도 일본 강역인 적이 없었다. 광무 4년(1900) 10월 27일 고종은 대한제국 칙령 제41호를 반포해 독도가 조선영토임을 재확인했다.

## 안용복에 대한 이익과 정조의 평가

이익은《성호사설》〈천지문〉에서 "내가 생각하기에 안용복은 곧 영웅호걸이다. 미천한 일개 군졸로서 만 번 죽음을 무릅쓰고 국가를 위하여 강적과 겨루어 간사한 마음을 꺾어버리고 여러 대를 끌어온 분쟁을 그치게 했으며, 한 고을의 토지를 회복했…그런데 조정에서는 상을 주지 않을 뿐만 아니라 전에는 형벌을 내리고 뒤에는 귀양을 보내어 꺾어버리기에 주저하지 않았으니, 참으로 애통한 일이다."라고 말했다.

정조는《일득록日得錄》에서 "안용복 같은 사람은 어찌 호걸스러운 인물이 아니겠는가. 그러나 당시에 조정의 의논이 모두들 기필코 죽이려고 하였다. 만약 남상南相(남구만)의 한마디가 없었더라면 거의 죽음을 면하지 못했을 것이다."라고 말했다.

## = 샌프란시스코 조약과 독도

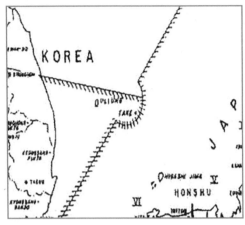

▲ 〈SCAP 관할지역도〉. 1946년 2월 SCAP(연합국최고사령부)에서 만든 한국과 일본의 강역도에 독도가 한국령으로 표시되어 있다.

▲ 〈일본영역참고도〉. 1951년 8월 일본해상보안청에서 만든 한국과 일본의 강역도는 독도가 한국영역으로 표시되어 있다.

1951년 9월 8일 미국의 샌프란시스코에서 일본과 48개 연합국 사이에 제2차 세계 대전의 전후 처리를 마무리하는 샌프란시스코 대일평화조약이 체결되었다. 조약 제2조는 "일본은 한국의 독립을 승인하고, 제주도, 거문도 및 울릉도를 포함한 한국에 대한 모든 권리, 권원 및 청구권을 포기한다."라고 규정하고 있다. 샌프란시스코 조약은 분명히 '한국에 대한 모든 권리, 권원'을 포기한다고 규정하고 있는데 일본은 이 조항에 '독도'가 따로 명기되지 않았다면서 독도를 일본령이라고 우기고 있다. 2016년 국토교통부의 지적통계 연보에 따르면 한국의 섬은 2,677개(유인도는 486개, 무인도 3,191개)이고, 해양수산부 발표로는 3,382개(유인도 464개, 무인도 2,918개)인데 이 많은 섬의 이름을 다 적을 수는 없다. 독도는 늘 울릉도 소속으로 처리되어 왔다.

샌프란시스코 조약 조인 직전인 1951년 8월 일본의 해상보안청은 〈일본영역참고도〉를 조약 비준을 위한 용도로 일본 국회에 제출했다. 〈일본영역참고도〉에는 독도가 한국 영토로 분명하게 그려져 있다. 또한 1946년 2월 작성된 〈SCAP(연합국최고사령부) 관할지역도〉에도 독도는 한국령으로 그려져 있다. 국내외적인 모든 문서 및 지도를 통해 독도가 한국령임은 명백하다.

## ◀ 간도와 연해주

= 간도는 원래부터 민족사의 강역이었다.

압록강 북쪽을 서간도, 두만강 북쪽을 동간도
또는 북간도라고 부른다. 고대에는 고조선의 영토
였으며 열국시대 때는 동예, 읍루, 고구려 강역이
었고, 신라 통일 이후에는 신라와 발해의 강역이었
다. 고려와 조선 때도 마찬가지였다. 조선과 청나
라의 국경인 책문柵門 또는 변문邊門이 압록강과
두만강 북쪽에 있었던 것은 이 때문이다.

이 국경선은 청나라 왕실에서도 인정했다. '레지
선, 당빌선, 본느선'이 이를 말해준다. '레지·당빌·
본느선'은 청나라 강희제康熙帝가 프랑스 지리학자
들에게 요청해 실제로 측량한 조선과 청의 국경을
뜻한다.

▲ **1745년 키친이 제작한 지도.** 요동반도가 조선강역으로
그려져 있다. 경희대 혜정박물관.

'레지선'은 프랑스 지리학자이자 신부였던 장 레지 *J.B. Regis*(뇌효
사雷孝思)가 측량한 국경선이다. 1689년 러시아와 네르친스크 조
약을 맺었던 강희제는 실제 측량에 의한 국경선 획정이 중요하다
고 판단했다. 그는 북경에 있던 예수회 선교사 부베 *J. Bouvet* 등
에게 프랑스 지리학자들을 초빙해달라고 요청했다. 부베 신부
는 프랑스 국왕 루이 14세의 허락을 얻어 10여 명의 지리학자들
을 청나라로 파견해 지도를 제작했는데 레지도 그 중 한 명이었
다. 1708년 만리장성과 그 부근의 강을 시작으로 중국 전역을 측
량했는데 레지 신부는 1709년 만주지방을 측량하는 책임자였고,
산동지역도 측량했다. 이런 과정을 거쳐 1718년 중국 전역 지도
가 완성되는데, 이것이 세계 지리학사에서도 유명한 〈황여전람도
皇興全覽圖〉다.

〈황여전람도〉는 1리를 1,800척, 570.6*m*로 삼은 공부영조척工部

營造尺으로 통일하고 적도를 0으로 하는 위도와 북경 흠천감 관상 대의 자오선을 0으로 하는 경도를 사용하고, 투영도법도 사용해 제작했다. 〈황여전람도〉는 레지의 측량을 바탕으로 만주와 산동반 도 등을 표기했다. 1735년 알드는《중국전지中國全誌》를 제작했고 1737년 당빌은《신중국지도첩》을 제작했다. 이 지도들은 조선과 청의 국경을 압록강~두만강보다 이북으로 표시하고 있다. 이 국 경선에 대해 청나라 왕실에서도 문제를 제기하지 않았다.

## = 연해주를 팔아먹은 청, 간도를 팔아먹은 일본

청나라는 제2차 아편전쟁에 패한 후 영국, 프랑스, 러시아와 각 각 북경조약을 맺었다. 1860년 청과 러시아가 맺은 북경조약에서 문제가 되는 것은 연해주다. 연해주는 두만강 위쪽의 동해와 인 접한 땅으로 블라디보스톡이 포함되어 있다. 이 강역은 고조선 때부터 우리 역사강역인데 청이 불법적으로 러시아에 양도했다. 이로써 러시아와 조선의 국경이 불법적으로 두만강이 되었다.

연해주 서쪽의 간도도 문제다. 19세기 이후 조선백성들이 간 도로 적극 이주하자 그 귀속문제를 둘러싸고 청과 분쟁이 생겼

**더 깊게** 생각하고 토론해 봅시다

### 〈백두산정계비〉의 압록강과 토문강은 어디인가?

숙종 38년(1712)에 세운 〈백두산정계비〉는 '서쪽은 압록강을 경계로 삼고 동쪽은 토문강을 경계로 삼는다.[서위압록 동위토문西爲鴨綠 東爲土門]'고 말하고 있다. 이 압록강은 지금의 압록강과 같은 강일까? 유득공은《발해고》에서 "어찌 (만주의) 봉황성 서쪽에 다시 하나의 압록강이 있다는 말인가?[개봉황 성서복유일압록강豈鳳凰城西復有一鴨綠江]"라고 의문을 표시했다. 지금의 압록 강 북쪽인 만주에 또 압록강이 있다는 것이다. 이 압록강을 현재의 요녕성 요하遼河로 보는 연구결과가 등장하고 있다. 토문강은 만주 송화강 상류로 서 흑룡강으로 흘러들어가는 강이란 견해와 송화강 지류 중의 하나인 오 도백하五道白河 라는 견해가 있다. 압록강을 현재의 압록강, 토문강을 현재 의 두만강으로 보는 견해와 압록강을 현재의 요하, 토문강을 송화강 상류 또는 지류로 보는 견해와 어느 것이 사실에 부합하는지 찾아보자.

▲ 사라지기 직전(1931년 7월)의 〈백두 산정계비〉

다. 조선은 이중하를 보내 〈백두산정계비〉의 토문강이 송화강의 상류이므로 간도는 조선영토라고 주장했다. 그 후 어윤중을 서북경략사로 삼아 간도 주민들을 조선 주민으로 관리했고, 1902년에는 이범윤을 간도에 파견했으며 이듬해에는 이범윤을 간도관리사로 삼아 압록강 이북의 서간도 주민들은 평안도에 세금을 내도록 하고, 두만강 이북의 동간도 주민들은 함경

▲ 불법 조약으로 빼앗긴 연해주와 간도

도에 세금을 내도록 해서 대한제국의 영토로 관리했다.

　일본은 을사늑약으로 대한제국의 외교권을 빼앗은 후 1907년 용정龍井에 간도파출소를 두었다. 육군중좌 사이토 스에지로齋藤季治郎를 간도파출소 소장으로 임명해 간도를 대한제국 영토로 관리했다. 일제는 그러나 1909년 9월 남만주 철도부설권 등의 이권을 얻는 대신 간도를 불법적으로 청에 넘겨주는 간도협약을 체결했다. 청과 러시아 사이에 맺은 북경조약이나 일본이 청과 맺은 간도협약은 모두 소유권자인 대한제국의 승인을 받지 않은 상태에서 체결한 불법조약들이다. 따라서 역사적으로 보나 국제법적으로 보나 연해주와 간도는 우리 영토이다.

### 점검

● 제국주의에 맞서 조선이 어떤 정책을 취했어야 하는지 설명해보자.

● 흥선대원군이 왜 실패했는지 생각해보자.

● 고종 때의 개화파와 수구파에 대해서 설명해보자.

● 고종의 여러 정책에 대해서 설명해보자.

● 동학농민혁명과 의병전쟁이 왜 실패했는지 설명해보자.

● 독도와 간도의 귀속성에 대해서 설명해보자.

# X

## 일제의 한국 점령과
## 대일승전

일본 제국주의는 1910년 대한제국의 국토를 강제 점령하고, 군사적 점령지로 다스렸다. 한국민들은 일본에서 시행하던 메이지 헌법의 적용대상에서 제외되었다. 한국은 일왕의 위임을 받은 조선총독이 입법·사법·행정·군사권을 가지고 한국민을 노예로 다스렸다. 군인들이 경찰을 겸임하는 무단통치를 자행했고, 토지조사사업으로 많은 토지를 빼앗았다. 한국민들은 1919년 3·1혁명을 일으켜 저항했다. 이에 놀란 일제는 무단통치를 이른바 문화통치로 변경했지만 식민지 지배라는 본질은 조금도 변함이 없었다.

독립운동가들은 대한제국 멸망 후 세울 국가는 왕정복고王政復古 대신 공화정共和政을 채택해 추진하였다. 이후 1919년 3·1혁명의 결과물로 대한민국 임시정부를 수립했다. 대한민국 임시정부는 민주공화국 체제를 선택했다. 한국민들은 만주에 참의부·정의부·신민부로 대표되는 군정부軍政府를 세워 일제를 군사로 내쫓고 빼앗긴 나라를 되찾으려 했다. 또 민족주의, 사회주의, 아나키즘(무정부주의) 등 다양한 노선의 독립항전으로 일제 식민통치를 타도하고 해방을 쟁취하려 했다. 무장 항전은 물론 실력 양성 운동, 외교 독립 운동 등을 벌여 일제에 줄기차게 저항하였다. 한국민들은 나라를 빼앗긴 이후 단 하루도 일제에 저항하지 않는 날이 없었다.

1929년 미국에서 자본주의의 모순으로 발생한 경제 공황이 유럽과 아시아 등 전 세계에 파급되었다. 이로 인한 사회 불안이 심해지면서 1930년대 중반 이후 독일에서는 나치즘이 대두하고, 이탈리아에서는 파시즘이, 일본에서는 군국주의가 대두하여 전체주의가 확산되었다. 전체주의 국가들은 군비 확장과 대외 침략 정책을 통해 경제 공황을 극복하려 하면서 제2차 세계 대전이 일어났다. 제2차 세계 대전은 연합국의 승리로 끝났지만 전쟁 때 같은 연합국이었던 미국 중심의 자본주의 진영과 소련 중심의 사회주의 진영이 대립하는 냉전 체제가 시작되었다.

대한민국 임시정부는 제2차 세계 대전 동안 일제에 맞서 싸우며 참전국의 지위를 얻으려 노력했지만 일제가 패망하여 연합국으로부터 참전국 지위를 얻지 못하였다. 미국과 소련이 38도선을 기준으로 각각 남과 북으로 진주하면서 해방 후 외세가 정국을 주도하게 되었다. 세계정세가 냉전체제로 전개 되면서 분단체제가 공고해져갔고, 이를 극복하려는 민족의 노력도 계속되었다.

## 학습 목표

### 1. 국제정세의 변동과 일제의 한국점령

- 제1차 세계 대전의 원인과 러시아 사회주의 혁명에 대해서 설명할 수 있다.
- 일제의 무단통치와 헌병경찰 제도에 대해서 설명할 수 있다.
- 일제의 한국사 왜곡 과정에 대해서 설명할 수 있다.
- 토지조사사업의 수탈적 성격에 대해서 설명할 수 있다.

### 2. 3·1혁명과 대한민국 임시정부

- 3·1혁명과 대한민국 임시정부에 대해서 설명할 수 있다.
- 국민대표회의에 대해서 설명할 수 있다.
- 대일항전기 역사전쟁에 대해서 설명할 수 있다.
- 신간회의 민족통합적 성격에 대해서 설명할 수 있다.

### 3. 노선별 독립전쟁

- 한인 사회주의 운동이 해외에서 시작한 이유를 설명할 수 있다.
- 아나키즘과 공산주의의 공통점과 차이점에 대해 설명할 수 있다..
- 의열단과 〈조선혁명선언〉에 대해서 설명할 수 있다.

### 4. 민족의 끈질긴 항전과 승전

- 만주의 독립운동세력의 형성 과정에 대해서 설명할 수 있다.
- 만주의 삼부에 대해서 설명할 수 있다.
- 한국광복군에 대해서 설명할 수 있다.
- 광복은 우리 민족의 끈질긴 항전의 결과물임을 설명할 수 있다.

# 1

## 국제정세의 변동과 일제의 한국 점령

### ① 제1차 세계 대전과 그 이후

#### 서구 제국들의 이권다툼과 발칸반도

산업혁명 이후 유럽 여러 나라들은 앞 다퉈 아프리카, 아시아 지역을 침략하는 식민지 쟁탈전을 전개했다. 먼저 산업혁명을 이룩한 영국과 프랑스가 가장 많은 식민지를 차지했다. 19세기 후반에는 통일제국을 수립하고 공업을 발전시킨 독일이 부상해 헝가리, 이탈리아와 3국동맹을 결성했다. 영국과 프랑스는 러시아를 끌어들인 3국협상으로 이에 맞섰다. 3국동맹 세력과 3국협상 세력은 아프리카, 아시아는 물론 유럽 각지도 자신들의 영향력 아래 두고자 치열하게 경쟁했다. 가장 첨예하게 대립한 지역이 발칸반도였다.

발칸반도는 오랫동안 이슬람을 믿는 오스만 제국의 지배를 받았으나 19세기 오스만 제국이 쇠퇴하면서 곳곳에서 민족 독립운동이 일어났다. 러시아의 지원을 받는 슬라브 계통의 민족들이 독립하자 러시아는 이들을 묶어 범슬라브주의를 제창했다. 독일은 이에 맞서 범게르만주의

▲ 오스트리아의 페르디난트 대공 부부가 사라예보에서 암살당하는 장면

를 내세워 발칸반도로 진출하려 하였다. 슬라브 계통의 세르비아는 보스니아와 몬테네그로를 합병하려 했으나 게르만 계통의 오스트리아-헝가리의 방해로 실패했다. 1914년 6월 28일 오스트리아-헝가리의 황태자 페르디난트 대공이 발칸반도의 사라예보를 방문했다가 세르비아 청년에게 암살당했다. 이것이 사라예보 사건인데 이는 두 진영의 충돌을 격화시켰다.

## 제1차 세계 대전 발발

오스트리아-헝가리가 사라예보에 선전포고를 하자 3국동맹 세력과 3국협상 세력이 모두 전쟁에 가담하면서 제1차 세계 대전이 시작되었다. 제1차 세계 대전의 본질은 제국주의 팽창과정에서 발생한 '식민지쟁탈전'이었지만 제국주의 각국은 '국가의 영광'으로 포장했고 처음에 전쟁 반대를 내세웠던 사회주의 정당들조차 전쟁을 합리화했다. 당초 독일을 주축으로 하는 3국동맹측이 승리할 것으로 예견되었지만 프랑스의 강력한 저항으로 서부전선이 교착상태에 빠지면서 전쟁이 장기화되었다.

과거의 전쟁과 달리 기관총, 대포, 전차 같은 현대식 무기가 무차별로 사용되면서 과거 전쟁에서는 상상하기 힘들었던 엄청난 사상자가 발생했다. 독일이 영국의 물자수송을 막기 위해 무제한

▲ 제1차 세계 대전 때 폭탄 앞의 영국군인들

잠수함 작전을 펼쳐 상선까지 격침시켰다. 이 과정에서 영국배에 타고 있던 미국인들이 죽임을 당하자 미국이 연합국 측에 가담하면서 전세가 연합국 측에 유리하게 전개되었다.

또한 유럽에 막대한 군수물자까지 판 미국이 세계 최강대국으로 부상하는 계기가 되었다. 동부전선에서 독일과 전쟁을 벌이던 러시아는 국내에서 사회주의 혁명이 일어나자 독일과 강화조약을 체결하고 전선에서 철수했다. 독일은 서부전선에 전력을 집중할 수 있었지만 큰 승리를 거두지 못했다. 승전가능성이 희박하다고 판단한 동맹국측의 오스만 제국과 불가리아, 오스트리아-헝가리가 차례로 연합국측에 항복했다. 1918년 킬 군항에서 독일해군들이 전쟁에 반대하는 봉기를 일으켰는데 독일 민중들이 이에 호응하면서 독일제국이 무너졌다. 독일황제 빌헬름 2세는 외국으로 망명했고 독일은 바이마르 공화국을 수립했다. 독일공화국이 1918년 11월 무조건 항복을 선언하면서 제1차 세계 대전이 끝났다.

제1차 세계 대전은 과거 전쟁과 비교할 수 없는 막대한 인적·물적 피해를 일으켰다. 약 850만 명의 군인들이 전사했고 1,300만 명의 민간인도 사망했다. 제1차 세계 대전은 1919년 6월 28일 독일과 그 동맹국들에 막대한 배상금을 물리고 그들의 식민지를 연합국측이 가져가는 것으로 끝났다. 인류 역사상 초유의 비극이 발생한 원인에 대해 반성하고 그 방지책을 마련하는 대신 승전국들이 패전국들을 처벌하는 것으로 매듭지으면서 불과 20여년 후에 제2차 세계 대전이 일어나는 단초가 마련되었다.

## 🐚 러시아 사회주의 혁명의 발생

제1차 세계 대전 기간인 1917년 11월(구력 10월) 러시아 사회주의 혁명이 발생했다. 2월 혁명으로 러시아의 마지막 짜르*Czar*(군주)인 니콜라이 2세가 퇴위하고 임시정부가 수립되었지만 시국을 수습하지 못했다. 그해 4월 귀국한 레닌은 〈4월 테제〉를 발표해 권력을 자본가의 손에서 노동자·빈농의 손으로 옮겨야 한다고 주장하면서 "모든 권력을 소비에트로!"라는 구호를 내 걸었다. 임시정부가 공세를 취하자 레닌이 이끄는 볼세비키는 평화혁명의 시기는 끝났다면서 소비에트 대회 결정을 거쳐 봉기를 단행했다. 볼세비키는 1917년 10월 노동자와 군인들의 지원으로 임시정부를 뒤엎고 역사상 최초의 사회주의 국가를 세웠다.

▲ 볼세비키들에게 연설하는 레닌

볼세비키는 토지와 산업의 국유화 등을 포함한 사회주의 경제정책을 시행했는데 구 지배층을 포함한 많은 세력들의 반발에 부딪쳐 1918년 러시아 내전이 발발했다. 이 내전은 1922년까지 지속되다가 볼세비키가 승리해 소비에트 연방이 수립되었다.

**알고 싶어요**

## 코민테른 Comintern

공산주의 인터내셔널Communist International의 약칭인데 제3인터내셔널이라고도 한다. 제1차 세계 대전으로 제2인터내셔널이 와해된 후 블라디미르 레닌과 볼세비키의 주도로 1919년 모스크바에서 창립되었다. 사회주의 혁명을 세계적으로 확산시키는 세계혁명이 목표였다. 코민테른은 각국의 공산당을 지부로 두었는데, 특히 피압박민족의 해방을 적극 지원한다고 선전하면서 각국의 사회주의 확산에 큰 영향을 미쳤다. 1943년 해산되었는데, 한국공산주의 운동도 코민테른의 지도와 지원을 받으며 전개되었다.

▲ 코민테른에서 토론하는 레닌(우측 네 번째)과 한인 사회당 대표로 파견된 박진순(우측 세 번째)

러시아 사회주의 정권이 피압박민족들의 해방을 지지하는 입장을 표명하면서 제국주의에 점령당한 식민지들은 러시아를 지지했다. 한국 독립운동세력 사이에도 러시아를 지지하는 흐름이 형성되었다. 레닌은 1919년 전 세계의 사회주의 혁명을 위해 코민테른을 결성하는데, 이는 한국의 사회주의 운동에도 큰 영향을 끼치게 된다. 청산리 승첩 이후 한국독립군들은 러시아의 지원 약속을 믿고 재충전을 위해 러시아 경내로 들어갔다가 뜻밖에도 '자유시참변'을 맞이하게 된다.

### 🔵 민족자결주의와 베르사유 조약

제1차 세계 대전의 전후 처리를 위해 1919년 1월 8일 프랑스 파리에서 전승국 27개국 대표가 모여 파리 강화 회의를 열었다. 이

▲ 베르사유 궁전의 거울의 방에서 조약을 체결하고 있다.

강화 회의는 민족자결주의, 군비축소, 국제연맹 창설 등을 주장한 우드로 윌슨 미국대통령의 '14개조 원칙'이 기준이었다. 윌슨이 제기한 민족자결주의는 한 민족은 다른 민족이나 국가의 지배나 간섭 없이 자신의 운명을 스스로 결정할 권리가 있다는 이론이었다. 이는 제1차 세계 대전의 패전국이었던 독일·오스트리아 등에게 식민지를 내놓게 하는 한편 영국과 프랑스가 이 식민지들을 차지하는 것을 막아서 더 이상 세력을 확장하지 못하게 하려는 의도였다. 윌슨의 민족자결

주의 원칙은 전승국의 식민지에는 적용되지 않았다. 일본은 연합국에 가담했으므로 일본의 식민지였던 한국과 대만은 민족자결주의 적용대상이 아니었다. 1919년 6월 파리 근교의 베르사유 궁전에서 베르사유 조약이 체결되었는데 그 결과 독일은 해외 식민지를 잃고 알자스-로렌 땅을 프랑스에 내놓아야 했다. 또한 막대한 배상금을 지불하고 육·해군 병력을 크게 감축당했다. 이 회의를 통해 1920년 최초의 국제기구인 국제연맹이 창설되었으나 정작 창설 제안국인 미국은 상원의 반대로 가입하지 못했고 패전국 독일은 참여가 거부되었고, 사회주의 소련도 가입이 배제되었기 때문에 국제연맹은 이름과 달리 제 역할을 할 수 없는 구조였다.

## 🔵 동아시아 질서의 재편

제1차 세계 대전 때 일본은 영·일동맹을 명분으로 독일에 선전포고하고 연합국측에 가담했다. 일본의 실제 참전 의도는 중국 대륙의 일부 영토를 차지하려는 것이었다. 제1차 세계 대전 와중인 1914년 일본은 독일의 조차지였던 산동반도 남쪽의 조주만膠州灣을 점령하고 1915년 중국의 원세개 정부에 '21개조 요구'를

▲ 중국의 5·4운동. 3·1혁명의 영향으로 일어났다.

제출했다. 그 주요 내용은 남만주의 이권을 확장하고, 독일이 갖고 있던 산동반도에 대한 권리를 이양 받으며, 정치·재정·군사부문에 일본인 고문을 초빙하고 다수의 일본인 경찰을 채용한다는 것 등이었다. 원세개 정부가 1915년 5월 일본의 이런 요구를 받아들이자 중국 내에서 불만이 고조되었다.

1919년의 파리 강화 회의에 전승국측의 참전국이었던 중국은 산동반도의 이권을 되찾고 21개조 요구가 폐지되리라고 여겼다. 그러나 영국, 프랑스, 이탈리아는 물론 사회주의 소련까지 중국 내 독일 이권을 일본에 넘긴다는 협약에 동의했다. 이런 와중에 한국에서 1919년 3월 1일 3·1혁명이 발생하자 1919년 5월 4일 북경대학생을 중심으로 21개조 요구 철폐 등을 요구하는 5·4운동이 일어났다. 3·1혁명이 제국주의 일본을 몰아내고 해방을 되찾으려는 전민족적 운동이었던 것처럼 이에 자극받아 일어난 5·4운동 또한 반제국주의, 반군벌, 국권회복을 내건 중국의 전국적 민족운동이었다.

미국은 베르사유 조약에서 윌슨의 '14개조 원칙'이 지켜지지 않고 제국주의 열강들이 다시 영토 분할에 나서자 1921년 11월 워싱턴 회의를 소집했다. 아시아와 태평양 지역의 여러 문제와 전후의 군비제한을 목적으로 한 회의였다. 워싱턴 회의는 미국, 영국, 프랑스, 일본, 중국, 이탈리아 등 9개국이 참가했는데 미국은 영국과 일본의 결합을 해체시키기 위해서 미국, 영국, 프랑스, 일본 4개국의 상호불가침 조약을 체결하고 기존의 영·일동맹을 폐기시켰다. 나아가 1922년 2월에는 중국의 주권과 독립, 영토보존의 존중, 행정보전의 존중, 문화 개방이라는 4개 원칙을 기초로 하는 9개국 조약이 체결되었다. 이로써 일본의 21개조 요구안은 폐지되었고, 중국은 형식적으로 주권을 되찾게 되었다. 또한 각국의 군함 숫자와 **배수톤**排水噸*을 축소하는 군비축소가 이루어졌는데 이를 워싱턴 체제라고 한다.

● 배수톤
선체가 수면에 잠겨 있는 부분의 용적과 같은 물의 중량으로 선체가 밀어낸 물의 무게를 뜻한다. 상선은 화물적재량에 따라 배수량이 달라지므로 일률적으로 적용할 수 없고 주로 군함에 이용된다.

## ❷ 일제의 무단통치·역사왜곡·경제수탈

### 무단통치와 헌병경찰 제도

= 한국인은 제외시킨 메이지 헌법

1910년 8월 29일 한국을 점령한 일본 제국주의는 "한국이란 국호를 다시 조선이라 칭한다."고 국호를 되돌렸다. 황제국 체제였던 대한제국을 부정하기 위한 것이었다. 일왕 메이지는 칙령으로 "(조선) 민중은 직접 짐의 위무 아래에서 그 강복康福을 증진할 것"이라고 내세웠지만 정작 한국민은 메이지 헌법의 적용 대상에서 제외시켜 법의 보호를 박탈했다. 일왕의 칙령은 또 "조선총독부를 설치한다."고 명시했다. 또한 "조선 총독을 두어 (일왕의) 위임 범위 내에서 육군과 해군을 통솔하여 일체의 정무를 통할統轄하게 한다."고 규정하고, "조선에서 법률을 요하는 사항은 조선 총독의 명령으로 규정할 수 있다."고 명시했다. 조선 총독의 명령이 제령制令인데 법률과 같은 효력이 있었다. 일왕에게 직속된 조선 총독이 대만 총독처럼 행정권은 물론 입법·사법권도 장악한다는 뜻이었다. 조선총독부 관제는 "조선 총독은 육·해군 대장으로 충임充任한다."라고 규정해 군인만 총독으로 임명될 수 있게 했다. 한국을 군사적 점령지로 다스

▲ 초대총독 데라우치 마사다케

▲ 한국강점 직전의 헌병대본부

린다는 뜻이었다. 초대 총독 데라우치 마사다케寺內正毅(사내정의)는 군인 신분의 헌병이 칼을 찬 채 경찰 업무를 수행하는 헌병경찰 제도를 시행했다. 외국의 시선을 의식해 서울에만 경무총장을 두어 군인이 아닌 민간인이 경찰업무를 시행하는 것처럼 위장했을 뿐 나머지 도는 모두 헌병대장이 지금의 도경국장격인 경무부장을 겸임했다.

## = 한국인에게만 적용된 태형

▲ 일본군에 의한 태형 장면. 일본이 점령한 타이페이臺北에서 태형하는 모습이다.

조선 총독의 제령 제10호는 '범죄즉결처분'이라는 뜻의 '범죄즉결례犯罪卽決例'인데, "경찰서장 또는 그 직무 취급자는 3개월 이하의 징역이나 금고, 100원 이하의 벌금을 부과할 수 있다."는 것이다. 사법부의 판사가 아니라 현역 군인인 헌병경찰이 검사와 판사 역할까지 하는 상시적인 계엄통치였다. 일본에서는 금지되었던 직접 매를 때리

**경찰범 처벌규칙**(《조선총독부 관보》, 1912년 3월 25일)

제1조  다음의 각호에 해당하는 자는 구류 또는 과료(벌금)에 처한다.

제8조  단체 가입을 강요하는 자

제14조  신청하지 않은 신문, 잡지, 기타 출판물을 배부하고 그 대금을 요구하거나 억지로 그 구독신청을 요구하는 자

제19조  함부로 대중을 모아 관공서에 청원 또는 진정을 남용하는 자

제20조  불온한 연설을 하거나 또는 불온문서, 도서, 시가詩歌를 게시, 반포, 낭독하거나 큰 소리로 읽는 자

제21조  남을 유혹하는 유언비어 또는 허위보도를 하는 자

···› 한국인은 일체의 단체도 조직하지 말고 언론·출판, 청원 등을 하지 말라는 것이다.

는 태형笞刑이 조선에서는 합법적으로 시행되었다. 조선총독부의 '태형 집행 심득心得(준칙)' 제1조는 "수형자를 형판 위에 엎드려 눕히고 양팔과 두 다리를 형판에 묶은 다음 바지를 벗기고 둔부(궁둥이)를 태笞(매)로 강타한다."고 규정하고 있다. 범죄즉결례로 처벌된 한국인은 1911년에 1만 8,100여 명, 1913년에는 2만 1,400여 명이나 되었다. 일제의 식민통치에 조금이라도 불만을 표시하거나 장터 등에서 일본인들을 불경하게 대했다는 이유로 태를 맞다가 숨을 거두는 한국인들이 속출했다. 심지어 여학교나 소학교의 교원들도 칼을 차고 교실에 들어가 수업을 진행했으니 한반도 전체가 큰 감옥이라고 해도 과언이 아니었다.

## 중추원과 취조국을 설치해 한국사를 왜곡하다

### = 명목상의 중추원

일제는 총독의 자문기구로 중추원中樞院을 설치했다. 중추원은 일제의 한국 점령에 의해 자리를 잃어버린 대신들과 친일 지배층을 우대하기 위해 만든 조직이었다. 중추원은 의장 1명, 부의장 1명, 고문 15명, 찬의 20명, 부찬의 35명, 서기관장 1명, 서기관, 통역관 몇 명으로 구성되었는데, 의장은 일본인 정무총감이 겸임하였다. 초대 의장은 야마가타 이사부로山縣伊三郎였고, 부의장은 자작 작위를 받은 김윤식이었다. 고문에

▲ 김윤식

는 백작 이완용, 자작 박제순, 자작 고영희, 자작 조중응, 백작 이지용, 자작 권중현, 자작 이하영, 자작 이근택, 자작 송병준, 자작 이용직 등 매국 친일파 일색이었다. 이중 부의장 김윤식과 고문 이용직은 3·1혁명이 일어나자 〈대일본장서對日本長書〉를 제출해 한국의 독립 승인을 요구했다가 작위가 박탈되었다. 중추원은 직위만 있고 할 일은 없는 형식상의 조직으로 1919년 3·1혁명 때까지 한 번도 소집된 적이 없었다.

## 취조국의 역사왜곡

총독부는 또 취조국을 설치했다. 취조국은 한국의 옛 제도 및 관습을 조사하거나 법령을 입안심의하기 위해서 설치했다고 표방했지만 실제로는 한국사에 관한 많은 자료들을 수집해서 폐기하거나 일본으로 반출하는 것이 주요 목적이었다. 일제는 조선 강점 직후부터 조선총독부의 취조국과 그 뒤를 이은 참사관실에서 《반도사》 편찬을 추진하다가 중추원으로 소관업무를 이관시켰다. 《반도사》는 그 이름이 말해주는 것처럼 대륙과 반도 및 해양에 걸쳐 전개되었던 한국사의 무대에서 대륙과 해양을 삭제함으로써 우리 역사를 반도에 가두려는 반도사관에 의해 편찬된 책이다. '반도'라는 용어 자체가 일제 점령 이후에 사용

▲ 조선사편수회 야유회 장면

### 일제의 조선사편수회 사업 개요

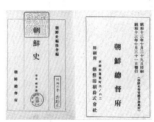

▲ 조선총독부 조선사편수회에서 편찬한 《조선사》

"조선인은 여타 식민지의 야만미개한 민족과 달리 독서와 문장에 있어 조금도 문명인에 뒤떨어질 바 없는 민족이다. 고래로 사서가 많고 또 새롭게 저작에 착수된 것도 적지 않다. 그래서 전자는 독립시대(일제 점령 이전)의 저술로서 현대와의 관계를 결缺하고 있어 헛되이 독립국 시절의 옛 꿈에 연연케 하는 폐단이 있다. 후자는 근대조선에 있어서의 일로, 일청간의 세력경쟁을 서술하여 조선의 나아갈 바를 설파하고, 혹은 《한국통사》라고 일컫는 한 재외조선인(박은식)의 저서 같은 것은 진상을 규명하지 않고 함부로 망설을 드러내 보이고 있는 것이다. 이러한 사적들이 인심을 현혹시키는 해독 또한 참으로 큰 것임은 말로 다 할 수 없는 것이다."

▲ 백암 박은식. 임시정부 2대 대통령이자 역사학자다.

···› 박은식 같은 독립운동가들의 역사관을 말살하기 위해서 조선사편수회를 만들었음을 말해주고 있다.

된 용어였다. 《반도사》는 한국사를 반도로 축소시킨 후 반도의
북쪽은 고대 중국의 식민지인 한사군漢四郡이 있었고, 반도의 남
쪽은 고대 야마토왜의 식민지인 임나일본부가 있었다고 왜곡했
다. 《반도사》는 조선총독부와 경성제국 대학에 근무했던 이마니
시 류今西龍(금서룡) 등이 주로 편찬했다.

## 토지조사사업으로 땅을 빼앗다

### = 자본주의가 발달하지 못했던 일본

일본은 해외에 식민지가 필요할 정도로 자본주의가 발달한 나
라가 아니었다. 산업자본이 금융을 지배하는 독점 자본주의 체
제로 발전하지도 못했고 기껏해야 군수산업만 이상비대한 군산
軍産복합체 국가였다. 해외 식민지보다는 낙후된 일본의 내지 개
발이 더 시급한 상황이었다. 식민지에 투자할 자본이 없으니 '자
본 없는 자본형성'에 나섰는데, 그것이 바로 토지나 산림, 광산,
어장 등을 빼앗는 것이었다.

일제가 1910년부터 1918년까지 '토지조사사업'을 실시한 것은
식민지의 토지를 강탈하기 위한 것이었다. 헤이그 밀사 사건을 구
실로 고종 퇴위를 강요하던 1907년 7월 4일 일제는 이미 '임시 황
실 소유 및 국유재산 조사국'을 출범시켰다. 황실 및 국유재산을
총독부 소유로 만들기 위한 것이었다.

일제는 토지조사사업에 대해 근대적인 토지 소유권을 확립하
고 지세 부담을 공정히 하기 위한 것이라고 선전했지만 실제로는
토지수탈이 목적이었다. 토지조사사업은 총독이 정한 기간 내에
토지 소유권자가 직접 신고해서 소유자로 인정받는 신고주의 방
식으로 진행되었다. 총독부는 "토지 소유자는 조선 총독이 지정
하는 기간 내에 그 주소, 씨명氏名 또는 그 명칭 및 소유지의 소
재, 지목地目, 자번호字番號(땅의 번호), 사표四標(사방 경계 표시), 등급

▲ 토지조사사업의 측량모습

等級, 지적地籍, 결수結數를 임시 토지조사국장에게 신고해야 한다."고 규정했다. 신고 방식이 대단히 복잡했으므로 일반 농민들이 신고하기도 어려웠을뿐만 아니라 조선 전래의 관습적인 소유토지의 경우 이런 문건을 만들기 어려웠다.

## = 실질적 소유권을 무시한 토지조사사업

토지조사사업의 큰 문제는 경작권耕作權이 소유권이란 사실을 무시한 데 있었다. 조선의 토지제도는 사실상의 소유권인 경작권과 그 토지에 대한 세금을 걷는 수조권收租權으로 나뉘어져 있었다. 세금을 거두는 권리인 수조권이 왕실 또는 국가 기관에 있는 토지가 공전公田이고, 개인에게 있는 토지가 사전私田이었다. 수조권은 국가나 기관, 벼슬아치에게 있었지만 실제로는 경작자가 대대로 세습하는 사유지인 민전民田이 상당했다. 일제는 이런 다양한 형태의 토지 소유 관계를 무시하고 단순하게 왕실·관청에서 세를 거두었으면 국유지, 개인이 세를 거두었으면 사유지라는 이분법으로 나누었다. 그래서 경작자의 소유권을 무시하고, 상당수 사유지를 국유지로 간주해 조선총독부에서 빼앗았다.

신고제를 채택한 것도 제도의 맹점을 이용해 토
지를 가로채려는 간계였다. 부동산 지식이 거의 없
는 농민들의 경우 복잡한 서류를 만들기가 쉽지 않
았다. 기간 내에 신고하지 않은 땅은 총독부에서 차
지했다. 친일파들이 마을의 공유지를 자신의 소유
라고 신고하면 총독부에서 특혜처럼 인정해주는
일이 비일비재했다. 토지의 사방에 말뚝을 세워 자
신의 토지임을 표시해야 했는데, 남의 토지에 말뚝
을 박고 자기 것이라고 우기는 경우가 비일비재했다.

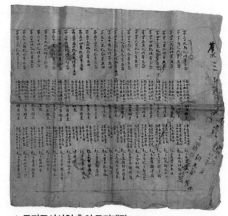

▲ 토지조사사업 후의 토지대장(대구)

그래서 대일항전기 내내 남의 소유물을 빼앗는 자들을 의미하는
'총독부 말뚝'이라는 용어가 유행할 정도였다.

## = 전 국토의 40%를 빼앗아간 조선총독부

조선총독부는 1918년 11월 2일 경복궁 근정전에서 토지조사
사업의 종료식을 성대하게 거행했는데 총독부가 차지한 토지와
임야가 전 국토의 40%에 달했다. 9만 9,400여 건의 소유권 분쟁
이 발생했는데 그중 65%가 국유지에서 발생했다. 경작권이 실질
적 소유권인 것을 부정했기 때문이다. 토지조사사업을 거치며 많
은 자작농이 전호佃戶(소작농)로 전락했다. 토지조사사업 결과 약
77%에 달하는 농민들이 남의 땅을 경작하는 전호이거나 자기 소

▲ 경성의 동양척식주식회사

유토지 일부와 남의 땅을 경작하는 반전호半佃戶로 전락했다. 불과 3%에 불과한 전주田主(지주)들이 77%의 전호를 지배하는 수탈적 농업 자본주의 사회가 형성되었다.

가장 큰 전주는 조선총독부와 동양척식주식회사였다. 조선총독부와 동양척식주식회사는 토지조사사업 결과 막대한 토지를 소유하게 되었다. 토지조사사업이 끝난 이듬해 전 민족적인 3·1혁명이 일어났던 것은 우연이 아니었다. 일제의 무단통치와 폭력적인 토지수탈사업에 대한 전 민족적 반감이 팽배했고, 이것은 3·1혁명에 일반 민중이 대거 참가하는 중요한 원동력이 되었다.

## ❸ 민족의 성장을 억압한 일제의 식민정책

### 회사령으로 민족자본 형성 억압

조선총독부는 1910년 회사령을 반포했다. 회사령은 한국 내에서 회사를 설립하려면 조선총독의 허가를 받아야 한다고 규정했다. 또한 회사령은 조선총독이 회사의 해산이나 사업의 정지, 금지 또는 지점을 폐쇄할 수 있다고 규정했다. 총독의 허가를 받지 않고 회사를 설립했을 경우 5년 이하의 징역 또는 금고, 5천 원 이하의 벌금에 처하고 부실신고로 허가를 받은 자도 같은 처벌을 받게 규정했다. 한마디로 민족자본 형성을 억압하고 한국 내의 모든 산업을 총독부의 자의대로 관리하려는 것이었다.

### 교육령으로 민족교육 억압

일본은 1906년 조선통감부를 설치하자마자 교육장악에 나섰다. 우국지사들이 실시하는 민족교육이 일제의 조선 강점과 식민통치에 큰 장애요소가 될 것이라는 판단이었다. 통감 이토 히로

▲ 남산의 조선신궁에 강제로 참배하는 학생들

부미는 1908년 학부대신이자 정미7적의 한 명인 이재곤에게 '사립학교령'을 반포하게 했다. 그 전에는 누구나 학교를 설립할 수 있었으나 '사립학교령'으로 학부대신의 인가를 받게 했다. 인가 조건에 학교 부지와 교사校舍 및 기본재산과 기부금에 대한 증빙서류가 있어야 했으니 막대한 재산이 있는 사람만 학교를 설립할 수 있게 만들었다. 또한 사립학교 설립자, 교장, 교원의 자격을 극도로 까다롭게 했고, '성행性行이 불량한 자'라는 모호한 규정으로 반일인사들을 교육계에서 퇴출시켰다.

또한 기존에 운영 중인 학교도 모두 다시 인가를 받게 했는데 서양 선교사들이 신청한 종교 사학 778개 교는 모두 인가되었지만 한국인들이 신청한 1,217개 교는 42개 교만 인가하고 1,175개 교를 불인가해서 퇴출시켰다.

조선총독부는 1911년 조선교육령을 반포했는데 일왕에게 '충량한 국민을 육성하는 것을 본의로 한다.'고 규정했고, '국어(일본어)를 보급하는 것을 목적'으로 삼는다고 밝혔다. 공립학교는 말할 것도 없고 사립학교의 교원도 이른바 국어(일본어)에 통달하고

▲ **조선총독부 교육조사위원들**. 우리 전통교육을 크게 왜곡시켰다.

총독부에서 정한 시험에 합격하거나 조선총독부에서 지정한 학교를 졸업한 자만 임용될 수 있게 했다. 사립학교의 교재 또한 조선총독부에서 편찬하거나 총독부의 검정을 받은 것에 한해 사용할 수 있게 했다. 또한 조선총독부는 사립학교를 폐쇄할 권한도 있었다. 공·사립 교육을 통해 항일 민족주의 성향을 지닌 학생들이 배출되는 것을 차단하기 위한 것이었다.

### 언문철자표기법으로 훈민정음 왜곡

**= 언문철자표기법**

조선총독부는 1912년 4월 보통학교 교재로 '언문諺文철자표기법'을 제정했다. 1911년 7월부터 고쿠부쇼타로國分象次郎 등의 일본인 학자들과 유길준兪吉濬, 어윤적魚允迪 등의 친일 한국인들이 참가해서 불과 다섯 번의 회의를 거친 후 공포한 것이었다. 표기법은 크게 세 가지 방침에 의거했는데, 첫째 경성어京城語(서울말)를 표준으로 한다는 것, 둘째 표기법은 표음주의表音主義에 의하고 발음에 먼 역사적 철자법은 피한다는 것, 셋째 한자음으로 된

어語를 언문으로 표기하는 경우에는 특히 종래의 철
자법을 채용한다는 것이었다. 그런데 "본 철자법에는
참고로 국어國語(일본어)의 50음, 탁음濁音, 장음長音
등의 표기법도 병기함"이라고 정해서 훈민정음의 표
기체제를 일본어 비슷하게 만드는 것이 그 목적임을
감추지 않았다.

▲《훈민정음 해례본》

보통학교용 언문철자표기법은 한국인들의 전통
적인 국어발음을 크게 제한할 수밖에 없었다. 그래
서 국어학자 김윤경金允經은 1932년 《동광》에 게재
한 〈조선문자의 역사적 고찰(17)〉에서 총독부의 철자
법 정책을 체계적으로 비판했다. 김윤경은 총독부 철
자법에서 우리 발음을 크게 제한한 것을 비판하면서
훈민정음의 **종성부용초성**終聲復用初聲●의 한 규칙만
부활시켜도 발음의 이치나 규칙에 맞게 처리될 것이라고 말했다.

● **종성부용초성**
훈민정음의 초성, 중성, 종성으로
구성된 음절에서 그 요체를 중성
으로 파악하고 종성은 새로 만들
지 않고 초성을 다시 쓴다는 원칙
이다.

= 크게 왜곡된 국어생활

언문철자법 제정 이후 우리 민족의 국어생활은 일제에 의해 크
게 변형되었다. 보통학교에서 이를 기준으로 가르쳤기 때문이다.

그 결과 '아래 ·'가 사라졌으며 'R과 L', 'I와 Y', 'B와 V', 'P와
F' 등 여러 발음의 차이를 구분하지 못하게 되었다. 세종이 《훈
민정음 제자해制字解》나 《훈민정음 해례본解例本》에서 병서竝書
와 연서連書 원칙을 명기한 것은 이런 발음을 구분해서 표기하라
는 뜻이었다. 병서의 원칙은 초성을 자유롭게 사용하라는 것으
로 두 개 이상의 자모字母도 사용할 수 있다는 것이다. 병서는 같
은 문자를 아울러 쓰는 각자병서各自竝書와 다른 문자를 아울러
쓰는 합용병서合用竝書로 나눈다. 훈민정음의 각자병서는 'ㄲ, ㄸ,
ㅃ, ㅉ, ㅆ' 등으로 초성자에 사용한다. 합용병서는 초성합용병서,
중성합용병서, 종성합용병서로 나누는데, 초성 합용병서에는 'ㅺ,

ㅅㄷ, ㅄ/ㅴ, ㅄ, ㅵ/ㅵ, ㅵ' 등, 중성 합용병서에는 'ㅘ, ㅝ, ㅙ, ㅞ' 등, 종성 합용병서에는 'ㄳ, ㄺ, ㄻ, ㄼ, ㅀ' 등이 있다. 이를 사용하면 지상에 존재하는 모든 겨레의 발음을 표기할 수 있다. 세종이 훈민정음에서 정한 병서의 원칙만 제대로 활용하면 'R과 L', 'I와 Y' 등의 발음을 구별해서 사용할 수 있다.

연서의 원칙은 'B와 V', 'P와 F' 같은 입술소리인 순음脣音의 발음 차이를 구분하기 위한 것이다. 둘 중 하나를 입술 가벼운 소리인 '순경음脣輕音'으로 표기하라는 것이다. 'B와 V'를 'ㅂ'와 'ㅸ'로 적고, 'P와 F'를 'ㅍ'와 'ㆄ' 등으로 적으라는 것이다. 세종이 훈민정음에서 명기한 병서와 연서의 두 가지 원칙만 사용해도 영어는 물론 세계 모든 민족의 발음을 적고 읽을 수 있는데, 일제의 언문철자 표기법이 이를 크게 제한한 것이다.

현재 우리가 사용하는 국어도 일제가 만든 언문철자 표기법에서 크게 벗어나지 못하고 있다. 현재 한글 맞춤법통일안은 받침으로 한 글자 받침 'ㄱ, ㄴ, ㄹ, ㅁ, ㅂ, ㅅ, ㅇ'과 두 글자 받침 'ㄺ, ㄻ, ㄼ'만 사용하게 되어 있고, 설음 자모 'ㄷ, ㅌ' 등과 'ㅑ, ㅕ, ㅛ, ㅠ'를 결합하지 못하게 했는데 아직 총독부에서 만든 언문철자 표기법을 모두 극복하지 못한 결과이다.

김윤경은 1932년의 〈조선문자의 역사적 고찰(17)〉에서 "한말에 부흥되었던 훈민정음의 발전기운은 다시 역행해서 비상한 침체 상태에 빠지게 되었다."고 비판했다. 김윤경은 또한 학교에서 한 주에 '조선어'는 3시간에 불과하지만 '국어(일본어)'는 12시간 이상 배당될뿐만 아니라 6세 소아가 입학하는 보통학교 1학년 때부터 모든 학교교육은 국어(일본어)로 진행되기 때문에 "조선 사람이면서 조선말보다 일본말이 훨씬 능통하고 조선글보다 일본글이 훨씬 능통하게 되는 것"이라고 한탄했다.

현재 조선총독부의 언문철자표기법의 영향에서 완전히 벗어나지 못하고 있는 우리 국어 생활에서 김윤경의 한탄은 과거의 일이 아니다. 또한 1930년대에 단어 첫머리에 자음군子音群(단어의 처음에 나오는 둘 또는 그 이상의 자음)이 올 수 없고 'ㄹ'이나 이중모음(야·여·요·유 등) 앞에 'ㄴ'을 올 수 없게 한 두음법칙 등을 제정해 민족의 국어생활을 크게 퇴화시켰는데 이 또한 아직 극복되지 않고 있다.

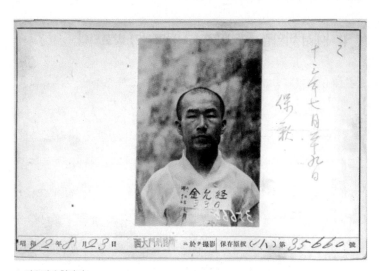

▲ 김윤경 수형사진(1937년)

# 2

## 3·1혁명과
## 대한민국 임시정부

### ① 3·1혁명과 민족정기의 부활

#### ◀ 각지에서 비밀결사가 조직되고 선언서가 발표되다

= 국내 비밀결사 운동

1910년 역사상 최초로 국토를 빼앗긴 우리 민족은 나라를 되찾으려 끊임없이 싸웠다. 민족운동은 처음에는 두 갈래로 진행되었다. 하나는 군주국인 대한제국을 재건하려는 복벽주의復辟主義였고, 다른 하나는 주권이 국민에게 있는 나라를 세우려는 공화주의였다. 복벽주의는 유생 중심의 의병들이 주로 전개했다. 1906년 최익현과 같이 의병을 일으켰던 전 낙안(순천)군수 임병찬이 고종의 밀조密詔(비밀조서)를 받아서 1912년 조직한 단체인 독립의군부獨立義軍府는 복벽주의 독립운동 단체였다. 독립의군부는 전국조직을 갖추고 일본정부·조선총독부 및 각국 공사에 국권반환요구서를 제출했다. 1914년 독립의군부 전라남북도 순무대장 임병찬은 보안법 위반으로 일제에 검거되어 거문도에 유배 중 1916년 순국하였다.

1913년 경북 달성(대구)에서 윤상태·서상일 등은 비밀결사인 조선국권회복단을 조직했다. 국권회복단은 단군의 위패 앞에 기도하고 군자금을 모아 만주 무장독립군에게 제

▲ 사형당하기 전의 박상진 의사

공했다. 국권회복단에는 즉각적인 무장투쟁을 주장하는 강경파들이 있었는데 박상진 등의 무장투쟁 지지 회원들이 1915년 대한광복회를 결성했다. 대한광복회는 부호의 의연금과 일제의 세금을 압수해서 군자금을 확보하고, 만주에 군관학교를 설립하고, 친일매국노를 처단하고, 일본인을 섬멸해서 독립을 이룩하려고 했다. 또한 대한광복회는 국조 단군을 높이는 자주적 민족의식을 갖고 있었다. 대한광복회 산하의 직접행동조직인 광복단은 경북관찰사를 역임한 장승원과 전 아산 면장 박용하 등의 친일부호들을 처단하고 현장에 〈선고장宣告狀〉을 두었다. 대한광복회의 명성이 높아지자 일제의 수사가 강화되었는데 이종국의 밀고로 1918년 박상진·채기중·김한종·장두환 등의 인사들이 체포되었다. 일제는 형식적인 재판을 거쳐 1921년 박상진·채기중·김한종·장두환을 모두 사형시켰다. 판사출신 박상진은 1908년 일제에 사형당한 대법원장 출신의 의병장 허위의 제자였는데 스승의 길을 그대로 걸은 것이다.

▲ 김상옥 의사

일제의 체포를 피한 대한광복회원 김상옥은 상해로 망명해서 의열단에 가입했다. 김상옥은 1922년 서울에 잠입해 1923년 1월 종로 경찰서에 폭탄을 투척하고 1천여 명의 경찰대와 교전을 벌이다가 최후의 1발로 자결했다.

**1차 사료로** 그 시대 보기

### 박상진·김한종 의사의 사형집행에 대한 신문 보도

"광복회 사건의 박상진은 마침내 11일 하오 1시에 대구감옥에서 사형을 집행했는데, 13분후 절명했으며, 교수대에서도 매우 의연했다 한다. 1시 30분에는 김한종의 사형을 집행했는데, 12분만에 절명했다. 대구복심법원에서는 구리하라栗山(율산) 검사, 기쿠가와菊川(국천) 서기와 측근 전옥典獄(교도소관리)이 입회했다 한다." 《동아일보》 1921.8.13.

▲ 박상진 의사 옥중 편지

## = 국외 독립운동 기지 건설

▲ 유하현 삼원보. 사진 권태균

▲ 삼원보 추가가 가는 길

　일제에 국토를 빼앗긴 독립운동가들은 장기적인 독립방략을 모색했다. 국내에서 즉각 항전으로 희생을 치르기보다는 국외에 독립운동 기지를 건설해서 군사력을 기른 후 결정적 시기에 국내 진공 작전을 전개해 나라를 되찾자는 독립전쟁론이었다. 비밀결사 신민회 등에서 제기한 방략인데 이런 노선에 따라 건설된 국외 독립운동 기지는 크게 세 지역에 건설했는데 압록강 대안의 서간도, 두만강 대안의 북간도(동간도), 러시아령 연해주였다.

　이중 서간도에는 이건승 등 강화도의 양명학자들과 서울의 우당 이회영 일가, 경북 안동의 석주 이상룡, 일송 김동삼, 황호 일가 등이 망명해서 경학사와 신흥무관학교를 세웠다. 북간도는 대종교도들과 호남출신들이 주

▲ 합니하 신흥무관학교 터. 사진 권태균

로 망명해서 독립운동기지를 건설했다. 연해주에는 블라디보스톡 신한촌을 중심으로 독립운동 기지가 건설되었는데, 이상설, 이동휘 등의 공화주의 계열과 유인석 등 의병계열, 현지의 최재형 등이 합세해 세운 독립운동 기지였다. 이들은 모두 교민자치 조직을 꾸리고 무관학교를 설립해서 장교들을 양성했는데 이것이 훗날 봉오동·청산리 승첩의 원동력이 되었다.

▲ 의암 유인석 초상

## = 각지에서 독립선언서가 반포되다

일제 강점을 전후해 국외로 망명했던 독립운동가들은 1910년대 후반이 되자 각종 선언서를 발표해 일치단결과 대일항전을 촉구했다. 그중 1917년 7월 상해에서 신규식·박용만·신채호 등 14인이 중심이 되어 발표한 것이 동제사의 〈대동단결선언〉이다. 이 선언은 융희황제(순종)가 주권을 포기했으니 '제국'은 소멸된 것이라고 선언하고 국민이 주인이 되는 '공화주의'를 표방했다. 〈대동단결선언〉은 민족운동 진영의 사상이 공화주의임을 명시해 여러 세력을 공화주의로 결집시키는데 큰 역할을 했다.

1919년 2월 중국 길림성吉林省 길림시吉林市에서 〈대한독립선언서〉가 발표되었다. 〈대한독립선언서〉는 김교헌·신규식·이상룡·박은식·김동삼·이동휘·이승만·조소앙·이시영·김좌진·박용만·안창호 등 39명의 저명한 독립운동가들의 명의로 발표한 것이다. 〈대한독립선언서〉는 '단군기원檀君紀元 4252년(1919) 2월'이라고 명기하고 우리 민족의 시조를 '단군대황조檀君大皇祖'라고 명시하면서 이른바 합방을 무효라고 강조하고, 각국에 제국주의 침략을 중지할 것을 촉구하면서 광복 후에는 공화정을 실시하겠다고 표명했다. 저명한 독립운동가들이 공화주의를 표방하면서 공화주의가 크게 확산되었다.

1919년 2월 8일에는 일본의 심장부인 도쿄東京(동경)의 동경조선기독교청년회관에서 학우회·조선청년독립단 등이 〈독립선언서〉

## 〈대동단결선언〉

"융희황제가 삼보三寶(토지·국민·정치)를 포기한 8월 29일은 즉 오인吾人(우리들) 동지가 삼보를 계승한 8월 29일이니 그간에 순간도 멈춘 것이 없다…저 황제권이 소멸한 때가 즉 민권 발생의 때요, 구한舊韓 최종의 하루는 즉 신한新韓 최초의 하루이니…"

…→ 우리 민족의 주권은 한 시도 계승되지 않은 적이 없어서 황제의 주권을 국민들이 곧바로 계승했다는 뜻이다.

▲ 〈대동단결선언서〉

## 〈대한독립선언서〉

"아! 우리 대중들이여. 공의公義에 힘입어 독립한 자 반드시 공의를 향해 나아갈 것이다. 모든 방법을 총동원하여 군국주의와 전제정치를 없애버림으로써 민족 평등을 전 지구에 두루 펼치려는 것이니 이것이 바로 우리 독립의 첫 번째 의미인 것이다…아! 마음이 같고 도덕이 같은 우리 이천만 형제자매들이여. 우리 단군 대황조께서 상제를 움직여 우리에게 기회와 운수를 내려주시니 세계와 시대가 우리의 행복과 이익을 돕고 있다. 정의라고 하는 것은 마치 대적할 수 없는 칼과도 같은 것이다. 이 칼로써 하늘의 뜻을 거스르는 악마와 나라를 훔치려

▲ 〈대한독립선언서〉

는 도적을 단번에 베어버려라…아! 우리 마음이 같고 도덕이 같은 이천만 형제자매여. 국민의 본령을 자각한 독립임을 기억해야 할 것이며, 동양 평화를 보장하고 인류 평등을 실시하기 위한 자립임을 명심해야 할 것이다. 하늘의 밝으신 명령을 받들어 일체의 사악한 그물에서 벗어나는 건국임을 확신하여 목숨을 건 싸움에 온몸을 던져 독립을 완성해야 할 것이다."

## 〈2·8독립선언서〉

"보호조약이 체결될 때 황제와 몇몇 역적을 제외한 대부분의 대신들은 온갖 수단을 모두 동원하여 반항을 하였다. 보호조약이 발표된 후에도 우리 국민은 맨손으로 할 수 있는 모든 방법을 총동원하여 반항하였다. 사법권과 경찰권을 빼앗기고 군대가 해산될 때에도 또한 그렇게 하였다…앞의 여러 항목의 요구가 받아들여지지 않을 경우에는 우리 민족은 일본에 대하여 영원한 혈전을 벌일 것을 선포함. 이것으로 말미암아 발생하는 참화는 우리 민족에게 그 책임이 있지 않음."

▲ 동경유학생들의 2·8독립선언 기념사진

와 〈결의문〉을 발표했다. 이것이 〈2·8 독립선언서〉인데 〈조선청년 독립선언서〉라고도 한다.

1919년 3월 1일 민족대표 33인의 명의로 발표된 〈3·1 독립선언 서〉는 해외에서 발표된 여러 선언을 계승해 서울 한복판에서 독립을 선언한 것이다. 최남선이 기초한 〈3·1 독립선언서〉는 "우리들은 이에 조선이 독립국임과 조선인의 자주민임을 선언하노라." 라고 시작하고 있다. 이어서 "이로써 세계만방에 고告(알림)하여 인류가 평등하다는 대의大義를 분명하게 밝히고 이로써 자손만대에 고誥(후손 등 아랫사람에게 알림)하여 민족자존의 정당한 권리를 영원히 갖게 하노라."라고 말하고 있다. 한용운이 작성한 공약3장은 배타적 감정을 배제하고 최후까지 민족의 정당한 의사를 발표할 것과 질서를 존중하고 광명정대하게 할 것을 요구하고 있다. 〈3·1 독립 선언서〉는 기독교측의 이승훈·김창준·길선주 등 16인, 천도교측의 손병희·권동진·오세창 등 15인, 불교측 한용운·백용성 2인으로 모두 33인의 민족대표 명의로 발표했다. 원래 기독교측은 일본에 한국의 독립을 청원하는 '청원서'를 준비하고 있었는데, 천도교측의 '선언서' 계획을 듣고 방향을 선회했다. 청원은 받는 쪽이 주체라면 선언은 하는 쪽이 주체라고 할 수 있기 때문이다.

## ◀ 3·1혁명이 전국과 해외를 뒤덮다

### = 3·1혁명 발생하다

일제의 10년 무단통치에 한국민들은 크게 분개했다. 지식인들은 제1차 세계 대전의 전후 처리 과정에서 1918년 발표된 미국 대통령 윌슨의 '민족자결주의 원칙'에 큰 기대를 가졌다. 윌슨의 민족자결주의가 한국에도 적용 가능한 것으로 생각했다. 윌슨의 민족자결주의는 제1차 세계 대전 패전국에 속한 식민지에만 해당된다는 사실이 드러났지만 한국민들은 실망을 거두고 거족적 저항에 나섰다.

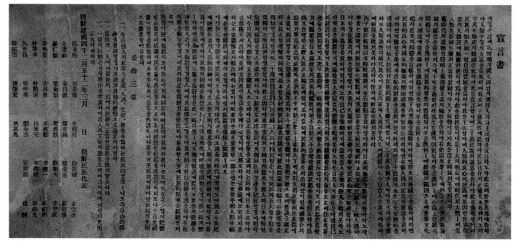

▲ 〈3·1독립선언서〉

일제 10년간의 무단통치는 역사상 최초로 민족의 자존을 위태롭게 했다. 무단통치로 한국민을 노예취급하고, 회사령 등을 통해 민족 산업의 육성을 차단하고 식민지 수탈을 합법화했다. 또한 교육령 등을 통해 민족 교육을 억압하고 일본제국의 충량한 신민臣民을 길러내려 하였다. 또한 토지조사사업으로 전 국토의 40% 이상의 토지를 조선총독부에서 빼앗아가자 한국민들의 반일 감정이 극에 달했다. 1919년 들어서 고종독살설 등 여러 소식이 전해지면서 민중들은 더욱 분노했고, 고종의 장례일에 맞추어 3·1혁명을 일으켰다.

▲ 고종의 장례식

민족대표 33인은 종로의 태화관에서, 민중들은 파고다공원에서 〈독립선언서〉를 낭독해 대한민국이 건국되었음을 '선언'했다. 만세 시위운동은 학생, 종교인, 상인, 노동자 등 모든 민족 구성원이 가담하면서 점차 지방 도시로 확산되었고

▲ 종로거리를 행진하는 3·1혁명 여성 시위대

▲ **민족대표의 독립선언 기록화.** 최대섭, 1976, 독립기념관 소장.

해외로도 파급되었다. 만세시위는 비폭력을 표방했지만 일부에서는 면사무소, 헌병 주재소, 동양 척식 주식회사 등 식민 통치 기관, 친일 지주 등을 습격하는 무력투쟁도 전개했다. 그러나 전반적인 기조는 비폭력 저항운동이었다. 3·1혁명 와중에 국민대회도 개최되었다.

### = 해외로 확산된 3·1혁명

만주와 연해주, 미국, 일본 등지에서도 만세시위가 전개되었다. 일제는 경찰력은 물론 군사력까지 동원하여 만세 시위를 탄압하였다. 일제는 맨손의 시위군중들에게 무차별로 발사해 수많은 민중을 학살했다. 이중 수원(지금의 화성시)의 제암리에서는 주민들을 교회에 가두고 불을 질렀다. 이 만행은 일제가 저지른 수많은 학

알고 싶어요

### 국민대회

1919년 4월 2일 독립운동가들은 인천 만국공원에서 김사국金思國 등의 주도로 13도 대표자회의를 열고 국민대회를 열어 공개적으로 한성정부를 수립하기로 결정했다. 4월 23일 서울에서 열린 국민대회는 '국민대회'와 '공화만세'라고 쓴 큰 깃발을 내걸고 자동차 세 대를 타고 유인물을 뿌리며 한성정부의 수립을 선포했는데, 이 사건으로 검거된 사람만 270명에 달했다.

▲ 유관순 열사 수형 사진

살 중 빙산의 일각이지만 스코필드 선교사에 의해 세계에 전파되어 일제의 잔학상이 널리 알려지는 계기가 되었다.

4월 1일 충청도의 병천(아우내) 시장에서 유관순 등의 주도로 3천여 명이 시위를 전개했는데, 헌병대의 발포로 유관순의 아버지 유중권 등 2명이 순국했다. 분노한 주민들이 시체를 메고 헌병주재소로 가서 격렬하게 항의하자 일경이 다시 총격이 가해 19명이 순국했다. 이 시위 주도 혐의로 서대문 형무소에 투옥된 유관순은 숱한 고문을 당한 끝에 1920년 9월 28일 19세의 꽃다운 생애를 나라에 바쳤다.

3월 12일에는 서간도 독립운동기시의 중심이었던 유하현 삼원포에서 첫 해외시위가 일어났고 다음 날 북간도 용정촌에서는 '독립선언 경축대회'가 열렸다. 이때 용정의 일본영사관 경찰이 발포해 기수旗手 박문호를 비롯한 17명을 살해하고 30여 명에게 중경상을 입혔다. 용정 한인 4천여 명은 제창병원濟昌病院에 모여 장례식을 치르고 일제를 성토했다. 17일에는 연해주 블라디보스톡에서도 태극기를 앞세우고 시가행진을 전개했는데 신한촌의 한인들은 집집마다 태극기를 게양했다. 미국의 필라델피아에서도 만세시위가 일어났고, 일본

▲ 광화문 비각 앞에서 시위에 호응하는 민중

의 도쿄, 오사카에서도 유학생들을 중심으로 한인들이 모여 독립만세를 외쳤다.

## = 일제의 극단적 탄압

국내외에서 3·1혁명에 참여한 인원은 약 110만여 명에 달하는데 2만 5,000여 명의 사상자가 발생하였다. 일제는 평화적인 만세 시위 참가자를 무차별 탄압하여 보안법위반 6,472명, 소요죄 2,289명, 내란죄 296명, 기타 232명으로 모두 9,289명을 기소하였다.

일제는 군사력에 의한 무단통치로 민중을 억압하면서 친일매국노들을 우대하면 한국 민중들이 복종할 것으로 여겼다가 전 민족적인 3·1혁명이 일어나자 크게 당황했다. 3·1혁명은 국내외에 민족의 주체성을 각인시켰으며 우리 민족이 자력으로 독립할 수 있다는 자신감을 심어주었고, 전 세계 식민지를 비롯한 피압박민족의 독립 운동에 큰 자극이 되었다. 3·1혁명은 중국 5·4운동에도 큰 영향을 주었다.

알고 싶어요

### 한국 내 일본인들이 본 3·1혁명의 원인

한국 내에 살던 일본인들은 3·1혁명의 원인을 무엇이라고 보았을까? 1921년 자칭 '일본제국의 유생 아오야기 난메이靑柳南冥'는 복면유생覆面儒生이라는 필명으로 《조선독립소요사론朝鮮獨立騷擾史論》을 출간했다. 3대 총독 사이토 마코토齋藤實(재등실)가 휘호를 써주었으니 총독부의 의중과 크게 다르지 않을 것이다. 아오야기는 3·1혁명의 원인을 천도교, 무단정치, 이주 식민정책, 민족자결주의 등으로 논하면서 '은사수작편당론恩賜授爵偏黨論'도 제시했다. 총독부가 귀족의 작위와 은사금을 노론에게 편중해서 내려 준 것이 시위의 한 원인이라는 것이다. 그는 "재상 이완용은 노론의 거두로서 전부 노론 천하가 되어 소론은 극단으로 압박되었으며, 소론에서는 노론에 붙은 조중응을 '실절자失節者(절개를 잃은자)'로 여긴다."면서 "(일본 점령 후) 천하의 사업, 미명美名, 세리勢利(세력과 이익)를 모두 노론이 차지한 것"이 시위의 한 원인이라고 주장했다. 3·1혁명은 양반층이 아니라 민중들이 스스로 역사의 주체가 되어 주도했다는 점에서 잘못된 분석이지만 일제 때도 노론 세상이 계속되었던 것은 맞다고 볼 수 있다.

### ◀ 3·1혁명의 의의

3·1혁명은 동학농민혁명과 의병전쟁의 뒤를 이어 전 민족이 하나가 되어 일제 식민통치에 저항한 범민족적 거사였다. 비록 독립 달성이라는 목적은 달성하지 못했다 하더라도 민족사 전체에 큰 의의를 남겼다.

이에 놀란 일제는 종래의 무단통치를 문화통치로 전환하고 문관도 조선총독이 될 수 있다고 선전했다. 그러나 일제 패망 때까지 모든 조선총독은 군인 출신이라는 점에서 문화통치는 그 본질은 변하지 않은 외양의 변화에 불과했다. 그러나 전 민족적 항거가 일제 식민통치의 기본 방식을 바꾸게 한 것이었다. 3·1혁명은 새롭게 성장한 민중이 민족의 주체세력이 되었음을 말해준 것으로서 이후 정치, 사회는 물론 교육, 문화 전 부문에 걸쳐 민중이 주체가 되는 새로운 흐름이 일어났다.

3·1혁명은 전 세계 피압박민족에게도 큰 영향을 끼쳤다. 1919년 4월 5일 인도의 간디는 영국의 지배에 저항하는 비폭력 무저항 운동을 일으켰고, 중국에서는 북경대학생들을 중심으로 일본의 21개조 요구 폐지를 요구하는 5·4운동이 일어났다.

무엇보다도 3·1혁명의 결과물로 1919년 4월 11일 상해에서 대한민국이 건국되면서 임시정부가 결성되어 독립전쟁의 구심점 역할을 하였고, 대일항전은 새로운 단계에 접어들었다.

## ❷ 대한민국 임시정부

### 🕮 상해의 대한민국 임시정부

= 민주공화제 국가의 출범

3·1혁명에 고무된 애국지사들은 국내외 각지
에 임시정부를 수립했다. 국내외에 모두 8개 정
도의 임시정부가 수립되었거나 수립 준비를 했
다. 그 가운데 정부형태의 조직을 갖춘 것은 러
시아 연해주 지역의 대한국민의회, 상해의 대한
민국 임시정부, 국내의 한성정부였다. 이들은
전 민족적 항거인 3·1혁명에 고무되어 하나로
통합하기로 의견을 모았다. 문제는 임시정부의
소재지를 어디에 둘 것인가 하는 점이었다. 무

▲ 상해 임시정부 청사 건물

장 항전에 주력했던 만주와 연해주 지역의 독립운동세력들은 임
정의 소재지를 만주나 연해주에 두려고 한 반면 외교독립론을 주
장했던 독립운동세력들은 국제도시 상해를 선호했다

의논 결과 1919년 4월 11일 상해에서 임시의정원을 구성해서
민주공화제 국가 '대한민국'을 건국했다. 같은 날 대한민국 초대
헌법이라고 할 수 있는
10개 조의 〈대한민국 임
시헌장〉을 발표했는데,
그 8조에 "대한민국은
구 황실을 우대한다."고
명시해 민주공화국이지
만 대한제국의 정통성을
계승했음을 천명했다.
임시정부는 신분제를 부
인하고, 모든 인민에게

▲ **임시정부 국무원 요원들.** 가운데가 안창호, 그 왼쪽이 신익희이다. 대한민국 원년(1919)

선거권과 피선거권은 물론 근대국가의 국민들이 누리는 모든 자유를 부여했고, 국제연맹 가입을 천명했다. 〈대한민국 임시헌장〉을 기초로 그해 9월 11일 〈대한민국 임시헌법〉이 제정되었다. 〈대한민국 임시헌법〉은 모두 8장 58조로 되어 있었는데 대통령제를 채택했다. 제3조에서 "대한민국의 강토는 구한국의 판도로 한다."고 명시했는데, 이는 대한제국의 강역이었던 간도 역시 대한민국의 강역임을 선포한 것이었다. 임시 정부는 행정기관인 국무원, 입법 기관인 임시 의정원, 사법기관인 법원을 두어 3권 분립의 헌정 체제를 갖추었다.

〈대한민국 임시헌장〉(1919년 4월 11일 공포)

**제1조** 대한민국은 민주공화제로 한다.

**제2조** 대한민국은 임시정부가 임시의정원의 결의에 의하여 통치한다.

**제3조** 대한민국의 인민은 남녀, 귀천 및 빈부의 계급이 없고 일체 평등하다.

**제4조** 대한민국의 인민은 종교, 언론, 저작, 출판, 결사, 집회, 통신, 주소 이전, 신체 및 소유의 자유를 누린다.

**제5조** 대한민국의 인민으로 공민 자격이 있는 자는 선거권과 피선거권이 있다.

**제6조** 대한민국의 인민은 교육, 납세 및 병역의 의무가 있다.

**제7조** 대한민국은 신神의 의사에 의해 건국한 정신을 세계에 발휘하고 나아가 인류문화 및 평화에 공헌하기 위해 국제연맹에 가입한다.

**제8조** 대한민국은 구 황실을 우대한다.

**제9조** 생명형, 신체형 및 공창제公娼制를 전부 폐지한다.

**제10조** 임시정부는 국토 회복 후 만 1년 내에 국회를 소집한다.

▲ 〈대한민국 임시헌장〉

## = 임정의 연통제와 교통국

상해의 프랑스 조계지 김신부로 22호에 청사를 둔 임시정부는
조직 직후부터 온갖 어려움을 겪었지만 국내외의 민족 독립투쟁
을 통합하는 중추 기관의 임무를 담당하였다. 연통제와 교통국
등을 통하여 국내외의 독립운동 세력들을 조직화하고 독립 운동
자금 모금과 정보를 수집하였다. 연통제는 국내 각지와 임시정부
를 잇는 비밀행정조직이었다. 연통제는 경기도·충청도·전라도·경
상도·황해도·평안도·함경도·강
원도에 각기 독판을 설치하고
부에는 부장, 군에는 군감, 면
에는 면감을 두어 각각 관내
의 행정 사무를 관리하고 소
속 관리를 지휘, 감독하게 하
였다.

교통국은 통신기관으로 국

▲ 대한민국 2년(1920) 임시정부 신년축하회

▲ 1920년 상해에 도착한 대통령 이승만 환영회

내외 정보의 수집과 분석, 연락업무를 담당했다. 임시정부는 독립공채를 발행해서 독립운동 자금을 모집했고, 《독립신문》을 발행해서 국내와 해외에서 전개되는 독립운동 사실을 생생하게 보도했다.

일제가 모든 정보망을 동원해 임시정부의 국내 파견원들을 체포하면서 연통제와 교통국은 붕괴위기에 처했다. 연통제와 교통국의 붕괴는 국내 행정조직의 붕괴를 뜻했을뿐만 아니라 그를 통해서 들어오는 독립자금의 고갈을 뜻했다. 이 때문에 임시정부는 정부운영에 큰 곤란을 겪었다.

### ◀ 전민족적 국민대표회의

= 전민족대표가 참가한 국민대표회의

임시정부는 김규식을 전권대사로 임명해 파리 강화 회의에 〈독립청원서〉를 제출하고, 워싱턴 회의 등에도 대표를 파견해 우리

▲ 국민대표회의를 알리는 《독립신문》

민족의 독립운동을 지지해줄 것을 요청했다. 그러나 1919년의 파리강화회의는 제1차 세계대전 승전국 27개 국 대표가 모인 회의로서 일본이 전승국의 일원이기 때문에 독립청원이 받아들여질 리 만무했다. 1921년의 워싱턴 회의는 군비확장을 제한하기 위한 것으로 이 역시

일본이 주요 참가국이었기 때문에 참가국들에게 독립지원을 호소하는 것 또한 아무런 효과가 없었다.

이런 냉혹한 국제정세 현실 때문에 임정의 외교중심 노선이 점차 힘을 잃어갔다. 여기에 1921년의 수많은 독립군들이 러시아의 자유시에서 목숨을 잃은 자유시 참변에서 임정이 무력하게 대처했다는 비판 여론이 일었다. 초대 대통령 이승만이 국제연맹에 조선 위임통치를 청원한 문제까지 겹치자 국내외의 독립운동가들 사이에서 임시정부를 대대적으로 개편해야 한다는 여론이 비등했다. 국내외의 모든 독립운동 단체들이 국민대표회의를 개최해서 독립운동의 새 방략을 결정해야 한다는 것이었다. 임시정부의 주축인사였던 안창호 등도 이에 동의하면서 국민대표회의 소집 운동은 큰 호응을 받았다. 그 결과 1923년 1월 3일부터 6월 7일까지 상해에서 국내외의 저명한 독립운동 단체의 대표들이 모인 국민대표회의가 개최되었다. 이 회의에는 국내외 지역 및 독립운동단체 대표 158명이 참가했는데, 자격심사를 거쳐 125명이 대표로 확정되었다.

## = 창조파와 개조파의 두 노선

국민대표회의는 해외는 물론 국내에서도 일제와 싸우던 저명한 독립운동가들이 처음으로 한 자리에 모여서 독립운동의 방략을 논한 자리였다. 회의에는 두 노선이 치열하게 대립하였다. 현재의 임시정부는 문제가 있다는 점에 대해서는 모두 동의했지만 그 해결책으로 기존의 임시정부를 대대적으로 개혁하자는 '개조파'와 임시정부를 해체하고 새로운 정부를 만들자는 '창조파'가 대립했다. 그 외에 이승만 등의 임정고수파는 국민대표회의 자체를 부정했다. 개조론은 임시정부의 안창호와 서간도대표 김동삼 등을 비롯한 다수파의 견해였고, 창조론은 연해주의 윤해와 신채호 등을 비롯한 소수파의 견해였다. 처음에는 안창호가 임시

▲ **김동삼 수인표**. 1936년 경성형무소에서 찍은 사진.

의장으로 회의를 주재했는데 안창호도 이승만의 위임통치 청원과 무관하지 않다는 비판이 나오자 사임하고 투표로 새 대표를 선출했다. 의장에는 서간도 무장항일세력의 대표인 김동삼(개조파)이 선출되고 부의장에 윤해(창조파)와 안창호(개조파)가 선출되었다. 임정을 대대적으로 개조하자는 개조파와 새로 만들자는 창조파가 논의를 거듭했지만 끝내 합의에 이르지 못했다. 이런 상태에서 5월 만주의 서로군정서와 한족회 등에서 대표로 파견한 김동삼 등을 소환하자 의장 김동삼이 사퇴했다. 6월 3일 창조파만으로 회의를 개최해서 새로운 국호를 '한韓'으로 결정했으나 개조파가 반대하면서 합의에 이르지 못한 상태에서 회의는 6월 7일 결렬되고 말았다. 국민대표회의에서 임정의 개조든 창조든 합의에 이르렀으면 대일항전사에 획기적 전기가 마련되었을 것이다. 그러나 국민대표회의는 결국 결렬되고 말았다.

## ◀ 국민대표회의 결렬과 임시정부 개편

국민대표회의는 결렬되었지만 임시정부도 기존 체제를 계속 고수할 수는 없었다. 그래서 임정 자체 내의 개혁을 추진했다. 임정은 위임통치 청원과 임시정부 직제에 없는 구미위원부 활동 등으로 여러 물의를 일으킨 대통령 이승만을 1925년 3월 임시의정원에서 탄핵시키고 박은식을 새 대통령으로 선출하였다. 새 대통령 박은식은 1인의 영향력이 지대한 대통령제의 폐해가 크다는 판단에서 일종의 의원내각제인 국무령제로 개편을 시도했다. 대통령 박은식은 제2차 개헌을 통해 대통령제를 폐지하고 국무령을 정부의 수반으로 삼되 임기를 3년으로 제한하고 5명 이상 10명 정도의 국무위원들의 집단 지도체제로 정부를 운영하려 하였다.

박은식은 또한 그간 임정이 외교독립론에 치중한 것을 반성하고 1925년 7월 만주 무장세력의 대표인 이상룡을 국무령으로 선임했다. 그러나 국민대표회의 결렬 이후 만주와 연해주의 무장독립운동 단체들은 임정에 부정적 인식이 강해져서 국무위원직을 수락하는 인사가 거의 없었다. 이런 상황에 직면한 국무령 이상룡은 1926년 2월 사임하고 만주로 돌아갔고, 1926년 7월부터 홍진이 국무령에 취임했다가 같은 해 12월 김구가 국무령에 선임되다.

▲ **석주 이상룡**, 임시정부 초대 국무령이다.

1927년 2월 임시의정원에서 제3차 개헌을 단행했는데 국무위원 집단지도 체제로 개편하고 주석主席이 국무회의의 의장을 맡게 했다. 1927년 8월 이동녕이 주석이 되자 김구는 내무부장이 되었는데 이후 송병조, 양기탁 등이 주석직을 맡다가 김구가 1940년 주석에 취임하여 광복을 맞이할 때까지 대한민국의 수반으로 정부를 이끌었다.

### ◀ 임시정부의 대일항전

대한민국 임시정부는 상해에서 기관지《독립신문》을 발행하여 독립전쟁의 현장을 생생하게 보도하고 국내외에 대한독립의 정당성과 독립운동 활약상을 알렸다. 또한 중문판《독립신문》도 발행해서 중국인들에게 한국 독립전쟁의 실상을 전했는데 이는 많은 중국인들의 지지를 이끌어냈다.《독립신문》은 사내에 조사부를 두어 독립운동 사료를 수집했다. 상해 독립신문사 사장이었던 김승학은 이 사료들을 내몽골에 있던 스승 조병준의 집에 감추었다가 광복 후인 1964년 독립운동가들과 함께 《한국독립사》를 편찬했다.

임시정부는 초기에 외교독립론을 중시했지만 그 궁극적 목표는 독립전쟁을 전개해 일제를 몰아내고 독립을 쟁취하는 것이었다. 그래서 무장항전과 직접행동 투쟁도 다수 전개했다. 만주에 임시정부의 군사조직이었던 '대한민국 임시정부 주만육군참의부(참의부)를 설치해 수많은 국내 진공작전을 전개했다. 또한 한인애국단을 결성해 1932년 1월 이봉창 의사가 일왕 히로히도에게 폭탄을 투여했고, 그해 4월에는 윤봉길 의사가 상해 홍구공원에서 시라카와 대장 등을 격살했다. 또한 중국의 국민당 정부와 협의해 1940년 9월 중경重慶에서 한국광복군을 결성했다. 광복군은 광활한 중국 전역을 3개로 나눈 3개 지대를 설치해 활동하였으며, 중국에 파견되어 있던 미국전략사무국 OSS(Office of Strategic Service:미 CIA의 전신)와 협약을 맺어 특수공작훈련을 받고 국내 진공작전을 계획했다. 김구 주석은 국내진공작전을 전개해서 대한민국을 참전국의 일원으로 승인받으려는 계획이었지만 국내 진공 작전을 실행하기 직전에 일본이 항복하면서 무산되고 말았다.

대한민국이 참전국의 일원으로 인정받지 못한 상태에서 일제가 항복하면서 미국과 소련이 38도선을 기준으로 각각 진주했다. 북쪽에 진주한 소련은 자국 영내에 있던 88특별저격여단 출신들로 북한의 정권을 구성하게 했다. 남쪽에 진주한 미군은 임시정부를 인정하지 않았고 광복군에 대해서도 무장해제를 요구하였다. 임시정부 요인들은 개인자격으로 귀국할 수밖에 없었고, 광복군도 무장을 해제한 상태로 귀국했다가 1946년 6월 해체되고 말았다.

대한민국 임시정부는 1919년 수립되어 1945년까지 27년 동안 상해 시절 13년, 이동 시절 8여 년, 중경 시절 5

▲ 김승학을 비롯해서 독립운동가들이 편찬한
《한국독립사》

년 동안 하루도 빠지지 않고 대일항전을 이끌었다. 수천 년 군주국의 역사에서 공화주의를 이념으로 탄생한 임시정부의 역사는 광복 후 국내 환국정부로 이어졌다. 1987년 개정한 현행 헌법은 "유구한 역사와 전통에 빛나는 우리 대한국민은 3·1운동으로 건립된 대한민국임시정부의 법통"을 계승했음을 천명하고 있다.

### ③ 3·1혁명 이후의 국내 항일운동

#### ◀ 의열투쟁과 무장투쟁

= 의열투쟁의 전개

3·1혁명 이후 해외는 물론 국내에서도 일제에 대한 항전이 거세졌다. 3·1혁명이 일어나자 일제는 10년간의 무단통치가 실패했음을 자인하고 2대 총독 하세가와 요시미찌長谷川好道(장곡천호도)를 해임하고 사이토 마고토齊藤實(재등실)를 후임으로 임명했다. 3·1혁명 이후 일제는 조선총독은 문관으로도 임명할 수 있다고 규정을 바꿨지만 사이토 마고토 역시 해군대장이었다. 1919년 9월 2일 65세의 강우규 의사는 신임총독 사이토가 탄 열차가 남대문역(서울역)에 도착하자 폭탄을 던졌는데 비록 사이토를 적중시키지는 못했지만 무라다村田(촌전) 육군소장, 고무다小牟田(소모전) 혼마치本町(현 충무로) 경찰서장, 구보久保 만주철도 이사 등 30여 명에게

▲ 서울역 앞의 강우규 의사 동상

▲ 2대 조선총독 사이토 마고토

부상을 입혔다. 총독부의 2인자인 정무총감 미즈노 렌타로水野鍊太郎(수야연태랑)의 마부도 부상당해 미즈노는 걸어서 관저까지 가야했다.

총독부 경무국장 아카이케赤池濃(적지농)는 민중의 습격이 두려워서 총독부의 전등도 켜지 못했다고 회고하고 있다. 미즈노는 강우규 의사의 의거 다음 날인 9월 3일 "경성에 있는 대부분의 상가가 (일본의) 정치에 대한 반항의 표시로 철시했다."고 전하고 있다. 또 "감옥 내에서 만세를 부르는 자도 있었고, 이전까지 친밀했던 사람조차 일본인과는 소식이나 왕래가 끊어졌다. 민족자결, 조선독립, 조선자치라는 말이 왕왕 제창되었다."고 전한다.

총독부의 일본인 경찰들은 강우규 의사를 체포할 엄두도 내지 못하고 있었다. 강우규 의사는 서울 누하동樓下洞 임재화의 집에 은거하면서 다음 거사를 준비했는데 9월 17일 친일 경찰 김태석에게 체포되어 총독부 경찰의 사기를 되살렸다. 일제는 1920년 11월 29일 강우규 의사를 사형시키고, 강우규 의사에 대한 추도를 막기 위해 11월 4일 '형사자 신취제법刑死者新取締法'이란 희한한 법률을 만들었다. 일제에 사형당한 자나 복역 중 옥사한 자에 대한 일체의 제사나 추도회를 금지시키는 법이었다.

## = 국내 무장독립군의 항전

1919년 3·1혁명 직후 평북 의주 출신 최시흥은 최지풍·박응백·최천규·김세진·심용준·양봉제 등과 평안북도 천마산에서 이름을 딴 독립군부대 천마산대를 결성했다. 천마산대는 평북도청의 에구치江口(강구)를 사살하고 창성군과 삭주군, 벽동군 등 각지에서 헌병이나 순사를 사살했다. 또한 삭주군 대창면의 친일면장 강창헌과 천마대원들의 활동을 일경에 제보한 의주군 홍응염 부자 등 친일매국노들도 처단했다. 천마산대의 무장투쟁으로 평안도 선

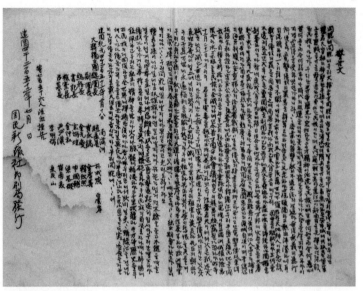

▲ 대한독립단의 〈경고문〉

천군, 철산군, 구성군, 창성군, 자성군 등지의 치안·행정이 마비될
정도였다. 일본인 관리들과 매국 친일노들은 일경의 보호 없이는
외출도 못할 정도였고 친일 면장들이 집단적으로 사표를 낼 정도
로 천마산대의 항전에 큰 공포를 느꼈다. 천마산대는 일본군과
창성군, 삭주군 등지에서 격전을 치르면서 근거지를 천마산에서
삭주군 두룡산頭龍山으로, 초산楚山으로, 다시 강계군江界郡 제룡
현帝龍峴 등지로 옮겨가며 항전을 계속했다. 그러나 1922년 최시
홍이 경찰에 체포되고 1923년 말에 대원들이 대거 검거되면서 조
직이 무너졌다. 일제는 1925년 최시홍을 사형시켰다.

평북 의주에도 독립군부대 보합단이 있었다. 김동식·한우종 등
이 주축인 보합단은 의주와 철산·용천 등지에서 일제 군경과 전
투를 치르거나 군자금을 모집해 임시정부에 보내고 일부는 무기
를 구입해 사용했다.

압록강 북쪽 유하현柳河縣에 있던 대한독립단도 무장투쟁 부
대였다. 대한독립단은 1920년 3월 덕천군 덕안면에서 일경과 총
격전을 전개해 일본인 경찰 오가와 하다小河原(소하원)와 심 노스

케辰之助(진지조)를 사살했다. 대한독립단은 1922년 12월 평안남도 영원寧遠경찰서 직원의 봉급과 상여금을 덕천德川에서 수령해 간다는 정보를 입수하고 덕주령德周嶺에서 매복해 있다가 습격했다. 총격전 끝에 일경 2명을 사살하고 다른 2명에게 중상을 입히고 총기 3정과 현금 5,500원을 노획했는데 이것이 '덕주령사건'이다. 이외에도 벽창의용단碧昌義勇團, 의성단義成團 등 많은 무장 독립군부대들이 곳곳에서 일제와 맞서 싸웠다.

## = 국내 항일조직과 그 투쟁

3·1혁명 직후 서울에서 전협·최익환 등은 조선민족대동단朝鮮民族大同團을 결성했다. 조선민족대동단은 황족을 비롯한 사회각층 인사들을 포섭한다는 계획 아래 김가진을 총재로 추대했다. 김가진은 1907년 친일적 성향이 농후하던 대한협회의 회장을 맡아 일진회와 연합을 추진하는 등 과거 친일 성향이었고 망국 때 일제로부터 남작을 수여받았으나 이후 독립운동으로 노선을 전환해 대동단 총재직을 수락했다. 일제가 1919년 5월 대동단의 실체를 파악하고 검거에 나서자 겨우 체포를 면한 김가진은 1919년 10월 상해로 망명했다.

1919년 5월 서울에서 이화학당 부속학교 교사 신현구 등은 대한독립애국단大韓獨立愛國團을 결성했다. 대한독립애국단은 신현구의 동생 신현창을 상해로 파견해 임시정부와 교류하는 한편 각지에 애국단 지단을 설치했다. 또 상해에서 파견한 임시정부 특파원 김태원과 연통제를 조직하기 위해서 힘을 쏟았다. 애국단은 조선민족대동단과도 비밀리에 교류하면서 연합 만세시위를 계획했다. 그러나 1919년 11월 중순 조선민족대동단 사건이 발각되면서 신현구도 체포되었다.

1919년 4월 상해에서 조소앙·조용주·연병호 등이 대한민국청년외교단을 결성했다. 이들은 국내로 잠입해 서울에 중앙부中央部

를 두고 안재홍·이병철 등과 접촉했
다. 이들은 외교활동에 중점을 두
면서 1919년 6월 서울에서 결성된
대한민국애국부인회와도 연계하면
서 여러 국내 독립운동 단체의 통
합을 추진했다. 그러나 이 단체 역
시 1919년 11월 말 일제에 발각되면
서 붕괴되었다.

대한민국애국부인회는 1919년 6
월 혈성단애국부인회와 대조선독

▲ 김마리아, 안창호, 차경신(1925년 경)

립애국부인회가 통합한 여성독립운동 단체였다. 부인회는 3·1혁
명 때 옥고를 치르고 출옥한 정신여학교 교사 김마리아를 회장으
로 추대하고 비밀리에 전국에 지부를 설치했는데, 이 역시 1919
년 11월 말 일제에 발각되면서 붕괴되었다.

1919년 8월 평양에서는 기독교 장로 박승명의 주도로 대한국민
회大韓國民會가 결성되었다. 대한국민회는 항일의식이 높았던 평
안도 기독교계를 중심으로 조직을 확장하면서 박인관을 회장으
로 추대했다. 이들은 평안도는 물론 경상남도 및 전라남도 일부
에도 지회를 설치하면서 활동하다가 1919년 11월말 일제에 발각
되었으나 일부 지회는 1921년까지도 활동했다. 대한국민회는 만
주의 독립군 부대와 연계했다. 대한국민회 대동군 청호리 향촌회
는 광복군총영光復軍總營과 손을 잡고 1920년 2월 광복청년단光復
靑年團으로 개편해서 무장투쟁에 나섰다. 인근 송화리 향촌회 역
시 1920년 5월 대한독립청년단으로 개편하고 친일파 처단 및 독
립군 지원 등의 활동을 전개했다.

이외에도 의용단, 애국청년단, 혈성단 등 수많은 단체들이 전국
각지에서 결성되어 일제에 저항했다.

## 🔵 민족유일당 운동과 신간회

### ▪ 자치론이 등장하다

▲ 중국에서 국부로 여기는 손문

1920년대 들어 국내외를 막론하고 민족유일당 운동이 일어났다. 민족유일당 운동은 여러 독립운동 단체 및 정당들이 하나의 큰 당을 만들어 그 기치 아래 민족독립전쟁을 전개하자는 것이었다. 1927년 2월 대한민국 임시정부는 제3차 개헌안에서 '대한민국의 최고 권력은 임시의정원에 있다. 광복운동자가 대단결한 정당이 완성될 때에는 최고 권력은 그 당黨에 있는 것으로 한다'고 규정했다. 임시의정원이 최고 권력을 장악하되 대다수 독립운동가가 결집한 정당이 건설되면 그 정당이 최고 권력을 갖는다는 것으로 임정의 기득권까지 포기하겠다는 것이었다.

중국의 손문孫文이 1924년 4월 작성한 《건국대강建國大綱》에서 중국국민당이 정부의 권한을 행사하는 '이당치국以黨治國'을 제시한 것처럼 한국도 큰 정당을 만들어 적극적인 독립전생을 전개하자는 것이 민족유일당 운동이었다.

일제가 3·1혁명에 놀라 무단통치를 이른바 문화통치로 전환해 회유에 나서자 국내의 일부세력들이 동조했다. 일본인들 중에서도 한국민들에 대한 유화정책을 시행해야 한다는 '자치론'과 '내지연장설內地延長說'이 등장했다.

자치론은 경성일보사 사장 소에지마 미치마사副島道正(부도도정)

### 1차 사료로 그 시대 보기

#### 신채호의 의열단선언문 〈조선혁명선언〉의 자치론 비판

"일본 강도 정치하에서 문화운동을 부르는 자가 누구이냐?…내정독립이나 참정권이나 자치를 운동하는 자가 누구이냐…우리는 우리의 생존의 적인 강도 일본과 타협하려는 자나 강도 정치하에서 기생하려는 주의를 가진 자나 다 우리의 적임을 선언하노라."

가 제창한 것으로 조선에 특별한 자치의회自治議會를 설치하는 것이 일본에게도 이익이라는 주장이었다. 그러나 소에지마가 많은 비판을 받고 자치론을 철회한데서 알 수 있는 것처럼 일본인들은 형식적 자치도 실시할 의향이 없었다. 내지연장설은 한국에도 일본의 메이지헌법과 법률을 적용해야 한다는 주장이었다.

▲ 소에지마 미치마사. 자치론을 제기했다가 철회했다.

일본인들의 이런 회유론의 영향으로 국내에서도 자치운동이 일어났다. 가장 큰 특징은 일본의 지배를 인정하고 그 안에서 일부 자치를 얻자는 주장이었다. 단군교의 정훈모는 1922년 3월 일본 왕실의 일원인 귀족원 의원 고노에 후미마로近衛文麿(근위문마)를 통해 일본 귀족원에 〈조선내정독립청원서〉를 냈다. 일본의 통치를 인정하는 전제에서 조선 내정은 조선인들이 맡겠다는 주장이었다.

이광수는 1924년 7월 《동아일보》에 발표한 〈민족적 경륜〉이라는 논설에서 "조선 내에서 허락되는 범위 안에서" 결사를 조직해야 한다고 주장했다. 일제의 지배를 인정하고 그 통치 내에서 자치를 인정받자는 '자치론'의 일종이자 '참정권 획득운동'의 일환이었다. 김성수, 최린 등도 '연정회研政會'를 결성해 일제와 '타협'을 모색했다.

▲ 이광수의 〈민족적경륜〉. 《동아일보》 1924년 1월 2일

▲ 이광수

일본의 식민지배를 인정하자는 자치론에 대해 격렬한 반발이 일어났다. 비타협적 민족주의 세력들과 사회주의 세력들은 이광수를 격렬하게 비판하면서 《동아일보》 불매운동을 일으켰다. 결국 이광수가 《동아일보》를 퇴사하고 연정회 결성도 더 이상 추진하지 않는 것으로 자치론은 수그러들었다.

= 신간회를 결성하다

자치론은 국내의 민족운동세력들에게 큰 우려를 낳았다. 자치론자들은 나라를 팔아먹은 매국세력과는 달리 민족의 광복을 추구하던 세력내에서 온건파였기 때문이다. 그래서 비타협적 민족주의 세력과 사회주의 세력이 하나가 되는 민족유일당을 만들어 자치론에 대응하고 일제에 적극 항전해야 한다는 움직임이 일었다. 비타협적 민족주의 세력은 1926년 조선민흥회를 만들었고, 일부 사회주의 세력도 '정우회'를 만들었다. 사회주의 세력은 1926년 11월 〈정우회선언〉을 발표해 사회주의 세력과 민족주의 세력의 연합을 주장했다. 〈정우회선언〉은 민족협동전선인 '신간회'가 결성되는 중요한 계기가 되었다.

비타협적 민족주의 세력인 조선민흥회 등과 사회주의 세력은

▲ 신간회 울산지회 창립 1주년 기념(1929)

### 〈정우회선언〉

"우리 운동을 우선 과거의 분열로부터 구하지 않으면 안 된다…그러므로 우리는 우선 사상단체의 통일부터 주장한다…민족주의 세력에 대해서는 그 부르주아 민주주의적 성질을 명백하게 인식하는 한편, 우리와 과정적 동맹자가 될 수 있음을 충분히 인정하면서 그것이 타락한 형태로 나타나지 않는다면 적극적으로 제휴하여 대중의 개량적인 이익을 위해서도 이전의 소극적인 태도를 버리고 분연히 싸워야 할 것이다."《조선일보》, 1926년 11월 17일

민족연합조직을 결성하기로 합의하고 1927년 2월 15일, 종로 기독교 청년회관에서 200여 명의 회원이 참석한 가운데 신간회를 결성했다. 민족유일당, 또는 민족단일당으로도 불린 신간회의 회장은 민족주의자 이상재였고, 부회장은 사회주의자 홍명희였다. 각 부서도 민족주의자들과 사회주의자들이 반분했다.

> 신간회 강령
> 1. 우리는 정치적 경제적 각성을 촉진함
> 2. 우리는 단결을 공고히 함
> 3. 우리는 일체의 기회주의를 부인함

신간회는 창립 10개월 만인 1927년 12월 27일, 지회 100개 돌파해 기념식을 거행할 정도로 급격히 세를 확산시켰다. 신간회는 전국 순회강연을 통해 민족의식을 고취시키고 일제의 식민통치를 비판하면서 노동운동과 농민운동을 지원했다. 일제는 크게 당황해 1928년 2월 개최예정이던 제1회 전국대회를 금지시키고 신간회의 총무간사 안재홍 등을 구속했다. 그러나 신간회는 1929년 1월 함경남도 원산에서 노동자들이 주도하는 '원산총파업'이 일어나자 이를 적극지원했다.

▲ 진주 촉석루 앞에서 신간회 진주지회 회원들(1928년)

### 광주학생운동과 신간회

이런 상황에서 광주학생운동이 일어났다. 1929년 10월 한국인들이 주로 다니는 광주고등보통학교와 일본인들이 주로 다니는 광주중학교 학생들 사이의 충돌이 큰 사건으로 번진 것이었다. 광주중학교의 일본인 학생들이 광주여자고등보통학교 3년생인 박기옥 등을 희롱하자 싸움이 발생했다. 그러나 이는 표면적 계기에 불과했고 그 전부터 광주학생들은 일제의 식민지 교육에 반대하는 여러 활동을 꾸준히 전개하고 있었다. 일왕 메이지의 생일인 명치절明治節이 마침 개천절인 음력 10월 3일과 겹쳤는데 이날 광주고등보통학교·광주농업학교·광주사범학교·광주여자고등보통학교생들이 일제히 일어나 "조선독립만세", "식민지 노예교육을 철폐하라" 같은 구호를 외치며 행진했다. 수많은 시·도민들이 적극 가세해 시위 군중이 3만 명까지 늘어났다. 일제는 각급 학교에 휴교령을 내리고 70여 명을 검거해 62명을 검사국으로 송치했다. 그러나 광주학생들은 11월 12일 광주 장날을 기해 2차 봉기해 동료 학생들이 투옥되어 있는 광주 형무소를 향해 행진했다. 2차에 걸친 광주학생운동으로 정식 구속된 학생만 255명일 정도로 광주를 넘는 전국적인 사건이었다.

신간회는 간부인 허헌·김병로와 의열단 단원이었던 황상규 등을 광주에 보내 진상을 조사하게 했다. 신간회는 '광주학생사건 보고 대 강연회'를 개최해서 사건을 전국으로 확대하려고 했으나 일제에 의해 금지당했다. 신간회는 이에 맞서 12월 13일 안국동 네거리에서 '민중대회'를 개최하기로 결정했는데 일제는 대회 직

**1차 사료로** 그 시대 보기

### 광주학생운동 때의 격문

"학생이여 대중이여 궐기하라. 검거된 학생은 우리의 손으로 탈환하자. 언론·결사·집회·출판의 자유를 획득하라. 식민지 교육제도를 철폐하라. 조선인 본위의 교육제도를 확립하라. 광주중학을 폐쇄하라. 언론·집회·결사·출판의 자유를 획득하라." 〈대구복심법원 형사부〉

전 신간회 중앙본부를 습격해 허헌·홍명희·김병로 등 44명의 간부 및 회원을 체포했다.

## = 신간회 해소되다

민중대회 사건으로 지도부가 대거 검거되면서 신간회의 활동력이 약화되었다. 이런 상황에서 석방된 김병로가 새 집행위원장이 되었는데 그가 일제에 대한 전면 투쟁보다 온건 노선으로 신간회 재건을 꾀하자 지방 지회가 크게 반발하였다.

이런 상황에서 1928년의 코민테른 제6차 대회는 스탈린의 극좌 노선에 따라 기존의 계급 연합전술을 계급 투쟁전술로 전환하면서 한국의 사회주의자들도 계급 투쟁에 중점을 두게 되었다.

1930년 부산지회에서 신간회 해소를 주장하자 다른 지회들도 가세했다. 이를 신간회를 해체시킬 기회로 여긴 일제는 1931년 5월 16일 창립대회 이후 처음으로 전체대회 개최를 승인해주었다. 이 대회에서 찬성 43, 반대 3, 기권 30으로 신간회 해소안이 가결되면서 민족단일당은 역사의 뒤안길로 사라졌다. 공개적인 합법조직이던 신간회가 일제의 탄압에 의한 강제 해체가 아니라 좌우

### 코민테른 정책변화

제3국제 공산당인 코민테른은 1924년의 제5차 대회에서 부르조아지와 사회주의자가 연합하는 계급연합전술을 채택했으나 1928년의 제6차대회에서 부르조아지와 사회주의자가 투쟁하는 계급투쟁전술을 채택했다. 이 노선에 따라 한국의 사회주의자들도 민족연합보다는 계급투쟁을 더 중시하는 경향으로 전환하기 시작했다. 이것이 신간회 해소에 상당한 영향을 주었다.

▶ **코민테른 제3차 대회 포스터**. 각 인종과 각 민족의 연대를 그렸지만 스탈린 집권 때 코민테른은 소련공산당의 하부조직으로 운영되었다.

분열에 의해 해소의 길을 걸은 것은 해방 이후의 좌우합작 운동에도 상당한 악영향을 끼쳤다.

## ④ 대일항전기 역사전쟁

### 황국사관을 들여오다

= 황국사관의 발명

일본은 한국점령에 앞서 한국을 점령하는 논리를 만들었는데, 이것이 정한론征韓論이다. 정한론은 일본의 메이지 6년(1873)에 본격 등장하는데 이때는 한국이 아니라 조선시대였다. 조선이 대한제국으로 국호를 바꾼 것은 24년 후인 1897년이다. 일본인들이 말하는 정한론의 '한韓'은 《일본서기》에 나오는 '삼한三韓'을 뜻한다. 《일본서기》는 야마토왜의 신공神功왕후가 신라·고구려·백제를 점령했다는 허황된 이야기를 싣고 있는데 메이지시대 일본의 국학자들은 이 내용을 사실이라고 믿고 정한론을 만들었다. 곧 한국 점령은 침략이 아니라 야마토왜의 자랑스런 역사를 재현하는 것이라는 논리다.

▲ 〈정한론도〉. 정한론을 두고 논쟁을 벌이는 그림이다.

일본은 임진왜란과 달리 총칼뿐만 아니라 역사관도 가져가야 조선을 영구히 식민지배할 수 있다고 여겼다. 그래서 일왕을 역사의 주체로 보는 황국사관皇國史觀을 만들었다. 황국사관이 곧 조선총독부 사관이며 식민사관이다.

황국사관의 근본 논리는 고대 일본인들이 한반도에서 건너왔다는 도래설을 부인하는 것이다. 《일본서기》는 역사서의 가장 기본인 연대부터 맞지 않을 뿐만 아니라 허황된 내용도 많지만 고대 한국인들이 일본열도로 이주해 일 왕가를 세웠다고 시사하는 구절도 있다. 황국사관은 이주설을 부인하고 일본열도에는 고대부터 일본인들이 자생했다는 자생설을 주장하고 있다. 이 자생설에서 나온 것이 '일본민족 단일민족론'이다. 일본열도에서 자생한 일본민족은 고대 군사강국인 야마토왜大和倭를 세워서 가야(임나)를 점령하고 임나일본부를 설치했다고 주장했다. 이것이 이른바 '임나=가야설'인데 이를 근거로 일본은 조선 침략이 아니라 고대사의 복원이라고 주장했다.

일본은 1877년 동경제국대학을 세우고 독일에서 실증사학을 주창했던 랑케의 제자 리스를 초빙해서 사학과를 만들었다. 일본은 이를 근대사학의 시작이라고 높이면서 랑케의 실증사학을 일본 제국주의 역사학을 합리화하는 침략사관으로 변조시켰다. 즉 자신들의 침략사관을 실증사학이란 명목으로 합리화해 한국과 만주침략의 논리로 악용했다.

= 황국사관의 논리들

황국사관은 한국사의 주요 내용을 크게 왜곡시켰다. 첫째 한민족의 시조 단군은 실존인물이 아니라 허구라는 '단군부인론'이다. 일본의 국학자 나카 미치요那珂通世(나가통세)는 1894년에 '단군은 불교가 전파된 뒤에 승려들이 날조한 망령된 이야기'라고 우겼다. 일본의 왕족들과 귀족들이 다니는 학습원대학에서 왕세

▲ 시라토리 구라기치

▲ 이마니시 류. 사료 조작의 달인
이다.

자 히로히토를 가르쳤던 동경대 교수 시라토리 구라기치白鳥庫吉(백조고길)는 1894년 '단군의 사적은 원래 불설에 근거한 가공의 선담仙談에 지나지 않는다.'고 단군의 실존성을 부인했고, 조선총독부와 경성제대에서 근무했던 이마니시 류今西龍(금서룡)는 1929년 '단군은 고려 인종(1122) 때부터 고종(1259) 사이에 만들어졌다.'고 주장했다. 일본인 식민사학자들이 단군을 부인하는 유일한 논리는 고려 때 편찬한 《삼국유사》에 단군이 처음 나온다는 것이다.

그러나 《삼국사기》 〈고구려본기 동천왕 21년(247)〉 조에 동천왕이 평양성으로 천도한 기록이 나오는데, "평양은 본래 선인仙人 왕검王儉의 땅이다."라고 기록하고 있다. 이 기사의 선인 왕검은 물론 단군 왕검을 뜻하며 이때의 평양성은 지금의 북한 평양이 아니라 대륙에 있던 고조선의 도읍이었다. 단군의 실존성을 인정하면 황국사관의 입론立論부터 무너지므로 단군의 실존성을 부인했던 것이다.

둘째는 고대 한漢나라의 식민지였던 한사군이 한반도 북부에 있었다는 '한사군 한반도설'이다. 그 핵심 내용이 한사군의 핵심인 낙랑군이 평양에 있었다는 '낙랑군=평양설'이다. 그러나 중국의 여러 사료는 낙랑군이 평양이 아니라 고대 요동에 있었다고 말하고 있다. 일본인 식민사학자들은 도쿄대 공대 교수인 세키노 타다시關野貞(관야정)를 주축으로 평안도와 황해도의 고고학 유적, 유물들까지 조작해서 낙랑군이 평양에 있었다고 왜곡했다. 이마니시 류는 1914년 지금의 평남 해운면에서 이른바 〈점세현신사비秥蟬縣神祠碑〉를 발견했다면서 이 비는 낙랑군 점제현에서 세운 것이라고 주장했다. 그러나 2천여 년 전에 세운 고비古碑가 탁 트인 평야지대에 있는 것을 그 전에는 누구도 보지 못했다는 점 하나로도 조작임이 분명하다. 일제는 낙랑군이 평양에 있었다고 조작하기 위해서 수많은 역사 유적과 유물까지 조작했다[Ⅱ. 역사시대의 전개와 고조선, 4. 위만조선과 한의 전쟁, 2. 한사군과 낙랑군 참조].

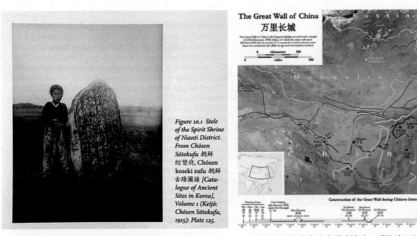

Figure 10.1 Stele of the Spirit Shrine of Nianti District. From Chōsen Sōtokufu 朝鮮總督府, Chōsen koseki zufu 朝鮮古蹟圖譜 [Catalogue of Ancient Sites in Korea], Volume 1 (Keijō: Chōsen Sōtokufu, 1915): Plate 125.

The Great Wall of China
万里长城

▲ 낙랑군이 평안도에 있었다고 일제가 조작한 〈점제현신사비〉　　　▲ 만리장성이 평양까지 내려왔다고 왜곡하고 있는 지도

셋째는 고대 야마토왜가 가야를 점령하고 임나일본부를 세웠다는 임나일본부설인데, '임나=가야설'이라고도 한다. 이 부분이 황국사관의 핵심으로 일제의 모든 역사왜곡은 임나일본부설 때문이라고 해도 과언이 아니다. 단군부인론을 펼쳤던 나카 미치요는 〈가라고加羅考(1896)〉에서 야마토왜가 삼한과 가라(가야)를 점령했으며 가라가 곧 임나라고 주장했는데 이는 단군부인론과 임나일본부설이 한 몸임을 말해준다. 일제는 고대 나라奈良가 수도였던 야마토왜가 서기 369년에 가야를 점령하고 임나일본부를 세웠다고 주장했다. 근대 일본이 한국을 점령하는 것은 침략이 아니라 고대사의 복원이라는 논리다. 그러나 일본열도에는 6세기 때까지 철을 만드는 제철유적이 없다는 점 하나로도 임나일본부설은 조작임이 분명하다. 고대에 제철 기술이 없는 국가가 바다 건너 해외에 식민지를 건설할 수는 없기 때문이다. 그러나 일제 식민사학은 역사학이 아니라 제국주의 침략이론이기 때문에 결론을 먼저 내려놓고 나머지 내용을 꿰어 맞추는 식으로 논리를 만들었다. 그래서 조금만 연구하면 앞뒤가 맞지 않는다.

《일본서기》〈신공神功 9년(209)〉조에 야마토왜가 신라를 공격하자 신라왕이 항복했고 이를 본 고구려, 백제왕도 항복했다고 서

▲ 〈삼한정벌도〉. 왼쪽 아래가 항복하는 신라·고구려·백제국왕이라는 그림이다.

술하고 있다. 이것이 야마토왜가 신라·고구려·백제의 삼한을 정벌했다는 삼한정벌론으로서 정한론의 기초를 이룬다. 그후 신라·고구려·백제는 모두 야마토왜에 조공을 바쳐왔다는 것이다. 《일본서기》 〈신공 46년(246)〉 조에 신라가 백제의 공물을 빼앗아 자국의 공물인 것처럼 야마토왜에 바쳤다고 쓰고 있다. 그래서 화가 난 야마토왜가 〈신공 49년(249)〉에 신라를 공격했다는 것이다. 그런데 공격당한 나라는 신라인데 정작 망한 나라는 가야라는 것이 《일본서기》의 설명이다. 《일본서기》 〈신공 49년(249)〉에 야마토왜가 '비자발·남가라·녹국·안라·다라·탁순·가라' 7국을 정벌했다고 나오는데 이것이 '임나일본부'라는 것이다. 신공 49년은 서기 249년인데 일본인 식민사학자들은 여기에 120년을 더해 369년의 사건이라고 '주장'했다. 369년부터 562년까지 야마토왜가 가야를 비롯한 한반도 남부를 지배했다는 것이 임나일본부설의 핵심이다.

▲ 일 왕가의 발상지 큐슈 미야자키현 사이토바루에서 출토된 가야 투구

▲ 경북 고령 지산동 출토 대가야 투구

## = 앞뒤 다른 임나일본부의 강역

임나일본부설 자체가 조작된 것이기 때문에 일본인 학자들끼리도 손발이 맞지 않는다. 쓰다 소키치는 임나 강역이 경상남도 일원이었다고 주장했지만 이마니시 류는 경상북도까지였다고 넓혔다. 1895년 경복궁 담을 넘어 명성황후를 시해한 야쿠자 중의 한 명인 아유카이 후사노신鮎貝房之進(점패방지진)은 야마토왜가 지배한 임나 강역이 경상남북도뿐만 아니라 전라도와 충청도까지 걸쳐 있었다고 주장했다. 신라는 경주 일원, 백제는 공주와 부여 일원만 차지했을 뿐 나머지 한반도 남부는 모두 야마토왜가 지배했다는 것이다. 6세기경에나 철기제작 기술을 갖게 되는

▲ 임나일본부설 지도. 야마토왜가 경상·전라·충청도를 점령했다고 그려놓고 있다.

야마토왜가 4세기 말에 대한해협을 건너 식민지를 건설했다는 주장은 역사의 상식에 어긋나는 왜곡이다. 그러나 식민사학자들은 백제가 덩어리쇠인 철정鐵鋌을 갖다 바쳤기 때문에 철기제작 기술이 없어도 해외 정복전쟁을 전개할 수 있었다고 주장했다.

## =《삼국사기》불신론의 발명

야마토왜가 369년부터 562년까지 한반도 남부를 지배했으면 《삼국사기》〈신라본기〉나 〈백제본기〉에 관련 기사가 반드시 수록되었을 것이라는 비판이 있자《삼국사기》의 기록은 믿을 수 없다는 '《삼국사기》 불신론'을 창작해 유포시켰다. 이들이 경전처럼 떠받드는《일본서기》는 야마토왜가 서기전 660년에 시작되었다고 약 1천 년 정도를 늘려놓은 믿을 수 없는 역사서다. 1971년 우연히 드러난 공주 무령왕릉의 지석誌石(죽은 사람의 행적을 기록해서 묻는 비석)은 '백제 사마왕(무령왕)이 523년 5월 7일 붕崩(황제의 죽음)하셨다.'고 기록하고 있는데《삼국사기》는 '무령왕이 523년 5월

세상을 떠나셨다.'고 적어서 연대가 정확하게 일치하고 있다. 그럼에도 연대가 1천년이나 차이나는《일본서기》는 믿을 수 있고《삼국사기》는 믿을 수 없다는 비학문적 논리가 '《삼국사기》 불신론'이다.

제2차 세계 대전에서 일본이 패전한 후 일본 내 사학계에서도 황국사관에 대한 비판의식이 발생했다. 황국사관이 제국주의 침략의 도구로 이용된 것에 대한 자성이 일었다. 그러나 경성제국대 교수이자 조선총독 직속의 조선사편수회 간사였던 스에마쓰 야스카즈末松保和(말송보화)는 1949년에《임나흥망사任那興亡史》를 출간해 황국사관 논리를 다시 주장했다. 스에마쓰는 야쿠자 아유카이 후사노신의 논리를 그대로 추종해 임나가 경상남북도는 물론 전라도 및 충청도까지 지배했다고 왜곡했다. 황국사관은 때로 '임나'를 '가야'로 표기하기도 한다. 그래서 이른바 '호남가야설', '호서가야설'이 일제 패전 후에도 사그라지지 않고 살아 있는 것이다. 일본이라는 국호는 670년에 생겼는데 어떻게 369~562년에 임나'일본부'가 존재할 수 있느냐는 반론이 있자 '일본부'라는 말은 슬그머니 빼버리고 '임나'라고만 호칭하고 있다. 지금은 '임나=가야설'이라는 말로 여전히 임나일본부설을 주장하고 있다. 그 근거는 연대가 1천년이나 차이나는《일본서기》뿐이다.

일본 사학계는 삼한을 정벌했다는《일본서기》〈신공 9년(209)〉조는 사실이 아니라고 인정하고 있다. 제철능력도 없는 야마토 왜가 '신라·고구려·백제'를 모두 정벌했다고 주장할 수는 없기 때문이다. 그러나 〈신공 49년〉 조는 여전히 사실이라고 주장하고 있다.《일본서기》는 〈신공 9년〉에 삼한을 정벌했고, 그 결과 삼한이 모두 매년 조공을 바치겠다고 맹세했다고 말하고 있다. 그래서 〈신공 46년〉에 신라가 백제의 조공품을 빼앗아 바친 사건이 발생했고, 이 때문에 〈신공 49년〉에 신라를 정벌하고 가야 땅에 임나일본부를 설치했다는 것이다. 이 모든 사건은 〈신공 9년〉

에 야마토왜가 삼한을 정벌한데서 비롯된 것이다. 그런데 〈신공 9년〉의 삼한 정벌기사는 사실이 아닌데 〈신공 49년〉 신라를 정벌하고 가야 땅에 임나일본부를 설치했다는 것은 사실이라는 것이다. 황국사관은 역사학이 아니라 제국주의 침략이론이며 자체 모순을 갖고 있음을 다시 알 수 있다.

= 〈광개토태왕릉비문〉 조작

일본인 식민사학자들은 야마토왜가 해외 정복전쟁을 수행할 능력이 있었다는 증거로 현재 길림성 집안集安에 있는 〈광개토태왕릉비문〉을 든다. 1883년 일본군 참모본부 소속의 간첩 사코우 가게노부酒勾景信는 금나라 황제비로 알려진 거대한 비가 고구려 〈광개토태왕릉비문〉이라는 사실을 알고 탁본을 떠서 참모본부에 보냈다. 참모본부는 이를 비밀에 부치고 있다가 1888년 요코이 다다나오橫井忠直가 일본 극우파 아세아협회의 기관지인 《회여록會餘錄》 제5집에 〈고구려고비고高句麗古碑考〉라는 제목으로 게재하면서 공개했다. 발견 당시부터 이미 5년이나 지난 후에 공개한 것은 그 사이에 많은 작용이 이루어졌을 것임을 짐작하게 한다. 이후 공개된 탁본에는 여러 글자가 지워졌지만 '왜倭' '안라安羅' 등의 글자는 선명하게 남아서 변조되었음을 짐작하게 한다. 1972년 재일사학자 이진희李進熙는 〈광개토왕릉비문의 수수께끼-초기 조일관계사연구상의 문제점〉이란 논문에서 일본군 참모본부의 비문변조설을 제기해서 일본과 남북한, 중국 학계 사이에 큰 논쟁을 낳았다. 일본군 참모본부가 바다를 건너 정복전쟁을 수행했다는 기사가 참모본부에 의해 조작되었다는 주장이다. 1913년 세키노 타다시, 이마니시 류, 야쓰이 세이이쓰谷井濟一 등이 〈광개토태왕릉비문〉을 조사했

▲ 광개토대왕릉비. 일본군 참모본부의 조작시비가 끊이지 않는다.

다. 이때 만난 현지 탁본업자 초붕도初鵬度가 이 릉비에 석회를 바르고 글자를 임의로 새겨 넣었다고 증언했다는 내용이 최근 공개된 야쓰이의 기록에 나온다. 〈광개토태왕릉비문〉을 근거로 야마토왜가 4세기에 해외정복전쟁을 수행했다는 것은 또 하나의 조작에 불과하다.

## = 반도사관과 만선사관

대일항전기 때 일본인 식민사학자들은 '반도사관半島史觀'과 '만선사관滿鮮史觀'을 동시에 주장했다. 반도사관은 한국사에서 대륙과 해양을 삭제하고 한국사는 반도 내에서만 전개되었다는 것이다. 그 반도의 북쪽은 고대 한나라의 식민지인 한사군이, 남쪽은 야마토왜의 식민지인 임나일본부가 지배했다는 것이다. 한국이 외국의 식민지가 되는 것은 역사적 숙명이라는 논리다.

만선사관은 한국의 역사는 만주 역사의 부속물이라는 것이다. 이는 만주를 중국사의 강역에서 떼어내어 일제의 만주 점령을 정당화하기 위한 논리였다. 황국사관, 반도사관, 만선사관은 모두 역사학이 아니라 일본 제국주의의 침략이론에 불과하다.

## 민족사학의 등장

### = 민족 주체사관 수립

일제 식민사학에 맞서 우리 역사를 우리의 주체적 관점으로 바라보려는 역사학이 나타났는데 이것이 민족사학이었다. 당초 민족사학을 주창했던 학자들은 대부분 유학자들이었다. 단군 개국 이후 망국이라는 초유의 사태를 맞이하자 그 근원을 깊게 파헤쳤다. 그 결과 우리 역사를 버리고 중국 역사를 추종한 사대주의가 결국 민족의 정체성을 상실해 망국까지 이르게 되었다고 진단했다. 그때까지 조선 유학자들은 공자孔子가 주창했던 주나라를 높이자는 '존주대의尊周大義'와 중국을 화華, 다른 여러 민족을 이夷로 구분하는 '화이관華夷觀'의 시각으로 한국사를 바라보았다. 민족사학자들은 이런 사대주의 역사관이 나라를 망국으로 이끌었다는 반성에서 사대주의를 버리고 우리 민족 주체의 역사학 정립에 힘썼다.

대일항전기는 한편으로는 일제에 빼앗긴 나라를 되찾기 위한 영토전쟁의 시기였지만 다른 한편으로는 일제가 빼앗으려던 역사를 바르게 정립하기 위한 역사전쟁의 시기이기도 했다. 대한민국 임시정부 제2대 대통령 박은식, 임시정부 초대 국무령 이상룡을 비롯해서 신채호, 김승학 등 저명한 독립운동가들 다수가 역사학자였던 것은 이 때문이다.

## = 독립운동가는 역사학자

백암 박은식은 황해도의 저명한 유학자로서 성리학을 공부했으나 성리학이 망국에 책임이 있다는 생각에서 양명학陽明學을 받아들여서 《왕양명실기王陽明實記》를 썼으며, 개화사상으로 전환해 독립협회와 만민공동회에서 활동했다. 박은식은 경학원經學院 강사와 한성사범학교 교수를 역임하면서 《황성신문皇城新聞》과 《대한매일신보》에 많은 논설을 써서 역사적 관점에서 애국심을 고취시켰다. 대한제국이 망하자 만주 환인현桓仁縣 흥도천興道川으로 망명해 윤세복의 집에 머물면서 《동명성왕실기東明聖王實記》 등의 역사서를 썼는데, 그 중에는 성리학자들이 오랑캐라고 멸시했던 여진족 아골타阿骨打가 건국한 금金나라를 우리 민

▲ 1925년 11월 4일 박은식 서거를 보도한 중국의 《중화보中華報》

족사의 범주로 넣고 서술한 《몽배금태조夢拜金太祖(꿈에서 금 태조를 만나서 절하다)》도 있다. 그는 국체國體는 비록 망했지만 국혼國魂이 살아있으면 민족이 부활할 수 있다고 역설했다. 그가 1915년에 저술한 《한국통사韓國痛史》는 해외는 물론 국내에도 밀반입되어 일제로부터 독립해야 한다는 민족사관을 고취시켰고 일제는 이에 당황해 1916년 조선반도사편찬위원회를 조직해 식민사관을 조직적으로 전파시켰다.

석주石洲 이상룡도 저명한 유학자 집안 출신이었지만 나라가 망하자 만주로 망명해 경학사耕學社를 설립하고 사장이 되었다. 경학사에서 설립한 신흥무관학교의 역사학 교재였던 《대동역사大東歷史》는 이상룡이 저술했는데 전해지지 않고 있다.

단재 신채호도 성균관 박사 출신의 유학자였으나 나라가 위기에 처하자 유학의 사대주의를 버리고 《황성신문》, 《대한매일신

### 박은식의 《몽배금태조전》 중에서 황제 아골타가 무치생에게 한 말

"조선 인민의 정신이 자기 나라 역사는 없고 다른 나라 역사만 있으니 이는 자기 나라를 사랑하지 않고 다른 나라를 사랑함이라. 이로써 보건대 천여년래에 조선은 단지 형식상의 조선일 뿐이요, 정신상의 조선은 망한 지가 이미 오래 되었도다. 처음 배우는 교과서가 이러한즉 어릴 때부터 뇌수腦髓 중에 노예 정신이 근저가 되어 평생 학문이 모두 노예 학문이요, 평생 사상이 노예 사상이라…신속히 이를 고쳐서 조선 역사로 하여금 인민의 뇌수腦髓 중에 있게 하면 그 민족이 어떠한 곳에 표류할지라도 조선은 망하지 않을 것이라고 말할 수 있을 것이요, 장래 희망의 결과도 이를 경유하여 생겨나려니와, 만일 그렇지 않으면 현상은 고사하고 장래의 희망도 필시 없을 것이니 너는 십분 주의하여 실행을 게을리 하지 말라."

### 사대주의를 개탄한 신채호의 〈낭객의 신년만필〉

"우리 조선 사람은 매양 이해 이외에서 진리를 찾으려 하므로 석가가 들어오면 조선의 석가가 되지 않고 석가의 조선이 되며, 공자가 들어오면 조선의 공자가 되지 않고 공자의 조선이 되며, 무슨 주의가 들어와도 조선의 주의가 되지 않고 주의의 조선이 되려 한다. 그리하여 도덕과 주의를 위하는 조선은 있고, 조선을 위하는 도덕과 주의는 없다. 아! 이것이 조선의 특색이냐, 특색이라면 특색이나 노예의 특색이다. 나는 조선의 도덕과 조선의 주의를 위하여 곡哭하려 한다."

보》 등에 역사관계 시론을 쓰면서 민족의 주체성과 독립정신을
고취시켰다. 그는 〈민족주의와 제국주의〉란 논설에서 일본과 서
구의 제국주의에 맞설 우리의 사상적 무기는 민족주의 밖에 없다
고 역설했다. 그는 1922년 의열단선언문으로도 유명한 〈조선혁명
선언〉을 집필해 일제에 맞서는 무기는 폭력과 민중밖에 없다고
역설했다. 신채호의 유명한 '역사는 아我와 비아非我와의 투쟁'
이라는 역사관은 식민지 치하의 역사관에는 중립지대가 없다는
선언이기도 했다. 그는 아나키즘으로 전환해 무정부주의 동방동
맹東方同盟 등에 가입해 활동하다가 1928년 만주 기륭항基隆港에
서 체포되어 안중근 의사가 사형당한 여순旅順 감옥에서 복역 중
1936년 옥사했는데 옥중에서 《조선상고사朝鮮上古史》 등을 저술
했다.

▲ 무원 김교헌

　무원茂園 김교헌金敎獻은 규장각 부제학을 역임한 유학자였지
만 역시 사대주의를 버리고 대종교에 입교했는데 나철에 이어 대
종교의 2대 교주가 되었다. 그는 1914년 《신단실기神壇實記》와
《신단민사神壇民史》 등을 저술했다. 박은식, 신채호, 김교헌은 모
두 일제의 단군부인론에 맞서 단군의 실존을 주창하고 일제의 반
도사에 맞서 대륙사를 제창했다.

= 민족사관의 현 주소

　이런 민족사학은 대일항전기 좌우를 막론한 독립운동가들의
보편적인 역사지식이자 상식이었다. 그러나 광복 후에도 독립운
동가들이 주창한 민족사학은 이 땅에 뿌리를 내리지 못했다. 오
히려 조선총독부 조선사편수회가 만든 황국사관, 곧 식민사관이
아직도 우리 역사학의 주류로 행세하는 것이 현재 우리 사회의
현실이다. 우리 사회가 정신적으로 크게 혼란한 핵심 이유가 이
황국사관을 아직도 극복하지 못하고 있기 때문이다.

# 3 노선별 독립전쟁

### 1 사회주의 운동

#### 해외에서 시작한 사회주의 운동

= 민족운동으로 시작한 사회주의 운동

한국 사회주의 운동의 주요한 특징은 해외에서 시작했다는 점이다. 일제에게 나라를 빼앗긴 민족모순이 계급간의 갈등인 계급모순보다 더 컸기 때문이다.

1918년 4월(러시아력) 만주 북단 아무르 강(흑룡강) 강변의 도시 하바롭스크에서 우리 역사상 최초의 사회주의 정당인 한인사회당이 만들어졌다. 이동휘·유동열·김립 등 민족적 사회주의자들과 김알렉산드라·오하묵 등과 같은 한인 볼세비키의 연합정당이었다. 결성 직후 블라디보스톡에 러시아혁명을 지지하는 적위군과 이를 반대하는 백위군 사이에 내전이 발생해 김알렉산드라가 백위군에게 처형당했다. 김알렉산드라의 처형은 민족적 사회주의자 이동휘에게 큰 타격이었다.

▲ 김알렉산드라

**더 깊게** 생각하고 토론해 봅시다

#### 민족모순과 계급모순

민족모순은 한 민족이 다른 민족을 지배하면서 발생하는 민족 사이의 모순이다. 계급모순은 한 국가 내에서 한 계급이 다른 계급을 지배하면서 발생하는 모순이다. 사회주의는 보통 계급모순의 해결책으로 계급혁명을 지향하는데, 일제 강점 당시 한국의 많은 사회주의자들은 일본민족이 우리 민족을 지배하면서 생긴 민족모순이 계급모순보다 더 크다고 판단했기 때문에 사회주의 운동도 상당 부분 민족주의 운동의 범주로 포괄할 수 있다.

이동휘는 1919년 9월 김립과 상해로 와서 임시정부 국무총리에 취임했다. 이동휘는 1921년 5월 상해에서 고려공산당대회를 개최하고 고려공산당을 조직했는데, 이것이 세칭 '상해파 고려공산당'이다. 같은 시기 이르쿠츠크에서 한인 사회주의자들이 전로 全露(전러시아)고려공산단체 중앙 위원회를 열고 고려공산당을 결

▲ **상해파 고려공산당 간부들**. 앞줄 왼쪽부터 이극로, 이동휘, 박진만, 김립, 뒷줄 왼쪽부터 김철수, 계봉우

성했는데 이것이 세칭 '이르쿠츠크파 고려공산당'이었다. 두 당은 모두 해외에서 결성되었고 같은 고려공산당이란 명칭을 사용했는데, 상해파는 민족적 사회주의자들이 다수였던 반면 이르쿠츠크파는 볼세비키 지지세력이 다수였다. 두 당이 대립하자 제3국제공산당인 코민테른이 조정에 나서 1922년 10월 베르흐네우딘스크에서 두 당의 통합을 위한 '고려공산당 연합대회'가 열렸는데 끝내 통합에 실패했다. 코민테른은 두 당을 모두 해산시키고 코민테른 극동부(동양비서부) 산하에 꼬르뷰로[고려국高麗局]를 설치해 한인공산당 조직 임무를 맡겼다.

## = 일본 내의 한인 사회주의 운동

한인 사회주의 운동은 일본 유학생들도 한 축을 형성했다. 1920년대 일본에서는 영국의 스펜서 *H. Spencer*가 주창한 사회진화론이 유행했다. 사회진화론은 적자생존의 원칙이자 제국주의의 식민지 지배논리였으므로 유학생들은 이에 맞서 사회주의 사상을 받아들였다. 이때 사회주의에는 크게 아나키즘 *Anarchism*(무정부주의)과 코뮤니즘 *Communism*(공산주의)이 있었는데, 이 무렵의 코뮤니즘의 대세는 사회주의 러시아를 지향하는 볼세비즘이었다. 유학

▲ 아마카스 마사히코

생들 사이에서 아나키즘을 지지하는 세력과 볼세비즘을 지지하는 세력들 사이에 '아나 볼 논쟁'이 발생했다. 초기에는 아나키즘이 대세였으나 점차 볼세비즘이 세를 넓히게 되었다.

1920년 1월 도쿄에서 결성한 조선고학생동우회는 한인 사회주의 운동 확산에 중요한 역할을 한 단체였다. 조선고학생동우회의 김약수·박열 등은 1921년 10월 아나키즘 성향의 흑도회黑濤會를 결성했는데, 이때 일본인 아나키스트인 **오스기 사카에**大杉榮●, 이와사 사쿠다로岩佐作太郎 등이 참석해서 사회주의 운동의 국제연대를 과시했다.

고학생동우회 간부들은 1922년 1월 국내에 귀국해서 〈전국 노동제 제군에게 격함〉이라는 선언문을 발표해 동우회는 구제기관이 아니라 "계급투쟁의 직접적 행동기관"이라고 선언해 국내에 큰 충격을 주었다.

1922년 7월 일본 니가타현新潟縣(신갈현)의 신에쓰信越(신월)전력주식회사의 수력발전소에서 일하던 한인 노동자들의 시체가 시나노강信濃川(신농천)으로 계속 떠내려 오는 사건이 계기가 되어 한인과 일본인 사회주의자들이 연합하게 되었다. 그래서 1923년 1월 도쿄에서 김약수·송봉우·이여성 등의 한인들이 북성회北星會를 조직했다. 북성회는 국내로 들어와 일본인 민권변호사인 후세 다쓰지布施辰治 강연 등을 조직해서 주목을 받다가 1924년 11월 서울 종로구 재동齋洞에서 북풍회를 조직했다. 북성이나 북풍은 모두 북쪽의 사회주의 러시아를 지칭하는 용어였다. 한인 사회주

**더 깊게** 생각하고 토론해 봅시다

### 아나키즘과 볼세비즘

아나키즘은 무정부주의라고 불리는데 원래는 지배가 없는 상태라는 뜻이다. 볼세비즘은 레닌 중심의 러시아 사회민주노동당의 다수파를 뜻하는데, 엄격한 규율 아래 중앙집권적인 직업혁명가 중심의 전위정당과 프롤레타리아트의 독재권력에 의해서 정치·경제·사회적 변혁을 촉진하는 혁명전략을 주장한다. 아나키즘은 이를 좌파 전체주의라고 비판했다.

의 운동은 러시아와 상해, 그리고 일본에
서 시작해 국내로 유입되었다는 특징이
있다.

▲ 일본 내 임대인 문제에 대해서 강연하는 후세 다쓰지. 일본정부를 비판하다가 변호사 자격을 박탈당했다가 일제 패전 후 되찾았다.

### 국내의 자생적 사회주의 세력 형성

국내에서도 자생적 사회주의 운동이
발생하였다. 국내 자생적 사회주의 운동
은 서울청년회 출신의 김사국金思國이 주
도했다. 김사국은 민족주의에서 사회주의로 전환하는 한국의 자
생적 사회주의자들의 삶을 그대로 보여준다. 그는 3·1혁명 와중의
국민대회 사건으로 복역한 후 청년운동에 뛰어들었다. 1921년 1
월 김사국, 김한 등의 사회주의 세력과 이득년, 장덕수 등 민족주
의 세력이 연합해서 서울청년회를 조직했다. 서울청년회 내의 사

## 김윤식 사회장 반대사건

김윤식은 망국 후 조선총독부로부터 자작의 작위를 받고
중추원 부의장이 되었다. 김윤식은 3·1혁명이 발생하자 일
본에 조선독립청원서를 제출해 작위가 박탈되었다. 1922
년 1월 김윤식이 병사하자 《동아일보》에서 김윤식 사회장
社會葬 을 추진했는데 사회주의 세력들이 '귀족사회를 매장
하자! 자본주의적 계급을 타파하자! 명사벌名士閥을 박멸하
자! 사회개량가를 매장하자!'는 구호로 사회장을 무산시켰
다. 이 사건으로 청년단체들이 크게 부상했다.

▲ 김윤식 사회장 중지 보도. 《동아일보》 1922년 2월 3일

## 사기공산당사건

1922년 4월 청년회연합회 제3회 총회에서 서울청년회 출신들은 레닌이 이동휘에게 제공한 혁명자금이 사회
주의 운동과는 관계없는 민족주의자들에게 제공되었다고 비판하면서 이를 '사기공산당 사건'이라고 불렀다.
청년회연합회 내에 있던 이 사건 관련자들에 대한 제명안이 부결되자 서울청년회는 일부 지방청년회들과 청년
회연합회를 탈퇴했다.

▲ 국내파 사회주의를 주도한 김사국의 영결식 기사. 《동아일보》 1926년 5월 13일자.

▲ 청년총동맹 개회와 축하음악회

회주의 세력은 '김윤식 사회장 반대사건'과 '사기공산당사건' 등을 일으킨 끝에 전국 청년회 연합조직인 청년회연합회를 장악했다.

서울청년회는 1922년 9월 노동대회 임시대회를 여는 한편 10월에는 비밀회의를 열어 '서울콤그룹(공산주의그룹)'이라는 지하당을 결성했다. 이들이 서울파 공산주의 그룹이었다. 김사국 등은 1923년 2월 전위당인 '고려공산동맹'과 '고려공산청년동맹'을 비밀리에 창립하고 김사국, 김영만 등 17명을 중앙위원으로 선출했다. 고려공산동맹은 강령을 "역사적 진화의 필연적인 신사회의 건설을 목표로 돌진한다. 계급적 자각과 단결로써 무산대중 해방운동의 전위임을 기한다."라고 정하고, 국제공산당인 코민테른으로부터 한국 지부인 조선공산당으로 승인받으려 했다. 서울파 공산주의 그룹은 1924년 4월 서울 종로의 중앙기독교청년회관에서 223개 단체, 4만 3천여 명이 가입한 공개조직인 청년총동맹을 결성해 국내 사회운동의 주류임을 과시했다. 김사국은 이런 사회운동의 역량을 가지고 코민테른에 조선지부로 가입하려 했으나 코민테른은 거부했다. 코민테른은 자신들이 직접 파견한 한인 사회주의자들을 중심으로 조선공산당을 결성하려고 계획하고 있었기 때문이다.

## 조선공산당 결성

### = 화요회가 주도한 조선공산당 결성

1923년 5월 경 코민테른 파견원 신철과 김재봉 등이 비밀리에 '코르뷰로 국내부'를 결성했다. 이들은 공개조직으로 1923년 7월 '신사상연구회'를 결성했다. 신사상연구회는 1924년 11월 '화요회'로 개칭하는데 공산주의 사상의 창시자 칼 맑스의 생일이 화요일인데서 착안한 것이다.

▲ 모스크바 공산대학 시절의 박헌영(앞줄 세 번째)

일제 경찰 등의 시선이 1925년 4월 15일~17일 열리는 조선기자대회와 20일 개최 예정인 조선민중운동자대회에 쏠리자 화요회는 4월 17일 서울 을지로의 중국음식점 아서원雅敍園에서 제1차 당대회를 열어 전격적으로 조선공산당을 창당했다. 코민테른에서 파견한 김재봉이 책임비서가 되었고 역시 코민테른에서 파견한 박헌영이 청년단체인 고려공산청년회(이하 고려공청)의 책임비서가 되었다. 조선공산당은 김사국 등 국내파 사회주의 세력을 배제하고 코민테른 파견원들이 중심인 화요회가 일본 유학생 출신의 북풍회를 끌어들여 결성한 조직이었다.

▲ 제1차 조선공산당 책임비서 김재봉

일제는 조선공산당 결성 사실을 전혀 몰랐으나 그해 11월 국경도시 신의주에서 사회주의 계열의 청년단체인 신만청년회 회원들이 친일 변호사와 의사, 일본인 및 한인 순사를 구타한 '신의주사건'을 일으키면서 발각되었다. 신만청년회 회원들을 수사하는 와중에 총독부 경찰은 조선공산당이 결성되었다는 사실을 알아내고 주요 간부들을 대거 검거하면서 붕괴했는데 이를 제1차 조선공산당이라고 한다.

▲《동아일보》1927년 4월 3일 조선공산당 사건 보도기사. 이 사건에 대해 기미운동(3·1혁명) 이후의 조선초유의 비밀 결사 사건이라고 보도하고 있다.

## = 제2차 조선공산당과 6·10만세 시위

● 인산일

태상황, 황제, 황태자 황태손이나 그 비妃들의 장례를 말한다. 또는 상왕, 왕, 왕세자 왕세손과 그 비들의 장례를 뜻하기도 한다.

　　조선공산당 책임비서 김재봉은 체포를 피해 도주하던 중《조선일보》진주지국장 강달영에게 제2차당의 조직을 맡겼다. 1926년 2월 서울 종로의 경운동에서 강달영을 책임비서로 하는 제2차 조선공산당이 결성되었다. 그해 4월 26일 마지막 황제 순종이 세상을 떠나고 6월 10일이 **인산일**因山日로 결정되자 제2차당은 3·1혁명 같은 대대적 민중봉기를 일으키기로 계획했다.

　　사회주의는 군주제를 부인하므로 이들은 격문에서 순종을 황제 대신 '창덕궁 주인'이라고 표현했다. 가장 적극적으로 움직인 것은 신의주 사건으로 체포된 박헌영의 뒤를 이어 고려공청 책임비서가 된 권오설이었다. 그러나 사전에 격문이 발각되면서 총독부 경찰은 대규모 시위가 조직되고 있다는

▲ 순종 장례식 광경

것을 알게 되었고 6월 4일 경부터 대대적 검거작전에 돌입했다. 6월 10일 순종의 인산일에 총독부 경찰은 물론 일본 군인들도 삼엄하게 감시하는 가운데에서도 고려공청 산하 조직인 '조선학생과학연구회' 주도로 대규모 시위가 발생했다. 연희전문 등의 대학생들과 조선기독교청년회연합회와 중앙고보, 중동학교 등의 중등생들이 "조선독립만세"를 외치며 관수교, 경성사범학교, 훈련원, 동대문, 동묘 등지에서 연속시위를 전개했고, 많은 시민들이 호응했다. 시위는 지방에서도 일어났는데 이 사건으로 약 1천여 명의 학생·시민들이 체포되었다.

▲ 제2대 고려공청 책임비서 권오설. 6·10만세 시위를 주도했다가 일제에 붙잡혀 고문후유증으로 1930년 옥사했다.

## ■ 제3차 조선공산당과 코민테른의 해산 명령

### = 제3차 조선공산당 결성

6·10만세 시위사건의 여파로 제2차 조선공산당의 책임비서 강달영과 고려공산청년회 책임비서 권오설 등 100여 명이 체포되면서 제2차 조선공산당이 붕괴했다. 제3차당을 결성하려 했으나 일제의 감시가 심해서 회의장소를 구하지 못했다. 1926년 9월 서울 동소문東小門 부근의 삼림 속에서 상해파 김철수를 책임비서로 제3차당이 재건되었다. 신의주 사건과 6·10만세 시위사건을 거치며 화요회 계열은 대부분 투옥되었으므로 제3차당은 서울청년회 계열을 끌어들여 조직할 수밖에 없었다. 그 결과 제3차당은 서울청년회 계열도 참가하는 통합당 형식을 띄었다. 일제의 수사망이

▲ 제3차 조선공산당 책임비서 김철수

좁혀오자 김철수는 1926년 12월 서대문구 천연동에서 제2차 당대회를 개최하고 안광천을 책임비서로 선임했다. 제2차 당대회는 당대표 교체 외에도 민족단일당 결성을 결의했는데, 이것이 사회주의자와 비타협적 민족주의 세력의 민족연합전선인 신간회 결성의 중요한 계기가 되었다.

일제 경찰이 조선공산당 재건을 눈치채자 1927년 9월 책임비서

를 김준연으로 교체했다가 3개월 만인 11월 쯤 다시 김세연으로 교체했다. 그러나 1928년 2월 《동아일보》에 "ML당을 중심으로 종로서鐘路署 돌연 검거에 착수"라는 보도에서 알 수 있는 것처럼 대검거가 다시 시작되면서 제3차 조선공산당은 또 붕괴되었다.

일제의 대검거 와중인 1928년 2월 사회주의 인사들은 경기도 고양군 용강면 아현리(현재 마포구 아현동)에서 제3차 당대회를 열었다. 그해 3월에는 최초로 노동자 출신 차금봉을 책임비서로 선임해서 조선공산당을 재건했다. 같은 해 7월부터 다시 대검거 선풍이 일어 10월까지 모두 175명이 체포되었다. 차금봉은 검거를 피해 도쿄로 도주했으나 검거되어 서대문형무소에 복역 중 1929년 고문후유증으로 옥사했다.

### = 코민테른의 노선변화와 조선공산당 해체

1928년 6월 모스크바에서 코민테른 제6차 대회가 개최되었다. 코민테른 서기장 부하린은 레닌의 신경제정책NEP 노선을 지지하면서 온건한 방법으로 사회주의로 진행할 것을 주장했다.

6차 대회에서 스탈린은 부하린을 우경으로 비판해 실각시키고 코민테른 노선을 좌경으로 이끌었다. 그 이전까지 코민테른은 여러 계급이 연합해 제국주의에 대항한다는 계급연합전술을 채택했으나 좌경노선이 승리하면서 제6차 대회에서 계급투쟁전술로 바꾸었다.

코민테른은 1928년 12월 "조선의 공산당원은 대부분 지식계급 및 학생"이라면서 조선공산당의 승인을 취소하고 재조직을 요구

**알고 싶어요**

### 신경제정책

1917년 사회주의 혁명 이후 급격한 급진적인 사회주의 경제정책을 실시했다가 부작용이 커지자 1921년부터 자본주의 경제정책을 대폭 도입하는 새로운 경제정책을 실시했는데, 이것이 신경제정책이다. 식량징발을 중지하고 식량세로 바꾸는 한편 잉여농산물을 판매할 수 있게 했으며, 소경영의 영리활동을 허용했다. 이 정책의 실시로 다시 빈부격차가 커지자 스탈린은 1928년 제1차 5개년 계획을 실시하면서 신경제정책을 폐기시켰다.

하는 이른바 〈12월 테제〉를 발표했다. 신간회가 사회주의자들의 해소 요구로 해소된 것처럼 일제의 숱한 탄압을 딛고 붕괴와 재건을 반복하던 조선공산당은 코민테른의 재조직 요구로 해산되고 말았다. 한국의 시각이 아니라 코민테른의 시각으로 일제 식민지를 바라봐야 했던 식민지 사회주의자들의 한계가 그대로 드러난 사건이었다.

이후 1930년대 중반 경성의 이재유, 원산의 이주하 등이 공산당을 재건하려다 일제의 체포로 좌절되었고, 1939년 김단야·김삼룡·이현상 등이 경성콤그룹을 결성하고 출옥한 박헌영을 추대했으나 1940년부터 1941년까지 일제의 검거선풍이 일자 지하로 잠적해 소그룹 활동으로 전환해서 일제와 투쟁하다가 광복을 맞게 된다. 대일항전기 국내 사회주의 운동은 일제의 일상적 탄압에도 굴하지 않고 연면한 투쟁을 이어왔다는 의의가 있다.

## ❷ 아나키즘 운동사

### ◀ 국내 아나키즘 운동의 발생

= 아나키즘이 들어오다

아나키즘도 넓은 의미의 사회주의 운동이다. 아나키즘*Anarchism*은 '지배자가 없다'는 뜻인데 1902년 도쿄대학생 게무야마 센타로 煙山專太郞(연산전태랑)가 무정부주의로 번역하면서 '무질서, 혼돈'을 뜻하는 것으로 오해 받아왔다. 1920년 도쿄에서 결성된 조선고학생동우회는 아나키즘 성향 조직이었다. 1921년 김약수·박열·김사국 등이 조직한 '흑도회'도 아나키즘 색깔인 검은색을 사용한 것에서 알 수 있듯이 아나키즘 조직이었다. 흑도회는 결성 직후 볼셰비즘을 지지하는 김약수 등의 공산주의 세력과 노선갈등을 겪다가 박열·정태성·홍진후 등이 따로 흑우회를 결성했다.

1920년 4월 서울에서 발족한 조선노동공제회는 "각종 노예의 해방과 상호부조를 기약함"이라고 표방했는데 서로 돕는 '상호부조'는 아나키즘의 핵심이론이었다. 조선노동공제회도 아나키즘 성향의 단체였다.

 알고 싶어요

## 아나키즘과 검은색

공산주의의 상징색이 붉은색이라면 아나키즘은 검은색이다. 왜 검은색인지는 분명하지 않는데, 1871년 파리코뮌에 참가했던 루이즈 미셸Louise Michel이 1882년 "붉은색은 적절하지 않다. 고통의 검은색을 들어 올리자"라고 제안한 것이 최초라고 알려져 있다. 루이즈 미셸은 "투쟁하다가 죽어간 이들의 피가 겹겹이 쌓여 붉은 깃발이 검은 깃발이 되었다."고 말했고, 하워드 에를리히Howard Ehrlich는 "검은 깃발은 모든 깃발에 대한 거부"라

▲ 아나키즘의 검은 깃발

고 말했다. 아나키스트들은 1917년의 러시아혁명에서 볼세비키 못지 않은 역할을 했지만 볼세비키 정권에서 소외되었다. 1921년 모스크바에서 저명한 아나키스트 크로포트킨의 장례식에서 2만여 명의 참석자들이 "권위가 있는 곳에 지유는 없다."는 깃발을 들고 행진한 이후 러시아에서도 극심한 탄압을 받았다.

## 자멘호프가 만든 세계공용어 에스페란토어

1887년 유태인 안과의사 자멘호프는 국제공용어인 에스페란토어를 만들었다. 자멘호프는 제정 러시아의 비아리시토크(현재는 폴란드령)에서 출생했는데 이곳은 러시아인·폴란드인·독일인·유대인 등이 어울려 살던 다민족 사회였다. 그는 부친의 언어인 러시아어는 물론 모친의 언어였던 유대계 이디시어Yiddish도 유창했고 폴란드어도 구사할 수 있었다. 이런 배경 때문에 자멘호프는 프랑스어·라틴어·그리스어·히브리어·영어를 익혔고, 이탈리아어·스페인어·리투

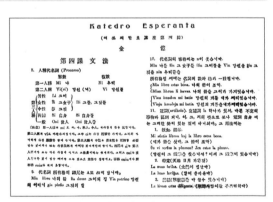

▲ 시인 김억이 만든 에스페란토어 교재

아니아어에도 흥미를 가졌다. 그는 언어불통을 해소하는 것이 여러 민족 사이의 평화를 가져오는 주요 수단이라는 생각에서 에스페란토어를 창안했는데, 1910년 노벨평화상 후보에 오를 정도로 큰 반향을 일으켰다. 한국에서는 1920년 시인 김억이 세계어학회를 조직하고 회장을 맡아 에스페란토 보급운동에 나섰다.

1925년 4월 서상경·홍진유·이창식 등의 아나키스트들은 서울 낙원동에서 흑기연맹黑旗聯盟을 결성했다. 서상경·홍진유는 아나키스트 박열 등과 1923년 4월 비밀결사 불령사不逞社를 조직하고 그해 10월 일본 왕세자 히로히토裕仁의 혼례식 때 일왕을 암살하려 했다는 이른바 대역사건大逆事件에 연루되었다가 예심에서 석방된 인물들이다. 이들은 귀국해서 흑기연맹을 조직한 것이다. 흑기연맹은 다음해 5월 초 일제 경찰에 의해 일제히 검거되면서 붕괴되었는데, 일제 재판자료에는 "일본의 현재 정치 및 경제 제도 변혁變革을 목적으로 한 무정부주의자 결사조직"이라고 말하고 있다. 흑기연맹의 이창식·서상경·홍진유 등 아홉 명이 실형을 선고받았다.

**알고 싶어요**

## 대역사건

대역사건은 메이지헌법에 따른 형법 73조의 일왕·왕후·왕세자에게 위해를 가하거나 가하려고 하는 사건을 뜻하는데 유죄로 판정되면 처벌 조항은 사형뿐이었다. 첫 번째 대역사건이 '고토쿠사건幸德事件'인데, 1910년 아나키스트 고토쿠 슈스이幸德秋水(행덕추수)가 메이지 일왕 암살을 계획했다는 사건으로 26명이 체포되어 1911년 1월 18일 24명이 사형판결을 받았다가 24일 고토쿠 등 11명이 사형당하고, 다음 날 여성기자인 칸노스카管野スガ가 사형당해 일본 사회에 큰 충격을 주었다.
두 번째는 1923년의 '호랑이의 문虎ノ門' 사건으로 왕세자 히로히도裕仁를 아나키스트 난바 다이스케難波大助(난파대조)가 암살하려다가 사형당한 사건이다. 세 번째가 1925년의 박열과 그 부인 가네코 후미코金子文子(김자문자) 부부의 대역사건이고, 네 번째가 1932년의 '사쿠라다문櫻田門' 사건으로 곧 이봉창 의사의 폭탄투척 사건을 뜻한다. 대일항전기 아나키스트를 비롯한 일본인 반 군국주의자들도 한국인 독립운동가 못지않은 탄압을 받았다.

▲ 대역사건으로 사형당한 일본인 아나키스트들 및 사회주의자들

1926년 국내에 "우리는 죽음으로서 맹약하고 폭력으로써 조선 혁명을 완수하고자 허무당을 조직한다."는 〈허무당선언〉이 발표되고, 평안도지역에서도 '관서흑우회'가 조직되었다.

### = 박열 부부 대역사건

박열 부부 대역사건은 흑우회를 조직했던 박열과 그 부인 가네코 후미코가 왕세자 히로히도를 암살하려 했다는 사건이다. 박열 부부가 1923년 4월 불령사를 조직해 그해 11월로 예정된 왕세자의 혼인식을 이용해 암살하려 했다는 것이다. 박열은 김한에게 폭탄구입을 요청했는데, 김한이 1923년 1월 의열단원 김상옥의 종로경찰서 폭탄투여 사건으로 체포되는 바람에 무산되었다. 이

---

**알고 싶어요**

## 관동대지진과 대학살

1923년 9월 관동대지진이 발생하자 일본 군부와 극우세력들은 '조선인들이 폭동을 일으켰다'거나 '조선인들이 우물에 독약을 탔다'는 유언비어를 퍼뜨려 공황상태인 일본인들의 주의를 재일 조선인들에게 돌리려 했다. 그 결과 조선인들에 대한 대학살이 자행되었다. 임시정부에서 발간하는 《독립신문》은 특파원을 보내 취재했는데 이 보도에 따르면 도쿄에서 752명, 가나가와현에서 1,052명, 사이타마현에서 239명, 지바현에서 293명 등 각지에서 6,661명이 피살당했다. 그리고 상당수는 시체조차 찾지 못했다. 도쿄와 가나

▲ **관동대지진 삽화**. 일제 당국은 지진에 대한 공포의 출구를 한국인과 사회주의자들에게 돌려 대학살을 일으켰다.

가와현 등에서는 군대와 경찰이 학살을 자행했고, 지바·사이타마현 등에서는 자경단이 학살을 자행했다. 관동대지진 때 일본의 사회주의자들도 큰 탄압을 받았다. 일본 공산청년동맹위원장 가와이 요시토라川合義虎 (천합의호)와 작가 히라사와 게이시치平澤計七(평택계칠) 등 10여 명이 경찰서로 끌려가 학살당하는 가메龜戶(구호)사건이 발생했다. 일본공산당원들은 그 전의 공산당사건으로 투옥된 덕분에 목숨을 건졌다고 안도했을 정도로 일본에서 사회주의 운동은 한국의 독립운동과 비슷한 수준의 탄압을 받았다. 또한 일본공산당은 군주제 폐지와 조선과 대만에서 일본군이 완전히 철수해야 한다고 주장했는데 이런 이유들 때문에 한인 유학생과 일본인 사회주의자들은 자연스럽게 연대가 이루어졌다.

후로도 박열은 김중한 등에게 폭탄을 구하려고 했는데, 1923년 9월 관동대지진이 발생하면서 박열과 가네코 후미코, 정태성·홍진유 등의 불령사 회원들이 일제히 체포되었다. 이때 일본 자경단은 "조선인들이 각지를 방화하고 우물에 독을 풀었다."는 유언비어를 퍼뜨리고 수천 명의 한인을 학살했다.

▲ 박열과 가네코 후미코

박열 부부에게 대역죄를 적용한 근거는 김중한의 일본인 애인이 그런 말을 전해 들었다는 것뿐이었다. 1926년 3월 사형을 선고 받은 박열은 "재판장 수고했네. 내 육체야 자네들이 죽일 수 있지만 내 정신이야 어찌하겠는가?"라고 말했고 그 부인 가네코는 "만세!"라고 외치고, "모든 것이 죄악이요 허위요 가식이다."라고 말했다. 부부는 대역사건으로는 이례적으로 무기로 감형되어 각각 다른 감옥으로 이감되었는데, 우쓰노미야宇都宮(우도궁) 형무소로 이감된 가네코는 그해 7월 23일 급서해서 타살의혹이 일었다. 박열은 일제 패망 후인 1945년 10월 27일 아키다秋田(추전) 형무소에서 22년 만에 석방되어 재일거류민단 조직의 중심이 되었다.

## 중국 내 한인 아나키즘 운동

### = 재중국조선무정부주의자 연맹 창립

1924년 경 북경에서 이회영·정화암·백정기·유자명·이을규·이정규 등이 재중국조선무정부주의자연맹을 창립하고, 기관지 《정의공보正義公報》를 발간했다. 한인 아나키스트들은 중국에 한인과 중국인이 함께 하는 이상촌을 건설해 교민들의 생활을 안정시키고, 그 자금으로 무장투쟁을 전개하려고 하였다. 또한 중국 각지에서 농민운동, 노동운동을 지원했다.

1929년 7월 김종진·이을규·유림·엄형순·이강훈 등의 한인 아나키스트들은 북만주의 군정부인 신민부의 일부 인사들과 북만주 해림海林에서 '재만조선무정부주의연맹'을 결성했다. 강령에서 "① 우리는 인간의 존엄과 개인의 자유를 완전 보장하는 무지배 사회의 구현을 기약한다…… ③ 각인은 능력껏 생산에 근로를 바치며 각인의 수요에 응하여 소비하는 경제 질서의 확립을 기한다."라고 규정했다. 또한 "우리는 항일독립전선에서 민족주의자

▲ 복건성 농민자위운동에 나선 한국과 중국의 아나키스트들

알고 싶어요

**이회영의 아나키즘 사상** 1927년 김종진과 대화에서 이회영이 한 말

"각 국가와 민족이 모두 평등해야 하고, 민족 내부에서도 자유 평등의 원칙 아래 국민 상호 간에 일체의 불평등·부자유가 있어서는 안 된다…지방자치체들의 연합으로 중앙정치기구를 구성해야 한다…(교육은) 사회 전체의 비용으로 부담하고 실시(해야 한다)…무정부주의의 궁극의 목적은 대동大同의 세계를 추구하는 데 있다…태고로부터 연면히 내려온 인간성의 본능은 선한 것…목적이 수단과 방법을 규정짓는 것이지 수단과 방법이 목적을 규

▲ 우당 이회영

▲ 시야 김종진

정할 수 없다…독립운동은 운동 자체가 해방과 자유를 의미하는 것" 이을규, 《시야是也 김종진 선생전》

들과 우군적友軍的인 협조와 협동작전적 의무를 갖는다."고 명기
해서 민족연합전선 결성을 의무라고 규정했다. 재만조선무정부주
의연맹은 결성 직후 신민부 군정파軍政派의 김좌진 등과 연합해
아나키스트들과 민족주의자들의 연합조직인 '재만한족총연합회'
를 결성했다.

## = 재만한족총연합회 결성

'재만한족총연합회'는 위원장 김좌진, 부위원장 권화산 등 신
민부 출신의 민족주의자들이 맡았고 집행부서인 각 조직은 아나
키스트들이 맡은 단체였다. 총연합회의 강령은 "① 본회는 국가
의 완전한 독립과 민족의 철저한 해방을 도모한다."는 것이었고,
사업정강은 "혁명: ① 파괴, 암살, 폭동 등 일체 폭력운동을 적극
적으로 진행한다. ② 일반 민중은 혁명화하고, 혁명은 군사화한
다……"라는 것이었다. 총연합회는 중앙집권제를 배격하고 지방
자치제 실시를 명기했으며, 중국인 지주에게 토지를 공동으로 빌
려서 공동으로 경작하는 공농제共農制의 적극적 실시를 주장하
고 "공동판매, 공동소비조합 설치를 장려하고, 농촌식산금융조
합을 설립"해서 북만주를 이상적인 농촌 공동체로 만들려고 노력
했다. 북만주 교민들이 총연합회의 이런 목표와 한 명의 농민을
자처하면서 생활비를 스스로 조달하는 아나키스트들에게 깊은
신뢰를 보이면서 세력이 확장되어갔다.

## = 만주사변과 상해 이주

한족총연합회는 북만주에서 공산주의 세력과 큰 갈등을 겪었
다. 심지어 1929년 12월 김좌진 위원장이 공산청년동맹의 박상실
에게 암살당했을 정도로 두 세력은 무력충돌도 불사했다. 이런
와중인 1930년 3월 경 충청도의 아나키스트인 신현상과 최석영
이 호서은행이 발행한 선하증권船荷證券을 5만 8천여 원으로 환

▲ 만주사변으로 봉천성 장악하고 환호하는 일본군

전해 북경으로 도피했다. 중국 내 한인 아나키스트들은 '재중국 조선무정부주의자연맹대표대회'를 개최해 이 자금을 가지고 앞으로 활동방안을 북만주 운동에 집중하기로 결정했다. 그러나 이 대회가 끝날 무렵 일본 영사관 경찰들이 중국경찰들을 데리고 대회 장소를 급습해 신현상·최석영과 김종진·이을규 등의 한인 아나키스트들을 체포했다. 신현상·최석영 등은 국내로 압송되었고 자금도 압수되었다. 체포되었던 한인 아나키스트들 중 일부는 중국인 아나키스트들의 도움으로 석방되었다. 한인 아나키스트들은 자금 마련을 위해 천진天津의 일본조계지 욱가旭街의 일·중 합자은행 정실은호正實銀號를 습격해 일부 자금을 마련해서 만주로 근거지를 옮겼다. 북만주의 한족총연합회는 새로운 동지들이 수혈되면서 세력이 크게 확장되었으나 1931년 7월 김종진도 공산주의자들에게 암살당하고 말았다. 이때는 아나키스트들과 공산주의자들이 서로 싸울 때가 아니었다. 같은 해 9월 18일 일제가 만주사변(9·18사변)을 일으켜 만주전역을 점령했기 때문이다. 만주에서 활동이 불가능해진 아나키스트들은 산해관 남쪽을 뜻하는 관내關內로 탈출해 투쟁을 계속했다.

## ◀ 상해의 아나키즘 투쟁

### = 항일구국연맹과 흑색공포단

상해로 거처를 옮긴 한인 아나키스트들은 재중국무
정부주의자연맹을 남화南華한인청년연맹으로 개칭하고
산하에 남화구락부와 기관지《남화통신南華通訊》을 발
간했다. 1931년 10월 말 한국·중국·일본의 아나키스트들
은 상해의 프랑스 조계에서 항일구국연맹抗日救國聯盟을
결성했다. 항일구국연맹은 한국의 이회영·정화암·백정
기, 중국의 왕아추王亞椎, 화균실華均實, 일본의 사노 이
치로佐野一郎(좌야일랑), 이토伊藤(이등) 등이 참여한 국제
조직이었다. 항일구국연맹은 산하에 흑색공포단黑色恐
怖團(B.T.P)을 두어 직접 행동에 나섰다. 중국의 친일 거
두인 왕정위汪精衛 암살을 기도하고, 복건성 하문廈門의
일본 영사관에 폭탄을 투척했으며, 천진의 일본 총영사

▲ **구파 백정기 의사.** 일제에 체포되었지만 굴하지
않는 모습을 보여준다.

관저와 1만 1,000톤급 일본 기선에도 폭탄을 투척하고, 일본군
병영 막사에도 폭탄을 투척했다.

### = 친일매국 부역자 처단

일제는 1932년 1월말 치열한 전투 끝에 상해를 점령했다. 항일
구국연맹과 산하의 흑색공포단은 일제가 점령한 상해에서 여러
직접행동을 조직했다. 1932년 4월 29일 상해를 점령한 일제가 상
해 홍구虹口공원에서 일왕의 생일을 기념하는 천장절天長節 기념
행사를 거행하려 했다. 백정기 의사는 이 기념식에 폭탄을 투척
하려 하다가 임시정부 산하 한인애국단의 윤봉길 의사가 먼저 거
사하는 바람에 뜻을 이루지 못했다. 1933년 3월에는 상해 주둔
일본군 사령부와 아라요시 아키라有吉明 공사가 중국의 친일인사
들과 육삼정六三亭에서 회합한다는 정보를 듣고 백정기·이강훈

▲ 한국광복전선 청년공작대

등이 폭탄을 던지려 하다가 체포되었다. 일본으로 끌려간 백정기 의사는 1935년 나가사끼長崎(장기) 감옥에서 순국하고, 이강훈 의사는 8·15 해방 때까지 투옥되었다.

또한 남화한인청년연맹은 김구의 한인애국단과 협력해서 친일 부역자들을 처단했다. 1933년 상해에서 엄형순 등이 친일부호 옥관빈玉觀彬을 처단하고 조선인거류민회 부회장을 역임한 친일분자 이용노李容魯도 처단했다. 이 사건으로 엄형순은 사형당하고 이회영의 아들인 이규호(이규창)은 국내로 끌려와 옥고를 치르다가 1945년 8·15 광복으로 출국했다.

1938년 중국국민당 정부가 중경重慶으로 천도하자 임시정부도 그 근거지를 중경으로 옮겼는데, 남경과 상해의 아나키스트들은 한국청년전시공작대韓國靑年戰時工作隊를 조직해서 중일전쟁에 적극 참전했다. 1941년 한국광복군이 창설되자 한국청년전시공작대는 한국광복군 제5지대로 편입되었다가 제2지대로 개편되었다. 이 또한 민족주의 세력과의 연합전선을 결성한 것이었다. 1942년 10월 중경에서 유자명, 유림 등의 아나키스트들이 임정의 임시의정원 위원으로 선임된 것 또한 민족 연합전선의 일환이었다. 1943년 10월 임정의 제5차 헌법수정안이 통과었는데 임시정부는 '민족의 각 혁명정당과 사회주의 각 당이 연합한 전 민족 통일전선에 의해 수립된 정부'라고 선언했다. 임시정부 자체가 민족연합전선임을 선언한 것인데 정화암·유자명·유림·박기성 등의 아나키스트들이 임정에 적극 참여해 일제와 투쟁했다. 이들은 1945년 8·15 광복 때까지 중국 각지에서 싸우다 해방을 맞이했다.

### ❸ 직접행동 조직 의열단

#### ◀ 직접행동 조직 의열단

= 의열단 탄생과 투쟁

1919년 11월 10일, 길림성 파호문巴虎門 반씨객점潘氏客店에서 "천하의 정의의 일을 맹렬히 수행"하겠다는 목적으로 의열단이 결성되었다. 의열단은 민족주의에 바탕을 둔 아나키즘 성향의 단체였다. 김원봉·윤세주·이성우·곽경·강세우·이종암·한봉근·한봉인·김상윤·신철휴·배동선·서상락·권준·이수택·이낙준 등이 결성단원인데, 신흥무관학교 출신들이 다수였다. 결성 직후 '제1차 암살파괴계획'을 수립하고 안동安東(현 단동丹東)의 이륭양행을 통해 국내로 폭탄과 권총 등을 밀반입했다. 그러나 밀정의 제보로 일부 폭탄이 발각되고 1920년 6월 서울 인사동에서 재차 거사를 의논하던 중에 친일고등계 경찰 김태석 등에 의해 검거되었다. 부산에서도 곽재기 등 여러 명의 단원이 체포되었다.

의열단원 검거선풍이 계속되던 1920년 9월 부산 출신의 의열단원 박재혁은 중국 고서古書 상인으로 위장해 일본 나가사키長崎를 거쳐 부산으로 입국했다. 박재혁은 의열단원 체포에 열을 올리는 부산경찰서를 타격하기로 결정하고 고서적상으로 위장해 부산경찰서장 하시모토橋本秀平

▲ 약산 김원봉과 부인 박차정. 부부가 모두 의열단원이었다.

(교본수웅)를 면회했다. 박재혁은 폭탄을 터뜨려 하시모토를 처형했는데 자신도 큰 부상을 입었다. 그는 고등법원에서 사형이 선고되자 "어찌 적의 손에 욕보기를 기다리겠는가"라며 단식으로 자신의 명을 끊어 순국했다.

1921년 12월 27일에는 밀양 출신의 의열단원 최수봉崔壽鳳이 밀양경찰서에 폭탄을 던졌는데 불발이어서 인명은 살상되지 않았다. 그런데도 대구복심법원은 1921년 4월 사형을 선고하고 그해 7월 사형을 집행했을 정도로 의열단원이면 무조건 죽이려고 했다.

= 조선총독부에 폭탄 던진 김익상

▲ 다나카 기이치

최수봉 사형 두 달 후인 1921년 9월 의열단원 김익상은 북경에서 서울로 잠입해 전기회사 공원으로 가장하고 남산의 총독부 청사로 들어가서 폭탄을 던졌다. 김익상은 일제 경찰들의 삼엄한 포위망을 뚫고 무사히 북경으로 돌아갔다.

1922년 3월에는 일본의 육군대신을 역임한 육군대장 다나카 기이치田中義一가 상해를 방문했다. 의열단원 오성륜·김익상·이종암은 상해 황포탄에서 각각 순서에 맞춰 총을 쏘거나 폭탄을 던져 다나카 처형을 시도했으나 모두 실패했다. 오성륜과 김익상은 일본 영사관경찰서로 끌려가서 혹독한 심문을 받았다. 오성륜은 탈출에 성공했는데 심문 도중 김익상은 조선총독부 투탄사건의 범인임이 밝혀져 일제를 경악시켰다. 일제는 김익상을 일본으로 압송해 사형을 선고했지만 김익상은 일제의 사법절차 자체를 인정하지 않는다면서 상고를 포기했다. 김익상은 이른바 은사恩赦

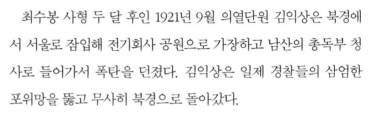

**1차 사료로** 그 시대 보기

## 님 웨일즈의 《아리랑》에서 김산이 본 의열단원들

"의열단원들은 마치 특별한 신도처럼 생활했고, 수영·테니스, 그 밖의 다른 운동을 하면서 항상 최상의 컨디션을 유지하도록 하였다. 매일같이 저격 연습도 하였다… 언제나 죽음을 눈앞에 두고 있었으므로 생명이 지속되는 한 마음껏 생활했다…또 모든 한국 소녀들은 의열단원들을 동경하였으므로 수많은 연애사건이 있었다."

▲ 조선총독부

라며 무기로 감형되었다가 다시 20년으로 감형되어 1942년 만기 출소했으나 일본인 형사가 끌고 나간 후 행방불명되었다.

## 의열단과 신채호의 〈조선혁명선언〉

### = 〈조선혁명선언〉의 탄생

국제도시 상해에서 발생한 다나카대장 저격사건은 국제적인 사건이었다. 상해를 조계지로 나누어 차지하고 있던 서구 열강들은 직접 행동에 나선 한국 독립운동을 비판하고 나섰다. 여기에 상해에 있는 한인 외교독립론자들도 의열단 비판에 가세했다. 그러자 의열단 의백義伯 김원봉과 아나키스트 유자명柳子明은 북경의 신채호를 상해로 초빙해 의열단의 주의·주장을 담은 선언문 작성을 요청했다. 이렇게 탄생한 것이 〈조선혁명선언〉이라고도 불리는 '의열단 선언문'이다. 〈조선혁명선언〉은 "강도 일본이 우리의 국호國號를 없이 하며, 우리의 정권을 빼앗으며, 우리 생존조건의 필요성을 다 박탈하였다."로 시작하는데, 한마디로 "식민지 민중이 빼앗긴 나라와 자유를 되찾기 위해서 행하는 모든 수단은 정의롭다."는 선언이었다. 〈조선혁명선언〉은 강도 일제뿐만

▲ 유자명. 아나키스트이자 의열단원이었다.

아니라 "내정독립이나 참정권이나 자치를 운동하는 자가 누구이냐"라면서 국내의 자치독립론자들 같은 타협노선도 강하게 비판했다.

= 파괴대상과 건설대상

〈조선혁명선언〉은 민중과 폭력을 혁명의 2대 요소라면서 폭력(암살·파괴·폭동)의 목적물을 열거했다. "① 조선총독 및 각 관공리, ② 일본 천황 및 각 관공리, ③ 정탐노偵探奴·매국적賣國賊, ④ 적의 일체 시설물" 등이 폭력행사의 대상물이었고, 또한 '이민족 통치', '특권 계급', '경제약탈제도', '사회적 불균형', '노예적 문화사상'도 파괴 대상으로 규정했다. 다섯 가지 건설할 대상은 '① 고유한 조선, ② 자유로운 조선민중, ③ 민중적 경제, ④ 민중적 사회, ⑤ 민중적 문화'라고 선언하였다. 일제의 침략과 조선의 봉건적 유제를 청산하고 홍익인간이라는 우리 민족 고유의 가치 속에서 민중이 주인이 되는 사회를 만들자는 것이었다.

〈조선혁명선언〉은 "이천만 민중은 일치로 폭력 파괴의 길로 나아갈지니라."면서 "민중은 우리 혁명의 대본영大本營이다. 폭력은

## 〈조선혁명선언〉에서 말하는 총독부의 국어·국사왜곡

"자녀가 나면 '일어日語를 국어國語라, 일문日文을 국문國文이라'하는 노예 양성소 학교로 보내고, 조선 사람으로 혹 조선사를 읽게 된다 하면 '단군을 무誣(왜곡)하여 소전오존素戔嗚尊(일본 고대 여러 신 중 하나)의 형제'라 하며 '삼한시대 한강 이남을 일본의 땅'이라 한 일본 놈들이 적은 대로 읽게 되며, 신문이나 잡지를 본다 하면 강도 정치를 찬미하는 반半 일본화한 노예적 문자 뿐이며…"

▲ 단재 신채호가 작성한 의열단의 〈조선혁명선언〉

…'한강 이남이 일본의 땅'이란 가야가 임나라는 임나일본부설과 야마토왜의 식민지 임나가 경상도·전라도·충청도까지 지배했다는 황국사관을 비판한 것이다.

우리 혁명의 유일한 무기다. 우리는 민중 속에 가서 민중과 손을 잡고 끊임없는 폭력—암살·파괴·폭동으로써 강도 일본의 통치를 타도하고, 우리 생활에 불합리한 일체 제도를 개조해 인류로써 인류를 압박하지 못하며, 사회로써 사회를 수탈하지 못하는, 이상적 조선을 건설할지니라."라고 끝맺었다.

〈조선혁명선언〉은 한 민족이 다른 민족을, 한 국가가 다른 국가를, 한 계급이 다른 계급을 억압하는 일체의 지배를 모두 부인하고, 우리 민족의 전래 사상을 바탕으로 민중이 주인이 되는 새 사회를 만들자는 선언이었다. 일제는 '의열단 선언문'이 발표되자 크게 놀라 신경을 곤두세웠다.

## ■ 계속되는 의열단의 거사

의열단원 한 명의 국내잠입 정보가 있으면 전 일제 경찰에 비상이 걸릴 정도로 의열단은 일제에 공포의 대상이었다. 1923년 1월에는 의열단원 김상옥이 종로경찰서에 폭탄을 던지고 1천여 명의 일제 경찰과 대치하며 싸우다가 마지막 남은 총알로 자결했다. 1924년 1월에는 김지섭이 관동대지진 때의 한인 학살에 보복하기 위해 제국의회에 참석하는 고관들에게 투탄하려 했다. 제국의회가 무기한 연기되자 김지섭은 일왕이 거주하는 궁성宮城 진입을 시도하며 폭탄을 던졌다. 폭탄은 불발했으나 일제는 무기징역을 선고했고, 1928년 옥사했다.

1926년에는 의열단원 나석주가 조선식산은행과 동양척식주식회사에 폭탄을 던지고 일제 경찰과 총격전을 전개하다가 전사한 것을 비롯해서 목숨을 아끼지 않는 직접

▲ 1931년 12월 4일 의열단 관련《중앙일보》보도.

▲ 서울 대학로의 김상옥 의사 동상

행동으로 일제를 공포에 떨게 했다. 의열단은 13명에서 출발한 결사조직이었으나 일제에 대한 직접행동 노선이 큰 호응을 일으켜 날로 세가 확장되었다. 전성기의 정확한 조직원 숫자는 알 수 없지만 1923년 단원이 1천여 명에 달했다는 일제 정보 보고도 있다.

= 의열단의 사상과 진로

의열단은 1925, 6년경에 노선 변화를 시도했다. 그때까지의 소수의 직접행동에 의한 방법과 전술로는 독립을 이룩할 수 없다는 반성 위에서 보다 효과적인 운동방식을 도모했다. 김원봉 자신이 1925년 다른 단원들과 함께 중국 국민당의 황포黃浦군관학교에 입학하고, 이동화는 국민혁명군 제2군 군관학교에, 강세우는 중산대학中山大學 정치과에 입학했다. 이들은 나중에 중국국민당이 군벌 세력을 소탕하는 북벌에 적극 참가해 큰 공을 세웠다.

의열단은 1928년경부터 사회주의 사상을 받아들이기 시작했다. 김원봉이 상해에서 제3차 조선공산당의 책임비서였던 안광천을 만난 것이 큰 영향을 끼친 것으로 해석된다. '조선의열단중앙집행위원회'는 1928년 10월 〈창단 9주년을 기념하면서〉라는 발표문에서 앞으로의 진로를 '일제 타도, 민족적 협동전선 구축, 통일적 독립당의 완성, 세계혁명과 연결' 등으로 내세웠는데, '세계혁명과 연결' 등은 사회주의 계열과 깊은 관련이 있는 것이었다.

그러나 김원봉이 공산주의자들과 제휴한 것에 반발해 1929년경 민족주의 및 아나키즘 계열의 의열단원들이 이탈하면서 조직이 크게 약화되었다. 위기에 직면한 의열단은 1929년 12월 "조선의 전 피압박대중이 요구하는 조직은 단순히 어떤 일계급의 전위

적 조직이 아닌 대중적 협동전선의
형태인데 본단本團(의열단)은 근본적
으로 그 취지에 부응치 못하였다."
라는 해체 성명서를 내고 스스로
해체하였다.

▲ 조선의용대(1939년)

　1931년 9월의 만주사변으로 일제
가 만주를 점령하자 의열단은 다시
부활해서 공산주의자와 관계를 끊
고 중국 국민정부와 항일공동투쟁
을 제의했다. 그 결과 1932년 10월 중국국민당과 중국 군사위원회
의 동의를 얻어 남경南京의 선사묘善祠廟에 조선혁명간부학교를 설
치했다. 중국군사위원회 간부훈련반 제6대로 설치한 것인데 1933
년 4월 제1기생 26명, 1934년 4월 제2기생 34명, 1935년 3월~10월
제3기생 36명, 1936년 3월 제4기 훈련생 7명 등을 배출했다. 의열
단은 민족연합전선 구축에 나서 1932년 10월 조선독립당, 조선혁
명당, 한국혁명당, 한국광복동지회 등과 한국대일전선통일동맹韓
國對日戰線統一同盟을 결성했다. 1935년 7월 남경에서 의열단을 중
심으로 한국독립당, 신한독립당, 조선혁명당, 대한독립당 등이 '민
족혁명당'을 결성하면서 의열단은 사실상 해체되었다.

　의열단의 후신인 민족혁명당을 이끌던 김원봉은 1938년 10월
조선의용대를 결성해 항일투쟁에 나서다가 김구의 민족주의 세
력과 합작을 추진해서 1939년 '김구·김원봉' 명의로 〈동지 동포에
게 보내는 공개통신〉이라는 합작성명을 발표했다. 1942년 12월
김원봉은 한국광복군의 부사령관이 되고, 1943년에는 임시정부
의 국무위원 겸 군무부장으로 취임해서 임정과 함께 8·15 광복을
맞이했다.

# 4 민족의 끈질긴 항전과 승전

## ① 만주 민족주의 세력의 형성과 활동

### ◀ 서간도의 경학사와 신흥무관학교

**= 망국에 순국으로 저항**

1910년 8월 29일 대한제국을 점령한 일제는 76명의 지배층들에게 매국의 대가로 귀족의 작위와 은사금을 주었다. 그러나 일제의 한국 점령에 자결로 항거한 인사들도 적지 않았다. 판서 김석진, 승지 이만도 등 고위 관료를 비롯해서 《임꺽정전》의 저자 홍명희의 부친이었던 금산 군수 홍범식과 저명한 학자였던 황현이 이에 해당한다.

**알고 싶어요**

### 자결로 항거한 인사들

판서 김석진, 참판 송도순, 승지 이만도·이재윤·송종규, 정언 정재건, 금산군수 홍범식, 주러 공사 이범진, 진사 황현, 환관 반학영, 감역監役 김지수, 의관議官 송익면, 영양英陽 유생 김도현……태인泰仁 유생 김천술 …… 연산連山 이학순……등. 《한국독립운동사 자료》 4권, 〈순국의사〉

**1차 사료로** 그 시대 보기

### 망국 다음 날 자결하기 전 황현이 남긴 〈절명시〉

"난리 속에 지내다 머리가 세었네/몇 번이나 버리려던 목숨이었나/오늘은 진실로 어찌할 수 없어/바람 앞의 촛불만 하늘을 비추네……새 짐승도 슬피 울고 바다 산도 찡그리네/무궁화 세상이 이미 가라앉아버렸구나/가을 등불 아래 책 덮고 천고를 회고하니/인간 세상 식자 노릇 어렵구나"

…▸ 황현은 이 시를 남기고 음독 자살했다.

▶ 매천 황현

▲ 유하현 삼원보 추가가 뒤의 대고산. 독립운동가들이 노천군중대회를 열었던 곳이다.

## = 전국적 집단 기획망명

자결 대신 해외로 망명해 조직적으로 일제와 싸우는 길을 택한 지배층도 많았다. 당파로는 소론少論과 남인南人들이 주축이었다. 강화도의 이건승·정원하·홍승헌 등과 충북 제천의 양명학자들이 망명해서 만주 유하현柳河縣 삼원보三源堡 근처의 추가가에 터를 잡았다. 서울의 이회영 6형제 일가도 전 재산을 팔아 망명길에 올라 추가가에 모였는데, 이들은 소론계열이었다. 경북 안동의 이상룡, 김대락 일가와 김동삼 일가, 황호 일가도 망명해 삼원보 추가가에 모였는데 이들은 남인 계열이었다. 이들이 서간도 지역 항전 주축 세력이었다.

이들은 1911년 4월(음력) 추가가 뒤의 대고산에서 노천 군중대회를 열어 민단 자치조직인 '경학사耕學社'를 결성하고, 다음 달 '신흥무관학교'를 개교했다. 신흥무관학교는 중국인들의 의혹을 피하기 위해 신흥강습소新興講習所라고 불렀다. 신흥무관학교는 군사훈련과 역사교육을 중시했는데 국사교재는 이상룡이 지은

《대동역사》였다. 이 책은 전하지 않지만 만주일대와 한반도 전체를 단군조선의 옛 강역으로 기술한 사서로 추측된다.

## 북간도와 연해주의 항전조직

### = 나철과 대종교

백두산 일대인 북간도 지역에는 주로 대종교大倧敎 관련 인사들과 전라도 인사들이 집단 망명해 항전세력을 구성했다. 대종교는 1909년 을사오적 암살에 나섰던 나철羅喆(나인영)이 1909년 창시한 단군교가 그 모태였다. 나철은 과거에 장원급제하고 승정원과 승문원에서 근무했던 유학자였는데 일본 체류 중에 백봉白峯의 명을 받은 두일백杜一白이라는 도인을 만나 〈단군교포명서檀君敎佈明書〉를 받은 후 유학의 사대주의를 버리고 단군 민족주의를 제창했다고 전해진다. 나철은 귀국 후 서대문 근처에서 백전伯佺이라는 도인으로부터 《삼일신고三一神誥》·《신사기神事記》를 전해 받았다고 전해지고 있다. 나철은 1909년 1월 15일 단군대황조신위檀君大皇祖神位를 모시고 제천의식을 거행한 뒤 '단군교'를 선포했는데, 새로 창교한 것이 아니라 기존에 있던 교단을 중흥했다는 의미에서 중광절重光節이라고 칭한다. 나철은 1910년 8월 단군교를 '대종교大倧敎'로 개칭했는데, 종倧은 상고신인上古神人이나 한배님이란 뜻으로 '한인·한웅·한검'이 삼위일체 되어 있는 존재를 말한다.

### = 북간도로 망명한 대종교

민족종교에 대한 일제의 탄압이 거세지자 나철은 1914년 5월 백두산 북쪽 산 밑의 청파호靑坡湖 근방으로 총본사를 이전했는데 이 무렵 교인이 30만여 명이

▲ 나철

었다고 전해진다. 총독부는 종교를 보는 두 가지 잣대를 갖고 있었다. 일본의 신도神道와 기독교·불교는 종교로 인정해서 총독부 학무국에서 관리했지만 대종교·천도교·보천교·미륵불교 등 민족의 해방을 추구하는 민족종교들은 유사종교로 분류해 독립운동을 탄압하는 총독부 경무국 보안과에서 담당했다. 일제의 탄압에 분노한 나철은 1916년 8월 15일 환인·환웅·단군의 삼신三神을 모신 구월산 삼성사三聖祠에서 자결하였다.

제2대 교주 김교헌은 성균관 대사성과 규장각 부제학副提學을 역임하고 고종 때《증보문헌비고》편찬에도 함께 한 저명한 유학자였으나 망국의 위기를 맞아 대종교로 개종했다. 김교헌은 대종교 총본사를 동만주 화룡현和龍縣으로 옮기고 군관학교를 설립해 항일투사 양성에 힘썼고, 1923년에는《신단민사神檀民史》를 출간하여 단군민족의 역사를 서술했다. 김교헌의 뒤를 이은 서일徐一은 1911년 길림성吉林省 왕청현汪淸縣에서 중광단重光團을 조직했는데 중광단은 나중에 대한정의단大韓正義團으로 개편된다. 서일은 대종교가 주축인 북로군정서 총재를 역임하는데 이때 청산리 승첩으로 일제를 크게 무찌르게 된다.

## = 연해주의 의병세력

연해주에는 한말 의병세력들이 망명해 세력을 이루었다. 연해주에는 대한제국 때 간도관리사間島管理使로서 압록강과 두만강 이북의 대한제국 영토를 관장하던 이범윤이 현지의 부호 최재형崔才亨과 손잡고 노우키에프스크煙秋(연추)를 중심으로 의병 군대를 조직했다. 장백현에서는 홍범도를 중심으로 여러 독립운동세력이 모여서 군사를 기르면서 일본군을 구축하고 나라를 되찾을 기회를 엿보고 있었다.

▶ 최재형

## 봉오동 승첩과 청산리 승첩

= 3·1혁명 이후의 국내 진공작전

▲ 연해주의 항일독립군 부대

국내에서 3·1혁명이 발생하자 그 동안 만주 각지 및 연해주에서 군사를 양성하며 때를 기다리던 민족주의 항전세력들은 결전의 때가 왔다고 판단했다. 서간도의 서로군정서西路軍政署와 광복군총영光復軍總營, 북간도의 북로군정서北路軍政署와 대한독립군大韓獨立軍 등의 군사단체들은 3·1혁명을 계기로 국내진공 작전을 계획해 일제의 만행에 신음하는 국민들을 고취시키기로 했다.

1919년 8월 홍범도가 이끄는 대한독립군은 두만강을 건너 함경남도 혜산진을 습격해 일본군 수비대를 섬멸했다. 3·1혁명 이후 최초로 규모 있는 국내 진공작전을 성공시킨 것이다. 9월에는 함경남도 갑산군의 금정주재소를 습격했고, 10월에는 평안북도 강계江界의 만포진滿浦鎭을 일시 점령하고 자성군에서 일본군과 교전해서 70여 명을 살상했다. 이에 고무된 여러 독립군 부대들이 이듬해부터 크고 작은 국내진입 작전을 감행했는데, 일제 정보 보고는 "의란구(연길 북쪽) 지방의 민심은 대체로 전시戰時 기분을 띠고 있

▲ 봉오동전투. 임직순, 1976, 독립기념관 소장.

다."고 말할 정도로 독립군들은 전의에 가득 찼다. 독립군들은 봉오동의 자산가인 최진동 3형제가 헌납한 가산을 바탕으로 여러 독립군을 통합해 대한북로독군부大韓北路督軍府를 결성했다.

## = 봉오동 승첩

　일제는 압록강과 두만강 북쪽의 독립군들을 제거하지 않으면 식민통치를 계속할 수 없다는 판단에서 두 강을 도강해 독립군을 섬멸하려 했다. 1920년 6월 4일 독립군 1개 소대가 화룡현 월신강月新江 삼둔자三屯子에서 두만강을 건너 함경북도 종성군 강양동의 일본군 헌병 순찰소대를

▲ 혜산진 일제수비대

격파하고 귀환했다. 일제의 남양南陽 수비대장 니이미新美(신미) 중위가 일본군 1개 중대를 인솔하고 두만강을 건너 추격하자 최진동이 이끄는 독립군은 삼둔자에서 잠복하고 있다가 일본군을 섬멸했다. 이것이 '삼둔자전투'인데 일본군이 두만강을 건너 간도까지 추격했다가 패전한 것이었다.

　함경북도 나남羅南의 일제 19사단은 아가와安川(안천) 소좌가 인솔하는 월강越江추격대대를 편성해 다시 두만강을 건넜다. 이들이 먼저 전위중대를 내보내자 홍범도는 제2중대 3소대 제1분대장 이일화를 보내 패퇴시켰다. 월강추격

▲ 나남 주둔 일본 조선육군 창고

▲ 홍범도

대는 일제히 왕청현 봉오동 골짜기 안으로 들어왔다. 홍범도는 일본군을 안으로 깊숙이 끌어들인 후 일제히 사격을 가했다. 월강추격대는 가이먀神谷(신곡)중대와 나카니시中西(중서)중대를 전면에 내세워 응사했으나 패퇴하고 돌아가면서 민간인을 학살했다. 이것이 '봉오동 승첩'인데 임시정부 기관지《독립신문》은 일본군 전사 157명, 중상 200여 명, 경상 100여 명을 낸 반면 독립군은 전사 4명, 중상 2명에 불과했다고 보도했다. 간도국민회는 호외를 발행해서 봉오동 승첩을 전하면서 독립전쟁이 본격적으로 시작되었음을 널리 알렸다.

= 일제의 독립군 초토화 계획

봉오동 참패에 충격 받은 일제는 만주군벌 장작림張作林에게 자신들이 직접 한국독립군을 토벌하겠다고 위협했고 장작림은 1920년 7월 자신들이 독립군을 토벌하겠다고 약속했다. 그러나 중국 보병 1단장 맹부덕孟富德은 한국독립군 세력과 타협했는데 그 핵심은 독립군들이 근거지를 이동한다는 것이었다. 이에 따라 길림성 연길·훈춘·왕청·화룡현에 있던 독립군 부대들은 1920년 8월 하순부터 백두산 부근의 화룡현 삼도구 청산리青山里 방면으로 이주했다.

일제는 대규모 군사를 만주로 들여보내 독립군을 소탕하기 위해서 마적 장강호長江好에게 훈춘의 일본 영사관을 공격해달라고 요청했다. 1920년 10월 2일 300여 명의 마적들이 훈춘의 일본영사관을 습격 방화하고 숙직경찰관을 살해한 다음 퇴각하자 일제는 이를 빌미로 간도에 대규모 출병을 단행했다.

이 출병은 일본 정부와 일본 육군성이 승인한 것인데, 일본은 상작림에게 10월 17일 간도에서 한국독립군 토벌의 군사작전을 선개하겠다고 통보한 다음 일본군을 출동시켰다. 일제는 육군 5

개 사단과 관동군 일부를 지원받아 독립군 토벌에 나섰다. 일제는 3개의 '토벌지대討伐支隊'와 사단 직할부대를 조직했는데, 육군소장 아즈마 마사히코東正彦(동정언)가 이끄는 동지대東支隊 5천여 명과 육군소장 이소바야시 나오아키磯林直明(기림직명)가 이끄는 기림지대磯林支隊 4천여 명을 포함해 모두 2만여 명의 대군이 독립군 초토화에 나선 것이다.

## = 청산리 승첩

일본군은 백두산 자락의 삼도구와 이도구 일대의 독립군부대들을 포위 섬멸하려 하였다. 1920년 10월 21일 일본군은 삼도구 청산리 백운평白雲坪으로 진입했다. 기병과 포병을 포함한 약 5천여 명으로 구성된 일본군은 이도구와 삼도구를 포위하여 김좌진 부대 및 홍범도 부대의 섬멸을 시도했다. 일본군의 이런 전략을 간파한 김좌진의 북로군정서는 일본군을 백운평 깊숙한 골짜기로 끌어들인 후 일제히 사격을 개시해 일본군 전위부대 200여 명을 전멸시켰다. 막강한 전력을 믿은 일본군은 계속 밀고 들어오면서 '청산리 전투'의 막이 올랐다.

▲ **청산리 승첩 기록화.** 손수광, 1975, 독립기념관 소장.

'청산리 승첩'은 10월 21일의 삼도구 백운평 전투를 필두로 이도구의 완루구完樓溝, 천수평泉水坪, 어랑촌, 맹개골, 천보산天寶山을 거쳐 25일 밤중부터 26일 새벽까지 전개된 고동하곡 전투까지 6일간 전개된 10여 차례의 전투를 포괄하는 명칭이다. 무적황군 운운하던 일본군은 이 모든 전투에서 한 번도 승리하지 못하고 모두 패배했다. 마지막 전투인 고동하곡 전투에서 홍범도 부대는 밀림으로 밀고 들어온 일본군 토벌대를 섬멸시켰다. 일제는 그간 독립군들이 신흥무관학교나 북로군정서의 사관양성소 등에서 전문적인 군사훈련을 받은 것을 무시하고 한말의 의병처럼 얕보고 들어왔다가 대참패를 당한 것이었다.

일본군 전사자 숫자에 대해 임정의 기관지《독립신문》은 1,200여 명, 북로군정서의 보고서는 1,254명이라고 말했는데, 중국의 《요동일일신문遼東日日新聞》은 2천여 명이라고 보도했다.

= 경신참변

독립군에게 대패한 일본군은 애꿎은 민간인에게 화살을 돌려 간도 각지를 돌아다니며 닥치는 대로 한인들을 학살했는데 이를 경신참변, 또는 간도참변이라고 부른다. 일본군은 이도구와 삼도구를 중심으로 만주 각지의 한국인 촌락을 불사르고 대부분이

### 마틴의 수기

"날이 밝자마자 무장한 일본 보병부대는 야소촌耶蘇村을 빈틈없이 포위하고 골 안에 높이 쌓인 낟가리에 불을 질렀다. 그리고는 전체 촌민더러 밖으로 나오라고 호령하였다. 촌민들이 밖으로 나오자 아버지, 아들을 가리지 않고 눈에 띄면 사격하였다. 아직 숨이 채 떨어지지 않은 부상자도 관계치 않고 그저 총에 맞아 쓰러진 사람이면 마른 짚을 덮어놓고 알아보지 못할 정도로 불태웠다"

강덕상,《현대사자료》28,《조선朝鮮》

▲ **경신참변 사진**. 일본군 19사단 보병 75연대의 양민학살. 규암 김약연기념사업회 사진

농민들인 한국인들을 무차별 학살했다. 1920년 10월 일본군 14사단 제15연대 제3대대장 오오카大岡隆久(대강륭구)는 용정촌 동북의 기독교 마을인 장암동을 공격해 가옥·학교·교회 등을 불태우고 마을 사람 33명을 죽였다. 용정에서 제창병원을 운영하던 영국 선교사 마틴Martin은 다음 날 이 참혹한 광경을 사진에 담아 일제의 만행을 세상에 폭로했다.

이렇게 학살당한 마을이 셀 수도 없이 많았다. 그래서 박은식은《한국독립운동지혈사》에서 "아아! 세계민족이 나라를 위해 몸을 바친 자 수없이 많지만, 어찌 우리 겨레처럼 남녀노소가 참혹하게 도살을 당한 자 있을 것이리오. 역대 전쟁사상 군사를 놓아 살육 약탈한 자 수없이 많지만, 저 왜적처럼 흉잔 포학한 자는 들은 적이 없다."라고 분개했다.

자료가 많지 않아 경신참변의 정확한 피해규모를 알기는 쉽지 않다.《독립신문》은 임시정부의 간도 파견원의 보고를 근거로 1920년 10~11월 두 달간에만 3,469명의 민간인이 살해당하고 민가 3,209개 동, 학교 36개 교, 교회당 14개 소가 불에 탔다고 보도하고 있다. 정규 독립군에게 패한 보복을 비무장의 민간인에게 자행한 것이 자칭 '무적황군'의 실체였다.

## 자유시 참변

### = 독립군의 재정비

10월 26일의 고동하곡 전투를 끝으로 안도현 방면으로 퇴각했던 독립군은 12월말 경 밀산密山에 도착해 전열을 재정비했다. 10개 독립군 부대들은 대한독립군단으로 통합하고 총재 서일, 부총재 홍범도·김좌진·조성환, 총사령 김규식, 참모장 이장녕, 여단장 이청천 등을 추대했다. 대한독립군단은 휴식을 취하는 한편 전열을 재정비하기 위해서 1921년 1월 흑룡강을 건너 러시아령 '이만'

으로 들어갔다. 러시아가 한국 독립군을 지원하겠다고 의사를 표명했기 때문이다.

= 자유시 참변

한국 독립운동세력들은 러시아 사회주의 정부에 우호적인 감정을 가지고 있었다. 여러 기록과 회고록 등에 의하면 레닌이 이끄는 러시아 정부와 한국독립운동세력 사이에 몇 가지 합의가 이루어졌다고 한다. 즉 러시아 혁명정부는 한국 독립운동을 적극 지원하고 러시아 영내에서 한국 독립군의 훈련을 허가하고, 그 비용도 지원하겠다는 것이었다. 이런 합의에 따라 대한독립군단을 비롯한 많은 독립군들이 러시아 영내로 진입했다. 그런데 이 부대의 지휘권을 둘러싸고 임시정부 국무총리 이동휘가 이끄는 상해파 고려공산당 세력과 러시아 한인들 중심의 이르쿠츠크파 고려공산당 사이에 주도권 다툼이 발생하면서 한국 독립운동사상 비극인 '자유시 참변'이 발생했다.

알고 싶어요

## 자유시 참변과 홍범도

자유시 참변 때 강제 무장해제된 독립군들 숫자는 약 900여명이었다. 그중 364명은 군정의회 군대에 편입되었고, 428명은 아무르주로 끌려가서 약 1년 2개월 간 강제 벌목노동에 종사했다. 죄질이 무겁다고 판정된 72명은 이르쿠츠크로 끌려가서 '임시고려혁명법원'에서 재판을 받았다. 재판장에 채동순과 홍범도, 박승만 3인이었는데, 채동순과 박승만은 이르쿠츠크 계열이었고 홍범도는 특정한 계보가 없었다. 고려혁명군의 기관지 《붉은군사》는 자유시사변 재판결과에 대해서 50여 명의 피고인 중 3명이 징역 2년, 5명이 징역 1년, 24인이 집행유예 1년, 17인은 방면되었다고 보도했다. 무기를 들고 충돌한 사건에 대한 재판치고는 관대한 것이라고 볼 수 있는데 홍범도의 강한 권고가 있었을 것이다.

▲ 홍범도와 부인 및 아들 사진. 부인은 일제에게 살해되었고 그 아들도 일제와 싸우다가 죽었다.

자유시 참변은 흑하사변黑河事變이라고도 하는데, 1921년 6월 28일 러시아령 알렉세프스크(자유시)에서 한인 부대인 사할린의용대를 러시아 적군 제29연대와 한인보병자유대대가 무장해제시키는 과정에서 충돌이 발생해 다수의 사상자를 낸 사건이다.

이항尼港군대라고도 불리는 사할린의용대는 니콜라예프스크(이항)에서 빨치산과 함께 일본군을 대파한 한인 부대인데 이들 역시 일본군의 추격을 피해 자유시로 들어왔다. 이때 자유시에는 홍범도의 대한독립군, 최진동의 도독부군 등 간도지방에서 이동해온 한인무장 부대도 집결해 있었다. 상해파와 이르쿠츠크파는 사할린 의용대의 지휘권을 두고 다투다가 이르쿠츠크파를 지지하는 러시아 적군 29연대와 자유대대가 무장해제를 요구했고 사할린의용대가 이에 반발하면서 무력충돌이 발생해 다수의 독립군이 전사한 사건이었다.

희생자 수에 대해서는 〈재로고려혁명군대 연혁〉에는 사망 36명, 포로 864명, 행방불명 59명으로 되어 있지만 〈간도지방 한국독립단의 성토문〉에는 사망 272명, 익사 31명, 행방불명 250명, 포로 917명으로 되어 있다. 자유시참변은 한국 독립운동사상 큰 비극이었다. 이때 이런 비극이 발생하지 않고 러시아정부와 한국 독립운동 진영이 협력적 관계를 유지했다면 한국독립군의 무장력과 전투력은 획기적으로 발전할 수 있었을 것이다.

## ② 만주의 삼부

### 참의부의 조직과 항전

= 대한통의부와 의용군

청산리 승첩의 주역인 독립군 부대들은 경신참변과 자유시참변의 시련을 딛고 전열을 재정비했다. 가장 시급한 것은 여러 곳으로 나뉜 독립군 부대의 통합이었다. 통합움직임은 1922년 들어 본격화되었다. 서로군정서를 필두로 대한독립단大韓獨立團 등 여러 독립군 부대 대표들은 1922년 6월경 환인현桓仁縣에서 남만한족통일회를 개최해 기존의 조직을 해체하고 대한통군부를 결성했다. 대한통군부는 군사조직일뿐만 아니라 행정부의 기능까지도 포괄하는 사실상의 준정부准政府 조직이었다. 통군부는 총장제를 채택했는데 총장에 채상덕이 선임되고, 군사 사령관에는 서로군정서 총사령관인 김창환이 선임되었다.

1922년 8월 22일 환인현 마권자馬圈子에서 서로군정서, 대한광복군총영 등 각 단체 대표 71명이 모여 남만한족통일회를 개최했다. 이 회의에서 기존 단체는 모두 해체하고 대한통의부大韓統義府를 결성하고 기존 독립군 부대를 대한통의부 의용군義勇軍으로 통합시켰다. 대한통의부는 산하에 행정을 담당하는 10개 부를 두었고 의회인 중앙의회와 사법부인 사판소査判所를 둔 삼권분립의 정부 형태 조직이었다. 군사부 산하의 의용군은 군부였다.

통의부는 대한제국을 되살리자는 복벽주의復辟主義와 공화주의共和主義가 혼재되어 있었다. 채상덕·전덕원 등은 복벽적 민족주의 계열이었던 반면 김동삼·오동진·양기탁·김창환 등은 공화적 민족주의 계열이었다. 두 이념 사이에 충돌이 발생해 전덕원·채상덕 등은 1923년 2월 통의부를 탈퇴하고 의군부義軍府를 결성하면서 순종의 융희隆熙를 연호로 사용했다. 그간 통의부 의용군은 압록강 북쪽 연변의 일본 영사관, 경찰기관과 평안북도 일원의 일경 주재소, 면사무소 등을 타격하는 무장투쟁을 전개했다.

**알고 싶어요**

### 복벽주의

복벽주의는 대한제국을 되살리려는 이념으로서 주로 유생들이 주축인 항일 의병과 구한말 해산된 군사들이 주축이었다. 이들은 대한독립의군부大韓獨立義軍府를 결성했고, 대한통의부에서 갈라져 나와 의군부義軍府를 결성하기도 했으나 점차 공화주의에 밀려 대중적 지지를 상실해 갔다.

## = 임시정부 육군주만 참의부

 통의부 내에 복벽주의와 공화주의 사이의 파쟁이 발생하자 사태를 관망하던 산하 의용군은 새로운 진로를 모색하게 되었다. 의용군 제1·2·3·5 중대는 통의부와 관계를 끊고 채찬蔡燦(일명 백광운白狂雲) 등의 대표를 상해의 임시정부로 보내 임정 산하의 특설 군단으로 편성해 줄 것을 요청했다. 1924년 8월 경 통의부 의용군을 중심으로 대한민국 임시정부 육군주만참의부陸軍駐滿參議府가 건립되었는데 이것이 약칭 '참의부'이다. 참의부는 채찬, 최석순, 김승학 등이 역대 참의장을 역임했는데 압록강 북쪽의 집안현輯安縣을 중심으로 무송·장백·안도·통화·유화 등지를 기반으로 삼았다. 참의부는 임정 직할의 군부대였지만 중앙의회를 두어 민정까지 아울렀다.

▲ **희산 김승학.** 대한민국 임시정부 육군주만참의부 참의장을 역임하였고, 역사학자였다.

## = 조선총독 사이토 저격사건

 참의부는 5개 중대와 1개 독립소대로 편성되었는데 설치 초에 이미 500명 이상의 군사를 보유하고 있었다. 참의부는 수많은 국내 진공작전을 전개해서 국경 지대는 전시상태를 방불케 할 정도였다.

 참의부는 정식 출범하기 전에는 의용군 명의를 사용했는데 1924년 5월 19일 조선총독 사이토 마고토齋藤實(재등실)가 탄 기선에 집중 사격을 퍼부어 일제에 큰 충격을 주었다. 사이토 일행이 탄 두 대의 기선이 압록강을 타고 내려오자 전날부터 매복하고

**더 깊게** 생각하고 토론해 봅시다

### 군정부란 무엇인가?

군정부는 단순한 독립운동 단체가 아니라 군사기능과 행정기능과 입법 및 사법기능도 함께 갖춘 준 자치정부를 뜻한다. 산하 교민들로부터 일정한 세금을 징수하고 중국 당국 및 지주들에 맞서 권익을 보호하고 각급학교를 설치해 교민 교육도 담당했다. 임시정부가 선언적 의미가 강했다면 참의부·정의부·신민부로 대표되는 군정부는 실제 통치하는 지역과 교민들이 있던 사실상 정부였다.

▲ 사이토 마고토 저격을 전하는 임시정부 기관지 《독립신문》

있던 의용군 1중대가 사격을 퍼부었고, 총독 일행이 탄 기선은 부리나케 도주했다. 이 사건으로 사이토는 일본 의회에 불려가서 추궁당할 정도로 일본 본토 내에도 큰 충격과 함께 한국을 계속 통치할 수 있을지 의문을 갖게 했다.

그러나 시련도 있었다. 1925년 3월 집안현 고마령古馬嶺 산골짜기에서 군사회의를 개최하던 중 친일 순사 고피득이 이끌고 온 평북 초산 경찰대의 포위 습격을 받고 치열한 총격전 끝에 참의장 최석순 이하 29명의 간부가 순국했다. 이것이 '고마령참변'으로 참의부는 큰 타격을 입었고, 대한통군부 총장이었던 채상덕은 큰 충격을 받고 자결했다.

참의부는 1929년 그 주류세력이 국민부國民府에 통합될 때까지 서간도 지역 항전세력의 중심으로 수많은 국내 진공작전과 친일 매국노들을 처단했다.

### 🔵 정의부의 조직과 항전

= 정의부의 탄생

만주의 항일세력들은 통의부로 통합되었지만 통의부가 복벽주의와 공화주의의 대립으로 분열되자 다시금 하나의 큰 조직으로 통합되어야 한다는 운동이 일어났다. 1924년 10월 대한통의부·군정서軍政署·대한독립군단 등 10개 단체의 대표들은 길림에서 모여 김동삼을 의장으로 전만통일회의全滿統一會議를 열고 정의부를 결성했다. 정의부는 유하현 삼원보에 본부를 두고 관할 구역은 당분간 하르빈哈爾濱(하얼빈), 액목, 북간도 이남의 만주 전부를 활동구역으로 삼는다고 선포했다. 정의부는 참의부 세력권인 관전·집안·환인·통화 등 4개 현의 일부를 제외한 지역에 12개 지방총관소地方總管所를 설치했다.

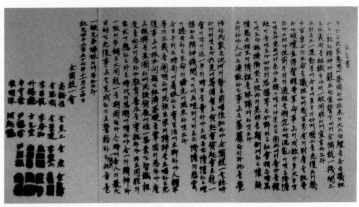
▲ 정의부 선언서

정의부는 교민자치를 우선하는 조직으로서 재만 한인사회를 기반으로 하는 사실상의 한족정부韓族政府였다. 정의부 헌장은 제5조에서 입법, 행정, 사법의 3권분립을 명시하고 신체·생명·재산·언론·출판·신앙·결사·집회의 자유를 명기한 민주정부였다. 정의부는 산하에 무장부대를 두어 국내진공작전을 여러 차례 전개했다.

## = 교육활동과 군사투쟁

정의부는 만주의 3부 중에서도 가장 많은 교민들을 확보하고 있었고, 교민들의 교육에 큰 관심을 갖고 있었다. 한인촌마다 소학교를 설립했고, 각지에 중학교를 설립했는데 화흥중학교化興中學校·삼성중학三聖中學·동명중학교東明中學·화성의숙華成義塾 등의

알고 싶어요

### 정의부 출신 관선의원 정이형의 친일파 청산주장

정이형은 대한통의부 시절부터 국내 진공작전을 여러 번 전개했고, 정의부 1중대장으로 국내진공작전을 직접 지휘했다. 1927년 11월 하얼빈에서 체포되어 무기징역을 선고받고 해방될 때까지 18년간 복역했다. 광복 후 미군정이 설치한 남조선과도입법의원南朝鮮過渡立法議院에 관선의원으로 참여해서 친일파 숙청을 주장했다. 그는 친일파들에 대한 형사처벌보다는 공민권(선거권과 피선거권)을 일정기간 박탈해 그들의 정치적 재기를 막아야 한다고 주장했다. 그는 "공민권을 박탈하지 않으면 그들이 정권을 잡을 것이다."라고 예견했는데 이 발언은 현실이 되어 현재까지도 한국사회는 정신적인 면에서 여러 문제를 안고 있다.

정의부에서 설립한 부립중학교였다. 조선총독부 정보 보고는 참의부가 2개 교, 신민부가 10개 교를 설립한데 비해 정의부는 22개 교를 설립했다고 말하고 있다.

정의부는 중앙에 군사위원회를 두고 의용대와 헌병대를 설치했다. 화성의숙은 정의부의 사관士官양성 무관학교였지만 사정이 여의치 않자 중국의 황포黃浦군관학교에 유학생을 파견해 장교를 양성했다. 정의부는 의용군 중대장 정이형이 여러 차례 국내진공작전을 전개해 일제 경찰서 주재소 등을 습격해 일제 경찰을 사살하고 친일주구들을 척살했다.

정의부는 신민부와 함께 북만주 한인교민들의 실질적 정부였으나 이후 삼부를 통합해서 하나의 거대한 민족정당을 만들자는 민족유일당民族唯一黨 운동이 전개되자 그 주류세력은 기득권을 버리고 혁신의회革新議會로 통합되었다.

## 신민부의 조직과 항전

### = 배달국 재건 목표의 신민부 탄생

북만주 지역에서도 여러 독립운동 단체 사이에 통합의 움직임이 일었다. 1925년 1월 북만주지역의 대한독립군단·대한독립군정서 등의 여러 독립운동 단체는 목릉현穆陵縣에 모여 부여족통일회의扶餘族統一會議를 개최하고 3월 10일 영안현寧安縣 영안성 내에서 신민부新民府를 조직했다. 신민부의 주요 구성원들은 대부분 대종교인들이었다. 일제는 북만주로 망명한 대종교 세력에 대해서 "일본제국 통치권의 지배를 이탈시켜 독립국으로 하고 또 그 독립 형태를 이상국가인 배달국倍達國의 지상 재건을 목적으로 한 단체"라고 설명하고 있다. 신민부는 그 연호를 민국民國으로 사용하고 있는 점에서 공화적 민족주의 계열의 군정부라고 할 수 있다. 신민부는 행정기관인 중앙집행위원회와 입법기관인 참의원과 사법기관인 검사원 등의 삼권분립의 제도를 갖고 있었는데, 중앙집행위원장은 김혁, 참의원 원장은 이범윤, 검사원 원장은 현천묵이었다. 김좌진은 총사령관 겸 군사부위원장을 맡았다.

▲ 김좌진 장군의 고향인 충남 홍성에 세워진 동상. 사진 권태균.

= 국민혁명군으로 개편 시도하다

신민부는 목릉현 소추풍에 성동사관학교城東士官學校를 설립하여 속성과정으로 500여 명의 졸업생을 배출했는데, 이들이 신민부 군사력의 근간이 되었다. 일제는 1925년 만주군벌 장작림張作霖과 **삼시협정**三矢協定(미쓰야협정)*을 체결해 한국독립군을 체포해서 일제에 인도하기 시작했다.

이에 분개한 김좌진은 장개석蔣介石의 국민당과 연합해서 신민부 군부를 국민혁명군으로 개편해 일제 및 만주군벌과 맞서려 하였다. 이것이 계획대로 추진되었으면 북만주 정세에 근본적 변화를 가져왔을 것인데, 국민당측 협정 당사자들인 공패성貢沛誠 등이 장작림 세력에게 체포되면서 무산되고 말았다.

신민부는 1927년 2월 중앙집행위원장 김혁을 비롯한 간부들이 체포되어 국내로 압송되면서 큰 타격을 입었으며 그 수습 과정에서 김좌진 등의 군정파와 민사부위원장 최호 등의 민정파로 분열되었다.

● **삼시협정**
총독부 경무국장 미쓰야와 만주의 봉천전성奉天全省 경무국장 우진于珍 사이에 맺어진 조약이다. 한인 독립운동 조직의 무장을 해제하고 무기와 탄약을 몰수하며 위반자는 일제에 인도한다는 것과 일제가 지명하는 독립운동 지도자를 체포해서 일제에 넘겨준다는 것이었다. 마적 출신 장작림은 일제의 지원을 얻어 북경으로 진출해 중국공산당의 이대교李大釗 등도 살해했는데 일제에 이용만 당하다가 1928년 일본 관동군에 의해 심양 황고둔皇姑屯에서 열차 폭파사고로 죽고 말았다.

▲ 장작림 열차폭살 현장.

▲ 장작림

## 🔴 민족유일당 건설운동과 혁신의회, 국민부

### = 민족유일당 건설 운동과 혁신의회

1923년 상해에서 열렸던 국민대표회의가 실패하면서 만주지역에서 참의부·정의부·신민부의 3부가 수립되었다. 다시 이 3부를 하나로 통합하자는 운동이 일어났는데 이것이 민족유일당民族唯一黨 건설 운동이다. 민족유일당 운동은 만주뿐만 아니라 북경과 상해 등지에서도 일어났고, 국내에서도 일어나 하나의 커다란 민족연합전선의 당을 만들어 그 지도 아래 민족의 단일한 역량으로 일본 제국주의와 맞서자는 것이었다.

만주의 민족유일당 운동은 기존의 독립운동 단체를 중심으로 조직하자는 단체본위조직론과 여러 단체 중에서 유력 단체를 중심으로 연합하자는 단체중심조직론, 저명한 독립운동가 개인본위로 조직하자는 개인본위조직론 등으로 나뉘어 많은 의논을 거쳤다. 정의부에서 3부통일회의를 주창해 1928년 9월 길림에서 회의가 열렸는데, 신민부에서 민정파와 군정파가 각각 대표를 파견하면서 일치를 보지 못했다.

1928년 12월 신민부 군정파와 김승학 등 참의부의 주류세력과 김동삼·이청천 등 정의부의 주요 간부들이 혁신의회를 조직했다. 혁신의회는 1년을 기한으로 결성되었는데 회장 김동삼, 중앙집행위원정 김원식, 위원 김승학·이청천 등을 선출했으며 좌우합작 성격이 강했다. 혁신의회는 1931년 만주사변 이후 위원장 김동삼이 하얼빈에서 일경에 체포된 데다 내부의 사회주의자들과 김좌진 계열의 갈등이 계속되고 있었고 1년의 기한이 다 되면서 자연히 해체되고 말았다.

### = 한족총연합회와 국민부

1929년 7월 김좌진 등의 신민부 군정파는 혁신의회에서 탈퇴하고 김종진, 이을규 등 아나키스트들과 한족총연합회韓族總聯合會를 결성했다. 한편 1929년 3월에는 신민부 군정파와 참의부의 심용준, 정의부의 현익철 등의 일부 세력이 통합해 국민부를 결성했다. 국민부는 중앙집행위원장에 현익철을 선임하고 군사위원장에 이웅을 선임했다. 국민부는 민족유일당 건설 운동을 계속하는 한

▲ 길림성 산시의 한족총연합회 결성 지역

편 조선혁명당을 건설하고 그 당군으로 조선혁명군을 결성했다. 조선혁명군은 일제가 만주를 점령한 이후 중국의 항일무장부대와 연합해 여러 전투를 치렀다.

## ❸ 만주사변과 한중연합 항전

### ◀ 조선혁명당과 조선혁명군

#### = 조선혁명당 결성

국민부가 모체가 되어 1930년 12월 경 불완전한 민족유일당 형태의 조선혁명당朝鮮革命黨이 결성되었다. 국민부가 창설되자 정의부 소속 부대 상당수가 국민부 산하로 이관되었다가 조선혁명당이 창당되자 그 산하 조선혁명군이 되었다. 또한 참의부와 신민부의 일부 부대들도 조선혁명군에 가담했다.

1931년 일제가 만주사변을 일으켜 만주전역을 장악하면서 한국독립운동에는 큰 변화가 불가피했다. 많은 독립운동가들이 체포를 피해서 산해관山海關 남쪽인 관내關內로 대거 이주했지만 조선혁명당은 만주를 지켰다. 일제는 1932년 3월 1일 청의 마지막 황제 부의傅儀를 집정으로 삼아 만주국을 수립했다.

▲ 만주국 집정 부의 취임식

조선혁명당은 일제의 만주 점령으로 한중 연합전선을 활성화할 수 있다고 보았다. 조선혁명당은 이호원李浩源을 당중앙집행위원장, 김관웅金寬雄(김보안金輔安)을 조선혁명군 사령관으로 선임했다. 조선혁명당과 조선혁명군은 1931년 12월 신빈현新賓縣에서 간부회의를 개최했는데 일본 영사관경찰과 중국 보안대가 급습해 이호원·김보안 등 10여 명의 간부들을 체포해갔다. 그러나 이에 굴하지 않고 중앙집행위원장에 양하산, 부위원장에 양서봉梁瑞鳳(일명 양세봉梁世奉)을 선임했고, 양서봉이 조선혁명군 총사령에 선임되었다.

= 조선혁명군의 한중 연합항전

조선혁명군은 중국의 요녕구국회 군사위원회 위원장 당취오唐聚五가 이끄는 요녕민중자위군과 연합군을 조직해 일본군과 맞서 싸웠다. 한·중이 연합한 최초의 항일전은 1932년 3월부터 7월까지 벌어진 흥경현興京縣 능가陵街 전투(흥경성 전투)였다. 흥경현은 일제의 핵심점령지인 심양瀋陽 우측의 무순시撫順市에 소속되어 있었는데 이 전투에서 조선혁명군 총사령 양서봉의 1만여 명과 중국의용군 총사령 이춘윤李春潤의 2만여 명이 연합하여 일만日滿 연합군을 격파했다.

이 기세를 몰아 조선혁명당은 1933년 2월 당취오와 협상해 요녕민중자위군 총사령부 내에 한인들로 구성된 특무대사령부를 설치하기로 하고 양서봉이 사령관에 취임했다. 조선혁명군은 흥경성 전투 이래 대규모 전투부대 체제를 유지했는데, 총사령관

양서봉, 참모장 김학규 아래 모두 5개로의 사령부를 설치하고 제 1로군 사령관 박대호朴大鎬 등을 선임했다. 그러나 1934년 8월 일 본의 밀정 박창해朴昌海의 유인책에 걸려 양서봉 사령관이 일본군 과 격전 중에 전사하면서 위기에 처했다.

조선혁명군은 김호석金浩石을 총사령으로 선임해 군세를 회복 하려고 노력했다. 김호석은 조선혁명군을 조선혁명군정부朝鮮革 命軍政府로 바꾸고 일제와 계속 투쟁했다. 일제가 1935년 이른바 추계토벌秋季討伐을 전개하자 한중은 1935년 9월 한·중항일동맹 회韓中抗日同盟會를 결성해 이에 맞섰다. 이 동맹회의 정강은 "본 동맹은 일본 제국주의를 타도하고 동북실지東北失地를 회복하며 조선독립을 목적함"이라는 것이었다. 한·중 두 나라가 연합해 일 제를 구축하고 한국을 독립시키려고 했던 것이다. 조선혁명군은 일제의 압도적인 무력에 굴하지 않고 1938년까지 끈질기게 항거 했다.

▲ 양서봉

## 한국독립당과 한국독립군

= 한국독립당의 적극 항전결의

한국독립당은 한족총연합회가 모체가 되어 결정한 정당이다. 한국독립당은 일제가 만주를 점령하자 1931년 11월 2일 길림성 오상현 대석하자大石河子에서 긴급중앙회의를 개최하고 각 군구 軍區에 총동원령을 내려 적극적인 대일항전을 결의했다. 한국독 립당은 한국독립군을 결성했는데 총사령 이청천, 참모장 신숙이 었다. 한국독립당은 신숙과 남대관 등을 중국의 길림자위군·호로 군연합군총부 등에 파견해서 한중연합작전을 협의했다. 이때 **중 동철도**中東鐵道를 경계로 서부전선은 중국이, 동부전선은 한국 이 담당하는데 물자는 중국이 공급한다고 합의했다.

● **중동철도**
중국과 러시아의 국경인 만주리 滿洲里에서 하얼빈을 지나 수분 하綏芬河까지 이르는 본선과 하 얼빈에서 장춘長春을 거쳐 대련 大連까지 이르는 남부선이 있다. 원래 러시아가 부설했으나 만주 사변 후 1억 7천만 엔에 일본에 양 도했는데 모두 2,430km의 길이 이다.

## = 한중연합군의 연합작전

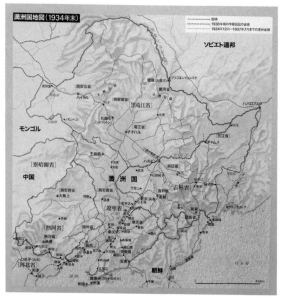

▲ 만주국 지도(1934년)

한중 연합군은 1932년 9월 쌍성보雙城堡에서 일만군日滿軍과 격전을 치렀다. 쌍성보는 하얼빈과 장춘을 잇는 합장선哈長線 철도의 요지이자 북만주 중요 물산의 집산지로서 전략적 가치가 큰 요충지였다. 한국독립군 3천 명과 중국군 2만 5천 명은 만주군 3개 사단을 격퇴하고 쌍성보를 차지했다. 그러나 일본군이 비행기까지 동원해 공격해오자 중국군 고봉림 부대가 일본군에 굴복하고 말았다.

다시 체제를 정비한 한국독립군은 12월 25일 경박호鏡泊湖 전투에서 일만군 유격대 2천여 명을 섬멸했다. 한국독립군은 또 1933년 4월 15일의 사도하자四道河子 전투에서 일만군 1개 사단과 격전을 치러 승리했다. 곧 이어진 6월 3일의 동경성東京城 전투에서도 일만군을 격퇴하고 동경성을 점령했다. 7월 2일에는 일만군과 대전자령大甸子嶺 전투를 치렀는데 한국독립군이 2,500여 명, 중국군이 6천여 명이었다. 일본군이 대전자령을 반쯤 넘었을 때 한중연합군이 일제히 공격해 4시간의 격전 끝에 일본군을 전멸시켰다. 이 전투에서 한중연합군은 소총 1,500정, 대포 3문, 박격포 10문 외 많은 군수품을 노획했을 정도로 큰 승리를 거

▲ 만주국 신경(현 장춘)의 관동군 사령부

▲ 요양遼陽 **동경성**東京城. 1933년 한국독립군이 일시 점령했던 곳이다.

두었다. 그러나 전리품 분배 과정에서 중국군이 한국독립군 총사령을 일시 구금하는 일이 발생해 한중연합군은 붕괴되고 말았다.

## 동북항일연군

### = 코민테른의 노선변경과 동북인민혁명군

1931년 8·18 사변(만주사변)으로 일제가 만주를 점령하자 각지의 사회주의 세력도 반일의용군을 조직해서 일제와 투쟁했다. 1932년 6월 중국공산당은 상해에서 '북방北方 각성各省 대표연석회의(북방회의)'를 열었는데 이 회의에서 중국공산당 만주성위滿洲省委 대표 하성상何成湘은 일제가 직접 점령한 동북지구는 관내와 다르다는 '만주특수론'을 제기했다. 지주에 대한 투쟁보다는 일제와 투쟁해야 한다는 것이었다. 그러나 중공 중앙은 '만주특수론'을 비판하고 동북도 중국의 다른 성들처럼 **토지혁명**●을 관철해야 한다면서 만주성위 서기 나등현羅登賢과 하성상을 면직시켰다. 그리고 각종 유격대를 중국공농홍군中國工農紅軍으로 개편하라고 지시했다. 일제가 장악한 만주도 여전히 지주계급과 싸우는

● **토지혁명**
토지혁명은 지주계급을 타도함으로서 봉건적 토지소유제도를 소멸시키는 것을 목표로 삼는 혁명운동이다.

▲ 만주국 하얼빈 관동군 10사단 사령부

▲ 동북항일연군

계급혁명을 우선해야 한다는 좌경노선이었다. 1928년의 코민테른 제6차대회에서 결정한 '계급 대 계급투쟁전술'이 여전히 유효하다는 것이었다.

그러나 1933년 1월 26일 코민테른은 〈만주 각급 당부黨部와 전체당원에게 보내는 서한〉, 즉 〈1·26서신〉을 중공중앙 명의로 발표했는데, 계급연합에 의한 통일전선을 결성하라고 지시했다. 코민테른은 만주를 장악한 일본군이 소련을 공격할 것을 우려해서 만주에는 계급혁명이 아니라 부르조아지까지도 포함하는 통일전선을을 결성해 일제와 싸우라는 지시를 내린 것이다. 이 지시에 따라 각지에서 동북인민혁명군이 만들어지는데 1935년 이후에는 동북항일연군으로 개편되었다.

= 코민테른 제7차대회와 동북항일연군

1935년 6월 3일 코민테른 주재 중공중앙 대표단 단장 왕명王明과 부단장 강생康生은 이른바 〈6·3지시 서신〉을 발표했는데 그 내용은 당과 계급 민족을 불문하고 반일 통일전선을 결성하라는 것이었다. 1935년 7월 25일부터 8월 20일까지 모스크바에서 열린 코민테른 제7차대회는 1928년 제6차대회에서 채택한 '계급 대 계급 투쟁전술'을 버리고 '계급연합전술', 곧 반파시즘인민전선 전술을 채택했다. 유럽의 독일과 이탈리아에서 나치즘과 파시즘이 성행하고 일본에서도 군국주의가 성행하면서 이들 극우 전체주의 세력들이 소련을 침공할 것을 우려해서 과거의 계급투쟁 전술을 계급연합전술로 전환한 것이었다.

코민테른은 중국공산당에 광범위한 반일통일전선을 결성하라고 지시했고, 중국공산당은 8월 1일 〈중국소비에트 정부와 중국공산당 중앙위원회가 항일구국을 위해 전체 동포에게 보내는 서한〉을 발표했는데, 이것이 〈8·1선언〉이다.

〈6·3지시 서신〉과 〈8·1선언〉에 따라 1936년 2월 동북인민혁명군은 동북항일연군으로 개편되었다. 1937년 10월까지 동북항일연군은 11개 군이 결성되어 전 병력이 2만 5천~3만여 명에 달하게 되었는데, 그중 제1군부터 제7군까지는 중국공산당이 직접 지휘하는 군대였고, 제8군부터 제11군까지는 통일전선 성격의 비공산당계 군대였다. 한인들이 주축이었던 제1·2군은 남만주에서 주로 활동했고, 제4·5·7·8·10군은 동만주에서, 제3·6·9·11군은 북만주에서 활동하였다.

동북항일연군 제1군은 양정우楊靖宇가 군장 겸 정치위원이었고, 제2군은 왕덕태王德泰가 군장, 위증민魏拯民이 정치위원이었다. 제3군 군장은 조상지趙尙志, 제4군 군장은 이연록李延祿, 제5군 군장은 주보중周保中, 제6군 군장은 하운걸夏云杰, 제7군은 진영구陳榮久가 군장, 한인韓人 최석천崔石泉(최용건)이 참모장이었다. 제8군 군장은 사문동謝文東, 제9군 군장은 이화당李華堂이었는데 나중에 모두 일제에 전향했고, 제10군은 왕아신王雅臣이 군장, 제11군은 기치중祁致中이 군장이었다.

1936년 코민테른은 만주성위원회를 해체하고 길동吉東·송강松江·동만東灣·남만南滿의 4개 성위와 하얼빈특위를 설치하라고 지시했다. 이에 따라 동북항일연군도 3개로군으로 개편했다. 동북항일연군 제1로군은 기존의 1, 2군을 통합해 1936년 7월 결성했는데 양정우가 총사령, 왕덕태가 부총사령, 위증민이 정치위원을

▲ **양정우.** 동북항일연군 제1로군장.

▲ 허형식

맡았고 중국공산당 남만성위에 소속되었다. 제2로군은 기존의 4·5·7·8·10군을 통합해 1937년 10월 결성했는데, 주보중이 총지휘, 한인 최석천이 참모장을 맡았고, 길동성위에 소속되었다. 제3로 군은 기존의 3·6·9·11군 을 통합해 1939년 5월 결성했는데, 이조 린李兆麟이 총지휘를 맡았고, 한인韓人 허형식許亨植(이희산李熙山) 이 총참모장을 맡았는데, 북만임시성위에 소속되었다.

= 일본군의 대토벌과 소련 영내 진입

일본군은 항일 무장군대에 맞서 1937년 '숙정계획'을 세우고 5 만 병력을 결집해서 1938년 '삼강성三江省대토벌 작전'을 개시했 다. 일본군은 군사토벌과 함께 항일유격대와 일반 민중을 단절시 키는 작전을 병행했다. 일본군의 군사토벌보다도 일반 민중과 단 절시킴으로써 식량을 비롯한 각종 물자공급을 차단하는 작전이 동북항일연군에게 더 큰 타격이었다. 일제는 이를 위해 만주국 각지에 집단부락을 만들어 항일유격대와 일체의 접촉을 차단하 고 집단적으로 자위하게 했다.

▲ 양정우 시신을 전시하는 일본군토벌대

이런 상황에서 1로군 총사령 양정우는 1940년 2월 23일 굶주린 채 쫓기다가 길림성 몽강현濛江縣에서 전사했다. 허형식은 1939년 4월 제3로군 총참모장 겸 제3군장이 되어 한 인韓人 중에서는 가장 높은 지위에 올랐으나 1942년 8월 북만주 경성현慶城縣에서 전사했 다 1942년 조상지도 피살되었다. 더 이상 만 주에서 싸울 수 없었던 동북항일연군 세력들 은 소련 영내로 들어갔는데, 소련은 이들을 '88특별저격여단'으로 편성했다. 동북항일연 군은 코민테른에 중국공산당 중앙과 연결시 켜줄 것을 여러 번 요청했지만 코민테른은 이를 거부하고 자신들이 직접 지휘했다.

동북항일연군은 형식상 중국공산당 산하 부대였고 내용상 코민테른의 지휘를 받았지만 한인들이 다수를 차지하는 군대였다. 특히 전투력이 강했던 1군과 2군은 한인이 다수였다. 한 국가에는 한 개의 공산당이 존재한다는 코민테른의 '1국1당주의'에 의해 중국 내 한인 공산주의자들은 중국공산당에 가입해서 활동했다. 그러나 중국공산당 남만성위 상무위원이자 제1로군 군수처장을 겸임한 한인 오성륜은 1936년 5월 '조국광복회'를 결성해 나라의 광복도 꾀했다. 1945년 8·15 광복 후에 소련 영내의 동북항일연군 세력들, 곧 '88특별저격여단' 출신의 김일성, 최용건, 김책 등이 소련의 지지를 받아 북한의 정치를 주도하게 된다.

## ④ 한국광복군

### 관내의 독립군 장교 양성기관

일제가 만주를 점령해서 1932년 '만주국'을 수립하자 남만주에서는 조선혁명군이, 동북만주에서는 한국독립군이 각각 한중연합군을 조직하여 일제에 맞서 싸웠다. 그러나 일본군의 압도적 무력에 중국군의 소극적 태도가 겹쳐 항전을 지속하기가 쉽지 않았다. 그래서 주력 세력들은 관내關內로 이전해 독립군을 양성해서 항전을 계속하기로 결정했다. 관내에 독립군을 양성하기 위한 노력은 임시정부의 김구 주석과 의열단의 김원봉 단장에 의해서 두 갈래로 추진되었다.

임시정부의 직접행동조직인 한인애국단韓人愛國團 단원인 이봉창·윤봉길 의사의 의거는 임시정부가 중국 국민당 정부로부터 신임을 받고 물질적 지원을 받게 되는 계기가

▲ **윤봉길 의사와 선서문.** 대한민국 14년(1933) 명의로 되어 있다.

▲ 태극기 앞의 이봉창 의사.

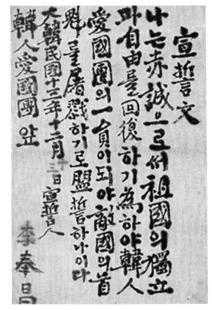
▲ 이봉창 의사 선서문. 대한민국 13년(1932)으로 작성
되어 있다.

되었다. 김구가 장개석에게 한인 사관교육 지원을 요청하자 장개
석은 하남성河南省 낙양洛陽의 중국육군중앙군관학교中國陸軍中
央軍官學校 제7분교에 한국 독립군 간부를 양성하는 한인특별반
韓人特別班을 설치했다. 1934년 2월부터 이청천·이범석의 지도 아
래 한인 청년들은 체계적인 군사교육을 받았다. 그러나 일제가
강력하게 항의하는 바람에 제1기 졸업생 62명을 배출하고 중단
되었다.

　의열단 단장 김원봉도 중국 국민당 정부의 지원을 받아 조선혁
명간부학교朝鮮革命幹部學校를 설립했는데, 이는 중국 국민정부
군사위원회 간부훈련반의 제6대였다. 이 학교는 1932년 9월 18일
남경 남쪽 교외에서 군사훈련을 실시해 제1기 26명, 제2기 54명,
제3기 36명의 졸업생을 배출하였다.

## 중일전쟁 발발과 한국광복군 창설

1937년 중일전쟁이 발발하자 임시정부는 한국광복군을 창설해 일제와 항전할 호기라고 생각했다. 그래서 중국 국민정부측에 한국광복군 창설 지원을 요청했고 1939년 9월 국민당 정부는 광복군 창설을 승인했다. 이런 상황에서 여러 세력들은 일제에 대한 일치항전을 위해서는 독립운동 단체의 통일이 필요하다고 인식하고 통합운동을 전개했다.

1940년 4월 한국국민당·한국독립당·조선혁명당의 3당은 한국독립당으로 통합했는데, 당책黨策에서 "장교 및 무장대오를 통일 훈련하여 광복군을 편성함"이라고 광복군 편성을 명기했다. 임시정부는 장교와 광복군을 양성해 압록강, 두만강 연안과 국내에서 유격작전을 전개하려는 계획을 세웠다.

▲ 한국광복군 성립 기념 사진

임시정부 김구 주석은 중국측과 협의를 거쳐 1940년 9월 17일 중경重慶의 가릉빈관賓館에서 광복군총사령부성립전례光復軍總司令部成立典禮를 개최하고 한국광복군을 출범시켰다. 한국광복군은 총사령 이청천, 참모장 이범석 등의 간부를 선임하고 전선사령부를 서안西安에 설치했으며 산하 지대支隊 편성에 착수했다.

중국은 광복군 창설을 지원하면서 명의상으로는 임시정부 산하지만 실질적으로는 중국이 지휘권을 갖는 이원체제를 만들려 했다. 중국은 1941년 11월 광복군을 임시정부가 아니라 중국측에 예속시키는 '한국광복군행동 9개준승'을 제안했다. 임정은 이에 큰 불만을 가졌지만 중국측의 지원이 없으면 광복군 유지가 불가능하다는 판단에서 일단 받아들였다.

### 한국광복군행동 9개준승

중국은 한국광복군의 창설을 승인하면서 9개 조항을 조건으로 내걸었다. '광복군은 명의상으로는 임시정부가 통수권을 갖지만 중국군 참모총장의 명령과 지휘를 받는다.'는 것과 '광복군은 한국이나 한국 변경에 근접한 지역에서만 활동하되 반드시 중국군과 연합해서 행동해야 하고, 중국내 군사 훈련은 해당 지역 중국군 사령관의 통제를 받아야 한다.'는 것이었다. '중일전쟁 종결 이전에 광복군이 한국 내로 진격하더라도 별도의 협정 체결 전까지는 중국군사위원회의 명령과 지휘를 받아야 한다.'는 것과 '중일전쟁이 끝난 뒤 광복군이 중국 안에 있을 경우 그 운영 문제는 중국군사위원회의 정책에 의해 처리한다.'는 것 등이었다. 임시정부는 계속해서 이 불평등한 준승 폐기를 압박했고 그 결과 1945년 4월 4일 양국 사이에 새 협정이 체결되었는데, '광복군의 통수권은 임시정부에 있으며, 재정 원조는 차관借款으로 한다.'는 등의 내용이었다. 이로써 한국광복군은 명실상부한 임시정부의 독자적 군대가 되었다.

▲ 한국광복군 제5지대

임시정부는 1942년 10월 제34차 임시의정원회의에서 광복군행동준승취소안光復軍行動準繩取消案을 결의하고, '행동준승'을 새로운 군사협정으로 대체할 것을 요구했고, 1945년 새협정을 체결해 명실상부한 임시정부의 군대로 만들었다.

## 광복군의 국내 진공작전 계획

광복군은 여러 과정을 거쳐 3개 지대로 편성되었다. 광복군 제1지대는 지대장 김원봉이 의열단원들이 주축이었던 조선의용군을 재편한 것이었는데 호북성湖北省과 절강성浙江省 등지에서 활동했다. 제2지대 지대장은 이범석이었고 섬서성陝西省·하남성河南省·산서성山西省 등지에서 활동했다. 제3지대는 김학규가 지대장이었는데 일본이 점령한 안휘성安徽省 등지에서 활동했다.

광복군은 전투대원 확보가 시급했는데 관내는 만주나 연해주와 달리 교포들이 많지 않았으므로 쉽지 않은 과제였다.

그러나 1941년 12월 일본이 진주만을 습격해 태평양전쟁이 발발하면서 광복군은 그 가치를 점차 주목받게 되었다. 김원봉은 인도 주둔 영국군 대표 맥켄지 *Colin Mackenzie*와 협의한 후 1943년 8월 한지성韓志成 등 8명을 인도·버마전선에 파견해 영국군과 대일작전에 참여하였다. 광복군은 1945년에는 미국측과 군사합작도 추진했다. 제3지대장 김학규는 1945년 3월 곤명昆明의 미국전략사무국 OSS(*Office of Strategic Service*: 미 CIA의 전신) 책임자 셴놀트*Claire*

▲ 육군관병식을 시찰하는 일왕 히로히도

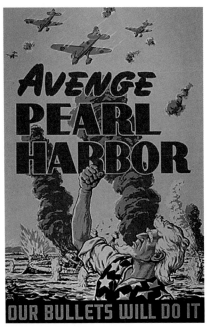

▲ 진주만을 복수하자는 미국의 포스터

L. Chennault와 협의하여 공동 군사작전을 위한 6개 항에 합의했다. 이에 따라 광복군 제2·제3지대는 각각 서안과 부양阜陽에서 미국측의 특수공작교육을 받고 국내잠입을 준비했다.

　김구 주석은 광복군 요원들을 국내에 침투시켜 국내 한인들을 조직해 대규모 군사행동을 일으켜 대한민국을 연합국의 참전국의 일원으로 인정받으려는 계획이었다. 그러나 일제가 예상보다 빨리 항복하면서 광복군은 국내 진공작전을 전개하지 못했고 임시정부는 참전국이 될 기회를 갖지 못했다. 그 결과 일제 패전 후 미국과 소련은 임의로 한국을 38도선으로 분할해 북한에는 소련군이, 남한에는 미군이 진주함으로써 광복은 분단으로 이어졌다.

---

**1차 사료로** 그 시대 보기

## 김구 주석이 맞이한 일왕 항복의 소감

"아! 왜적이 항복! 이것은 내게는 기쁜 소식이라기 보다는 하늘이 무너지는 듯한 일이었다. 천신만고로 수년간 애를 써서 참전할 준비를 한 것도 다 허사다…그 보다도 걱정되는 것은 우리가 이번 전쟁에 한 일이 없기 때문에 장래에 국제간의 발언권이 박약하리라는 것이다." 김구, 《백범일지》

⋯→ 김구는 서안에서 일왕 항복소식을 듣고 기뻐하기 보다 낙담했다. 앞으로 외세가 한국 정세를 주도할 것 같은 불길한 예감 때문이었다.

▲ 백범 김구

▲ 《백범일지》

▲ 임시정부 환국 직전 중국 장개석 주석의 환송식

▲ 일본군에서 탈출해 한국광복군으로 입대한 국내 정진 대원들 (1944년). 왼쪽부터 노능서, 김준엽, 장준하.

### 카이로회담에서 논의된 한국의 독립

1943년 카이로 회담의 3국 정상 대화록에 의하면, 일본의 조건부 항복 주장에 대해 미국의 루스벨트는 무조건항복을 요구했고, 중국의 장개석은 한국의 즉시 독립을 주장했으며, 영국의 처칠은 한국독립 조항을 빼자고 주장했으나, 장제스가 한국 임시정부의 요구를 반영해 한국의 즉시 독립 명시를 강하게 요구했다. 루스벨트가 한국의 즉시 독립 대신에 '적절한 절차를 거쳐(in due course)' 독립시키기로 수정제안하게 된 것이다. 미국의 수정제안은 한국에 대한 신탁통치를 염두에 두고 있었음을 의미한다. 소련 역시 한국이 독립되어야 한다는 의견을 피력하였다. 당시 수많은 식민지국가 중에 국제적으로 독립을 명시한 것은 한국이 유일하다.

▲ **영국군과 활동한 한국광복군 인면전구공작대**. 연합군 영국과 한국광복군 공작대원들은 인도와 미얀마에서 공동 작전을 수행해 일본군에 항전하였다.

▲ **1943년 카이로에서 회담하는 중국의 장개석, 미국의 루즈벨트, 영국의 처질**(왼쪽부터)

## 점검

### 1. 국제정세의 변동과 일제의 한국점령

- 일제의 무단통치와 헌병경찰 제도에 대해서 설명해보자.
- 일제의 한국사 왜곡 과정과 그 모순에 대해서 설명해보자.
- 토지조사사업과 3·1혁명의 상관성에 대해서 설명해보자.

### 2. 3·1혁명과 대한민국 임시정부

- 3·1혁명과 대한민국 임시정부의 상관성에 대해서 설명해보자.
- 국민대표회의의 의의와 한계에 대해서 설명해보자.
- 일제가 왜 한국사를 왜곡했는지 설명해보자.
- 신간회의 민족통합적 성격에 대해서 설명해보자.

### 3. 노선별 독립전쟁

- 아나키즘과 공산주의의 공통점과 차이점에 대해 설명해보자.
- 의열단과 〈조선혁명선언〉에 대해서 설명해보자.

### 4. 민족의 끈질긴 항전과 승전

- 임시정부와 만주의 삼부의 의의에 대해서 설명해보자.
- 한국광복군에 대해서 설명해보자.
- 광복은 우리 민족의 끈질긴 항전의 결과물임을 설명해보자.

# XI

광복과 분단, 통일을 향하여

## 개요

제2차 세계 대전은 연합국측의 승리로 끝났다. 연합국들은 한국이 비록 참전국의 지위를 획득하지는 못했지만 그간 일제와 끊임없이 투쟁한 공으로 적당한 시기에 독립시킨다고 약속했다. 소련의 참전으로 만주의 관동군이 급격하게 붕괴하면서 미국은 소련이 한국 전역을 차지할 것을 우려하여 소련에 38도선 분할점령을 제의하였다. 소련이 미국의 제의를 받아들이면서 남북한에 각각 미군과 소련군이 진두했고 미국과 소련의 군정이 실시되었다.

제2차 세계 대전 후 국제 정세는 미국 중심의 자본주의 진영과 소련 중심의 사회주의 진영으로 재편되어 주도권을 놓고 대립하면서 냉전체제에 돌입했다. 그 결과 한국에 임시정부를 세우기 위한 미·소공위가 파행을 겪었고 미국과 소련은 남과 북에 각각 자국에 우호적인 정부를 수립하기로 방침을 정했다. 남북한에 각각 단독정부 수립이 기정사실화하자 이를 막기 위한 남북 협상이 이루어지기도 했으나 실패하고 남북한에 순차적으로 분단정부가 들어섰다.

북한은 무력으로 통일을 달성하기 위해서 1950년 6월 25일 전면남침을 개시해 낙동강 전선까지 남하했다. 미군을 주축으로 하는 유엔군의 개입으로 전세가 역전되어 국군과 유엔군이 압록강과 두만강 일부까지 북상했다. 그러자 중국이 참전했고 전선은 다시 38선 부근에서 고착화되었다. 1953년 7월 27일 휴전협정이 체결되어 현재까지 분단국가로 남아 있다.

6·25전쟁이 남긴 교훈은 남북한의 지정학적 성격상 무력에 의한 통일이 불가능하다는 사실이었다. 남과 북은 각각 평화통일의 방안을 마련해서 상대방에 제의하고 있다. 때로는 남북 정상회담을 통해서 민족화해와 통일에 대해서 논의하고 있다.

국제적으로는 제2차 세계 대전 후에 독립한 많은 나라들이 제3세계를 형성하여 미국과 소련 어느 편에도 가담하지 않는 비동맹 노선이 등장하기도 했다.

1990년대 이후에는 소련을 비롯한 많은 사회주의 국가들이 몰락하면서 냉전체제가 해체되었다. 이후 체제나 이념보다는 자국의 국익을 우선하는 세계 질서가 만들어지고 있지만 서방에 맞서는 이슬람 세력의 대두에서 보여지는 것처럼 문화와 문명의 갈등이 확대되고 있다. 우리 민족은 이제 마지막 남은 분단 상태를 극복하고 민족 통일을 달성하기 위한 노력과 국제적으로 평화체제를 달성하기 위한 노력을 계속함으로써 홍익인간의 이념을 되살려야 할 것이다.

## 학습 목표

### 1. 광복과 분단, 남북정부 수립과 6·25전쟁

● 미국과 소련의 군정에 대해서 설명할 수 있다.

● 남북한 단독정부 수립과 통일정부 수립 노력에 대해서 말할 수 있다.

● 6·25전쟁의 경과와 이 전쟁이 국제전이 된 배경에 대해서 말할 수 있다.

### 2. 통일을 향한 여정

● 남한의 국가연합과 북한의 고려연방제 통일방안에 대해서 말할 수 있다.

● 북한국민이 흡수에 대한 위협을 느끼지 않고, 남한국민이 적화에 대한 위협을 느끼지
않는 통일방안에 대해서 생각해본다.

● 자본주의도, 사회주의도 아닌 3체제통일방안의 실현가능성을 논의할 수 있다.

▲ 항복문서에 서명하는 일본(1945년 9월 2일)

# 1

## 광복과 분단,
## 남북정부 수립과 6·25전쟁

### ❶ 일제 패망과 남북 분단

#### ◀ 얄타 회담과 미소 분할 점령

1945년 2월 4일부터 소련 흑해 연안의 얄타에서 미국의 프랭클린 루스벨트 대통령, 영국의 윈스턴 처칠 수상, 소련의 이오시프 스탈린 서기장이 참석한 얄타회의가 열렸다. 회의에서 제2차 세계 대전 이후의 세계 질서에 대해서 논의했는데 패전한 독일 처리 문제와 독일 항복 후 소련의 대일對日 참전 문제가 주된 의제였다. 소련은 독일 항복 후 2~3개월 내에 참전할 수 있다면서 그 댓가로 옛 제정帝政 러시아의 이권회복을 요구했다. 요동반도의 대련항과 여순항, 사할린 쿠릴 열도 등 1904년 러일전쟁 패전으로 일본에게 넘겨주었던 제정 러시아의 옛 권리를 되돌려달라는 것이

▲ 1945년 소련 얄타에서 회담하는 영국의 처칠, 미국의 루즈벨트, 소련의 스탈린(왼쪽부터)

었다. 승전국의 일원인 중국의 장개석 주석이 대련, 여순 등 요동 반도의 조차를 허용할 리 없었다. 소련은 연합국측이 참전 조건에 동의하지 않자 대일전 개시를 미뤘다.

1945년 7월 26일 독일의 포츠담에서 미국의 트루먼 대통령, 영국의 처칠 총리, 중국의 장개석 주석이 일본에 무조건 항복을 요구하는 포츠담선언을 발표했는데, 스탈린도 서명하였다. 이때 미국은 더 이상 소련의 참전을 종용하지 않았다. 7월 16일 비밀리에 원폭 개발에 성공했기 때문이었다. 미국은 8월 6일 히로시마, 8월 9일 나가사키에 원폭을 투하했다. 소련은 참전조건에 대해 아무런 진전이 없었음에도 8월 9일 전격적으로 대일전에 참전했고 일본은 8월 10일 포츠담선언을 수락했다.

소련군 참전 소식에 자칭 '무적 황군' 관동군은 전의를 상실했고 치스차코프 대장이 지휘하는 소련군은 파죽지세로 전진했다.

### 알고 싶어요

## 원폭과 오펜하이머

'원자폭탄의 아버지' 오펜하이머는 1904년 독일계 유태인으로 뉴욕에서 태어났다. 하버드대를 거쳐 영국의 케임브리지대학에서 양자 물리학을 연구하고 미국으로 돌아왔다. 1930년대 이후 유럽의 파시즘에 반대하는 여러 사회운동에 참여했고, 공산당원이던 캐서린과 결혼해서 두 자녀를 낳았다. 독일이 핵분열과 연쇄반응 연구에 가장 앞섰으므로 원자폭탄을 먼저 개발할 가능성이 높았다. 미국 정부는 원폭 개발을 위한 '맨해튼 프로젝트'를 진행하면서 오펜하이머를 뉴멕시코의 로스앨러모스 연구소의 소장으로 임명했다. 오펜하이머는 두 개의 플로토늄 원폭과 한 개의 우라늄 원폭 개발에 성공했다. 미국은 이 원폭을 히로시마와 나가사키에 투하했다. 제2차 세계 대전 종전 후 오펜하이머는 소련의 수소폭탄에 맞서 미국도 수소폭탄을 개발해야

▲ 나가사키에 투하된 원폭(1945년 8월 9일)

한다는 주장에 반대했는데 1950년대 미국 내 매카시 선풍 때 청문회에 설 정도로 시련을 겪었다. 이후 불우한 생활을 하다가 1963년 엔리코 페르미 상을 받기도 했지만 끝내 예전의 명성을 회복하지 못한 채 1967년 63세로 사망했다.

▲ 조선총독부의 일장기를 내리고 성조기를 올리는 미군(1945년 9월 9일)

미군은 오키나와에 머물러 있는 상황에서 소련이 만주와 한국 영토 전부를 차지할 가능성이 있자 미국은 38도선을 기준으로 북쪽은 소련군이, 남쪽은 미군이 점령하는 분할 점령안을 제시했다. 소련은 미국의 반발을 사면 아시아는 물론 유럽 등지의 이권 확보에 지장이 있을 것이라는 판단에서 38도선 분할 점령안을 받아들였다. 우리 민족의 의사와는 전혀 무관하게 외세에 의해 국토가 분단된 것이다.

미 육군 태평양지역 총사령관 맥아더는 1945년 9월 2일 전후처리를 위한 〈미국 육군 태평양지역 총사령부 일반명령 제1호〉를 포고했다. 38도선 이남의 일본군은 맥아더 사령관 본인에게, 38도선 이북의 일본군은 소련극동군 총사령관에게 항복하라는 명령이었다. 남북한에 각각 미국과 소련의 군정이 실시된다는

▲ 평양에 진주하는 소련군(1945년 8월)

의미였다. 9월 7일 맥아더는 〈조선인민에게 고함〉이라는 포고 제
1호를 발표해서 "북위 38도 이남의 조선 영토와 조선 인민에 대
한 통치의 전체 권한은 당분간 본관의 권한 하에 시행된다."고 발
표했다. 이튿날 미군정 사령관 하지 중장이 9월 8일 인천에 상륙
한 것을 필두로 약 7만 2천명의 미군이 남한 전역에 배치되었다.
소련군은 이미 38도선 이북 전역을 점령한 상태였다.

## 좌우 정치세력의 등장

### = 조선건국준비위원회과 좌우파 정당들

일제 패망 직전인 1945년 8월 10일 여운형을 비롯한 항일 세력
들은 조선건국동맹을 조직했다. 조선총독부는 한국 내 일본인들
의 안전 철수 등을 위해서 조선건국동맹의 여운형과 행정권 이양
문제를 교섭하였다. 여운형은 정치범 석방, 3개월 치의 식량 확보
등을 약속받고 좌우익 합작 형태의 조선건국준비위원회(이하 건준)
를 결성하였다. 위원장 여운형은 중도 좌파였고 부위원장 안재홍
은 중도 우파를 대표하는 인물들이므로 건준은 1927년 좌우익
민족 협동전선이었던 신간회와 같은 성격의 민족연합전선체였다.

건준은 전국에 지부
를 두고 치안대를 설
치해 질서 유지에 나
섰다. 외세의 개입이
없었으면 조선건국준
비위원회를 토대로 해
외에서 귀국한 항전세
력들과 협의해 통일정
부를 수립했을 가능성
이 높았다.

▲ 서대문형무소에서 출옥한 애국지사들(1945년 8월 16일)

▲ 귀국한 이승만과 김구

일제가 패망하자 여러 이념을 가진 정당
들이 경쟁적으로 결성되었다. 좌파에서는
1945년 8월 20일 서울콤그룹 출신의 박헌영
을 중심으로 조선공산당을 결성했다. 박헌
영과 김삼룡, 이주하, 이현상 등이 주요 인
사들이었다. 중도 좌파에서는 여운형을 중
심으로 조선인민당을 결성했고, 중국공산당
내 한인 세력들인 김두봉·백남운 등은 조선
신민당을 결성했다. 아나키스트 유림이 주도하는 독립노농당도
결성되었다.

우파에서는 임시정부의 여당이었던 김구 중심의 한국독립당이
이미 결성되어 있었고, 중도 우파에서는 김규식·김원봉 등이 주도
하는 민족혁명당도 활동하고 있었다. 광복 후 안재홍을 중심으
로 국민당을 결성했고, 원세훈은 사회민주주의를 표방하는 고려
민주당을 결성했다. 이 정당들은 이념은 다르지만 대부분 일제에
맞섰던 항전 세력들이 결성한 정당이었다.

▲ 임시정부 개선 기념 축하행진(1945년 12월 6일)

친일 세력들은 일제의 패망에 낙담했으나 미군정이 친일 세력에 적대적이지 않고 좌우 독립운동 세력에도 우호적이지 않다는 사실을 확인하고 막대한 재력을 바탕으로 정당결성에 나섰다. 1945년 9월 16일 결성한 한국민주당(한민당)은 김성수, 송진우, 김병로 등 민족주의 우파 계열 인사들과 친일 지주들이 중심이 되어 만든 정당이었다. 한민당은 9월 8일 "우리는 독립운동의 결정체이고, 현재 국제적으로 승인된 대한민국 임시정부 외에 소위 정권을 참칭(僭稱)하는 일체의 단체 및 그 행동은 그 여하한 종류를 불문하고 단호히 배격한다."는 내용의 **임정봉대론**(臨政奉戴論)<sup>●</sup>을 발표했다.

● **임정봉대론**
광복 당시 중경에 있던 임시정부가 유일한 정권이라는 논리로 한민당 계열과 임정 계열 인사들이 주장했다.

친일 지주 세력들이 주축인 한민당이 직접 정권을 잡겠다고 할 명분이 없으니까 임시정부 봉대를 명분으로 여운형의 건준 등을 부인하기 위한 것이었다. 한민당은 이후 친일파 청산과 남북 분단정부 수립을 둘러싸고 임정 계열과 적대적 관계로 전환되었다.

외세 개입 없이 우리 민족 스스로 우리 운명을 결정할 수 있었다면 우파는 임시정부의 여당이었던 김구의 한국독립당이 주도했을 것이고 좌파는 박헌영의 조선공산당과 여운형의 조선인민당 등이 주도했을 것이다.

▲ 광복 직후의 박헌영과 여운형

## 한국독립당의 환국 후 정강정책

임시정부의 여당인 한국독립당은 일제 패전 후인 1945년 8월 28일 중경(重慶)에서 제5차 임시대표대회를 열고 환국 후 실시할 정강정책을 결정했다. 계획경제제도를 확립해서 균등 사회의 복지생활을 보장하는 것과 토지국유제를 실시하되 개인토지 소유와 중소기업들의 기업활동은 법률로써 보장한다는 것 등이었다. 또한 지자체 실시로 중앙과 지방의 균권화, 국비 교육, 친일파 처단 등의 내용을 담고 있었다.

▲ 중경에서 환국을 앞둔 임시정부 요인들(1945년 11월 3일)

▲ 남한 주둔 미군 사령관 하지John Reed Hodge

▲ 북한 주둔 소련군 사령관 치스차코프I.M. Chischakov

그러나 미군정은 임시정부를 정부로서 인정하지 않았다. 그래서 가까운 중국에 있던 임정 요인들은 1945년 11월 23일에야, 그것도 개인자격으로 환국할 수 있었다.

미국에 있던 이승만은 이보다 이른 1945년 10월 23일 귀국했다. 이승만은 귀국길에 도쿄에서 맥아더 사령관과 하지 군정 사령관과 두 차례 회담을 가졌다. 이 회담에서 무슨 내용이 오갔는지는 아직 알려지지 않고 있다. 이승만은 귀국 후 독립촉성중앙회(이하 독촉)를 결성했는데 국내의 정치세력들은 독촉을 정당이 아니라 좌우합작의 정당 통일운동으로 인식했다. 우익뿐만 아니라 좌익의 여러 정당 및 사회단체들이 독촉에 대거 참여했다. 독촉에 한민당 계열 인사들이 대거 참여하면서 친일파 청산문제에 유화적인 모습을 보이자 독립운동 세력들이 대거 이탈하면서 독촉에는 이승만 직계와 한민당 세력만 남게 되었다.

건준은 미군 진주에 앞서 9월 11일 주석 이승만, 부주석 여운형, 총리 허헌을 선임하는 조선인민공화국 수립을 발표했다. 그러나 미군정이 10월 10일 조선인민공화국 부인 성명을 발표하고 이승만도 주석 취임을 거부하면서 자연히 해체되고 말았다.

## ② 냉전과 단독정부 수립을 둘러싼 갈등

### ◀ 모스크바 3국 외상회담

1945년 12월 미국, 영국, 소련은 전후 문제를 처리하기 위해 모스크바에서 3국 외상회의를 개최하였다. 이 회의에서 일본 점령

지역 관리문제와 한국의 독립문제 등을 논의하고 결정안을 만들었다. 한국에 대한 결정안은 첫째 한국에 민주주의적 임시정부를 수립한다. 둘째 한국 임시정부 수립을 위해 미·소공동위원회를 설치한다. 셋째 미국, 영국, 중국, 소련의 4개국이 공동 관리하는 최장 5년 기한의 신탁통치를 시행한다는 내용이었다.

　광복과 동시에 독자적인 정부를 수립할 수 있을 것으로 보았던 한국민들은 결정안의 신탁통치를 식민지배의 연장으로 보고 크게 반발했다. 초기에는 좌익과 우익 모두 신탁통치에 반대했으나 소련의 종용을 받은 조선공산당이 "세계 평화와 민주주의적 국제 협조의 정신 하에서 조선 문제가 해결되어야 한다…우리의 할 일은 무엇보다도 먼저 통일의 실현에 있다."는 논리로 찬탁으로 돌아섰다. 조선공산당의 노선 전환은 대중들의 큰 반발을 낳았고 우익진영은 이를 계기로 좌익진영에 밀려 있던 대중 운동에서 우세를 확보할 수 있었다.

　북한지역에서는 1946년 1월 여러 정당·사회단체 명의로 모스크바 3국외상 회의 결정사항을 지지하는 공동성명서를 발표했다. 북한에서는 신간회 중앙위원과 평양지회장을 맡았던 조만식이 조선건국준비위원회 평남위원회 위원장이 되어 공산당과 일종의

▲ 신탁통치 반대시위

▲ 찬탁을 찬성하는 모스크바 3상회의 지지시위

연립정권을 수립했다. 11월 3일 평양에서 조선민주당을 창당한 조만식은 1946년 1월 신탁통치에 반대하는 반탁성명을 발표했다. 이후 조만식은 소련군정의 찬탁종용을 거부하다가 축출당하고, 북한 정국은 소련군정의 지지를 받는 김일성이 주도하게 되었다.

### = 미·소공동위원회의 결렬

미국과 소련은 1946년과 1947년 두 차례에 걸쳐서 서울과 평양에서 임시정부 수립을 논의하기 위한 미·소공동위원회(미·소공위)를 개최했다. 제1차 미·소공위에서 소련은 모스크바 3국 외상 회담의 결정사항에 반대하는 정치 단체는 임시정부에 참여할 수 없다고 주장했고, 미국은 모든 정치 단체가 참여해야 한다고 주장하면서 파행을 거듭했다. 미·소공위는 두 달여 만에 무기 휴회 상태에 들어갔다.

▲ 덕수궁에서 개최된 미·소공동위원회(1946년)

**알고 싶어요**

#### 이승만의 정읍 발언

"이제 우리는 무기 휴회된 공위(미·소공위)가 재개될 기색도 보이지 않으며 통일 정부를 고대하나 여의케 되지 않았으니 우리는 남방만이라도 임시정부 혹은 위원회 같은 것을 조직하여 38선 이북에서 소련이 철퇴하도록 세계 공론에 호소하여야 할 것이니 여러분도 결심하여야 할 것이다." 《조선민보》(1946년 6월 5일)

미·소공위가 난항을 겪자 남북한에서 각각 단독정부 수립을 추진하는 움직임과 통일정부 수립을 추진하는 움직임이 나타났다.

▲ 미·소공동위원회의 하지와 치스차코프

북한에서는 1945년 10월 '이북 5도당 책임자 및 열성자대회'를 열고 '조선공산당 북조선분국' 설치를 결정했다. 이는 사실상 한 나라 안에 두 개의 공산당을 두는 것으로 코민테른의 각국 공산당 조직 원칙이었던 '1국1당주의' 원칙에서 벗어나는 것이었다. 김일성이 북조선분국의 제1책임비서로 선임되었다. 이 회의는 또 북한지역을 먼저 사회주의화하고 이 역량으로 남한도 사회주의화 한다는 이른바 '민주기지론'을 채택했다.

남한에서는 1946년 6월 독촉회장 이승만이 전북 정읍에서 남한만의 단독정부 수립 가능성을 시사하는 정읍 발언을 했다.

남북 단독정부 수립이 가시화되자 1946년 7월 김규식과 여운형은 좌우합작위원회를 결성하고 10월에 좌우합작 7원칙을 발표했다. 7원칙은 "1. 조선의 독립을 보장한 모스크바 3국 외상회의의 결정에 따라 남북을 통한 좌우합작으로 민주주의 임시정부 수립", "2. 미소공동위원회 속개", "3. 몰수, 조건부몰수, 체감 매상 등의 방법으로 토지개혁", "4. 친일파, 민족반역자 처벌 조례 시

▲ 한 마을을 둘로 갈라놓은 38선

행" 등의 내용을 담고 있었다. 모스크바 3국 외상 회담 내용을 사실상 받아들이는 1항과 2항은 김구와 이승만이 반대했고, 친일재산 환수를 담은 3항은 한국민주당이 반대하면서 큰 영향력을 끼치지는 못했다.

## = 남조선과도정부 수립

미군정은 군정장관 밑의 여러 부서에 미국인 부처장과 한국인 부처장을 두어 행정권을 행사하다가 1946년 초부터 미국인 부처장은 고문으로 물러나 거부권만 행사했다. 1946년 12월에는 의장 김규식, 부의장 최동오·윤기섭 등을 필두로 관선의원 45명, 민선의원 45명의 남조선과도입법의원을 구성하여 한국인들 스스로 법령을 제정하게 하였다. 또한 군정 하의 행정권을 한국인에게 양도하기로 하고 1947년 2월 한국인 부처장을 통괄하는 민정장관에 안재홍을 임명했다. 1945년 10월 군정청 대법원장에 김용무가 이미 선임되었으므로 미군정 하에 한국인으로 구성된 행정·입법·사법의 삼권분립이 이루어졌다. 1947년 6월 미군정청은 군정법령 제141조로 군정청을 남조선과도정부라고 부르기로 결정하였다. 미군정의 권한이 한국인에게 상당수 이양되었지만 미국인 고문들은 과도정부의 결정에 거부권을 갖고 있었다. 실제로 군정장관 러치의 거부권 행사로 민정장관 안재홍은 실권을 행사할 수 없었다.

## ◖ 냉전체제 형성과 한국문제 유엔 이관

### = 냉전체제 형성

미소 양군이 진주한 남북한 정세는 국제정세의 영향을 크게 받을 수밖에 없었다. 전후 세계질서가 자본주의 진영과 공산주의 진영이 대립하는 냉전체제로 굳어지면서 남북한 정세도 근본적인 영향을 받았다. 소련이 전후 폴란드를 비롯한 동유럽에 공산

주의 정권을 수립하면서 자본주의 국
가들과 긴장이 강화되었다. 1947년 2
월 영국은 소련의 지원을 받는 공산
주의 세력의 공세에 직면한 그리스와
튀르키예에 미국의 재정지원을 요구
했다. 영국이 그리스와 튀르키예에서
철수한다면 그 빈자리는 소련이 차지
하고 프랑스까지 공산화될 것이라고
우려한 미국은 영국의 요구를 받아들

▲ 1947년 3월 트루먼 독트린을 발표하는 미국 대통령 해리 트루먼

이기로 하였다. 미국의 해리 트루먼*Harry S. Truman* 대통령은 1947
년 3월 미국 상하 양원 합동 연설에서 그리스와 튀르키예를 돕기
위한 예산지원을 요청했다. 트루먼은 이 연설에서 "미국의 정책
이 무력을 가진 소수 혹은 외부의 압력으로 자신을 종속시키려
는 시도에 맞서는 자유 국민을 지원해야 한다."고 역설했는데 이
것이 '트루먼 독트린'이다. 미국의 지원을 받은 그리스와 튀르키
예는 공산주의 세력의 공세를 물리치는데 성공했다.

트루먼 독트린은 단지 그리스와 튀르키예에 국한된 문제가 아
니라 전 세계적인 소련의 팽창 정책에 대한 미국의 대對소련 봉쇄
정책의 출발점이자 냉전冷戰(*Cold War*)의 시작이기도 했다. 그 직후
인 1947년 5월 재개된 제2차 미·소공위는 미소 양국의 대립이 심

알고 싶어요

## 마셜 플랜

미국이 전쟁으로 황폐해진 서유럽 16개 나라에 대외원조를 제공하겠다는 계획이다. 정식 명칭은 유럽부흥계
획ERP(European Recovery Program)인데 1947년 6월 미국의 국무장관 마셜이 하버드대학교 졸업식 연설을 통해 처
음 제안하였기에 '마셜 플랜'이라고 한다. 그 요지는 유럽 각국의 재정적 자립을 지원하겠다는 것인데 참가국
들이 수용해야 할 일정한 조건을 붙임으로써 소련과 동유럽 국가들은 지원대상에서 실질적으로 배제시켰다.
미 상하양원의 승인을 거쳐 1948년부터 1951년까지 유럽에 120억 달러에 이르는 경제원조를 제공해 전후 유
럽의 부흥에 크게 기여했다. 1952년부터는 상호안전보장법MSA(Mutual Security Act)으로 계승되었다.

화된 상태였으므로 전망이 더 어두웠다. 제2차 미·소공위는 제1차 미·소공위처럼 참여를 허용하는 정치 단체문제로 결렬되었다. 미·소공위가 결렬된 후 미국과 소련은 각각 자국의 점령지역에 자국에 우호적인 정부를 수립하기로 방침을 정했다. 남한지역에는 미국에 우호적인 자본주의 정권이, 북한지역에는 소련에 우호적인 사회주의 정권이 들어설 것임을 예고하는 것이었다.

미국은 나아가 1947년 6월 유럽부흥계획이 담긴 마셜플랜 *Marshall Plan*을 발표하고, 1949년 4월 북대서양조약기구NATO를 출범시켜 서유럽국가들에 대한 집단 안전 보장을 제공했다.

## = 한국 문제 유엔 이관

제2차 미·소공위가 결렬된 1947년 8월 미국은 한국 문제를 미·영·중·소 4개국 회담에 맡기자고 제안했다. 그러나 과거와 다른 냉전체제 상황에서 숫자에서 열세였던 소련은 거부했다. 미국은

알고 싶어요

### 북대서양조약기구NATO

1949년 소련과 동유럽에 맞서 서유럽국가들의 집단안전을 보장하기 위해 체결한 국제조약이다. 전후 독일이 동·서로 분리되고 미국 중심의 서유럽과 소련 중심의 동유럽의 대결가능성이 높아지자 1949년 미국의 주도로 벨기에, 캐나다, 덴마크, 아이슬란드, 이탈리아, 룩셈부르크, 네덜란드, 노르웨이, 포르투갈, 영국, 프랑스 등이 체결한 집단방위조약이다. 1950년 5월 런던에 상설 대리이사회를 설치했는데 다음 달 한국에서 6·25전쟁이 일어나자 소련 침공에 대비하는 서유럽방위계획을 입

▲ 나토 깃발

안했다. 1952년 2월 그리스와 튀르키예, 1955년 5월 서독, 1982년 5월 스페인이 가입했다. 동구권 붕괴 이후인 1999년 3월 체코·폴란드·헝가리, 2004년에는 불가리아·에스토니아·라트비아·리투아니아·루마니아·슬로바키아·슬로베니아, 2009년 4월 크로아티아·알바니아, 2016년 몬테네그로, 2020년 북마케도니아가 가입하여 2022년 기준 정식회원국은 30개국이다. 2022년 러시아의 우크라이나 침공을 계기로 중립국이던 핀란드와 스웨덴이 가입을 신청하였다.

▲ **1947년 11월 14일의 유엔총회.** 유엔한국임시위원회 구성 결의안이 통과되었다.

제2차 유엔총회에 유엔 감시 아래 남북한 자유총선거를 실시해 정부를 수립하자고 제안했다. 소련은 인구수가 적은 북한이 총선 거에서 불리하다고 생각해서 거부하면서 대신 미국과 소련 양국 군대 동시 철수를 주장했다. 국내의 사회주의 세력을 활용할 수 있다는 계산이었다. 1947년 11월 소련대표가 참석하지 않은 가운 데 유엔총회는 유엔한국임시위원단을 구성하고 그 감시 아래 인 구 비례에 따른 남북한 총선거 실시 결의안을 통과시켰다. 인구 비례에 따라서 남한지역에는 200명, 북한지역에는 100명의 의원 을 배정했다.

소련은 미·소 양군 철수 후 자주적인 임시정부를 수립해야 한 다고 주장하면서 유엔한국임시위원단의 입북을 막았다. 1948년 2월 유엔소총회는 실현할 수 있는 지역에서 선거를 시행하자는 미국의 제안을 승인해서 5월 10일을 선거일로 정했다. 소련이 거 부할 것은 명확했으므로 이는 사실상 남한만의 단독정부 수립을 결정한 것이었다.

### ③ 남북협상과 남북한 단독정부 수립

#### ◀ 남북 협상

▲ 남북연석회의에서 연설하는 김구(1948년 4월 22일)

남북한에 각각 단독정부 수립이 예견되자 남북협상을 통해 단독정부 수립을 저지하려는 움직임이 나타났다. 1948년 2월 14개 정당과 51개의 사회단체는 민족자주연맹을 결성해서 김규식을 위원장으로 선출했다. 민족자주연맹은 북한의 김일성과 김두봉에게 남북요인회담 개최를 요망하는 서한을 보내기로 결의하고, 한국독립당 김구와 김규식의 연서로 서울의 소련군 대표부를 통해 전달을 의뢰하였다.

북한의 김일성과 김두봉은 북한의 9개 정당단체 대표자들의 연서로 4월 14일부터 평양에서 남북한의 모든 민주주의 정당사회단체들이 참석하는 연석회의를 개최하자고 제의했다. 남한 내에서 찬반양론이 갈라진 가운데 1948년 4월 19일에서 23일까지 평양에서 남북의 56개 정당·사회단체(남측 41개, 북측 15개) 대표 695명이 참석한 가운데 '남북조선 제정당사회단체대표자 연석회의(이후 연석회의)' 개최가 결정되었다. 남한 내에서는 남북협상에 대한 반대 여론이 적지 않았지만 김구·김규식 등은 38도선을 넘어서 북행을 결행했고 4월 19일 평양에 도착해 남북요인회담 개최를 주장했다. 그 결과 연석회의와 '4김회담'이라고 불린 김구·김규

#### 김구의 38선 발언(1948년 2월 10일)

"나는 통일된 조국을 건설하려다가 38선을 베고 쓰러질지언정 일신의 구차한 안일을 취하여 단독 정부를 세우는데 협력하지 아니하겠다"

식·김일성·김두봉의 회담, 남
북지도자협의회 회담 등의
여러 회담이 동시다발적으로
열렸다.

연석회의는 남한만의 단독
선거 반대와 미·소 양군 철수
를 요구하는 〈요청서〉를 채
택했다. 4김회담의 합의를
거쳐 남북지도자협의회에서
는 4월 30일 〈남북조선 제정

▲ 남북연석회의에서 연설하는 김일성(1948년 4월 19일)

당·사회단체 공동성명서〉를 발표했다. 성명서에는 '외국 군대 즉
시 동시 철거, 외국군 철수 후에도 내전이 발생하지 않는다는 약
속, 총선에 의한 통일정부 수립, 단독선거와 단독정부 반대와 불
인정'이라는 4가지 원칙이 담겨져 있었다. 이후 이 성명서에 따라
서 남북에서는 단독선거와 단독정부 수립을 반대하는 운동이 전
개되었지만 실질적 효과는 거둘 수 없었다. 남북연석회의는 표면
상 남한의 단독선거와 단독정부 수립 저지에 목표를 두었지만 단
독선거와 단독정부 수립은 남한만의 문제는 아니었기 때문이다.
동서 냉전체제의 고착화 과정에서 소련 역시 자국에 우호적인 사
회주의 정권을 북한지역에 수립한다는 방침을 가지고 있었기 때
문이다. 북한은 단독선거와 단독 정부 수립에 반대한다는 명분
을 내세웠지만 소 군정은 이미 북한지역에 단독정부를 수립한다
는 계획을 갖고 있었다. 단지 남한이 먼저 단독정부를 수립하면
뒤이어 북한도 단독정부를 수립한다는 시차가 있었을 뿐이다.

서울로 돌아온 김구·김규식은 협상경위·합의사항을 설명하는
공동성명을 발표하고, 5·10선거에 불참했다. 남한에서 유엔 감시
하의 단독 선거가 실시되려 하자 북한은 제2차 남북협상을 제의
했다. 그러나 김구 등도 이때는 북한의 제의가 북한 단독정권 수

립의 명분 쌓기에 불과하다고 판단해서 불응함으로써 남북협상은 중단되고 끝나고 말았다.

### 제주 4·3 봉기와 10·19 여수·순천 사건

= 제주 4·3봉기

▲ 미 군정 당시 제주 기마경찰

분단 후 사회주의 체제에 반대하던 많은 북한 주민들이 월남했다. 이는 북한 정권에게는 체제 저항세력이 스스로 정리된 호재였고 남한에는 정치적 갈등이 더 격해지는 계기가 되었다. 1948년 4월 3일 제주도에서 남한만의 단독선거에 반대하는 4·3봉기가 발생했다. 이는 단순히 남한만의 단독선거에 반대하는 차원의 봉기는 아니었다. 봉기의 발단은 1947년 3월 1일 3·1절 기념 제주도대회 참가 및 구경행렬에 경찰이 발포해 민간인 6명이 숨진 사건이었다. 이 사건에 제주도민들이 크게 반발하는 가운데 서북청년회가 제주도민들 탄압에 가세한 것이 사태를 크게 악화시켰다. 이런 요소들이 남한만의 단독선거 반대를 명분으로 많은 도민들이 봉기에 가담했던 것이다. 조선공산당의 후신인 남조선로동당(남로당)은 아직 때가 이르지 않았다면서 봉기를 승인하지 않았다. 남로당 중앙의 지령은 없었지만 제주도 남로당 당원들 중심으로 봉기가 시작되었다.

▲ 제주 4·3사건에 대해서 정부를 대표해 공식으로 사과하는 노무현 대통령 (2003년 10월)

1948년 4월 3일 각지의 무장대가 경찰지서와 서북청년회 등을 습격했다. 이들은 경찰과 서북청년회의 탄압중지, 단독선거·단독정부 반대, 통일정부 수립촉구 등을 슬로건으로 내걸었다. 이 봉기로 제주도는 유일하게 선거가 치러지지 못했다. 2000년 6월부터 시작된 사건희생자 신고접수 결과 1만 4,532명이 희생된 것으로 집계되었지만 미신고, 또는 미확인 희생자나 일본으로 망명한 가족들이 많았기 때문에 실제로는 더 많을 것으로 추정된다.

## = 10·19 여수·순천 사건

1948년 8월 15일 정부가 수립된 후에도 제주도는 여전히 봉기가 계속되었다. 이승만 정부는 여수에 주둔한 국방경비대 제14연대 군인들에게 제주도 출동명령을 내렸다. 그러나 10월 19일 김지회, 홍순석 등의 좌익계 장교와 지창수 등의 하사관들이 '제주도 출동 반대', '통일정부 수립' 등을 내걸자 많은 사병들이 찬동하면서 반대파를 사살했다. 이들은 여수를 장악하고 열차를 이용해 순천으로 진격했다. 순천의 경찰들이 저항했으나 군인들의 상대가 될 수는 없어서 이들은 20일 순천과 인근지역들을 장악했다. 이 또한 남로당 중앙의 지령 없이 일어난 사건으로 남로당의 통제범위에서 벗어났다.

10월 20일 미 군사고문단 수뇌부 회의에서 광주에 '반란군토벌전투사령부' 조직을 결정하고 육군총참모장 송호성 준장을 필두로 모두 11개 대대가 진압작전에 나섰다. 10월 25일 경 진압군은 여수를 탈환하고, 27일에는 순천을 탈환했다. 남은 세력들은 지리산 등으로 들어가 진압군과 산발적인 게릴라전을 전개했다.

사건 진압 후 봉기에 가담한 군인들뿐만 아니라 협력자로 몰린

▲ 여순 사건 진압 위해 출동하는 경찰

민간인들도 다수 처형당했다. 뿐만 아니라 군에 침투한 남로당 조직을 색출하는 과정에서 좌익세력들은 물론 일부 광복군을 비롯한 독립군 계열들도 좌익으로 몰려 숙청당했다. 이승만 정부는 이 사건을 계기로 1948년 12월 국가보안법을 제정했는데 이 법은 좌익세력뿐만 아니라 때로는 정부에 비판적인 민족주의세력과 통일세력들을 탄압하는데도 적용되었다. 이후 통일운동이 국가보안법으로 탄압받는 사례가 발생했다.

### ◀ 대한민국 정부 수립

▲ 대한민국 정부수립 국민축하식 (1948년 8월 15일)

#### 의장 이승만의 개회사

1948년 5월 31일 국회 개원식에서 의장 이승만은 이렇게 말했다.

"오늘 여기서 열리는 국회는 즉, 국민대회의 계승이요, 이 국회에서 건설되는 정부는 즉, 기미년(1919)에 서울에서 수립된 민국임시정부의 계승이니 이날이 29년만의 민국의 부활일임을 우리는 이에 공포하며 민국년호民國年號는 기미년에서 기산起算(계산을 시작함)할 것이, 이 국회는 전全 민족을 대표한 국회이며 이 국회에서 탄생되는 민국정부는 완전한 한국 전체를 대표한 중앙정부임을 이에 또한 공포하는 바입니다." (대한민국 30년 5월 31일)

1948년 5월 10일 북한 지역에 배정했던 100석을 제외하고 남한만의 총선거가 유엔한국임시위원단의 감시하에 실시되어 200명의 국회의원을 선출하였다. 김구의 한국독립당과 김규식 등의 민족자주연맹 등 남북협상을 추진했던 정당들은 선거에 불참했다. 유권자 95.5%가 투표에 참가해서 제주도 2개 선거구를 제외한 198명의 국회의원이 선출되었다.

이승만이 이끄는 대한독립촉성국민회는 235명이 입후보해서 55석을 획득했는데 득표율은 24%였다. 수석총무 김성수가 이끄는 한국민주당은 91명이 입후보해서 29석을 획득했는데 득표율은 12%였다. 미군정 때 사실상 여당이었던 대한독립촉성국민회와 한국민주당의 득표율 합계가 36%에 지나지 않는 것은 1945~1948년의 해방 공간에서 벌어진 정치현상에 대한 국민들의 평가가 그대로 반영된 것이었다. 지청천이 이끄는 대동청년단이 12석, 이범석이 이끄는 조선민족청년단이 6석을 얻었고, 가장 많은 85석이 무소속으로 득표율이 42%나 되었다. 김구의 한독당과 김규식의 민족자주연맹이 참여했으면 제1당이 되었을 가능성이 높았다. 7월 17일 국회는 "유구한 역사와 전통에 빛나는 우리들 대한 국민은 기미 3·1운동으로 대한민국을 건립하여 세계에

▲ 첫 국무회의를 마친 초대내각(1948년 8월 5일). 앞줄 오른쪽 다섯 번째가 이승만 대통령, 두 번째가 농림부장관 조봉암.

선포한 위대한 독립정신을 계승하고"라는 전문으로 시작하는 헌법을 반포하였다.

한민당은 막강한 재력으로 무소속을 포섭해서 80여 석을 확보한 후 대통령은 이승만, 총리는 김성수가 차지하는 내각책임제를 구상했다. 최고령자로서 국회의장으로 선출된 이승만이 대통령 중심제를 주장하자 한민당은 이를 수용했다.

한민당은 이승만을 대통령으로 선출하는 대신 국무총리 이하 국무위원 과반수(6인)를 한민당에 할당하는 것으로 이승만과 합의했다. 그러나 대통령으로 선출된 이승만은 국무총리에 김성수 대신 이윤영을 지명했고 한민당은 부결시켰다. 이승만이 다시 이범석을 지명하자 이범석과 김성수는 한민당에 국무위원 과반수 이상을 배정하기로 합의하고 이범석을 총리로 선출했다. 그러나 대통령 이승만이 한민당에서 김도연 한 명만을 내각에 임명하면서 한민당은 타의에 의한 야당의 길을 걷게 되었다. 보수 야당 한민당의 탄생이었다.

1948년 8월 15일 대통령 이승만, 국무총리 이범석 정부가 출범했는데 헌법전문에 "기미 3·1운동으로 대한민국을 건립"했다고 명시한 것처럼 이 날로 대한민국을 건국한 것이 아니라 환국정부를 수립한 것이었다. 유엔은 1948년 12월 유엔감시 하에서 선출된 정부를 한반도의 유일한 합법정부로 승인하였다. 이승만은 한민당을 내각에서 사실상 배제시킨 반면 과거 조선공산당 간부였던 조봉암을 농림부장관으로 임명해 토지개혁을 추진했다.

### 🔵 조선민주주의 인민공화국 수립

북한 또한 미소냉전 체제가 구축되면서 단독정부 수립의 길을 걸었다. 1946년 2월 8일 소련군정은 북조선임시인민위원회를 조직하고 김일성을 위원장에 선임했다. 북조선임시인민위원회는

1946년 3월 토지개혁을 실시했다. 광복 이후 소작제는 지주가 3할을 갖고 소작농민이 7할을 갖는 3·7제가 확대되고 있었다. 북조선임시인민위원회는 소 군정의 방침에 따라 토지국유제와 소작제 완전 폐지 및 무상토지분배를 주요 내용으로 하는 토지개혁을 실시했다. 토지를 분배받은 농민들은 25%의 현물세를 국가에 납부해야 했다. 토지개혁을 비롯한 사회주의 정책에 반발하는 사람들이 남한으로 대거 이주했다. 사회주의 정권에 적대적이었던 북한민들의 월남으로 북한은 정치적 긴장을 덜었지만 남한 사회는 좌우 대립이 격화되었다.

소련군정은 김일성 중심의 권력체제를 구축해 북한의 사회주의 정책을 실시하게 했다. 1945년 10월 탄생한 조선공산당 북조선분국과 1946년 8월 김두봉 등 중국공산당 계열의 연안파가 추축이었던 조선신민당이 합당해서 북조선로동당을 결성했다. 위원장은 김두봉이고 부위원장이 김일성이었지만 김일성이 실권자였다.

1946년 11월 3일 도·시·군에서 선거를 치러서 1,200명의 대표를 뽑고 1947년 2월 17일 237명으로 북조선인민회의를 구성했다. 이것이 국회 격의 입법부였는데 의장은 김두봉이었다. 인민회의는 행정부 기능의 북조선인민위원회를 승인했는데 위원장은 김일성, 부위원장은 김일성과 같은 동북항일연군 출신인 김책을 선출했다.

미·소공동위가 결렬되자 미국이 1947년 9월 한국문제를 유엔에 이관

▲ 평양 남북연석회의장에서 연설하는 김일성(1948년 4월). 북한도 태극기를 사용했다.

▲ 태극기에서 인공기로 교체하는 북한(1948년 7월 8일)

▲ 북한정부 출범 축하 기념행진

했다. 그해 11월 14일의 유엔총회에서 유엔 감독 하에 남북한 총선거 실시를 결의하자 소련과 북한은 이에 반발하였다.

북한은 1948년 2월 8일 조선인민군을 창설했는데 그간 사용하던 '북조선' 대신에 '조선'이라는 명칭을 채택하고, 2월 10일에는 조선민주주의인민공화국 헌법안을 발표해서 북한도 단독정부 수립을 준비했다.

남한에서 5월 10일 유엔 감시 하의 총선거를 실시하자 북조선인민회의는 7월 10일 조선민주주의인민공화국 헌법에 기초해 국회 격인 조선최고인민회의 선거 실시를 결정했다. 1948년 8월 15일 유엔은 서울에서 수립된 정부를 한반도 유일의 합법정부로 인정했지만 북한은 8월 25일 최고인민회의 선거를 실시해 의회를 구성하기로 했다. 남한 지역에서는 남로당의 조직력이 가동하는 곳에서 제한된 비밀선거를 실시해서 대의원을 선출했다.

1948년 9월 9일 북한은 김일성을 수상으로 선출하면서 조선민주주의인민공화국을 출범시켰다. 제1부수상 겸 외상은 박헌영, 제2부수상 겸 산업상은 김책, 제3부수상은 홍명희가 선출되었다. 북한도 조선민주주의인민공화국 헌법 제103조에 "조선민주주의인민공화국의 수부는 서울시다."라고 명시해 남북한을 대표하는 국가라고 선언했다. 대한민국 정부와 조선민주주의인민공화국 정부 모두 남북한을 대표하는 국가라고 선언했으나 내용상으로는 남북한 모두 단독정부였다.

## ④ 정부의 명암과 6·25전쟁

### 반민특위

대한민국 정부 수립 이후 친일파 처벌문제가 본격 대두되었다. 국회는 1948년 8월 헌법 제101조에 의거하여 반민족행위처벌법 기초특별위원회(반민특위)를 구성했다. 특별위원회는 9월 22일에는 반민족행위처벌법(반민법)을 통과시키고 10월 12일 반민특위 구성을 완료했다. 이 법은 국권피탈에 적극 협력한 자는 사형 또는 무기징역, 일제로부터 작위를 받거나 제국의회의원이 된 자, 독립운동가 및 그 가족을 살상·박해한 자는 최고 무기징역과 최하 5년 이상의 징역, 직·간접으로 일제에 협력한 자는 10년 이하의 징역이나 재산몰수에 처하도록 하였다.

▲ 반민특위 위원장 김상덕

반민특위 조사위원은 각 도에서 1명씩 호선했는데 경북의 김상덕이 위원장, 서울의 김상돈이 부위원장으로 선임되었다. 1949년 1월 5일 중앙청 205호실에 사무실을 차린 반민특위는 7천여 명의 친일파 일람표를 작성하고 8일 친일부호 박흥식을 체포하는 것으로 본격활동에 들어가 최린, 이광수 등의 반민족행위자를 체포했다. 대통령 이승만은 반민특위가 삼권분립의 원칙에 위반되며 안보상황이 위급한 때 경찰을 동요시켜서는 안 된다는 담화를 발표

▲ 반민특위 출범 기념사진

▲ 반민특위에 체포된 친일파 김연수(가운데)와 최린(오른쪽)

했다. 대법원장이자 반민특위특별재판부장인 김병로는 반민특위활동이 불법이 아니라는 담화를 발표하고 정부의 협조를 촉구하였다.

이승만 대통령은 1949년 2월 24일 반민법을 약화시키는 반민법 법률개정안을 상정했으나 부결되었다. 1949년 5월부터 이문원李文源 등 13명의 국회의원들이 남로당의 프락치 활동을 했다는 혐의로 체포되는 국회프락치사건이 발생하고, 6월 6일에는 노덕술 등 경찰간부 체포에 불만을 품은 경찰대가 반민특위 사무실을 습격했다. 이승만 대통령은 반민특위 습격을 자신이 지시했다고 발표하면서 반민특위는 실질적으로 무력화되었다. 이런 분위기 속에서 반민족행위자에 대한 기소는 1949년 8월 31일까지 해야 한다는 개정안이 통과되자 김상덕 위원장 등 조사위원 전원이 사퇴하였다.

▲ 노덕술. 반민특위에 체포된 친일고등계 경찰 출신.

반민특위와 특별재판부 폐지안과 반민족행위처벌법 개정안이 국회에서 가결되어 1949년 10월에 반민특위, 특별검찰부, 특별재판부는 해체되었다. 개정된 반민족행위처벌법에 따라 기소된 친일파의 재판은 임시재판부가 담당하였으며, 이들의 재판은 한국전쟁이 일어나기 전까지 진행되었으나 6·25전쟁 와중인 1951년 2월 반민족행위처벌법이 폐지되어 친일매국노를 처벌할 수 있는 법적 장치가 사라졌다.

반민특위는 그간 682건을 다루어서 221건을 기소했으나 재판부의 판결을 거친 것은 40건이었고 구속된 친일파는 14명에 불과했다. 이들도 대부분 풀려나 35년간의 식민지배 동안 나라와 민족을 팔아먹은 매국매족 행위에 대해서 사실상 아무도 처벌받지 않는 나쁜 선례를 남겼다. 반민특위가 친일파 청산에 실패한 채

활동이 종결되면서 아직까지도 친일파 청산문제가 우리 사회에 큰 그늘을 남기고 있다.

## 농지개혁

미군정은 남한 사회 혼란의 가장 큰 원인을 토지문제라고 보았다. 광복 당시 전체 경작 면적의 60% 이상이 소작지였다. 미 군정은 동양척식주식회사와 일본인이 남기고 간 귀속재산의 처리를 위해 신한공사를 설립하고, 병작반수가 관행이었던 소작료를 소출의 1/3을 넘지 못하게 제한했다. 1948년 3월 중앙토지행정처를 설립하고 제헌 헌법 86조에 "농지는 농민에게 분배하며 그 분배의 방법, 소유의 한도, 소유권의 내용과 한계는 법률로써 정한다."고 규정했다. 대통령 이승만은 미 군정의 토지개혁 정책을 계승해서 조봉암을 농민부 장관에 임명해 농지개혁을 추진하게 했고, 그 결과 1949년 6월 21일 법률 제31호로 농지개혁법이 발효되었다.

농지개혁의 핵심은 신한공사가 관리하던 구 일본인 소유의 적산농지와 국유농지, 자경하지 않는 농지, 3ha(3만 ㎡)를 초과하는 농지 등은 국가에서 수매하는 것이었다. 국가의 농지 수매가는 1년 수확량의 150%를 5년간 나누어 지불하는 것이었고, 농토를 받은 농민들은 1년 수확량의 150%를 5년간 나누어 갚는 것이었다. 농지개혁에 의해 영세농민에게 분배된 농지는 일반 수매농지 75만 5000ha, 적산농지 26만 9000ha로서 총면적 102만 4000ha였다.

일부 지주들이 농지개혁 전에 소작농에게 비싼 값에 강매하는 경우도 있었지만 농지개혁으로 평생 처음 자작농지를 갖게 된 농민들은 대체로 토지개혁에 만족하였다. 6·25전쟁 때 남로당의 예상과 달리 농민들의 동조봉기가 거의 없었던 이유를 선제적인 농지개혁 때문이라고 보는 시각도 있다.

## 📕 6·25전쟁

### = 남북대립의 심화

남북한에 각각 단독정부가 수립되면서 무력출동의 기운이 높아갔다. 남북한에 단독 정부가 수립된 후 미군과 소련군은 1948년 말부터 철수하고 군사고문단만 잔류했다. 1949년 6월 27일자의 미국방성 비망록은 "소련은 2,000명의 고문을 주둔시키고 있는 데 비해, 미국은 495명의 고문단 요원만을 남기고 있다."고 지적하고 있다. 이런 상황에서 김일성은 1949년 3월 소련을 방문해 조·소경제문화협정을 체결했다. 1949년 9월 장개석의 중국국민당이 승리하리라는 예상을 뒤엎고 모택동毛澤東의 중국공산당이 중국국민당을 축출하고 대륙을 석권하면서 북한에 크게 유리한 상황이 조성되었다. 일제 항복 당시 92%의 전력, 71%의 석탄, 70%의 광석이 북한지역에서 생산되고 있었다. 1948년 5월 북한이 남한에 송전送電을 중단하자 남한 산업시설이 대부분 멈춰서면서 혼란이 가중되었다. 1950년 1월에는 미 국무장관 애치슨은 "한국과 대만은 미국의 극동방어선에서 제외된다."는 '애치슨라인'을 발표했다. 애치슨은 "미국의 극동지역 방어선은 일류산 열

▲ 북한 전차 연대.

도로부터 일본, 오키나와를 거쳐 필리핀을 통과한다."고 말해서 한국과 대만이 제외되는 것처럼 말했다. 그러나 애치슨은 "방위권 밖의 국가가 제3국의 침략을 받는다면 침략을 받은 국가는 그 국가 자체의 방어력과 유엔헌장의 발동으로 침략에 대항해야 한다."고 말해서 애치슨라인에서 제외된 국가는 유엔 차원의 지원이 가능하다고 명시하고 있었지만 여기에 주목하는 시각은 거의 없었다.

### = 6·25전쟁 발발

38선 지역에서 소규모의 국지전이 계속 벌어지는 와중에 1950년 6월 25일 북한군은 전면 남침을 개시했고 불과 사흘 만에 서울을 점령했다. 미국은 유엔 차원에서 남침에 대응하기로 결정하고 6월 26일 유엔 안전보장이사회를 개최해 북한군의 즉각적 전투행위 중지와 38선 이북으로 철수를 요청하는 결의안을 가결시켰다. 이 결의를 북한이 이행하지 않자 유엔안전보장이사회는 미국이 제출한 북한군에 대한 무력 제재안을 통과시켜 유엔 창설 후 최초로 미국을 필두로 영국, 캐나다 등 16개국 군대로 구성된 유엔군이 파병되었다.

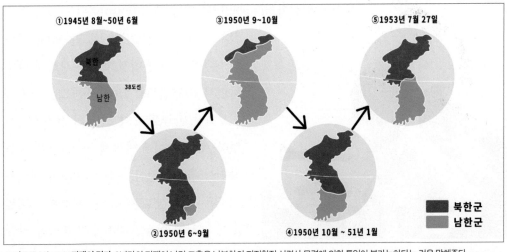

▲ **지도로 보는 6·25전쟁의 경과.** 3년간의 전쟁이 남긴 교훈은 남북한의 지정학적 성격상 무력에 의한 통일이 불가능하다는 것을 말해준다.

이승만 정부는 대전과 대구를 거쳐 부산으로 수도를 이전했고, 국군과 유엔군은 낙동강 전선을 방어선으로 삼아 북한군의 남하를 저지했다. 1945년 9월 28일 맥아더가 지휘하는 유엔군은 인천상륙작전을 성공시켜 북한군을 고립시키면서 전세를 역전시켰고, 9월 28일 서울을 수복하였다. 국군과 유엔군은 10월 1일 38선을 돌파해 평양을 함락하고 압록강 일부에 이르렀으며, 11월에는 두만강 일부 지역까지 진격해서 통일을 눈앞에 두었다.

### ■ 휴전

인천상륙작전으로 위기에 빠진 김일성은 중국의 모택동에게 군사지원을 요청했다. 모택동은 북한이 붕괴될 경우 만주까지 위험해질 것을 우려해 미국에 대항하고 조선(북한)을 지원한다는 '항미원조抗美援朝'를 명분으로 중국인민지원군을 대거 참전시켰다. 중국인민지원군의 참전으로 국군과 유엔군은 1951년 1월 4일 다시 서울을 내주고 남하했고 수원까지 함락되었다. 그후 국군과 유엔군은 다시 반격에 나서 3월에 서울을 되찾았고 5월 중순에는 38도선까지 다시 밀고 올라갔다. 이후 38도선 부근에서 전선이 교착상태에 빠지자 소련의 제안에 따라 휴전회담이 시작되었다.

2년간의 지루한 줄다리기 끝에 1953년 7월 27일 판문점에서 비무장지대 설치, 군사정전위원회와 중립국 감시위원회 설치 등을 골자로 하는 휴전협정을 체결하였다. 이승만 대통령은 휴전협정 체결을 강하게 반대하면서 1953년 6월 18일 북한으로 귀환을 거부하는 반공포로 약 2만 6천 명을 석방시켰다. 북한이 이에 반발해 군사공세를 강화하면서 휴전협정이 무산될 위기에 처하자 미국은 '한미상호방위조약' 체결과 경제원조를 제시해 이승만 대통령의 승낙을 받았

▲ 미군탱크 앞에 아이를 업은 소녀

다. 1953년 8월 8일 서울에서 가조인된 한미상호방위조약은 10월 1일 워싱턴 DC에서 정식 조인되었다. 이 조약은 양국 국회의 비준을 거쳐 1954년 11월 18일부로 발효되었는데 지금까지 '한미동맹'의 기초가 되고 있다. 6·25전쟁의 희생자 수는 자료마다 달라서 정확하게 알 수 없다. 국방부 군사편찬연구소는 국군 사망자가 13만 7,899명, 부상자가 45만 742명이라고 말하고 있다. 군사정전위원회 편람에 따르면 북한군은 52만 명이 사망했다고 한다. 유엔군 사망자는 3만 7,902명인데 이중 미군이 3만 3,686명으로 대부분을 차지하며 영국이 1,078명, 뒤르키에 966명, 캐나다 516명이다. 중국인민지원군 사망자는 14만 8,600여 명, 부상자는 79만 8,400여 명으로 추정되고 있으며 수많은 민간인 사망자도 발생했다. 3년간에 걸친 동족상잔의 전쟁을 치렀으나 남북한의 영토 변화는 거의없이 38도선을 중심으로 휴전선이 그어졌다. 6·25전쟁은 군사력에 의한 무력통일이 불가능하다는 사실을 각인시켰고 지금껏 휴전협정 체제가 유지되고 있다.

▲ 1950년 9월 15일 인천상륙작전. 미해병1사단, 제7보병사단과 한국군 제17연대, 제1해병연대가 작전의 주축이었다.

# 2 통일을 향한 여정

## ① 남북한의 통일방안들

### 북한의 고려연방제

6·25 전쟁은 동서 냉전 체제가 무력으로 충돌한 것이어서 시작 직후 국제전으로 비화되었다. 동서 냉전 체제가 유지되는 한 일방에 의한 무력 통일은 현실적으로 불가능하다는 것을 말해주었다. 6·25전쟁 이후 남북 대립은 더욱 심화되었다. 그러나 1960년대 들어서면서 통일 방안을 제시하기 시작했다. 1960년 8월 14일 김일성 수상은 '8·15해방 15주년 경축대회 연설'에서 고려연방제 통일방안을 제시했다. 김일성이 주장하는 연방제는 남과 북에 존재하는 서로 나른 사상과 제도를 인정하면서 서로 연합하여 하나의 통일 연방국가를 구성하자는 것이었다. 1973년 6월 23일 김일성은 '조국통일 5대방침'을 제시하면서 '고려연방공화국'이라는 단일 국호를 사용하는 남북연방제 실시를 주장했다. 이후 1980년 10월 제6차 당대회를 통해 '고려연방공화국 창립방안'을 제시했다.

김일성 수상이 제시한 통일방안은 남북의 지역정부가 내정을 맡고 국방과 외교권은 연방중앙정부가 맡는 '1민족, 1국가, 2제도, 2정부' 형태의 통일 방안이었다. 남북이 동등하게 참가하는 '민족통일정부'를 수립하고 그 밑에 남북이 동등한 권한과 의무를 갖는 지역자치제를 실시하자는 것이었다. 최고의결기구로 남북 동수의 대표와 적당한 수의 해외동포 대표로 구성되는 '최고민족연방회의'를 구성하고 그 상설 집행기구로 연방상설위원회를 구성하여 지역정부를 지도·감독한다는 것이었다. 최고민족연방회의와 연방상설위원회의 공동의장과 공동위원장은 남북 윤번제로 실시한다는 것이었다. 김일성은 '자주적 평화통일을 이루기 위한 선결조건'으로 ① 남한의 군사통치 청산과 민주화, ② 미국과 평화협정 체결과 미군 철수를 통한 긴장상태 완화와 전쟁위험 제거, ③ 미국의 '두 개 조선' 조작책동 저지와 남한의 내정에 대한 미국의 간섭 종식 등을 제시했다.

남북한이 군사적으로 극한 대치하는 상황에서 국방과 외교권을 연방정부가 갖는다는 것은 사실상 실현불가능한 제안이었다. 또한 그 선결조건으로 미국의 영향력 배제와 미군 철수를 주장한 것은 미군철수 후의 남침 기도로 여겨졌기 때문에 남한으로서는 받아들이기 어려운 제안이었다.

## 박정희, 전두환 정권의 평화통일방안

1950년대 이승만 정부는 북한 흡수 통일 방안을 추진했으나 이는 실현 가능성이 없는 선언적 의미의 통일방안이었다. 1960년대 박정희 대통령은 '선先건설 후後통일' 노선에 따라 구체적 통일방안을 제시하기보다 경제 건설에 매진하였다. 1969년 긴장과 대결을 청산하자는 '닉슨 독트린'이 발표되고 미국과 중국이 빈번하게 교류하자 박정희 정부는 이런 국제 정세 변화에 대응할 필요성을 느끼고 1970년 8월 15일 광복절 기념식에서 '8·15 평화통일 구상선언'을 발표하였다. 이 선언은 세 가지로 이루어져 있는데 첫째 북한의 전쟁 도발 행위 즉각 중지와 대한민국 전복기도 포기 선언, 둘째 이것이 행동으로 나타나면 인위적 장벽을 제거해 나갈 수 있으며, 셋째 어느 체제가 국민을

▲ 평양에서 만난 북한수상 김일성과 남한의 중정부장 이후락(1972년 5월)

▲ 남한대통령 박정희와 남한을 방문한 북한 제2부수상 박성철(1972년 12월 1일)

더 잘 살게 할 수 있는지 건설과 창조의 경쟁에 나서라고 제안했다.

1972년 남북은 역사적인 '7·4 남북공동성명'을 발표하고 '자주·평화·민족 대단결'의 3대 원칙의 통일방안에 합의했다. 이에 따라 남북 정부 당국 간의 '남북조절회의'와 민간 차원의 '남북적십자회담'이 서울과 평양을 오가며 동시에 진행되었다. 이런 와중에 박정희 대통령은 1972년 10월 종신집권제의 '10월 유신'을 선포했다. 북한도 1972년 12월 주석제를 신설해 김일성의 권력을 보다 강화했다.

박정희 대통령은 1974년 8월 15일에는 '① 한반도의 평화 정착, ② 상호 문호 개방과 신뢰 회복, 다각적 교류와 협력, ③ 이 바탕 위에서 공정한 선거관리와 감시 하에 토착인구 비례에 의한 남북한 사유총선거를 실시하여 통일을 이룩한다.'는 '평화통일 3대 기본원칙'을 발표했다. 이 선언은 유엔 대신에 공정한 선거관리와 감시를 표방했지만 북한이 받아들이기 힘든 토착인구 비례에 의한 선거를 제시했으므로 한계가 뚜렷했다.

1982년 1월 22일 전두환 대통령은 국정 연설에서 '민족화합 민주 통일방안'을 발표했다. ① 남북한 대표들로 민족통일협의 회의기구를 구성하고, ② 이 협의기구에서 통일헌법 초안을 마련하며, ③ 남북한 전역에서 국민투표를 실시하여 헌법 안을 확정·공포하고, ④ 확정된 통일헌법에 따라 총선거를 실시하여 통일 국회와 정부를 구성해 통일을 완성하자는 것인데, 이 역시 실현 가능성보다는 선언에 의의를 둔 통일방안이었다.

### 국가연합의 통일방안

1989년 9월 11일 노태우 대통령은 국회 특별연설을 통해 '한민족공동체통일방안'을 제시했다. 이 통일방안의 핵심은 과도적 통일체제로 '남북연합 *Korea Commonwealth*'을 실현하자고 제시한 데 있다. 남북연합은 최고의결기구로 '남북정상회의'를 두고 남북 정부대표로 '남북각료회의'를 구성하고, 남북 국회의원으로 '남북평의회'를 구성

▲ 유엔에서 연설하는 노태우 대통령(1992년 9월 22일)

하자는 방안이었다. 이를 위해 '공동사무처' 등을 두고 서울과 평양에 상주 연락대표를 파견하자는 것이었다. 이를 통해 남북 간 개방과 교류협력을 실현하고 민족사회의 동질화와 통합의 기반을 다지자는 것이다. 한민족공동체 통일방안에 대해 북한은 "통일 문제를 전국적인 범위에서 하나의 제도를 수립하는 문제로 보고, 복잡한 단계를 설정하는 것은 비현실적이며, 사실상 통일을 바라지 않은 것"이라고 부정하면서 '1민족, 1국가, 2체제'의 '고려민주연방공화국'으로 통일할 것을 계속 주장했다. 노태우 정권의 '한민족공동체통일방안'에서 주목할 점은 남북연합기구와 시설을 설치하기 위해 비무장지대에 평화구역을 설정하고 '평화시平和市'를 건설하자고 제안한 것이다. 이 평화시 구상은 실현되지는 못했지만 상설적인 평화시를 건설하자는 제안은 획기적인 것이었다. 또한 노태우 대통령은 1991년 남북한 동시 유엔 가입을 달성해서 남북한 평화를 증진시켰다.

1993년 7월 6일 김영삼 대통령은 '3단계 3기

▲ 김영삼 대통령 취임(1993년 2월 25일)

조'의 통일방안을 제시했다. '민주적 절차의 존중, 공존공영의 정신, 민족 전체의 복리'라는 3가지 기조로, '남북 화해·협력의 단계→남북연합의 단계→1개 국가'를 달성하자는 3단계 통일방안이었다. 이 방안은 노태우 정권 때의 '한민족공동체 통일방안'의 기조 위에서 '남북연합'이라는 과도기를 거쳐 1민족 1체제의 완전통일을 지향하자는 방안이었다. 김영삼 대통령과 김일성 주석은 1994년 7월 25일 평양에서 정상회담을 열 계획이었으나 김일성 주석이 7월 4일 급서함으로써 무산되었다.

## ❷ 낮은 단계의 연방제 합의와 정상회담

### 낮은 단계의 연방제

1990년대 들어 동구권이 해체되고 북한의 국력이 남한에 비해서 크게 약화된 상황에서 김대중 대통령은 '평화공존, 화해·협력 정책, 무력도발 불용, 흡수통일 배세' 등의 방안을 제시했다.

1991년 북한의 김일성 주석은 '낮은 단계의 연방제' 통일방안을 제시했는데 '1민족, 1국가, 2제도, 2정부'의 원칙 아래 남북이 각각 독립적 체제를 유지하면서 하나의 연방정부가 두 개의 지역정부를 관할하는 방안이었다. 기존의 연방제가 국방 및 외교권을 연방국가에 부여했다면 '낮은 단계 연방제'는 국방과 외교권을 남북의 지역정부가 갖는다는 점에서 조금 더 현실성을 갖게 된 것이다. 남한 정부가 주장하는 남북연합은 '1민족, 2국가, 2제도, 2정부 원칙'으로 두 개의 주권국가를 인정한 반면 북한의 '낮은

▲ 김대중 대통령과 김정일 국방위원장의 6·15공동선언(2000년 6월 15일)

단계 연방제'는 '2국가'만 '1국가'로 다를 뿐 나머지는 남한 정부의 통일방안과 같은 것이었다.

2000년 6월 김대중 대통령은 최초로 북한을 방문해 김정일 국방위원장과 '낮은 단계의 연방제'에 합의했다. 두 정상이 서명한 〈6·15 남북공동선언〉 제2항은

▲ 노무현 대통령과 김정일 국방위원장의 정상회담(2007년 10월 4일)

"남과 북은 나라의 통일을 위한 남측의 연합제와 북측의 낮은 단계의 연방제 안이 서로 공통성이 있다고 인정하고 앞으로 이 방향으로 통일을 지향시켜 나가기로 하였다."고 명시했다.

이후 노무현 대통령도 2007년 10월 북한을 방문해 김정일 국방위원장과 〈10·4 남북공동선언〉을 발표했다. 〈6·15 남북공동선언〉의 기조 위에서 '남북의 자주적 통일문제 해결, 상호 존중과 신뢰의 남북관계 전환' 등 남북관계 발전과 평화 번영을 위한 선언이었다.

이명박 정권은 상호주의 원칙과 박근혜 정권은 대박통일론을 제시했는데 둘 다 남한의 국력우위를 바탕으로 북한정권의 붕괴를 염두에 둔 흡수통일 전략이라는 점에서 북한의 반발을 산 전략이었다.

### ◀ 문재인 정권 때의 남북정상회담

2018년 4월 27일 판문점 평화의 집 남측 지역에서 문재인 대통령과 김정은 국무위원장의 남북정상회담이 개최되었다. 2007년 노무현 대통령의 방북 이후 11년 만에 열린 정상회담이자 판문점 남측지역에서 개최된 정상회담으로 북한 정상이 최초로 남한 땅을 밟았다는 의미가 있었다. 이때 〈한반도의 평화와 번영, 통일을 위한 판문점 선언〉을 공동으로 발표하였다.

판문점 선언은 정전협정 체결 65년이 되는 2018년에 종전을 선언하고 정전 협정을 평화 협정으로 전환하고, 완전한 비핵화를 통해 핵 없는 한반도를 실현하기로 하였고, 항구적이고 공고한 평화체제 구축을 위해 남·북·미 3자 또는 남·북·미·중 4자 회담 개최를 적극 추진하기로 했다.

남북은 상대에 대한 일체의 적대 행위를 전면 중지하기로 합의했고, 남북 양측 당국자가 함께 상주하는 남북공동연락사무소를 개성 지역에 설치하기로 합의했다. 또한 남북정상회담을 정례화하기로 하고 김정은 위원장의 남측 방문 답방 차원에서 문재인 대통령이 평양을 방문해 정상회담을 열기로 했다.

2018년 9월 18~20일까지 평양에서 남북 정상회담이 열렸다. 2018년 4월 27일, 5월 26일의 1, 2차 정상회담에 이은 세 번째 회담이었다. 9월 19일 〈9월 평양공동선언 합의문〉을 발표했는데 한반도 비핵화를 위해서 북한의 동창리 엔진시험장과 미사일 발사대를 영구 폐기하고 미국의 상응조치에 따라 영변 핵시설을 영구 폐기하는 추가 조치를 취하기로 한다는 것이었다. 또한 남북 군사공동위를 가동해서 남북한 사이의 무력충돌 방지하고, 민족 경제 균형발전을 위해서 연내 동·서해선 철도 및 도로를 연결 착공하고 개성 공단과 금강산 관광을 정상화하기로 하였다. 또 이산가족 문제 해결을 위해서 금강산 상설면회소를 빠른 시일 내 개소하고, 우선 화상상봉과 영상편지를 교환하기로 하였다. 그리고 다양한 분야의 교류·협력을 적극 추진하기로 하였고, 가까운 시일 내에 김정은 위원장이 서울을 답방하기로 합의했다. 세 차례에 걸친 정상회담으로 그 어느 때보다 남북화해와 통일로 가는 우호적 분위기가 조성되었다. 그러나 이런 분위기는 북미정상회담이 결렬되면서 가라앉았다.

### ● 북미정상회담

문재인 대통령과 김정은 국무위원장의 제1차 정상회담 직후인 2018년 6월 12일 도널드 트럼프 미국 대통령과 김정은 국무위원장이 싱가포르에서 사상 최초로 북미간 정상회담을 개최했다. 이 회담에서 두 정상은 4개 항의 합의문을 발표했는데 '① 양국은 평화와 번영을 위한 양국 국민의 열망에 따라 새로운 미-조 관계를 수립할 것을 약속하

▲ 미국 트럼프 대통령과 북한 김정은 국무위원장의 첫 북북미정상회담 (2018년)

고, ② 양국은 한반도에 항구적이고 안정적인 평화 체제를 구축하기 위한 노력에 동참하고, ③ 조선민주주의인민공화국은 2018년 4월 27일 '판문점 선언'을 재확인하고 한반도의 완전한 비핵화를 위해 노력할 것을 약속하고, ④ 양국은 이미 확인된 전쟁 포로 유골의 즉각적인 송환을 포함해 전쟁포로와 실종자의 유해 복구를 약속'했다. 이는 크게 한반도의 비핵화와 북한에 대한 미국의 체제보장의 내용을 담고 있는 것이었다. 즉, 북한은 보유하고 있던 핵을 포기하고, 미국은 북한에 대한 체제 보장을 해 주겠다는 것이었다.

2019년 2월 27~28일 베트남 하노이에서 트럼프와 김정은의 두 번째 정상회담이 열렸다. 북한의 비핵화 조치와 이에 상응하는 미국의 조치를 담은 합의가 이뤄질 것이라는 전망이 일었다. 그러나 회담 이틀째 북한은 미국 측이 '제재 완화' 조치에 대해 진전이 없다는 이유로 불만을 표시하면서 합의에 실패하고 말았다. 북미정상회담의 실패는 남북정상회담의 성과도 물거품으로 만들었다. 북한측은 금강산관광과 개성공단 재개 등에 대해서도 남한측의 가시적 노력이 없는 것 등에 불만을 갖고 남북관계를 경색시켰다.

▲ 2018년 평창 동계올림픽 남북공동 입장

### 🔵 실현 가능한 통일방안

남북 사이의 대결과 대화의 역사를 되돌아보면 가장 필요한 것은 남북한 국민들이 두려움 없이 받아들일 수 있는 통일방안을 만드는 것이다. 북한 국민들은 흡수에 대한 두려움을 느끼지 않고 남한 국민들은 적화에 대한 두려움을 느끼지 않고 받아들일 수 있는 통일 방안은 무엇일까?

남한 일부에서는 '중립화 통일방안'을 제시하고 있지만 우리 실정에는 맞지 않다는 반론도 크다. 중립국화는 약소국의 통일방안인데 한국은 이미 약소국 단계를 넘어 섰다는 것이다. 또한 우크라이나 전쟁으로 중립국이었던 핀란드와 스웨덴이 나토에 가입신

알고 싶어요

#### 3체제 연방 통일방안

미국 조지아대학교의 박한식 교수는 '3체제 연방 통일방안'을 제시했다. 3체제 연방 통일론은 개성과 비무장지대를 중심으로 작은 통일정부와 통일대학을 세우자는 것이다. 남북한 각각의 체제는 그대로 유지한 채 군사 및 외교권이 없는 작은 통일정부를 세워 경제적 중심지 역할을 해나가자는 방안이다. 개성의 작은 통일정부와 남한과 북한의 정부가 각각 3개의 체제를 이루어 통일로 나아가자는 통일방안이다.

청을 한 것도 중립국 통일방안이 비현실적
방안임을 말해준다.

이런 점에서 노태우 정부가 '한민족공동
체통일방안'에서 제시한 비무장지대 평화
구역 내 '평화시平和市' 건설 제안을 창조적
으로 연구해 볼 필요가 있다. 남북이 합의
해서 평화시를 만들고, 그 평화시에 남북
이 합의하는 작은 통일정부와 작은 통일의
회를 만들어서 남북이 서로 합의한 사항만

▲ 대한민국 100억불 수출의 날 기념 우표(1977)

집행하는 기능을 갖게 하는 것이다. 남북은 현재 각자의 정치·경
제체제를 그대로 유지하면서 작은 통일정부와 통일의회에 최소한
의 권한과 기능만 이전하는 것이다. 작은 통일정부는 자본주의
체제도, 사회주의 체제도 아닌 제3의 체제를 채택해서 남북대결
과 새로운 국제 갈등의 완충역할을 하면서 경제협력을 중심으로
남북의 공동번영을 이끌어내는 목표를 갖는다.

이를 통해 남북한 국민들이 흡수통일이나 적화통일 등에 대한
의구심을 불식하거나 완화하고 통일의 당위성을 확대할 수 있을
것이다.

## 새로운 미래를 향해서

한국은 일제 식민지배가 초래한 정치적 억압과 경제적 빈곤을
극복하고 정치적 민주화와 경제적 근대화를 동시에 달성한 드문
역사를 갖고 있다. 여기에 정보화 사회로 발전하여 세계화가 되
었다. 이런 토대를 바탕으로 새로운 미래로 나아가야 할 때다. 국
가 내부적으로는 극심한 양극화에 뿌리를 둔 저출산 문제를 해
결하고 지역감정을 해소하여 번영과 통합의 길로 나아가야 한다.
그 토대 위에서 민족통일의 과업을 달성해야 한다. 한국은 1인당
국민소득이 3만 달러가 넘는 세계 10위권의 경제대국이다. 아직

**HALLYU (THE KOREAN WAVE)**

▲ 해외언론haara에 실린 한류 포스터

도 전 세계에는 극도의 빈곤에 시달리는 인구가 많다. 이런 빈곤 인구를 구제하려고 노력하는 것 또한 '홍익인간弘益人間'과 '재세이화在世理化'를 이념으로 건국한 단군조선의 뒤를 이은 대한민국이 해야 할 국제적 사명이다. 원조를 받던 나라에서 원조를 주는 나라가 된 것이다. 대한민국이기에 더욱 그러하다.

지금 전 세계적으로 한류열풍이 일고 있다. 한류열풍은 어느 날 갑자기 생긴 것이 아니라 대일항전기 때 독립투사들이 빼앗긴 나라를 되찾기 위해서 전 세계를 무대로 항전에 나선 것에 그 뿌리가 있다. 광복 후에는 경제 발전을 이룩하기 위해서 전 세계를 무대로 활약했던 종합상사 상사원들과 60년대부터 해외에 태권도를 보급한 체육인들도 한류전도사였다. 또한 전 세계 각지에 살고 있는 코리안 **디아스포라**_Diaspora_도 한류의 전도사가 되었다. 현재 외교부의 재외동포 현황에 따르면 전 세계에 약 740만여 명의 재외동포가 살고 있다.

이런 토대 위에서 문화가 꽃을 피워 전 세계적인 K-한류가 유행하게 된 것이다. 지금은 산업혁명 이후 유럽인들의 약탈적 제국주의가 전 세계를 지배했던 지배-피지배의 역사가 상호공존의 역사로 전환되는 시기이다. 이런 역사적 전환기에 이웃과 더불어 살

고자 했던 홍익인간과 재세이화의 유전자를 가진 한민족은 전 세
계의 갈등을 치유하고 공동 번영으로 나가는 주체가 될 수 있다.
그런 길이 우리 민족이 앞으로 나아가야 할 길이다.

▲ **강화도 마니산 참성단**塹城壇. 《세종실록》에는 단군이 하늘에 제사를 지내던 석단이라고 기록
　하고 있다. 《고려사》 등에도 관련 기록이 있다.

## 점검

**1. 광복과 분단, 남북정부 수립과 6·25전쟁**

- 제2차 세계 대전 후 동서냉전이 한국에 미친 영향에 대해서 알아본다.
- 남북한 단독정부 수립과정에 대해서 알아본다.
- 통일정부 수립 노력에 대해서 알아본다.

**2. 통일을 향한 여정**

- 남한의 국가연합과 북한의 고려연방제에 대해서 살펴본다.
- 북한은 흡수통일에 대한 두려움을, 남한은 적화에 대한 두려움을 느끼지 않을 수 있는
　통일방안에 대해서 논의해본다.
- 3체제 연방 통일방안이 실현가능한지 논의해본다

# 대한민국 역사교과서와 기존 검정 한국사교과서 비교

| | 대한민국 역사교과서 | 비고 | 검정 한국사교과서들 | 비고 |
|---|---|---|---|---|
| 서술체계 | 모두 11개 단원<br><br>I. 선사시대<br>II. 역사시대의 전개와 고조선<br>III. 여러 나라 시대의 전개<br>IV. 다섯 나라 시대의 통합과 발전<br>V. 세 나라 시대와 동아시아 대전<br>VI. 두 나라 시대와 후기 세 나라 시대<br>VII. 고려시대<br>VIII. 조선시대<br>IX. 국제질서의 변동과 근대국가 수립 운동<br>X. 일제의 한국 점령과 대일승전<br>XI. 광복과 분단, 통일을 향하여 | 구석기부터 현대에 이르기까지 민족사의 발전과정을 고르게 서술 | 모두 6개 단원<br>I. 우리역사의 형성과 고대국가의 발전<br>II. 고려귀족사회의 형성과 변천<br>III. 조선유교 사회의 성립과 변화<br>IV. 국제질서의 변동과 근대국가 수립 운동<br>V. 일제강점과 민족운동의 전개<br>VI. 대한민국의 발전과 현대 세계의 변화 | 한국사가 아니라 사실상 고려시대 이후사 서술 |
| 서술분량 | 구석기부터 현대까지 각 단원 고르게 서술 | | 구석기～발해사 사실상 삭제 | |
| 서술특징 | 1단원～5단원까지 구석기～후기 세 나라(후삼국)까지 나누어 서술 | 각 시기가 모두 우리와 밀접한 관련이 있는 것으로 서술 | 1단원에 구석기～발해까지 통합 서술 (전체 1/10분량에 100만년 서술, 사실상 고대사 삭제) | 고려 이전 100만년사를 10% 미만으로 서술하고 고려 이후 1천년사를 90% 이상 서술 |
| 역사관 | 대내 : 민족 자주사관<br>대외 : 평화 공존사관 | 독립운동가들의 역사관 계승 | 노론사관+일제 식민사관(반도사관) | 《조선총독부 편찬 심상소학 국사(일본사) 보충교재(조선사)》 |
| 민족의 뿌리 | 신석기 동이문화를 직접적 선조로 서술 | 대륙 동이문화의 계승성 | 청동기 시대 민족 형성된 것으로 축소 | 동이문화 미서술 |
| 동이 요하 문명 | 요하 문명과 홍산 문화를 민족사로 서술 | 홍산 문화와 고조선 연결 | 서술 없음 | |
| 단군조선 | 단군왕검 건국서술 | 국조문제 명확히 서술 | 단군 건국사실 모호하게 기술 | |
| 고조선과 일본열도 | 고조선 주민들의 일본 열도 진출 서술 | | 서술 없음 | |

| | 대한민국 역사교과서 | 비고 | 검정 한국사교과서들 | 비고 |
|---|---|---|---|---|
| 고조선과 중원의 경계 | 고조선과 중원 국가들의 국경선은 고대 요동(현 하북성) | | 고조선 강역에 대한 서술이 없고 고조선 문화 영역에 대해서만 서술 | 총독부의 반도사관 추종 |
| 낙랑군 위치 | 현재의 하북성 노룡현 | 중국 고대 사료의 기술 따름 | 평양 | 조선총독부 식민사관 추종 |
| 여러나라 시대의 전개 | 고조선 멸망 이후 여러나라(부여/삼한/신라전기/고구려전기/백제전기/가야/최씨낙랑국/읍루·동옥저·예/왜) 서술 | 삼한 강역 4천 리는 대륙에 있는 것으로 서술, 왜의 역사도 동이족 역사의 일부로 서술 | 철기문화를 배경으로 여러 나라(부여·고구려·옥저·동예·삼한) 시대가 형성되었다고 서술, 삼한은 한반도로 축소 | 조선총독부 식민사관 추종 |
| 다섯 나라 시대의 통합과 발전 | 5세기 말엽 부여·신라·고구려·백제·가야 다섯 나라의 각축과 세 나라로 통합과정 서술 | 여러 나라→다섯 나라→세 나라로 통합 발전과정 서술 | 전후 맥락 없이 여러 나라들이 등장했다가 사라짐 | |
| 가야와 일본 | 가야계가 일본열도에 세운 분국이 임나임을 서술 | 일제 식민사학의 핵심인 '임나=가야설' 비판 | 가야가 토기제작 기술을 일본에 전해 주었다고 서술 | 면피적인 서술로 식민사학 용인 |
| 세 나라 시대와 동아시아 대전 | 고구려와 수의 고수대전/고구려와 당의 고당대전/고구려·신라·백제·왜·당이 맞붙은 오국대전과 신당전쟁 서술 | 중원·한반도·일본열도를 한 무대로 보고 서술 | 신라가 지금의 대동강 남쪽을 차지했다고 서술 | 조선총독부 반도사관 추종 |
| 두 나라(북조와 남조) 시대 | 과거 통일신라 명칭을 대신라, 발해 명칭을 대부분 대진(진)으로 서술 | 발해는 당에서 부른 명칭 | 남북조 구분 없이 통일신라와 발해라고 서술 | |
| 대신라 강역 | 대신라 북방 강역은 지금의 요녕성 요양으로, 당의 안동도호부는 현재의 하북성으로 서술 | 대신라의 강역은 지금의 만주까지 | 당의 안동도호부는 지금의 평양으로 서술, 나당전쟁 이후 신라가 대동강 이남을 차지해 삼국통일 이룩했다고 서술 | 통일신라 강역을 지금의 대동강 이남으로 축소 |
| 대진과 발해 | 대진국(발해)의 역사 자세하게 서술 | | 발해역사 간략하게 서술 | |
| 후기 세 나라 (후삼국) 시기 | 대신라가 고구려·백제 유민들의 화학적 통합에 실패하면서 후기 세 나라 시기 전개 서술 | | 신라가 혼란에 빠지면서 지방에서 성장한 세력들이 봉기한 것으로 서술 | |

| | 대한민국 역사교과서 | 비고 | 검정 한국사교과서들 | 비고 |
|---|---|---|---|---|
| 고려 북방 강역 | 지금의 심양부터 두만강 북쪽 700리 공험진까지로 서술 | 《고려사》및 《조선왕조실록》의 기록 반영 | 지금의 대동강 이남 | 조선 사대주의 유학자 및 조선총독부 식민사관 추종 |
| 고려 경제 | 농민들에게 토지지급 사실 서술 | | 서술 없음 | |
| 공민왕 강역 수복 | 공민왕이 원에 수복한 지역은 지금의 압록강~두만강 북쪽의 옛 고려 강역 | 《고려사》및 《명사》등에 따라 서술 | 공민왕이 원에 수복한 지역은 지금의 함경남도 | 조선총독부 이케우치 히로시 등 식민사학자 추종 |
| 철령의 위치 | 명과 분쟁이 된 철령을 지금의 심양 남쪽으로 서술 | 《고려사》및 《명사》등에 따라 서술 | 철령을 함경남도 안변으로 서술 | 조선총독부 식민사관 추종 |
| 조선 강역 | 조선 강역은 심양 남쪽 옛 철령~두만강 북쪽 700리 공험진으로 서술 | 《태종실록》·《세종실록》에 따라 서술 | 조선 강역은 압록강~두만강으로 서술 | 조선총독부 식민사관 추종 |
| 조선 신분제 | 종부법에서 종모법 환원 등 신분제 비판적 서술 | | 신분제 기계적 서술 | |
| 광해군 폐위 | 광해군을 쫓아낸 쿠데타를 계해정변으로 비판적 서술 | 민족 자주관점의 서술 | 인조반정으로 긍정적 서술 | 서인(노론)관점의 서술 |
| 세도정치 | 노론 소수 집안이 왕권 무력화하고 국가권력 독점한 결과로 서술 | 숭명 사대주의 노론의 전횡으로 서술 | 정조 때 정치권력이 국왕 주변으로 집중된 결과라고 서술 | 노론 관점 서술 |
| 독도문제 | 일본의〈태정관 지령〉(1876)과 전후 샌프란시스코 조약(1951)을 통해 독도가 한국 영토임을 명시 | 일관된 관점의 서술 | 독도문제는 비교적 자세히 서술했으나 현재 독도=일본령의 근거로 악용되는 샌프란시스코 조약 서술 없음 | |
| 연해주문제 | 청이 연해주를 러시아에 불법으로 넘겼다고 서술 | 간도와 연해주를 묶어 인식 | 연해주문제 서술 없음 | |
| 간도문제 | 고조선부터 고려·조선에 이르기까지 한국사의 영토였는데 일본이 불법적으로 넘겼음을 명시 | 일관된 대륙사관 | 간도의 마지막 소유국가를 발해로 서술함으로써 영유권 모호해짐 | 반도사관 |

| | 대한민국 역사교과서 | 비고 | 검정 한국사교과서들 | 비고 |
|---|---|---|---|---|
| 독립전쟁 | 항일 무장투쟁과 의열투쟁 위주 서술 | 의열투쟁과 삼부 (참의부·정의부·신민부) 및 만주사변 후 한·중연합무장 투쟁 적극 서술 | 애국계몽운동 위주 서술에 일부 무장 투쟁 서술 | |
| 노선별 독립 전쟁 | 민족주의·사회주의·아나키즘의 노선별 독립전쟁 서술 | 3대 독립전쟁 노선 서술 | 노선별 독립전쟁 거의 서술하지 않음 | |
| 훈민정음 | 일제의 훈민정음 체계 왜곡 집중 서술 | 훈민정음 해례본에 의거한 서술 | 일제의 훈민정음 체계 왜곡 서술 없음 | |
| 대일항전기 역 사전쟁 | 일제 황국사관의 등장과 핵심 논리 비판 (낙랑군=평양설, 가야=임나설 등) | 현재 역사학의 문제점 인식 | 일제 식민사관 형식적 비판, 핵심논리에 대한 비판 누락 | 현재 역사학에 면 죄부 |
| 광복 이후 | 남북 단독정부 수립 과정과 6·25 이후 남 북한의 통일방안 서술로 민족화해 강조 | | 남북한의 통일방안 서술 미흡 | |

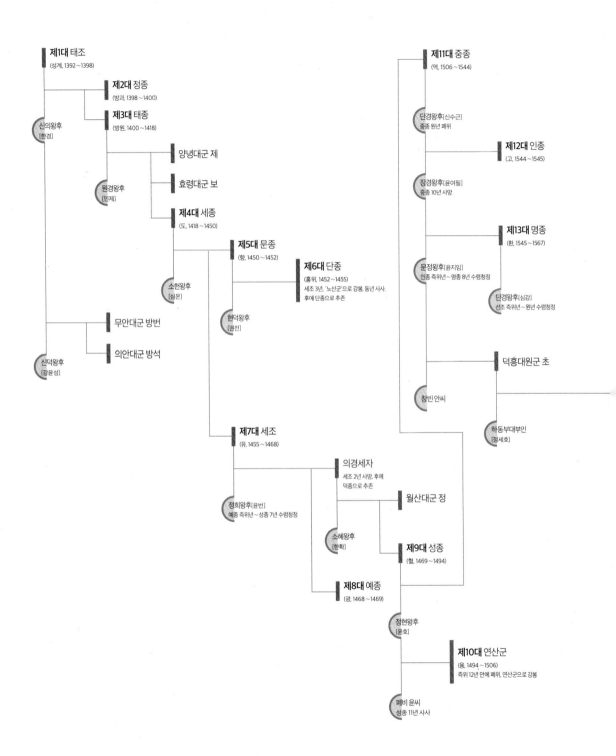

**제1대 태조**
(성계, 1392~1398)

**제2대 정종**
(방과, 1398~1400)

**제3대 태종**
(방원, 1400~1418)

양녕대군 제

효령대군 보

**제4대 세종**
(도, 1418~1450)

**제5대 문종**
(향, 1450~1452)

**제6대 단종**
(홍위, 1452~1455)
세조 3년, '노산군'으로 강봉, 동년 사사.
후에 단종으로 추존

신의왕후
[한경]

원경왕후
[민제]

소헌왕후
[심온]

현덕왕후
[권전]

무안대군 방번

의안대군 방석

신덕왕후
[강윤성]

**제7대 세조**
(유, 1455~1468)

의경세자
세조 2년 사망, 후에
덕종으로 추존

월산대군 정

정희왕후[윤번]
예종 즉위년~성종 7년 수렴청정

소혜왕후
[한확]

**제9대 성종**
(혈, 1469~1494)

**제8대 예종**
(광, 1468~1469)

정현왕후
[윤호]

**제10대 연산군**
(융, 1494~1506)
즉위 12년 만에 폐위, 연산군으로 강봉

폐비 윤씨
성종 11년 사사

**제11대 중종**
(역, 1506~1544)

단경왕후[신수근]
중종 원년 폐위

**제12대 인종**
(고, 1544~1545)

장경왕후[윤여필]
중종 10년 사망

**제13대 명종**
(환, 1545~1567)

문정왕후[윤지임]
인종 즉위년~명종 8년 수렴청정

단경왕후[심강]
선조 즉위년~원년 수렴청정

덕흥대원군 초

창빈 안씨

하동부대부인
[정세호]

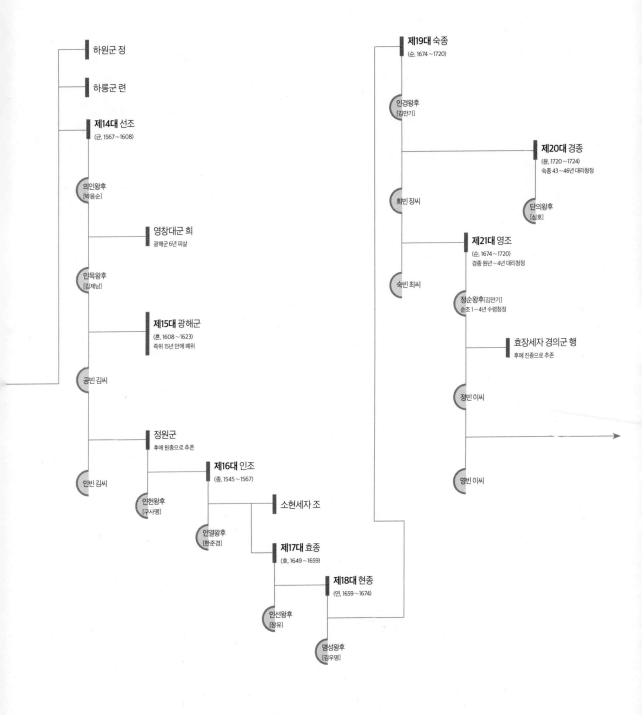

하원군 정

하릉군 련

**제14대 선조**
(균, 1567~1608)

의인왕후
[박웅순]

영창대군 희
광해군 6년 피살

인목왕후
[김제남]

**제15대 광해군**
(혼, 1608~1623)
즉위 15년 만에 폐위

공빈 김씨

정원군
후에 원종으로 추존

인빈 김씨

안헌왕후
[구사맹]

**제16대 인조**
(종, 1545~1567)

소현세자 조

인열왕후
[한준겸]

**제17대 효종**
(호, 1649~1659)

**제18대 현종**
(연, 1659~1674)

인선왕후
[장유]

명성왕후
[김우명]

**제19대 숙종**
(순, 1674~1720)

인경왕후
[김만기]

**제20대 경종**
(윤, 1720~1724)
숙종 43~46년 대리청정

희빈 장씨

단의왕후
[심호]

**제21대 영조**
(순, 1674~1720)
경종 원년~4년 대리청정

숙빈 최씨

정순왕후[김만기]
순조 1~4년 수렴청정

효장세자 경의군 행
후에 진종으로 추존

정빈 이씨

영빈 이씨

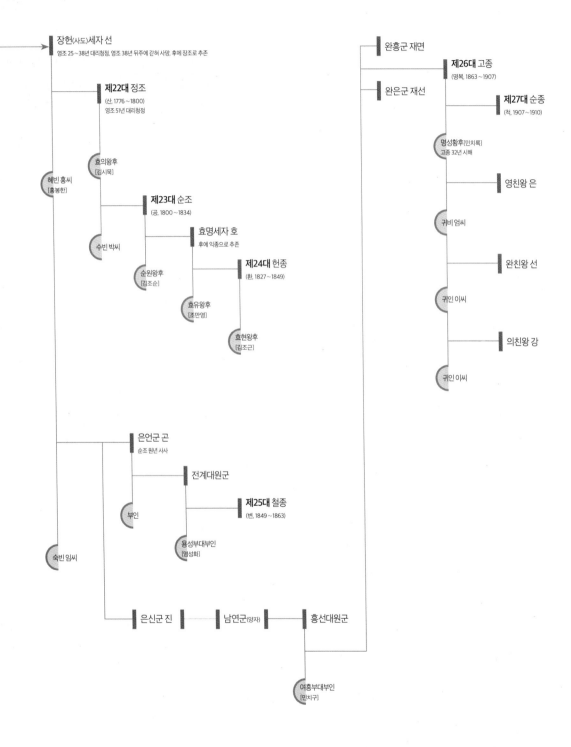

장헌(사도)세자 선
영조 25~38년 대리청정, 영조 38년 뒤주에 갇혀 사망, 후에 장조로 추존

완흥군 재면

완은군 재선

**제26대 고종**
(명복, 1863~1907)

**제22대 정조**
(산, 1776~1800)
영조 51년 대리청정

**제27대 순종**
(척, 1907~1910)

효의왕후
[김시묵]

명성황후[민치록]
고종 32년 시해

혜빈 홍씨
[홍봉한]

**제23대 순조**
(공, 1800~1834)

영친왕 은

효명세자 호
후에 익종으로 추존

수빈 박씨

귀비 엄씨

순원왕후
[김조순]

**제24대 헌종**
(환, 1827~1849)

완친왕 선

효유왕후
[조만영]

귀인 이씨

효현왕후
[김조근]

의친왕 강

귀인 이씨

은언군 곤
순조 원년 사사

전계대원군

부인

**제25대 철종**
(변, 1849~1863)

용성부대부인
[염성화]

숙빈 임씨

은신군 진 ............ 남연군(양자) 흥선대원군

여흥부대부인
[민치구]

# 대한민국 임시정부 역대 수반

| 국무총리·대통령제 | 초대 이승만<br>1919.4.10~23(국무총리)<br>1919.09.11.~1925.03.23.(대통령) | 2대 박은식<br>1925.03.24.~1925.09(대통령) |
|---|---|---|

| 국무령제 | 3대 이상룡<br>1925.09~1926.02.18. | 대리 안창호<br>1926.05.03.~1926.05.16. |
|---|---|---|
| | 4대 홍진<br>1926.07.07.~12.14. | 5대 김구<br>1926.12.14.~1927.04.10. |
| | 6·7대 이동녕<br>1927.08.19.~1930.10<br>1932.11.28.~1933.11 | |

| 국무위원<br>집단지도체제<br>(위원장·주석) | 8대 송병조<br>1934.01.02.~1936.11.10. | 9·10대 이동녕<br>1936.11.10.~1939.10.23.<br>1939.10.23.~1940.03.13. |
|---|---|---|

| 주석제 | 11·12·13대 김구<br>1940.03.13.~1940.10.08.<br>1939.10.23.~1940.03.13.<br>1944.04.06.~1947.03.03. |
|---|---|

# 연표

| 연대 | 한국사 | | 동아시아사 | | 세계사 | |
|---|---|---|---|---|---|---|
| **서기전** | 약 100만 년 전 | 구석기 시대 | 약 50만 년 전 | 구석기 시대 | 약 350만 년 전 | 최초의 인류 등장 |
| | 1만 4800년경 | 신석기 시대 | 1600년 | 중국, 상 왕조 성립 | 약 4만 년 전 | 현생 인류 출현 |
| | 1만 3000년경 | 요하동이문명 시작 (소남산문화) | 1027년 | 중국, 주 왕조 건국 (~256) | 3500년경 | 메소포타미아 문명 시작 |
| | 6500년경 | 황하동이문명 시작 | 770년 | 중국, 춘추시대 시작 | 3000년경 | 이집트 문명 시작 |
| | 4500년경 | 홍산문화 시작 | 475년 | 중국, 전국시대(~221) | 2500년경 | 인도 문명 시작 |
| | 2500년경 | 청동기 시대 전개 | 4세기경 | 일본, 야요이시대 시작 | 1800년경 | 바빌로니아, 함무라비 법전 제정 |
| | 2333년 | 단군 조선 건국 | 221 | 진秦, 중국 통일(~206) | 753 | 로마 건국 |
| | 10세기경 | 고조선의 발전 | 202 | 한漢, 중국 재통일 (~서기 8) | 525 | 페르시아, 오리엔트 통일 |
| | 8세기경 | 철기 시대 개시 | 108 | 한사군 설치 | 492 | 페르시아 전쟁(~479) |
| | 2세기경 | 북부여 건국 | 97 | 사마천,《사기》완성 | 334 | 알렉산드로스, 동방 원정 |
| | 194 | 위만, 고조선의 왕이 됨 | | | 264 | 포에니 전쟁(~146) |
| | 109 | 조·한전쟁 발발 | | | 27 | 로마, 제정 시작 |
| | 108 | 고조선(위만조선) 멸망, 한사군 설치 | | | | |
| | 57 | 신라 건국 | | | | |
| | 37 | 고구려 건국 | | | | |
| | 18 | 백제 건국 | | | | |
| **서기** | 8 | 백제, 마한 병합 | 9 | 왕망, 신新 건국(~23) | 4 | 예수 탄생 |
| | 25 | 고구려, 국내성 천도 | 25 | 후한 건국(~220) | | |
| | 42 | 가락국 건국 | | | 45 | 인도, 쿠샨 왕조 성립 |
| | 53 | 고구려, 태조왕 즉위 | | | | |
| | 57 | 신라, 석탈해 즉위 | | | | |

◀ 농경문청동기

| 연대 | 한국사 | 동아시아사 | 세계사 |
|---|---|---|---|
| 100 | 121 고구려, 예맥과 함께 현도군 침입 | 184 황건적의 난(~192) | 150 간다라 미술 융성 |
| 200 | 209 고구려, 환도성 천도 | 220 위·촉·오 삼국시대 시작 | 226 사산 왕조 페르시아 성립 (~651) |
|  | 244 위나라 관구검 고구려 침입 | 280 서진西晉, 중국 통일 | 3000년경 이집트 문명 시작 |
|  | 260 백제, 율령 반포 | 3세기경 일본, 고분시대 시작 |  |
|  | 285 선비족 모용외, 부여 침입 |  |  |
|  | 293 모용씨의 고구려 침입 |  |  |
| 300 | 313 고구려, 낙랑군 소멸 시킴 | 304 중국, 5호16국 시대 시작 (~439) | 313 로마, 밀라노 칙령으로 기독교 공인 |
|  | 342 전연, 고구려 침입 | 317 동진東晉 건국(~420) | 320 인도, 굽타 왕조 성립 |
|  | 356 신라, 내물왕 즉위 | 376 전진, 화북 통일 | 325 니케아 공의회 |
|  | 372 고구려, 불교 전래, 태학 설치 | 383 비수 전투 | 375 게르만족의 대이동 시작 |
|  | 375 백제,《서기》편찬 |  | 395 로마, 동·서로 분열 |
|  | 381 신라 내물왕, 전진에 사신 파견 |  |  |
|  | 384 백제, 불교 전래 |  |  |
| 400 | 400 고구려 광개토대왕, 신라에 침입한 왜군 격퇴 | 420 중국 송宋 건국 | 476 서로마 제국 멸망 |
|  | 427 고구려, 평양 천도 | 439 북위, 화북 통일 남북조 시대 시작(~589) | 486 프랑크 왕국 건국 |
|  | 433 신·백 동맹 성립(~553) | 485 북위, 균전제 시행 |  |
|  | 475 백제, 웅진 천도 |  |  |
|  | 494 부여 멸망 |  |  |

▶ 고구려 무용총 수렵도

| 연대 | 한국사 | | 동아시아사 | | 세계사 | |
|---|---|---|---|---|---|---|
| 500 | 502 | 신라, 우경 실시 | 532 | 돌궐 제국 성립 | 529 | 유스티니아 누스 법전 편찬 베네딕토, 몬테카시노 수도원 창설 |
| | 503 | 신라, 국호와 왕호를 정함. | 534 | 북위, 서위(~557)와 동위로 분열 | 537 | 콘스탄티노플에 성 소피아 성당 건립 |
| | 512 | 신라, 우산국(울릉도) 병합 | 557 | 북주 건국(~581) | | |
| | 520 | 신라, 율령 반포 | 568 | 수, 건국(~618) | | |
| | 527 | 신라, 불교 공인 | 581 | 수, 남북조 통일(~618) | | |
| | 532 | 신라, 금관가야 통합 | 589 | 중국, 대운하 건설 | | |
| | 538 | 백제, 사비 천도 | | | | |
| | 545 | 신라, 《국사》 편찬 | | | | |
| | 552 | 백제, 일본에 불교 전함 | | | | |
| | 554 | 백제 성왕, 관산성 전투에서 전사 | | | | |
| | 555 | 신라 진흥왕, 북한산 순수비 세움. | | | | |
| | 562 | 신라 진흥왕, 대가야 병합 | | | | |
| | 598 | 고구려, 요서 공격 | | | | |
| 600 | 600 | 고구려, 《신집》 편찬 | 618 | 당 건국(~907) | 610 | 이슬람교 정립 |
| | 612 | 고구려, 살수대첩 | 622 | 현장, 인도 여행기 《대당서역기》 씀 | 622 | 헤지라(이슬람 기원 원년) |
| | 642 | 고구려, 연개소문의 정변 | 645 | 일본, 대화개신 | 651 | 사산 왕조 페르시아, 이슬람에 멸망 |
| | 645 | 고구려, 안시성 싸움 대승 | | | 661 | 우마이야 왕조 성립(~750) |
| | 648 | 신라·당 동맹 성립 | | | | |
| | 660 | 백제 멸망 | | | | |
| | 668 | 고구려 멸망 | | | | |
| | 676 | 신라, 삼국 통일 | | | | |
| | 685 | 신라, 9주 5소경 설치 | | | | |
| | 698 | 발해 건국 | | | | |

▲ 《평원사녹도平原射鹿圖》 여진인

| 연대 | 한국사 | | 동아시아사 | | 세계사 | |
|---|---|---|---|---|---|---|
| 700 | 722 | 신라, 백성에게 정전 지급 | 710 | 일본, 나라 시대 | 750 | 아바스 왕조 성립(~1258) |
| | 723 | 혜초, 《왕오천축국전》 저술 | 712 | 당 현종 즉위 | 768 | 카롤루스 대제, 프랑크 왕국 왕 즉위 |
| | 732 | 발해, 당의 산둥성 등주 공격 | 751 | 당, 탈라스 전투 | 771 | 프랑크 왕국 통일 |
| | 735 | 당, 신라의 대륙평양 이남 영토 공식 승인 | 755 | 당, 안사의 난(~763) | 794 | 카롤링거 르네상스 개시 |
| | 751 | 신라, 불국사와 석굴암 건립 | 763 | 토번, 장안 함락 | | |
| | 755 | 발해, 상경용천부 천도 | 794 | 일본, 헤이안 시대 | | |
| | 768 | 신라, 대공의 난 | | | | |
| | 780 | 신라 혜공왕 피살, 선덕왕 즉위 | | | | |
| | 794 | 발해, 상경용천부로 천도 | | | | |
| 800 | 822 | 신라, 김창헌의 난 | 875 | 당, 황소의 난(~884) | 800 | 카롤루스 대제, 서로마 제국의 황제 대관 |
| | 828 | 신라 장보고 청해진 설치 | | | 829 | 잉글랜드 왕국 성립 |
| | 839 | 신라 민애왕 피살, 신무왕 즉위 | | | 862 | 노브고로드 루스 건국 |
| 900 | 900 | 견훤, 후백제 선포 | 907 | 당 멸망, 오대십국 시대 시작(~960) | 911 | 노르망디 공국 건국 |
| | 901 | 궁예, 후고구려 건국 | 916 | 거란, 거란국 건국(~1125) | 962 | 오토 1세, 신성 로마제국의 황제 대관 |
| | 918 | 왕건, 고려 건국 중폐비사 실시 | 938 | 거란국, 국호를 요遼라고 함 | 987 | 프랑스, 카페 왕조 성립 |
| | 926 | 발해, 거란에 멸망 | 960 | 북송北宋 건국(~1127) | | |
| | 935 | 신라 멸망 | | | | |
| | 936 | 고려, 후삼국 통일 | | | | |
| | 945 | 고려, 왕규의 난 | | | | |
| | 956 | 고려, 노비 안검법 실시 | | | | |
| | 958 | 고려, 과거제 실시 | | | | |
| | 976 | 전시과 실시 | | | | |

| 연대 | 한국사 | | 동아시아사 | | 세계사 | |
|---|---|---|---|---|---|---|
| 1000 | 1009 | 강조의 변 | 1004 | 북송과 요, 전연의 맹약 체결 | 1000 | 바이킹, 아메리카 발견 |
| | 1010 | 귀주 대첩(요의 3차 침입) | 1069 | 왕안석 신법 실시(~1076) | 1037 | 셀주크 튀르크 건국 |
| | 1033 | 대륙에 천리장성 축조 (~1044) | | | 1054 | 기독교, 동·서로 분열 |
| | 1086 | 의천, 《속장경》 조판 | | | 1066 | 노르망디 공 윌리엄, 잉글랜드 정복 |
| | | | | | 1077 | 카노사의 굴욕 |
| | | | | | 1095 | 클레르몽 공의회 |
| | | | | | 1096 | 십자군 전쟁(~1270) |
| 1100 | 1107 | 윤관의 여진 정벌 | 1115 | 여진, 금 건국(~1234) | 1128 | 독일 기사단 창설 |
| | 1126 | 이자겸의 난 | 1125 | 요 멸망 | 1163 | 프랑스, 노트르담 성당 건축 |
| | 1135 | 묘청의 서경 천도 운동 | 1127 | 남송 南宋 건국(~1279) | 1170 | 프랑스, 파리 대학 세움 |
| | 1145 | 김부식, 《삼국사기》 편찬 | 1161 | 금, 변경으로 천도 | 1187 | 이집트, 아이유브 왕조의 살라딘이 예루살렘 탈환 |
| | 1170 | 무신정변 | 1185 | 일본, 가마쿠라 막부 수립(~1333) | 1193 | 구르 왕조, 델리 정복 |
| | 1196 | 최충헌의 집권 | 1189 | 테무친, 몽골의 칸이 됨 | | |
| | 1198 | 만적의 봉기 | | | | |

▶ 대국국사 의천

| 연대 | 한국사 | | 동아시아사 | | 세계사 | |
|---|---|---|---|---|---|---|
| 1200 | 1231 | 몽골의 제1차 침입 | 1206 | 칭기즈 칸, 몽골 통일 | 1206 | 인도, 델리 술탄 왕조 성립 |
| | 1232 | 고려, 강화 천도 | 1223 | 몽골줄, 러시아 침공 | 1215 | 영국, 대헌장 제정 |
| | 1234 | 금속활자 《상정고금예문》 간행 | 1234 | 금 멸망 | 1241 | 한자 동맹 |
| | 1236 | 팔만대장경 조판(~1251) | 1271 | 쿠빌라이 칸, 국호를 원이라고 함(~1368) | 1250 | 이집트, 맘루크 왕조 건국 아이유브 왕조 멸망 |
| | 1258 | 최씨정권 붕괴 | 1279 | 남송 멸망, 원의 중국 정복 | 1293 | 인도네시아, 마자파힛 왕조 성립 |
| | 1270 | 개경 환도, 삼별초의 항쟁 | | | 1295 | 영국, 모범 의회 |
| | 1274 | 고려·원 연합군, 일본 원정 시도(~1294) | | | 1299 | 마르코 폴로, 《동방견문록》 출판 오스만 제국 건국(~1922) |
| | 1285 | 일연, 《삼국유사》 편찬 | | | | |
| | 1287 | 이승휴, 《제왕운기》 편찬 | | | | |
| | 1290 | 동녕부 폐지 | | | | |

▶ 칭기스칸

| 연대 | 한국사 | | 동아시아사 | | 세계사 | |
|---|---|---|---|---|---|---|
| 1300 | 1314 | 충선왕, 연경에 만권당 설치 | 1336 | 일본, 무로막치 막부 수립(~1573) | 1302 | 프랑스, 삼부회 소집 |
| | 1359 | 홍건적의 침입(~1361) | 1351 | 원, 홍건적의 난 발생 | 1309 | 교황, 프랑스 아비뇽에 유폐 |
| | 1363 | 문익점, 원에서 목화씨 가져옴 | 1368 | 주원장, 명 건국 | 1337 | 영국·프랑스, 백년 전쟁 (~1453) |
| | 1366 | 신돈, 정치개혁 단행 | 1399 | 명, 정난의 변 | 1356 | 독일, 황금문서 발표 |
| | 1377 | 최무선의 건의로 화약 제조 | | | 1363 | 베니스 성 티투스, 반란 |
| | 1388 | 명, 만주 대륙에 철령위 설치 통보. 위화도 회군 | | | 1369 | 티무르 왕조 성립 |
| | 1391 | 과전법 제정 | | | 1378 | 교회의 대분열 시작 |
| | 1392 | 고려 멸망, 조선 개창 | | | 1381 | 영국, 와트 타일러의 난 |
| | 1394 | 정도전, 《조선경국전》 편찬 | | | | |
| | 1395 | 조선, 한양으로 천도 | | | | |
| | 1396 | 경복궁 완공 | | | | |
| | 1398 | 제1차 왕자의 난, 정종 즉위 | | | | |

◀ 명 태조 주원장

| 연대 | 한국사 | | 동아시아사 | | 세계사 | |
|---|---|---|---|---|---|---|
| 1400 | **1400** | 제2차 왕자의 난, 태종 즉위 | **1405** | 명나라 정화의 남해 원정 (~1433) | **1414** | 콘스탄츠 공의회(~1418) |
| | **1418** | 세종 즉위 | **1421** | 명, 북경 천도 | **1420** | 이탈리아, 르네상스 개시 |
| | **1420** | 수령고소금지법 제정 | **1433** | 명과 일본 정식 외교관계 수립 | **1429** | 잔 다르크, 오클레앙 전투 승리 |
| | **1423** | 《고려사》 편찬 | **1467** | 일본, 오닌의 난, 전국시대 개막 | **1443** | 바르나 전투 |
| | **1437** | 6진 설치 | | | **1449** | 토목 전투 |
| | **1441** | 장영실, 측우기 제작 | | | **1429** | 구텐베르크, 금속 활자 인쇄술 보급 |
| | **1446** | 《훈민정음》 반포 | | | **1453** | 비잔티움 제국 멸망 |
| | **1452** | 《고려사절요》 편찬 | | | **1455** | 영국, 장미 전쟁(~1485) |
| | **1453** | 계유정변 | | | **1478** | 오스만 제국의 발칸 반도 정복 완료 |
| | **1469** | 성종 즉위, 《경국대전》 완성, 《동국여지승람》 편찬 | | | **1488** | 바르톨로메우 디아스, 희망봉 발견 |
| | **1498** | 무오사화 | | | **1492** | 콜럼버스, 서인도 제도 도착 |
| | | | | | **1498** | 바스쿠 다가마, 인도 캘리컷 도착 |

◀ 《훈민정음 언해본》

| 연대 | 한국사 | | 동아시아사 | | 세계사 | |
|---|---|---|---|---|---|---|
| 1500 | 1504 | 갑자사화 | 1543 | 포르투칼인이 일본에 총을 전래함. | 1517 | 루터의 종교 개혁 |
| | 1506 | 중종반정 | 1571 | 일본, 나가사키 개항 | 1519 | 마젤란 일행, 세계 일주 (~1522) |
| | 1510 | 삼포왜란 | 1587 | 마테오 리치, 중국 남경 도착 | 1521 | 에스파냐, 멕시코 정복, 아스테카 제국 멸망 |
| | 1519 | 현량과 실시, 기묘사화 | 1590 | 일본, 도요토미 히데요시 전국 통일 | 1526 | 인도, 무굴 제국(~1858) 성립 |
| | 1530 | 《신증동국여지승람》 편찬 | | | 1533 | 에스파냐의 피사로, 잉카 제국 정복 |
| | 1545 | 을사사화 | | | 1536 | 칼뱅의 종교 개혁 |
| | 1550 | 백운동서원에 소수서원 사액 | | | 1587 | 영국, 무적함대 격파 |
| | 1554 | 비변사 설치 | | | 1598 | 프랑스, 낭트 칙령 발표 |
| | 1575 | 사림파, 동서분당 | | | | |
| | 1589 | 기축옥사 | | | | |
| | 1592 | 임진왜란(~1598) | | | | |

▲ 일본 《조선국신사회권》에 조선통신사

| 연대 | 한국사 | | 동아시아사 | | 세계사 | |
|---|---|---|---|---|---|---|
| 1600 | 1608 | 광해군 즉위, 경기도에 대동법 실시 | 1603 | 일본, 에도 막부 수립 | 1600 | 영국, 동인도 회사 설립 |
| | 1609 | 일본과 기유약조 체결 | 1616 | 여진족, 후금 건국 | 1613 | 러시아, 로마노프 왕조 성립 |
| | 1610 | 《동의보감》 완성 | 1636 | 후금, 청으로 국호 변경 | 1618 | 독일, 30년 전쟁(~1648) |
| | 1613 | 계축옥사 | 1639 | 에도 막부, 쇄국령 실시 (~1854) | 1628 | 영국, 권리 청원 제출 |
| | 1614 | 이수광, 《지봉유설》 간행 | 1644 | 명 멸망, 청의 중국 정복 | 1642 | 영국, 청교도 혁명 (~1649) |
| | 1623 | 계해정변 | 1661 | 청, 강희제 즉위 | 1648 | 베스트팔렌 조약 체결 |
| | 1624 | 이괄의 난 | 1673 | 청, 삼번의 난 | 1651 | 크롬웰, 항해법 발표 |
| | 1627 | 정묘호란 | 1689 | 청과 러시아 간의 네르친스크 조약 | 1687 | 뉴턴, 만유인력의 법칙 발견 |
| | 1636 | 병자호란 | | | 1688 | 영국, 명예혁명 |
| | 1645 | 소현세자, 귀국 후 사망 | | | 1689 | 영국, 권리 장전 승인 |
| | 1659 | 제1차 예송논쟁 | | | | |
| | 1674 | 제2차 예송논쟁, 남인 정권 장악 | | | | |
| | 1678 | 상평통보 주조 | | | | |
| | 1680 | 경신환국, 서인 정권 장악 | | | | |
| | 1683 | 서인, 노론과 소론으로 분당 | | | | |
| | 1689 | 기사환국, 송시열 사사 | | | | |
| | 1694 | 갑술환국, 노론 정권 장악, 남인 몰락 | | | | |
| | 1696 | 안용복, 일본에게 울릉도와 독도를 조선 영토임을 인정받음. | | | | |

| 연대 | 한국사 | | 동아시아사 | | 세계사 | |
|---|---|---|---|---|---|---|
| 1700 | 1708 | 대동법 전국에서 시행 | 1796 | 청, 백련교의 난(~1805) | 1701 | 프로이센 왕국 성립 |
| | 1712 | 백두산정계비 건립 | | | 1709 | 영국, 인클로저 운동 |
| | 1725 | 탕평책 실시 | | | 1736 | 영국 산업혁명 시작 |
| | 1728 | 이인좌의 봉기 | | | 1740 | 오스트리아 왕위 계승 전쟁(~1748) |
| | 1750 | 균역법 실시 | | | 1756 | 프·영, 7년 전쟁(~1763) |
| | 1755 | 나주벽서 사건 | | | 1757 | 인도, 플라시 전투 |
| | 1762 | 임오화변 | | | 1765 | 와트, 증기 기관 완성 |
| | 1776 | 규장각 설치 | | | 1773 | 보스턴 차 사건 |
| | 1786 | 천주교 금지령 발표 | | | 1776 | 미국, 독립 선언 |
| | 1791 | 신해통공 | | | 1779 | 페르시아, 카자르 왕조 가 통일 |
| | 1794 | 수원 화성 축조(~1796) | | | 1789 | 프랑스 혁명 시작, 인권 선언 |
| | 1798 | 박제가, 《북학의》 저술 | | | | |

◀ 백두산정계비

| 연대 | 한국사 | | 동아시아사 | | 세계사 | |
|---|---|---|---|---|---|---|
| 1800 | 1801 | 신유박해, 황사영 백서 사건 | 1838 | 청, 임칙서를 흠차대신으로 광동에 파견 | 1804 | 나폴레옹, 황제 즉위 |
| | 1811 | 홍경래의 봉기 | 1840 | 청·영국, 아편 전쟁(~1842) | 1806 | 신성 로마 제국 멸망 |
| | 1831 | 천추교, 조선 교구 설정 | 1842 | 청, 영국과 남경 조약 맺음 | 1814 | 빈 회의(~1815) |
| | 1839 | 기해박해 | 1851 | 청, 태평천국 운동 발발 (~1864) | 1823 | 미국, 먼로주의 선언 |
| | 1849 | 김대건 신부 순교 | 1853 | 일본, 페리 제독 내항 | 1825 | 영국, 세계 최초로 철도 개통 |
| | 1860 | 최제우, 동학 창시 | 1854 | 일본의 개국 | 1827 | 알제리, 프랑스가 침략 해 옴 |
| | 1863 | 고종 즉위, 흥선대원군 집권 | 1856 | 중국, 애로호 사건 | 1830 | 프랑스, 7월 혁명 |
| | 1866 | 병인박해, 병인양요 | 1858 | 미일 수호 통상 조약 체결 | 1832 | 영국, 제1차 선거법 개정 |
| | 1871 | 신미양요, 서원 철폐 | 1860 | 북경 조약 체결 | 1835 | 영국, 차티스트 운동 시작 |
| | 1875 | 운양호 사건 | 1861 | 청, 양무운동 시작 | 1839 | 오스만 제국, 탄지마트 단행 |
| | 1876 | 강화도조약 체결 | 1868 | 일본, 메이지 유신 | 1848 | 프랑스의 2월 혁명, 마르크스와 엥겔스의 공산당 선언 발표 |
| | 1881 | 신사유람단 및 영선사 파견, 별기군 창설 | 1871 | 청일 수호 조약 | 1857 | 인도, 세포이의 항쟁 시작 |
| | 1882 | 임오군란, 미국과 수교 | 1881 | 청·러시아, 이리 조약 체결 | 1858 | 인도, 무굴 제국 멸망 |
| | 1884 | 갑신정변 | 1884 | 청·프랑스 전쟁 | 1859 | 다윈, 《종의 기원》 출판 |
| | 1885 | 거문도 점령 사건 | 1885 | 청·일, 천진 조약 체결 | 1861 | 미국, 남북 전쟁(~1865) |
| | 1899 | 함경도, 방곡령 실시 | 1894 | 청일 전쟁 | 1863 | 링컨, 노예 해방 선언 |
| | 1889 | 함경도, 방곡령 실시 | 1898 | 청, 변법자강 운동 | 1869 | 수에즈 운하 개통 |
| | 1894 | 동학농민혁명, 갑오개혁, 청일전쟁(~1895) | 1899 | 청, 의화단 운동(~1901) | 1871 | 독일 제국 성립, 프랑스 파리 코뮌 성립 |
| | 1895 | 을미사변 | | | 1878 | 베를린 회의 |
| | 1896 | 아관파천, 독립협회 설립 | | | 1882 | 3국 동맹 성립 |
| | 1899 | 만민공동회 개최 | | | 1885 | 인도, 인도 국민 회의 결성 |
| | 1897 | 대한제국 선포(~1910) | | | | |

◀ 아편전쟁

| 연대 | 한국사 | | 동아시아사 | | 세계사 | |
|---|---|---|---|---|---|---|
| 1900 | 1905 | 을사늑약 | 1902 | 영일 동맹 체결 | 1902 | 러시아, 시베리아 철도 개통 |
| | 1906 | 통감부 설치 | 1904 | 러일 전쟁(~1905) 일본·미국, 가쓰라·태프트 | 1905 | 러시아, 피의 일요일 사건 |
| | 1907 | 헤이그 특사 파견, 고종 퇴위, 군대 해산 | 1909 | 일본, 청과 간도협약 체결 | 1907 | 3국 협상 성립 |
| | 1909 | 안중근, 이토 히로부미 사살 | 1911 | 중국, 신해혁명 | 1914 | 제1차 세계 대전(~1918) |
| | 1910 | 국권 피탈(~1945) 조선 귀족령 반포 토지조사 사업 시작(~1918) | 1912 | 중국, 중화민국 성립 일본, 다이쇼 데모크라시 | 1917 | 러시아 혁명 |
| | 1911 | 신민회사건(105인 사건) | 1915 | 중국, 신문화 운동 시작 | 1918 | 윌슨, 14개조 원칙 발표 |
| | 1915 | 박은식, 《한국통사》 간행 | 1919 | 5·4 운동 | 1919 | 베르사유 조약 |
| | 1919 | 고려공산당 성립 | 1921 | 중국 공산당 결성 | 1920 | 국제 연맹 성립 |
| | 1920 | 3·1혁명, 대한민국 임시정부 수립 | 1923 | 일본, 관동 대지진 발생 | 1922 | 소련 성립 |
| | 1920 | 홍범도, 봉오동 승첩, 김좌진, 청산리 승첩 | 1924 | 중국, 제1차 국공 합작 | 1929 | 대공황 발생 |
| | 1925 | 조선공산당 창립 | 1926 | 일본, 쇼와 시대 시작 중국, 국민당정부 북벌 시작 | 1933 | 미국, 뉴딜 정책 시행, 히틀러 집권 |
| | 1926 | 6·10 만세운동 | 1927 | 중국, 남경에 국민당 정부 수립 | 1939 | 제2차 세계 대전(~1945) |
| | 1927 | 신간회 조직(~1931) | 1931 | 일본, 만주 사변 | 1941 | 대서양 헌장 발표 |
| | 1929 | 광주 학생 항일 운동 | 1934 | 중국공산당 장정(~1936) | 1943 | 카이로 회담 |
| | 1932 | 이봉창 의거, 윤봉길 의거 | 1936 | 중국, 서안 사건 | 1945 | 포츠담 선언, 독일과 일본 항복, 국제 연합(UN) 성립 |
| | 1940 | 한국광복군 결성 | 1937 | 중일 전쟁 중국, 제2차 국공합작 | 1947 | 마셜 계획 발표, 트루먼 독트린 발표, 제1차 아랍·이스라엘 전쟁(~1949), 이스라엘 건국 |
| | 1942 | 조선어 학회 사건 | 1940 | 일본군 베트남 진주 | | |
| | 1943 | 광복군 미얀마 파견 | | | | |

| 연대 | 한국사 | | 동아시아사 | | 세계사 | |
|---|---|---|---|---|---|---|
| 1900 | 1945 | 8·15 광복 | 1941 | 삼국 군사 동맹(독일·이탈리아·일본) 일본의 진주만 공격으로 태평양 전쟁 발발 | 1948 | 세계 인권 선언, 소련 베를린 봉쇄 시작 |
| | 1946 | 제1차 미소공동위원회 개최 | 1942 | 일본, 미드웨이 해전 참패 | 1949 | 북 대 서 양 조 약 기 구 (NATO) 성립 |
| | 1947 | 유엔 한국임시위원단 구성 | 1945 | 일본 항복 | 1956 | 이집트, 수에즈 운하 국유화 |
| | 1948 | 제주 4·3 사건 5·10 총선거 시행 대한민국 정부 수립 북한, 조선 민주주의 인민 공화국 수립. 여순 10·19 사건 | 1946 | 중국, 국공 내전 | 1962 | 미국, 쿠바 봉쇄 |
| | 1950 | 6·25 한국 전쟁 | 1947 | 대만, 2·28 사건 발생 | 1964 | 팔레스타인 해방 기구 (PLO) 결성 |
| | 1953 | 휴전 협정 조인 | 1949 | 중화 인민 공화국 수립 | 1967 | 유럽 공동체(EC) 출범 |
| | 1961 | 4·19혁명 장면 내각 수립 5·16 군사정변 | 1959 | 중국·인도 국경 분쟁 | 1969 | 아폴로 11호 달 착륙, 미국, 각지에서 베트남 반전 시위 |
| | 1962 | 제1차 경제 개발 5개년 계획 | 1966 | 중국, 문화 대혁명 시작 | 1980 | 미국, 왕복 우주선 컬럼비아호 발사 |
| | 1964 | 박정희 정부 수립 | 1969 | 중·소 분쟁 발발 | 1985 | 고르바초프, 개혁·개방 추진 |
| | 1970 | 새마을 운동 시작 | 1972 | 일본·중국 수교 | 1988 | 팔레스타인, 독립국 선언 |
| | 1972 | 7·4 남북공동성명 | 1979 | 미국·중국 국교 정상화 | 1989 | 독일, 베를린 장벽 붕괴 미·소, 몰타 정상 회담(냉전 종식 선언) |
| | 1979 | 10·26사태 | 1984 | 영국·중국 홍콩 반환 협정 조입 | 1990 | 독일 통일 |
| | 1980 | 5·18 광주 민주화운동 | 1989 | 중국, 천안문 사건 발생 일본, 아키히토 천황 즉위 | 1991 | 걸프 전쟁, 소련 해체, 독립 국가 연합(CIS) 탄생 |
| | 1981 | 전두환 정부 수립 | | | 1993 | 북미 자유 무역 협정 (NAFTA) 체결, 유럽 연합(EU) 출범 |
| | 1988 | 노태우 정부 수립 | | | 1994 | APEC 정상 회담 개최 |

| 연대 | 한국사 | | 동아시아사 | | 세계사 | |
|------|--------|--|------------|--|--------|--|
| 1900 | 1990 | 소련과 국교 수립 | | | 1995 | 세계 무역 기구(WTO) 출범 |
| | 1992 | 중국과 국교 수립 | | | | |
| | 1993 | 김영삼 정부 수립 | | | | |
| | 1998 | 김대중 정부 수립 | | | | |
| | | | | | | |
| 2000 | 2000 | 제1차 남북 정상 회담 (6·15 남북 공동 선언) | 2000 | 대만, 민진당 집권 | 2003 | 미국·이라크 전쟁 |
| | 2003 | 노무현 정부 수립 | 2001 | 일본, 역사 왜곡 교과서 검정 통과 | 2004 | 탐사 로봇 스피릿, 화성 착륙 |
| | 2007 | 제2차 남북 정상 회담 | 2002 | 중국, 동북공정 시작 | 2005 | 교황 요한 바오로 2세 선종 |
| | 2008 | 이명박 정부 수립 | 2009 | 일본, 민주당 집권 | | |
| | 2013 | 박근혜 정부 수립 | 2012 | 일본, 자민당 집권 중국, 시진핑 시대 개막 | | |
| | 2017 | 문재인 정부 수립 | | | | |
| | 2022 | 윤석열 정부 수립 | | | | |

◀ 노무현 대통령과 김정일 국방위원장의 정상회담

## 참고문헌

참고문헌은 1차 사료적 성격의 도서만 기재함

### ● 고대편 I-VI 단원

**국내자료**
《삼국사기》·《삼국유사》·《제왕운기》·《입당구법순례행기》·《제왕운기》·《계원필경집》·《해동고승전》

**해외자료:중국**
　　**정사류**　《사기》·《한서》·《후한서》·《삼국지》·《진서晉書》·《송서》·《남제서》·《양서》·《진서陳書》·《위서》·《북제서》·
　　《주서》·《남사》·《북사》·《수사》·《구당서》·《신당서》
　　**고대문헌**　《춘추春秋 및 춘추삼전春秋三傳》·《관자管子》·《전국책戰國策》·《죽서기년竹書紀年》·《여씨춘추呂氏春
　　秋》·《회남자淮南子》·《산해경山海經》·《논형論衡》·《설문해자說文解字》·《염철론鹽鐵論》·《일주서逸周書》

**해외자료:일본**
《일본서기》·《고사기》

### ● 고려시대 VII 단원

**국내자료**
　　**정사류**　《고려사》·《고려사절요》
　　**문헌**　《동국이상국집》·《동문선》·《동인지문사륙》·《동인지문오칠》·《익재집》·《해동고승전》

**해외자료:중국**
　　**정사류**　《송사》·《요사》·《금사》·《원사》·《명사》
　　**문헌류**　《선화봉사고려도경》

**해외자료:일본**
《일본기략》·《부상략기扶桑略記》

### ● 조선시대 VIII 단원

**국내자료**
　　**정사류**　《조선왕조실록》·《승정원일기》·《비변사등록》·《각사등록》·《사료 고종시대사》·《경국대전》·《속대전》·《대
　　전통편》·《대전회통》·《대명률직해》
　　**문헌류**　《국조인물고》·《대동지지》·《동국여지지》·《동사강목》·《산림경제》·《삼봉집》·《송자대전》·《서애집》·《성
　　호사설》·《신증동국여지승람》·《백호전서》·《연려실기술》·《연암집》·《연행록》·《우서》·《육신전》·《율곡전서》·《잠
　　곡집》·《해동역사》·《홍재전서》

**해외자료:중국**
《명실록》·《청실록》

### ● 근·현대 IX-XI 단원

《사료 고종시대사》·《동학농민혁명총서》·《대한민국임시정부자료집》·《한국독립운동사자료》·《한민족독립운동
사》·《통감부공보》·《조선총독부관보》·《주한일본공사관기록》·《중추원조사자료》·《일제침략하 한국36년사》·《한
국근대사자료집성》·《독립신문》·《동아일보》·《신한민보》·《자료대한민국사》·《조선일보》·《조선중앙일보》·《중앙
일보》·《중외일보》·《일본외무성기록》·《경성지방법원검사국문서》·《일제감시대상인물카드》·《매천집》·《대한계
년사 上·下》·《미군정기 주한미국사》·《북한관계사료집》·《친일파관련문헌》·《반민특위조사기록》·《FRUS자료》

Evan Vucci/AP Images  421

LOKA 표지 중간

경기도 박물관  26, 69, 116, 127, 136

경희대학교혜정박물관  249

로마 교황청 민속박물관  135

국가기록원  387, 402, 403, 417 하

국가보훈처  232 상

국립고궁박물관  46, 52, 118, 125, 140

국립민속박물관  50

국립중앙박물관  표지 상, 24, 30, 35, 54 하, 55, 62 상,
    85, 103, 137, 145, 149, 152, 156, 161, 165, 166 하, 169
    하, 172, 181, 189

국립한국박물관  58, 171

국사편찬위원회  199, 266 하, 275, 284 상, 289 상, 292,
    293, 390 상(좌·중), 391 하(좌·우), 392, 393 상

권태균  20, 121, 278 상·중·하, 287, 295, 361

규장각한국학연구원  139

노무현사료관  419

대전시립박물관  60

대한민국임시정부기념사업회  336

독립기념관  94, 208, 222, 224, 238, 241, 277 중, 280 상·
    중·하, 282 상, 287 하, 289 하, 290 상, 297 상, 299, 315,
    317, 319, 337, 348 하, 350, 351, 357, 371, 372 상(좌·
    우), 373, 374, 378 상, 389 하

동아일보사  282 하, 301 하(좌)

동학농민혁명기념재단  214

리움미술관  168, 170

모던아카이브  384

문화재청  22, 31, 42, 44, 57, 63, 66, 68, 81 상, 88, 98,
    100, 106, 123, 129, 132, 133, 134, 151, 154, 221, 279,
    425

미국 국립문서기록관리청  383, 385, 400 중

백범기념관  376 하(좌)

백범김구선생기념사업협회  388 상·하, 398

서울대학교박물관  282 중

서울아카이브  339

서울역사박물관  113, 269

성호박물관  160

숭실대학교박물관  191

실학박물관  144, 157, 163, 164, 193 상

안동대학교박물관  323 상·중, 325 상

안동시  81 하

양주시  74

영월군청  36

우당기념관  332

위키피디아  399

전쟁기념관  93

정부기록사진집  417 상, 418, 419

제주4·3평화재단  400 하

조선일보  403

조창원  183 중

채용신  344

청원군청  37

충북대학교박물관  41

통일부 남북회담본부 디지털사진전  415, 416

한국국학진흥회  198

한국선비문화연구원  79

한국은행  79 상

한국학중앙연구원  40, 72, 73, 197, 217, 405 중·하

한양조씨문중  71

홍보선  86

● 이 책에 수록된 사진 일부는 원저작권자를 확인하려고 노력했으나 찾지 못했습니다. 원저작권자를 확인하신 분은 도서출판 한가람역사문화연구소로 연락해 주십시오.

452